技术与创新管理系列教材

技术创新管理

MANAGEMENT OF TECHNOLOGICAL INNOVATION

银 路 ◎主编

U0366054

清华大学出版社
北京

内 容 简 介

本书综合国内外技术创新管理的最新研究成果,结合技术创新管理的最新发展趋势,全面、系统地介绍技术创新管理的相关理论、方法及案例。

全书共分 10 章,分别讨论了技术创新概述、基础、路径、战略、组织、能力以及技术转移与技术商品定价、技术创新项目管理等内容,既紧扣技术创新管理的核心内容和经典理论,又较大程度上增加了技术创新管理的最新研究成果。

本书可作为高等院校相关专业的技术创新管理教材和教学参考书,也可供研究者、企业管理者学习参考。

图书在版编目(CIP)数据

技术创新管理/银路主编. —北京:清华大学出版社,2022.1
技术与创新管理系列教材
ISBN 978-7-302-59830-5

Ⅰ. ①技⋯ Ⅱ. ①银⋯ Ⅲ. ①企业管理—技术革新—教材 Ⅳ. ①F273.1

中国版本图书馆 CIP 数据核字(2022)第 007247 号

责任编辑:高晓蔚
封面设计:汉风唐韵
责任校对:宋玉莲
责任印制:刘海龙

出版发行:清华大学出版社
   网 址:http://www.tup.com.cn,http://www.wqbook.com
   地 址:北京清华大学学研大厦 A 座 邮 编:100084
   社 总 机:010-83470000 邮 购:010-62786544
   投稿与读者服务:010-62776969,c-service@tup.tsinghua.edu.cn
   质量反馈:010-62772015,zhiliang@tup.tsinghua.edu.cn
印 装 者:北京同文印刷有限责任公司
经 销:全国新华书店
开 本:185mm×260mm 印 张:20.75 字 数:439 千字
版 次:2022 年 3 月第 1 版 印 次:2022 年 3 月第 1 次印刷
定 价:55.00 元

产品编号:079892-01

技术与创新管理系列教材
编委会

丛 书 序

技术创新在新时代经济发展中发挥着基础保障的作用，其重要性不言而喻。在全国科技界和产业界的共同努力下，我国的技术创新持续发力，加速赶超跨越，实现了历史性、整体性、格局性的重大变化，重大科研成果竞相涌现，科技实力大幅增强，我国已成为具有全球影响力的科技大国。党的十九大对科技创新又做出了全面系统部署，其核心是以习近平新时代中国特色社会主义思想为指导，推动科技创新主动引领经济社会发展，构筑核心能力，实现高质量发展。

然而，我国许多产业仍处于全球价值链的中低端，一些关键核心技术受制于人，发达国家在科学前沿和高技术领域仍然占据明显的领先优势，我国支撑产业升级、引领未来发展的科学技术储备亟待加强，适应创新驱动的体制机制亟待建立健全，企业研发动力不足，创新体系整体效能不高，经济发展尚未真正转到依靠技术创新的轨道。

为此，我们必须加快技术创新的步伐，加快实现技术创新对经济增长和社会发展的引领作用。新时代的技术创新必须为提高国家硬实力、软实力以及综合国力做出突出的贡献。

然而，技术创新是一项非线性、复杂、动态、不确定的技术经济行为，需要科学的管理方能生效。加强技术与创新的学科建设以及相应的教材建设就显得极为关键。技术与创新管理学吸收了管理学、经济学、工程学、心理学等有关部分形成其理论基础，又与产业或企业领域的知识整合，形成技术与创新管理的知识体系，它又细分为技术管理、技术创新管理、知识管理、知识产权管理等子领域。

本系列教材由我国从事技术与创新管理的高等院校骨干教师编写，他们怀着不断完善技术与创新管理知识体系的情怀，在积极吸收国外技术与创新管理相关教材的基础上，结合中国技术与创新管理的情境，进行了相关的创造性知识整理，目的是为培养一大批技术与创新管理的理论与实践人才做出必要的贡献。本系列教材可供高等院校本科生、研究生必修或选修之用。欢迎相关师生提出宝贵的意见。

清华大学经济管理学院教授

中国技术经济学会技术管理专业委员会理事长

前 言

随着国家创新驱动发展战略的不断推进,无论宏观层次还是微观层次的创新管理都显得越发重要。技术创新管理作为微观层次创新管理中最重要也是最成熟的组成部分,在推动我国走创新驱动和高质量发展过程中的重要作用将更加凸显。

技术创新管理作为一个学科方向已具有较为悠久的历史,内容十分丰富,新成果不断涌现,国内外也已有多部相关教材,因此新撰写一部有价值的教材,具有一定挑战性。基于此,撰写团队根据技术创新管理的最新发展进展和我国的具体国情,经过反复讨论和斟酌,在全书的总体构思和设计上,力求突出以下特点。

第一,在内容的总体安排上,既较为全面且简明扼要地介绍技术创新管理的核心内容和经典理论,又兼顾业界基本认同的最新研究成果。

第二,在内容的全面性上,增加了几章我们认为较重要的新内容,如技术创新路径、技术创新项目管理、大型工程的技术创新管理、技术创新伦理等。

第三,在内容的新颖性上,既综合了国内外学者在相关领域的研究成果,又包含了撰写团队近些年在技术创新管理领域的一些观点和贡献。

第四,在撰写人员的选择上,既有长期从事技术创新管理研究的学者,又邀请了多位研究战略、组织、项目管理、工程管理的学者参与。

本书的撰写团队来自电子科技大学经济与管理学院。各章的具体分工如下:第一章王敏副教授,第二章银路教授,第三章宋艳教授,第四章肖磊副教授,第五章陈爽英教授,第六章、第七章银路教授,第八章晏鹏宇教授,第九章陈光宇教授,第十章前三节银路教授,第十章第四节陈光宇教授。全书由银路主持编写和统稿。博士生税发萍、硕士生赵梦瑶等参与了部分资料的收集整理工作。

在本书的撰写过程中,我们参阅了大量国内外的研究成果,如有领会不深甚至偏颇之处,敬请各位论著作者斧正。

由于编者的学识水平所限,书中缺点、遗漏在所难免,恳请读者批评指正。

最后要特别感谢国家自然科学基金委多次资助我们开展技术创新管理理论和方法的研究,感谢电子科技大学经济与管理学院为撰写本书创造的优越环境,感谢清华大学出版社对本书的出版付出的辛勤劳动。

银路

2021 年 11 月于成都

目 录

第一章

技术创新概述

本章首先通过两个典型案例的介绍,让读者对技术创新有一个直观的感受,然后着重介绍和讨论技术创新的基本概念及其相关概念,接下来从几个方面对技术创新管理的研究现状进行了回顾,最后对企业技术创新管理的发展现状和发展趋势进行分析和讨论。

第一节 引 言

一、背景

以互联网、移动互联网、大数据、人工智能和物联网等技术为代表的新兴技术,已经发展为新一轮席卷全球的科技浪潮。这次科技的大发展与产业和商业的关联比以往任何时候都更加紧密,新技术广泛应用到生产生活中,新科技深刻地改变了商业和生产系统,也创造了很多新产业、新模式[1]。企业的生

拓展视频

存和持续发展,越来越取决于发现新的业务并持续为客户创造价值的能力;而企业不论是发现新的业务和服务机遇,还是持续提升客户价值,都是通过创新活动实现的。在这样的发展背景下,党的十八大明确提出:科技创新是提高社会生产力和综合国力的战略支撑,必须摆在国家发展全局的核心位置。坚持走中国特色自主创新道路、实施创新驱动发展战略。企业是国家技术创新体系的主体,在中国由创新大国转变为创新强国的关键阶段,技术创新越来越成为企业的关键性、战略性经营活动。但对于长期处于后发追赶过程的中国企业来说,一方面基于模仿优势和低成本的竞争力基础正面临中国消费升级大趋势而不断瓦解;另一方面,随着中国与发达国家在制造业领域差距的不断缩小甚至局部的赶超,中国企业不仅面临发达国家越来越严格的技术封锁,也即将作为产业领先者面临更大的技术发展路径不确定性。基于以上两方面的因素,中国企业在技术创新的机会、路径及价值创造模式等方面都面临着全新的挑战,需要与时俱进的技术创新管理理论和方法指导企业的技术创新实践。以下我们将通过机械加工和制药行业两家传统企业的技术创新案例,再现我国企业从技术追赶转向自主创新过程中面临的困境及其

突破路径,以期读者对我国企业实施技术创新战略的重要性有更深的理解。在此基础上,本章将进一步对技术创新相关的基本概念和内涵加以介绍,作为本书的概念基础和情境划定。

二、开篇案例 1:远大科技集团的颠覆性创新产品——"活楼"①

拓展阅读

2021 年 7 月 16 日,远大科技集团发布全球首座不锈钢低碳建筑——"活楼"。该建筑由湖南远大科技集团旗下远大可建科技有限公司建造,研发十余年,投入近百亿元研发,采用模块化设计、生产、运输、安装,实现 100% 工厂化建造,改变了传统混凝土建筑材料和施工方式,提升了建筑工业化程度,是全球首创不锈钢建筑。

本次亮相的远大活楼共 11 层,总建筑面积约 3 000 平方米,历时 28 小时建成。整座建筑柱梁采用不锈钢槽钢、方管,不用丝毫混凝土,像造汽车一样造房子,一天可建 10 层,100% 工厂制造,包括结构、墙窗、机电、智能控制全部在工厂安装调试,现场只要用螺栓将模块与模块之间拧固、插接水电即可。

"活楼"的主体材料是不锈钢芯板,由远大集团投入上千人、花费 12 年时间,耗资 80 多亿,先后尝试 5 种技术模式,试验上百种耐高温材料研发而成,目前已申请 63 国专利认证。不锈钢芯板由上下两片不锈钢板、中间夹一层圆芯管阵列,采用远大独家发明的热风铜钎焊技术焊接而成,不仅比传统结构轻 10 倍,韧性强百倍,还能抵抗超级地震、台风,是目前应用在建筑领域强度最高韧性最大的材料,可以有效地提高抗震抗台风能力。

据远大活楼公司副总经理李舜介绍,"远大研发不锈钢芯板的初衷,在于提高材料的强度,降低钢耗,减少建筑建造过程中的碳排放。实现同等强度,若碳钢需要 4 吨的话,那么不锈钢芯板仅需要 1 吨。同时比碳钢耐腐蚀 95 倍以上,寿命超过 1000 年"。

芯板带来的 100% 的工厂预制是"活楼"科技力的最高表达,而远大对于绿色节能的追求,也赋予了"活楼"低碳、节能的基因。据工作人员介绍说,22 厘米的岩棉隔热以及 3～4 层的玻璃带来高度保温性,即使室内外温差十几度,空调的负荷也只有 10%～20%。这是"活楼"能够"低碳减排"的核心要素,而不锈钢芯板远远超出了混凝土 60 年的使用寿命,也避免了混凝土建筑废弃后的垃圾污染。

在价格也比传统钢结构建筑更低廉的同时,工厂预制也使建筑楼型、户型、房型及加减层数更为灵活,预制 30m² 的模块可轻松变为 60m²、90m²、120m²……部分智能化应用场景已在远大活楼中成为标配,智能接口、零件被提前预制在建筑结构中,轻易可以实现智能化家居应用。

远大集团创始人张跃表示,"活楼"的开发源自两个缘由,一是汶川地震后,想用钢结

---

① 本案例根据新闻报道和远大科技集团主页信息编写。

构代替传统建筑可以增强抗震能力；二是为了建筑节能和把建筑隔热做好。"有了不锈钢做的建筑，可以改变以往几十年房子就拆掉的现象，人类的财富可以传承千年。活楼的建筑楼型、户型、房型及加减层数极为灵活，可建造超级豪宅、五星酒店、摩天大楼，又可为普罗大众建造住宅、公寓。"张跃介绍道。"世界碳排放 50% 来自建筑，如果在建筑上面降低 80%～90% 能耗的话，那等于将来可为全球减碳 40%。这是巨大的减碳机会。"

为了更好地引领行业变革，升级建筑标准，张跃提出了"活楼"重塑建筑行业的五大合作模式：一是向房地产商和企业卖房子；二是与既有建筑承包商合作，让他们销售远大的活楼产品；三是只提供模块，让建筑承包商合作安装；四是建立供应链系统，在芯板之外，由建筑商采购其他建材。第五种合作方式就是在全世界建芯板工厂，为全世界约1 000 家大建筑商提供芯板材料，并为它们的升级不断做深化研发。

"未来，我们想下决心把这个产品做成一个全世界最大的产业，能够广泛地影响全世界的建筑产业。"张跃表示，"活楼"的开发不仅是传统建筑的更迭，进一步来说会影响人类的生活方式，因为未来人类的房子不会面临几十年就被拆掉的周期，而可能成为世代相传的财富。

建筑行业是典型的传统、高能耗产业，远大科技集团通过材料和结构的技术创新，开发出颠覆性的创新产品，掀起了绿色环保建筑的新潮流。

如果说远大科技集团的案例，是我国传统产业通过技术创新重新焕发活力的生动注解，那下面康弘药业的案例，则主要体现了在新兴技术和产业领域，我国的高新技术企业是如何通过密集的研发投入实现创新突破的。

三、开篇案例 2：康弘药业的创新引领①

拓展阅读

康柏西普是康弘药业集团股份有限公司（以下简称"康弘药业"）具有自主知识产权的国家原创一类生物新药，是新一代抗 VEGF 融合蛋白，可以抑制病理性血管生成，用于治疗湿性年龄相关性黄斑变性。康柏西普（conbercept）是其国际通用名，2012 年被世界卫生组织批准，收录于其 WHO 药物信息目录，成为中国第一个拥有完全自主知识产权的生物制品国际通用名。2013 年11 月 27 日获得国家食药总局批准的新药证书与药品注册批件。2014 年 6 月正式在中国国内上市。

2016 年 10 月，康柏西普眼用注射液获得美国食品和药品监督管理局（FDA）准许在美开展Ⅲ期临床试验研究。该消息一经报道，立刻震动了整个医药界：美国 FDA 是国际医疗审核的最权威机构之一，国际药厂都以获得其认证作为产品的最高荣誉和品质保证，绝大多数药品冲击国际市场，均从 FDA 批准的Ⅰ期和Ⅱ期临床开始——康柏西普此

---

① 本案例根据新闻报道和康弘公司主页信息编写，部分资料来源于访谈。

举创造了我国新药研发的历史记录,令业内人士欢欣鼓舞。

为何能直通美国 FDA Ⅲ 期临床? 康柏西普的主要研发者、共同发明人——国家"千人计划"学者俞德超博士给出了以下答案:

首先,康柏西普上市已经几年,其安全性和疗效已经在很多病人身上得到验证。特别是新药临床试验申请中的 CMC 信息(化学成分、生产工艺、控制稳定性),美国 FDI 比较认可。

其次,也是更重要的一点,在康柏西普的研发过程中,设立了一个医学顾问委员会,其成员均是美国眼科顶级的专家,包括雷珠单抗和 Eylea 的 PI(principal investigator)。"2007 年组建新产品研发团队时,我就从新英格杂志上找雷珠单抗或 Eylea 论文的第一作者、第二作者,一共找了 6 个人,他们在美国的影响力极大。"康柏西普项目负责人如是说。

再次,最重要的一点是,康柏西普在研发过程中使用的都是国际标准。举个例子,判断这个药物疗效有两个指标:一是看视力是否有提高;二是看视网膜厚度是否有降低。然而,很多人都有验视力的经历,不同人验出来的结果可能不同。那么,如何实现国际标准化?"我们专门找到了雷珠单抗研发过程中使用的标准化视力测试团队,组织医生、护士参与培训,通过考试,获得证书的才能参与康柏西普的研发。"视网膜厚度的检验也一样,操作机器扫描的人员也通过标准化的培训、获得证书后参与研发试验;而扫描的全部结果,均送到美国的读片中心,由指定的人员读片,排除因读片人员不同造成的差异。"正因为康柏西普在研发过程就使用了国际标准化,所以后来临床研究的文章发表在国际最好的眼科杂志《眼科学》上。"

而这一切,都离不开康弘药业在技术创新战略上的前瞻性和研发活动中的坚持与投入。康弘药业是我国生物创新药标杆企业。早在 2003 年,康弘药业集团就启动了在生物制药领域的布局,通过承担国家、省、市级的重大科技专项,引进国际、国内高端人才组建研发团队。最终历时近 10 年、耗资数亿元,成功自主研发出全球新一代"用于治疗湿性年龄相关性黄斑病变"的中国原创一类生物新药。康柏西普获得多项国内外专利,其中中国专利 10 多项,PCT 专利 21 项,已经获得授权国家包括美国、日本、欧盟、韩国等 15 个成员国(地区)。

康柏西普的成功上市,为康弘药业带来强劲的竞争优势。据相关机构预测,通过与国际竞争产品的比较,康柏西普的终端销售潜力超过百亿元,在过去的几年里,康柏西普的市场表现也证实了这一预测,成为康弘药业的重要"现金奶牛"。

同时,康柏西普的成功,也打破了国际高价药物垄断,对我国生物创新药企业形成了积极的标杆作用。2018 年 1 月,康弘药业的柯尊洪董事长荣获"第十二届人民企业社会责任奖'年度人物'",而其获奖理由正如对他的颁奖词中提到的:"……康弘药业长期保持高于行业平均水平的研发投入,坚持 20 余年自主创新道路,研发成功的康柏西普是拥有完全自主知识产权的创新药,打破了中国眼科领域市场被进口高价药物长期垄断的局面,并且在全球拥有欧美日等 20 多个国家的专利,获得美国 FDA 直接'跳级'进入 Ⅲ 期临床研究,这在中国医药界是一次突破"[3]。

四、案例思考

阅读完以上两个案例,我们可以对以下问题进行思考:

（1）企业是怎样通过技术创新创造价值并获取价值的?

（2）如何理解企业技术创新的高风险、高收益特征?

（3）这样的技术创新路径适合所有的企业吗?

本书的目的正是聚焦于以上问题,系统、全面地探讨有关技术创新管理的最新理论和实践方法。本章为理解这个问题建立概念基础,通过一些基本的定义和观点来构建本书的脉络。

第二节　技术创新相关概念

一、技术

（一）技术的本质

技术思想家布莱恩·阿瑟（B. Arthur）在其经典著作《技术的本质:技术是什么,它是如何进化的?》中,以叩问"技术的本质是什么?"为目的,构建了第一个关于技术的完整理论体系。这一理论体系建立于三个基本原理(假设)之上:①技术(所有的技术)都是某种组合,这意味着任何具体技术都是由当下的部件、集成件或系统组件构建或组合而成的;②技术的每个组件自身也是微缩的技术;③所有的技术都会利用或开发某种(通常是几种)效应（effect）或现象（phenomenon）。

从本质上看,技术是被捕获并加以利用的现象的集合;或者说,技术是对现象的有目的的编程。现象是所有技术的来源,技术的本质隐藏在为达成目的而去组织、协调现象的过程中。而现象是隐秘的,需要发现或发掘。有些浅层的现象(如木头摩擦可发热并燃烧),是意外事件或偶然开发的结果;而深层的现象,则需要科学的帮助。科学往往是通过关注未按常规行事而出现的某些"异常"来揭示现象的。而现代科学的发现,又高度依赖于现代技术的手段(如显微镜对微观世界科学发现的作用)。至此,我们可以清楚地理解科学与技术的关系,也更能理解为什么现代的科学与技术的关系如此密切,以至于经常以"科技"的集成概念出现。

技术可以是物理现象(量子霍尔效应),也可能是行为或制度等非物理现象(海尔的平台化组织)。本书在研究技术创新时主要讨论的是基于物理现象的技术(硬技术)。

阿瑟进一步将技术与生物体进行类比:生物对基因加以编程从而产生无数的结构,技术对现象加以编程从而产生无数的应用。

(二) 技术的概念

阿瑟从不同的角度和范畴给出了技术的三个定义。

第一个定义也是最基础的定义:技术是实现人的目的的一种手段。在这个定义中,技术是指一项单数意义上的技术,例如蒸汽机。

第二个定义是复数性的:技术是实践和元器件(components)的集成(assemblage)。例如电子技术和生物技术,是许多技术和实践构成的集合或者工具箱。

第三个定义是一般意义上的技术:在某种文化中得以运用的装置和工程实践的结合,例如韦氏词典表述为"人类创造物质文化的手段的总和"。

技术是实现目的的一种手段,它是一种装置、一种方法或一个流程。技术提供功能,功能指技术要执行的某一类任务。

技术是人类在为自身生存和社会发展所进行的实践活动中,为了达到预期目的而根据客观规律对自然社会进行调节、控制、改造的知识、技能、手段、规划、方法的集合,是用来控制各个生产要素及产品的一种资源。

国际工业产权组织(AIPO)对技术的定义是:技术是指制造一种产品或提供一项服务的系统的知识。这种知识可以是一项产品或工艺发明、一项外形设计、一种实用形式,也可以是一种设计、管理等的专门技能。

(三) 技术的载体和特点

技术能够体现在人员、材料、认知与物理过程、工厂、设备和工具之中。技术的关键要素可能是隐含的,只以隐藏形式存在(技术秘密或称专有技术)。手艺和经验通常大部分是不明确的,因此,技术的重要成分往往不能以手册、常规和程序、配方、经验、规则或其他明确的方式表达和编码。技术的成功标准也是技术上的(技术可行性),而不是商业上的(商业获利性)。技术通常是把发明和发现推向实际应用的开发互动的产物。概括来讲,技术具有以下特征[4]:

(1) 一次性。一项新技术一经发明创造成功,只需依靠知识的传播就可以满足社会的需要,再重新去发明创造它就没有多大意义了。

(2) 创造性。技术的生产是以创造性的劳动为主的生产,是高智力投入的复杂劳动。

(3) 垄断性。通过法律上的保护(如专利、软件著作权等)或事实上的保密(如专有技术),使其具有很强的垄断性。

(4) 风险性。技术研发过程有风险,使用(采用)过程也有风险。例如,美国一家公司研发的抗组胺药物（Seldane）效果很好，但投产后却因其与红霉素同时服用会引起心率异常而被撤出美国市场，这在研发时是很难预料到的。

（5）时效性。随着时间的推移，技术的价值会越来越小，其价格也会越来越低。如胶卷相机、普通电脑等。

（四）技术的分类

可以根据不同的标准对技术进行分类。

（1）按在生产中的地位和作用不同，可以将技术分为原理技术、方法技术、使用技术和管理技术四个层次。其中：

原理技术是指通过研究所获得的基础性原理的技术资料和经验，它是方法技术的基础和依据。原理技术的主要载体是设计和试验方面的原理、专有计算公式和方法、设计准则和数据等。

方法技术是指产品的设计方法、生产工艺、检验试验方法等。方法技术的主要载体是设计图纸、资料、工艺规程等。

使用技术是指如何使用某一种产品、工艺、设备等所需要的技术知识，它的主要载体是使用说明书、维修程序图以及机器设备本身。

管理技术主要是指如何组织用好原理技术、方法技术、使用技术等方面的管理方法和手段。它的载体是管理手册、经验总结资料等。

（2）从技术存在的形态来划分，技术可分为"硬件"技术和"软件"技术两大类。

"硬件"技术是指各种先进的机械设备、器材等技术密集型产品。它们将技术物化在机械设备和器材之中。物化的技术设备是技术形式和技术应用的统一，机械设备、器材的先进性反映了生产这些机械设备和器材的技术工艺的先进性，而先进的机械设备和器材又恰好为在产品生产经营中有关技术的应用和革新提供了条件。例如石墨烯的材料结构在理论上早已被证明，但直到制备工艺被发明，石墨烯才从理论上的存在转变为实实在在的材料。

"软件"技术是指以专利、著作权、图纸、技术诀窍和工艺技术知识等形式存在的技术，例如计算机应用软件。

（3）从技术功能来划分，技术可分为生产技术、产品技术和管理技术。

生产技术指用于产品制造过程的技术，如新工艺、新流程、新设备及质量检测手段等；产品技术指用于产生一项新的产品或改进一项产品、实现一项功能的技术，如新产品设计发明等；管理技术用于产品生产全过程的管理，如在研究开发、试制生产、销售及培训等活动中的管理技术。

此外，技术还有其他一些分类方法，例如：按照技术先进程度，可以划分为高新技术和传统技术。

二、创新

早在 1911 年,美籍奥地利经济学家约瑟夫·阿罗斯·熊彼特(J. A. Schumpeter)就注意到创新在经济发展中的重要作用,其创新思想首先反映在其 1911 年出版的德文版著作《经济发展理论》一书中,此书 1934 年译成英文时,使用了"创新"(innovation)一词。熊彼特在 1928 年首篇英文论文《资本主义的非稳定性》中首次提出了创新是一个过程的概念,并在 1939 年出版的《商业周期》一书中比较全面地提出了创新理论。他认为,所谓创新,是指把一种从来没有过的关于"生产要素的新组合"引入生产体系,创新的目的在于获取潜在利润。

熊彼特创立创新理论的主要目的在于对经济增长和经济周期的内在机理提供一种全新的解释。熊彼特从创新的内在机理出发,解释了资本主义经济运行呈现"繁荣—衰退—萧条—复苏"四阶段循环的原因,说明了不同程度的创新,会导引长短不等的三种经济周期。

熊彼特将创新概括为五种类型:第一,引入新的产品或提高产品质量;第二,采用新的生产方法、新的工艺过程;第三,开辟新的市场;第四,开拓并利用新的原材料或半制成品的供给来源;第五,采用新的组织方式。

在企业管理实践层面,彼得·德鲁克(Peter F. Drucker)认为创新是展现企业家精神的特殊手段,他认为创新是指赋予资源一种新的能力,使它能创造财富。德鲁克对创新的定义承袭了萨伊(J. B. Say)对企业家精神定义的精髓:创新就是通过改变产品和服务,为客户提供价值和满意度。他强调"系统的创新存在于有目的地、有组织地寻找变化中,存在于对这些变化本身可能提供的经济或社会创新的基于进行系统化的分析中",进而提出了创新机遇的七个来源[5]:

(1) 意外事件,包括意外的成功、意外的失败和意外的企业外部事件。

(2) 不协调(incongruity):指现状与事实"理应如此"之间,或客观现实与个人主观想象之间的差异。不协调的状况包括:某个产业(或公共服务领域)的经济现状之间的不协调;某个产业(或公共服务领域)的现状与设想之间存在的不协调;产业(或公共服务领域)的付出努力与客户的价值和期望之间存在的不协调;程序的节奏或逻辑的内部不协调。

(3) 基于程序需要的创新:使一个已存在的程序更加完善,替换薄弱环节,或者,用新知识重新设计一个既有的旧程序。

(4) 产业和市场结构的变化。

(5) 人口统计数据的变化。

(6) 认知、情绪和意义上的变化。

（7）新知识，包括科学和非科学的。

德鲁克认为基于知识的创新是企业家精神中的"超级明星"，但所需要的时间也最长。首先，从新知识的出现到它成为可能应用的技术之间，时间跨度相当长；其次，从新技术转变为上市的产品、程序或服务又需要很长一段时间。

三、技术创新

通过不管是熊彼特，还是德鲁克对创新的论述，我们都可以发现，技术创新是创新中最为重要的一类。技术创新包括：创造新技术并把它引入产品、工艺和商业系统中，或者创造全新的产品和工艺以及对现有产品和工艺的重大技术改进，并且产品被引入市场（产品创新）或生产工艺得到应用（工艺创新）。

经济合作与发展组织（Organization for Economic Co-operation and Development，OECD）在《技术创新调查手册》（即《奥斯陆手册》）中，将技术创新定义为："技术创新包括新产品和新工艺，以及产品和工艺的显著的技术变化。如果在市场上实现了创新（产品创新），或者在生产工艺中应用了创新（工艺创新），那么就可认为实现了创新。因此创新包括了科学、技术、组织、金融和商业的一系列活动。"

此外，不同学者对技术创新给出了不同的定义[6]：

美国学者曼斯菲尔德（E. Mansfield）认为，一项发明当它被首次应用时，可以称之为技术创新。

英国科技政策研究专家克里斯托弗·弗里曼（C. Freeman）教授认为，技术创新是指在第一次引进某项新的产品、工艺过程中，所包含的技术、设计、生产、财政、管理和市场活动的诸多步骤。

美国学者切萨布鲁夫（H. Chesbrough）认为，技术创新意味着进行发明创造，然后将其市场化。

中共中央和国务院 1999 年颁发的《关于加强技术创新，发展高科技，实现产业化的决定》中关于技术创新的定义相对较为系统："企业应用创新的知识和新技术、新工艺，采用新的生产方式和经营管理模式，提高产品质量，开发生产新产品，提供新服务，占据市场并实现市场价值"。

不同研究者针对研究问题的角度不同，对技术创新概念的理解和定义也略有不同。我们认为，对技术创新概念的理解可从如下六个方面来把握：

（1）技术创新是一种使科技与经济一体化，加快技术应用速度，提高技术应用效率与效益的发展模式。其核心是科研活动与经济建设的一体两面，本质是科学技术转化为现实生产力的"桥梁"与"中介"。

（2）技术创新是一个从新产品或新工艺设想的产生到市场应用的完整过程。它包括从某种新设想的产生,经过研究开发或技术引进、中间试验、产品试制和商业化生产到市场销售这样一系列的活动。

(3)技术创新的成果通常是以实体形态的技术装置和工具表现的物质产品,同时也包括工艺、方法等软件技术及设计图纸、技术文件等知识形态的产品。

(4)技术创新是一种以技术为基础与导向的创新活动,但它并不强调任何一项创新都以研究和开发为起点。这就是说,从科学发现的原理找到依据,构思出可行的技术模型,设计和制造出新的产品,是技术创新;不直接依靠发现和发明,而利用现有的大量技术储备,改进与组合已发明的技术,也是技术创新;将成熟的技术转移到新的领域或地区,同样也是技术创新。

(5)企业家是技术创新主体的灵魂。技术创新是企业家抓住市场潜在的盈利机会,重新组合生产条件、要素和组织,从而建立效能更强、效率更高和生产费用更低的生产经营系统的活动过程。一般说来,它主要包括:新产品、新工艺的制造和改进;新生产方式、新组织体制的管理系统的建立和运行;新资源的开发和利用;以及新需求、新市场的开拓与占领。

(6)技术创新以商业化的生产产品和提供工艺为目的,并以商业价值的实现为其成功的标志。再复杂的高级技术,如果其成果不能为社会所接纳、不能在市场上实现其价值,技术创新就不能实现。而无论某个设想或技术多么简单,只要其成果能被人们承认和接纳,实现其商业价值,那么技术创新便是成功的。

归纳这些观点,可将技术创新概要地定义为:技术创新通常是指新的技术(包括新的产品和新的生产方法)在生产等领域里的成功应用,包括对现有技术要素进行重新组合而形成的新的生产能力的活动[7]。全面地讲,技术创新是一个全过程的概念,既包括新发明、新创造的研究和形成过程,也包括新发明的应用和实施过程,还包括新技术的商品化、产业化的扩散过程,也就是新技术成果商业化的全过程。

另一种比较简练、相对通俗的定义是:技术创新是指由技术的新构想,经过研究开发或技术组合,到获得实际应用,并产生经济、社会效益的商业化全过程的活动[8]。

其中,"技术的新构想"指新产品、新服务、新工艺的新构想,构想的产生可以是来源于科学发现、技术发明、新技术的新应用,也可以来源于用户需求。研究开发或技术组合是实现技术新构想的基本途径,其中,"技术组合"指将现有技术进行新的组合,它只需进行少量的研究开发,甚至不经过研究开发即可实现。"实际应用"是指生产出新产品、提供新服务、采用新工艺或对产品、服务、工艺的改进。"经济社会效益"指近期或未来的利润、市场占有或社会福利等。"商业化"指全部活动出于商业目的,"全过程"则指从新构想产生到获得实际应用的全部过程,这一过程如果终止于新设想或研究开发,则不能称其为技术创新。

四、技术创新与有关概念的区别和联系

（一）与技术发明的区别和联系

技术发明是指在技术上有较大突破，并创造出与已有产品原型或方法完全不同或有很大改进的新产品原型或新的方法。

技术发明与技术创新最大的不同是技术发明只考察技术的变动，不考察是否成功进入生产领域和产生经济效益。

技术发明可以形成具有商业目的的技术性构想，从而构成技术创新活动的一个环节，从这个意义上讲，技术创新可以包含具有商业目的的技术发明。

（二）与研究开发的区别和联系

研究开发是构成技术创新的一个主要环节，因此它只能是技术创新的一部分。但是，当研究开发活动未延伸到商业化应用时，它则不是技术创新的组成部分。

但也有一部分技术创新并不需要大量的研究开发活动，如集装箱的创新，3M 公司发明的"报事贴"等产品，研究与开发的成分就较少。因此，研究开发并不是技术创新的必备条件。

（三）与技术成果转化的区别和联系

技术成果转化一般是指将研究开发的技术原型（产品样机、工艺原理及基本方法等）进行扩大实验，并投入实际应用，生产出产品推向市场或转化成成熟工艺投入应用的活动。

与技术创新概念不同的是，技术成果转化主要侧重于技术活动的后端；而技术创新不仅可以源于已有的研究开发成果，而且可以源于技术的研究开发活动本身。因此，严格地讲，技术创新是一个更广义的概念，包括了技术成果转化。

（四）与技术进步的区别和联系

技术进步是一个十分宽泛的概念，在经济学上，技术进步是指生产函数扣除资本、劳动等要素的贡献后的余额。实现技术进步的途径有许多，如提高劳动者的素质，提高管理水平等，但实现技术进步的根本途径则是技术创新。因此，相对于技术创新而言，技术进步是一个包括内容更广泛，同时也更宏观的概念。技术创新只是技术进步的一个组成部分。

第三节　技术创新研究的回顾

由于熊彼特关于创新的思想过于异端,其所开创的创新理论在很长一段时间里难以被主流经济学接受。直到 20 世纪 50 年代,科学技术在经济发展中日益显现出独特和突出的价值,技术创新的理论研究才开始成为一个十分活跃的领域。从 20 世纪 80 年代开始,技术创新的理论研究开始走向深入,被用于解释经济发展中的许多现实问题,其重要地位逐渐得到确认。经济学、管理学、社会学等不同学科领域对技术创新进行了多视角、多方法的广泛研究,取得了大量重要的研究成果。由于经济学和管理学研究范式的差异,对技术创新的研究也大致沿着两个脉络展开,形成了创新经济学和创新管理学两个最有影响力的创新研究学派。

一、创新经济学

创新经济学是从经济学角度对创新规律进行系统研究的总称。该领域主要包括演化经济学、经济思想史和一些邻近学科(如工程学、社会学、心理学)对创新问题研究得出的基本理论和观点,还包括部分主流经济学对技术创新(技术进步)的探讨。该流派前期的主要观点和理论主要出现在熊彼特的系列著作中,例如《经济进化理论》、《商业周期》和《经济分析史》等。现代创新经济学的奠基人之一——克里斯托弗・弗里曼经典著作《工业创新经济学》(1974)的出版,标志着创新经济学学科地位的确立。而纳尔逊(R. Nelson)和温特(S. Winter)1982 年出版的《经济变迁的演化理论》,则是创新经济学领域另一本具有广泛影响力的著作。

创新经济学的研究主要沿着四个方面展开:

(1)从历史的角度来论述科学技术在经济社会发展中的重要作用。因为科学技术的发展极具有动态性,很难用新古典经济学的方法描述。因此,运用演化的视角对技术创新如何推动经济发展和社会变迁的规律进行系统研究,就是创新经济学的基本研究问题。这一方面的研究主要包括宏观视角的产业技术发展史研究。例如休斯(T. Hughes)通过对电力产业的历史分析,提出了"经济-技术"范式的概念,认为技术推动社会经济变革的过程是一个演化的、充满相互作用的过程。

(2)从宏观层面对创新问题进行研究,基本研究主题包括国家创新系统、创新与经济增长的关系、技术扩散与追赶等。

① 国家创新系统理论,是迄今为止技术创新研究领域最有影响力的理论之一。该理论认为国家创新系统是一个国家内各有关部门和机构间相互作用而形成的推动科技创新的网络,由企业、公共研发机构、政府部门等多种组织机构组成。该理论研究的对象是国家,通过对不同国家科学技术研发体系、教育体系、生产体系、国际贸易体系的系统比

较来解释不同国家的发展和增长路径。近 30 年来,国家创新系统理论不断发展创新,根据不同时期关注问题、研究对象的不同,先后提出了区域创新系统理论、部门创新系统理论等,将创新系统研究方法运用到对区域经济发展和部门发展的研究中。值得一提的是,近十多年来,随着集群(cluster)研究在我国的兴起,国内有一批学者运用创新系统理论研究特定产业集群的技术创新和发展问题,是将区域创新系统与部门创新系统进行融合的一种创新性探索,取得了系列创新成果。

创新系统理论的研究,源自欧洲,目前主要的研究阵地也在欧洲,这一领域顶级的期刊主要分布在欧洲。但随着学术界和实践界对创新过程中复杂性、交互性的重视,创新系统理论也开始向美洲、亚洲扩散,例如斯坦福大学"人文与技术先进研究院"、佐治亚理工"技术管理"学院等美国顶尖大学已经有专门机构从事创新系统理论相关的研究。而国内在 21 世纪初已经大规模引入创新系统理论,目前该领域的研究是国内创新研究中最具影响力的研究方向之一。近年来,随着"复杂系统理论"、"复杂网络"等研究方法的兴起和发展,创新系统理论也迎来了方法论创新的高峰,大量学者开始尝试用"复杂系统理论"、"复杂网络"、"生态系统理论"等理论工具和方法丰富创新系统理论的研究,取得了一系列高水平的研究成果。

② 创新与经济增长。技术创新一直是增长理论研究的一个重要领域,索罗(R. Solow)增长模型(1956)提出"索罗剩余",把技术进步推到了经济增长研究领域的"前台";阿罗(K. J. Arrow,1962)强调学习是技术改革的源泉;而以罗莫(P. Romer)为代表的新经济增长理论将技术进步视为经济增长的决定性因素,使得各个国家开始真正重视技术创新对经济发展的作用。从事这一领域研究的主要是美国学者,并有学者因此获得诺贝尔经济学奖。但这一领域研究的黄金时期主要在 20 世纪 70 年代。国内创新领域对这一主题的研究比较少。

③ 技术扩散与追赶。这个领域的研究是以前面两个方向的研究为前提,兴起于 20 世纪 80 年代。随着二战后日本的崛起以及亚洲四小龙的出现,很多学者以日本、韩国为背景,开始探索国际技术扩散与后发国家的技术追赶问题。这一领域的研究主要承袭国家创新系统理论的分析框架,将技术创新置于经济增长的核心地位,以行业为对象,研究后发国家不同行业的技术追赶路径。这一领域的知名学者包括欧洲的佩雷兹(C. Preze)、苏特(Luc. Soete),韩国的金林洙(L. Kim)等。我国学者在这个领域也展开了大量的研究,提出了"二次创新"等原创性理论。

(3) 创新的微观经济学分析。主要是从企业层次分析创新成功与失败的关键因素。包括:

① 理论分析,主要是从企业战略、资源、制度、文化等方面探讨影响企业创新绩效的关键因素及其相互作用。最初分析的对象主要是技术创新活动,研究焦点是企业研究与开发活动。但随着技术创新从"科学推动"、"市场拉动"到"链式模型",研究开始强调技术创新活动过程中的多因素及交互作用。企业的技术管理模式逐渐被创新管理模式所

取代。

② 实证分析。一方面是运用计量分析方法,通过大样本实证研究企业规模、研究与开发投入等因素对企业创新绩效的影响。另一方面通过问卷调查和统计分析方法对上述理论分析模型进行验证。目前,这一领域在国内创新领域的研究中占有越来越重要的地位。

(4) 创新政策分析。这一领域的研究也主要运用创新系统理论的分析框架,探讨国家应该如何支持创新。如美国技术标准研究院、中国科学院科学学与科技政策研究所等知名研究机构,主要为不同国家创新政策的出台提供理论依据。

二、创新管理学

随着硅谷的崛起和美国高科技产业的发展,技术创新开始引起除经济学家之外的其他学者(尤其是管理学者)的普遍关注。美国在创新管理研究领域占有绝对的优势地位,有一批知名学者提出了系列原创新理论,引领全球创新管理的研究趋势。例如厄特拜克(J. M. Utterback)等提出的"A-U"模型,是研究创新动力学的经典文献;冯·希普尔(V. Hipple)是研究用户创新的奠基人;蒂斯(D. Teece)提出的"创新获利模型",是技术创新管理领域引用率很高的文献;克里斯滕森(C. Christensen)提出的"破坏性创新"理论,也是创新管理领域最有影响力的理论之一;而契斯不鲁 2006 年提出的"开放式创新理论",则是创新领域最新的研究热点之一,引领一批国际学者在这一方向从事研究,提出了很多新的观点。此外,随着移动互联网、云计算等新兴技术和产业的不断涌现,创新价值的实现方式日趋多元,"商业模式创新"成为最近乃至将来创新管理领域的又一个热点。

根据有关资料综合分析,近七十余年来国外在技术创新管理方面的研究过程大体可分为以下四个阶段[9][10]。

第一阶段是 20 世纪 50 年代初到 60 年代末,在新技术革命浪潮的推动下,技术创新研究迅速复苏,逐步突破新古典经济学的局限与束缚,形成对技术创新起源、效应和内部过程与结构等方面的专门研究。研究成果主要由厄特拜克、兰格里士(J. M. Langrish)和迈尔斯(S. Myers)等人在 20 世纪 70 年代初加以总结。这一阶段的主要特征如下。

(1) 处于新研究领域的开发阶段,研究比较分散,尚未形成完整的理论框架,且引起争论的热点专题也不多,研究方法主要是案例分析总结。

(2) 在管理科学中逐步形成专门的技术创新研究领域,由于技术变化对传统组织管理的冲击和挑战,对创新相关问题多从创新主体(企业、公司和社会团体)的组织结构变动、风险决策行为以及管理策略的角度出发进行研究。如卡特(E. E. Carter)的企业行为理论与高水平团队决策研究,莫斯(E. V. Morse)等人的创造性专利与组织结构理论,欧内克(W. Wolek)等人的技术与信息转移研究以及对工业组织实践的调查等。

（3）研究开始涉及创新过程中的信息交流与创新环境等。如艾伦（G. Allen）等人对信息需求与应用的研究，以及对技术创新的环境与管理等方面的研究。厄特拜克等人在20世纪70年代初的综合研究中粗略地提出了技术创新过程及相关因素理论，强调创新主体的内外部交流能力缺乏是技术创新的主要障碍。但总的来看，在这一阶段创新仍只是作为一个整体变量来研究。

第二阶段是20世纪70年代至80年代初，这是技术创新研究的持续兴旺时期。这一阶段的主要特征如下。

（1）技术创新研究从管理科学和经济发展周期研究范畴中相对独立出来，初步形成了技术创新研究的理论体系。

（2）研究的具体对象开始逐步分解，出现对创新不同侧面和不同层次内容的比较全面的探讨与争鸣。研究内容主要包括创新研究的理论基础，技术创新的定义、分类、起源、特征、过程机制，经济与组织效应，R&D系统，技术创新的主要影响因素，创新的社会一体化和政府介入机制及相关政策等。

（3）逐步将多种理论和方法应用到技术创新研究中。如运用组织管理行为理论研究创新主体状态，运用信息理论研究创新过程中信息流的发生、传递和作用，运用决策理论研究创新初期的风险决策机理，运用市场结构和竞争理论研究创新实现机制和效率，运用数理统计方法根据创新样本数据分析创新成败的相关要素，运用宏观经济理论分析政府与市场影响企业创新的机制和作用等。这一阶段创新研究的方法以样本调查与理论推导相结合为主，克雷恩（K. J. Klein）等在1982年对前十几年有关技术创新专题研究的论文所作的统计分析表明，采用这类研究方法的论文占90%以上。

这一阶段的研究主要有三个方面的局限性。一是研究比较分散，重复性研究较多，许多具体问题未能得到充分深入的研究便被搁置起来。如创新行为特征问题，前后共提出了三十多种创新特征，但却缺乏对各种特征的内涵及其相互关系的研究，所提出的特征中许多是重叠的，直接影响了其理论与应用价值。二是研究的重点不突出，一般创新，包括教育、医疗和社会福利等方面的创新研究不少，对工业企业技术创新的研究相对不足。三是对创新全过程的研究呈现出前重后轻的倾向，不论是信息与决策分析，还是相关影响因素的政策机制分析，都侧重于创新采用环节，而缺乏对创新实现过程的相应研究。斯切勒尔（M. A. Scheirer）1983年的分析表明，虽然1978年已提出创新实现过程问题，但到1983年仍未得到系统的研究。

第三阶段为20世纪80年代到21世纪初。这一阶段技术创新研究的特点主要集中在以下三个方面。

（1）研究向综合化方向发展。主要有三种形式：一是描述性总结，即就某些专题将已有研究成果分门归类加以总结描述。如缪尔塞（R. Mueser）在1985年对自熊彼特起至当时半个多世纪时间内有关技术创新定义问题进行了历史回顾和整理分析，为进一步科学地提出完整准确的创新定义提供了更充分的研究依据。二是折中协调性提高，即将创新研究中有关争论问题重新提出,结合新情况在对各种观点进行综合分析的基础上推出新理论。如对技术创新动力源泉上长期存在的"需求拉动"与"技术推动"的争论,芒罗(H. Munro)等人结合20世纪80年代的新情况重新进行了评价,提出了交互作用过程模式和技术轨道等新观点。三是系统化归纳,即通过系统归纳沟通以往分散性研究成果间的内在联系,形成新层次上的系统理论。如格温(D. Gerwin)1988年提出以创新不确定性为前提的创新过程理论,布朗(W. B. Brown)等人在1989年提出以创新目标、创新阶段和决策输入变量为中心的相关性系统分析,斯通曼(P. Stoneman)对技术变化所作的经济数理分析及库姆斯(R. Coombs)等人对技术创新与厂商行为、经济和社会发展相互关系所做的分析等。

(2) 在综合已有研究成果的基础上从已有研究范围中选出或新提出有关重点专题深入研究。据美国国家科学基金会20世纪80年代中期的报告指出,有关的热点问题包括:企业组织结构与创新行为、小企业技术创新、技术创新实现问题、在技术创新问题上的大学-工业界关系、技术创新激励、R&D系统、创新风险决策、企业规模与创新强度的相关性、创新学习扩散和市场竞争策略等。

(3) 注重研究内容和成果对社会经济技术活动的指导作用。实用性强的研究课题,如技术创新的预测和创新活动的测度评价、创新组织建立的策略和规范、政府创新推动政策的跟踪分析、对某一行业的技术创新或某一项技术创新发生与发展的全过程的分析等,受到普遍关注,并力求将技术创新研究成果直接应用到社会经济技术行动计划中去。美国针对以上创新热点问题提出了大学-工业合作项目与合作研究中心计划、小企业技术创新法和学校的创新式人才教育培养计划等。

第四阶段为21世纪初至今。由于互联网技术带来的深远影响、不断加快的科技创新频率,以及科技与产业融合速度的不断加快,使得"突破性创新""新兴技术""颠覆性创新"等主题成为过去十多年中技术创新领域的热点领域。这一阶段技术创新的研究表现出如下特点。

(1) 突破性技术创新(breakthrough technology innovation)不仅能够带来产业架构与组件的双重变革,还可能带来市场颠覆,是实现"创新"驱动"发展"的破局之举[11],受到学术界和产业界的高度关注。学术界从多角度对突破性技术创新进行研究,具体包括:从技术变革和市场变革等不同维度对突破性创新的概念、内涵和类别等特性进行了较多研究,并从不同的视角分析了突破性技术创新的影响因素和驱动力;对突破性创新的过程和路径进行研究,指出突破性创新具有发散和非线性的特征;对突破性创新与企业绩效的关系进行研究;基于资源和能力理论,从不同学习机制探索突破性技术创新的发生机理和路径。

但是目前尚未形成突破性技术创新研究的系统性理论框架,相关研究更多是从技术和市场相对独立的维度展开。同时,现有研究对突破性技术创新概念有较多分歧,较少关注突破性技术创新路径的非联系、非线性等问题。由于突破性技术创新过程和结果的高度不确定性以及研究目的的差异,现有研究还存在以下不足:①忽视了影响因素作用的动态性和层次性;②忽视了技术创新网络演变与突破性技术创新形成的共生关系;③缺乏对突破性技术创新参与者合作关系与合作结构的关注;④缺乏对动态能力影响企业竞合行为与绩效的关注;⑤对突破性技术创新的"不确定性"缺乏客观认知和科学操作手段[12]。

(2) 克里斯滕森的"颠覆性创新"理论对学术界和实践界产生深远的影响。20 世纪末期西方社会发生的大型在位企业突然衰败事件引发了学者对此类现象的警觉,由此提出颠覆性创新概念,随后其相关文献数量一直持续增长,并影响了西方国家的创新实践。21 世纪初期,随着互联网概念的提出与传播,"信息技术"(information technology)、"电子商务"(electronic commerce)、"信息系统"(information system)等关键词不断进入学者们的研究视野,发展成为后续的研究基础。2003 年开始,探究颠覆性创新模式成为研究的焦点,国际学术界也从强调"技术"到"商业模式"进而到"产品"、"服务"的思路转变,"商业模式创新"(business model innovation)、"产品创新"(product innovation)、"组织变革"(organization change)等关键词出现频次明显上升,颠覆性创新类型细分成为研究者新的 关注焦点。在初步探索期,学界主要延续着克里斯滕森的研究思路,关注了技术密集型产业,如生物技术、信息通信技术产业等的颠覆性创新现象。但是近年来随着颠覆性创新理论和实践逐渐丰富,学者研究对象从高新技术产业逐步拓展到传统产业,从宏观的产业层面逐步细化到微观的企业层面,例如,电动汽车、网上书店等通过商业模式创新、产品创新、服务创新等实现的颠覆性破坏现象[13]。

与突破性创新不同的是,"颠覆性创新"不强调技术的突破性和领先性,而是强调"技术够用"原则,重点是通过"技术-市场"的创新性匹配,实现对已有产业和市场格局的颠覆。很多学者从跨领域的理论视角,对颠覆性创新的机理、实施路径及其内外部驱动要素进行多角度研究。

(3) 新兴技术带来的巨大机会和挑战,使其从 21 世纪初就成为国外技术创新领域的一个重要研究问题。随着中国在科技创新领域的不断追赶和突破,新兴技术的创新管理也成为国内企业,尤其是高科技领域企业不得不面对的重要问题。国内外学者们从不同角度、不同层次对新兴技术相关创新问题进行了研究,具体包括:一是以特定新兴技术为研究对象,分析其对已有产业进行创新的机会和路径;二是对新兴技术管理的基础问题进行理论研究,例如新兴技术的概念、内涵和特征,新兴技术的共生演化机理,新兴技术的识别与评估等理论框架和管理方法;三是将新兴技术带来的机会和挑战作为特殊情境,研究企业(在位企业和新创企业)如何通过创新开发或利用新兴技术带来的机会。

科勒咨询集团(KMG)在 2016 年针对人工智能、基因测序、合成生物学、医疗技术、新材料及下一代计算 6 个领域的深度技术和顶级人才进行统计。32% 的全球化合物半导体的科技专利和创业公司汇集在美国太平洋地区,美国西海岸是世界级的基因测序(NGS)和合成生物学产业的集群,有接近一半的全球相关专利和顶级人才汇聚于此。在全球人工智能的专利和数学顶级人才中,有超过 40％的人才都在泛大西洋沿岸,例如波士顿、英国和法国,其中法国的数学技术和英国的无人驾驶车底层技术、后量子时代的"格密码"技术更领先于全球。那里有最好的专家和最贵的人才(2016 年,牛津大学人工智能博士生的毕业起薪为 300 万英镑/年)。当我们聚焦医疗技术的时候,从大西洋沿岸到德国黑森林地区,欧洲七大"医谷"涵盖了 2016 年全球医疗技术和器械申报的 55％,新兴科技和新兴科技人才高度集群化。

但"新兴科技地图"和"产业地图"高度不一致——产业中心和技术中心分离。新兴科技的价值实现是跨区域的,其市场价值创造需要不同的市场环境和产业生态。例如,麻省理工学院(MIT)拥有全球最顶尖的光学材料技术和人才,在新型光学材料领域也有很多专利。但是,当 MIT 创业公司在做量子点光学材料的时候,碰到了问题:美国没有制作该材料的公司,而购买该材料的客户也不在美国! 整个大屏幕显示产业的制造技术和终端客户已经几乎被亚洲垄断。因此,这家 MIT 创业公司最终把总部设在中国,贴近客户的应用、研发、生产、营销全部在中国,而基础研发留在 MIT。

需求高端化、传统发达国家制造业能力虚无化导致需求驱动的新兴科技产业正大规模向中国转移,为国内的新兴技术管理和新兴产业发展提供了巨大的研究和发展机会。

三、企业层面技术创新研究现状

企业是技术创新的主体,企业组织层面对创新的研究是指导企业技术创新的重要理论依据。克罗森(Crossan)和阿帕丁(Apaydin)通过系统性的文献综述[14],对企业层面创新相关的研究做了很好的梳理。他们的研究表明:自 1981 年以来,发表在商业、经济和管理等各类期刊上的以创新为主题的研究论文就以年均 14％的速度增长,其中一半以上是以企业组织为研究对象的。对组织创新的研究围绕两大主题展开(如图 1-1 所示)。一是组织创新的决定因素,已有的文献主要是从领导力、管理手段和业务流程三个领域广泛对影响组织创新的因素进行研究。二是对组织创新的维度结构进行研究,主要的视角包括两个:创新是过程、创新是结果。

该文献综述进一步从领导力、管理工具和业务流程三个领域对影响组织创新的因素进行了系统归纳。

1. 领导力

已有文献主要从 CEO、高层管理团队(TMT)和董事会三个方面对影响组织创新的领导力因素进行研究。对 CEO 的研究,主要从模糊性容忍、自信、开放性、规则意识、自主性等个人特质方面展开;对 TMT 的研究主要从教育背景、年龄、任期、多样性和外部关联等视角展开;对董事会的研究主要从多样性、来自其他产业董事比例、机构持股等方面展开。

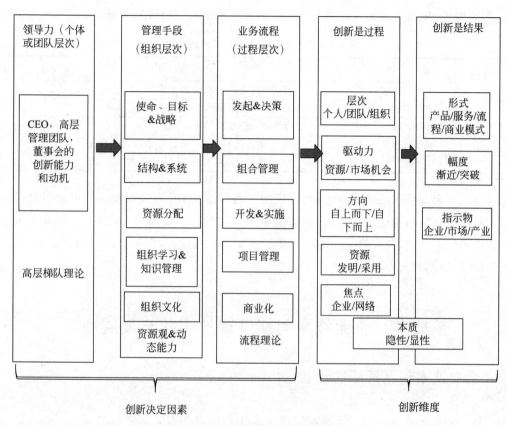

图 1-1　组织创新的多维度研究框架

2．管理工具

从管理工具角度研究影响创新的因素，主要围绕战略目标 & 使命、资源分配、结构和系统、组织学习和知识管理、组织文化 5 个主题展开。具体来说，每个方面的研究关键词如表 1-1 所示。

表 1-1　管理工具层面企业创新研究主题

序号	主　　题	关　键　词
1	战略目标和使命	创新目标与战略目标的匹配、组织性、清晰的创新战略
2	资源配置	研发强度、冗余资源、资源流转
3	结构和系统	专业化、正规化、中心化、组织复杂性、组织设计与创新类型匹配
4	组织学习和知识管理	实验支持、失败容忍、风险承受规范的采纳、多样性接纳、外部关联、顾客接触时间和频率
5	组织文化	组织氛围、自治、道德和动机、风险承担、组织吸引力

3．业务流程

已有文献从业务流程角度对影响创新因素的研究，主要围绕启动与决策、开发与实施、组合管理、项目管理和商业化 5 个主题展开。每个方面的研究关键词如表 1-2 所示。

表 1-2   业务流程层面企业创新研究主题

序号	主　题	关　键　词
1	启动与决策	启动(机会识别)、概念生成
2	开发与实施	创新采纳、创新产生、产品创新实施
3	组合管理	风险平衡、收益平衡
4	项目管理	正规项目管理工具、项目效率、沟通、合作
5	商业化	市场研究、市场验证、营销与销售

以上对企业组织层面创新的研究,应用了高阶理论、资源依赖理论及项目组合管理等不同研究领域的理论工具,几乎涵盖了企业管理的方方面面。由此可见,企业技术创新管理不同于任何职能层面的管理,是涉及企业多个层次、多个职能部门的跨领域、跨层次管理活动,具有高度的复杂性。

第四节   企业技术创新管理的现状与发展趋势

一、企业技术创新管理的现状

技术创新体系是企业技术创新管理的载体和技术创新互动实施的平台。企业的技术创新体系是随着技术创新活动的特征不断演变的,具有鲜明的时代特征。罗斯威尔(Rothwell)将技术创新过程划分为五代模型:第一代,简单线性的技术推动型(20 世纪50—60 年代);第二代,线性的市场拉动型(20 世纪 60—70 年代);第三代,技术与市场耦合互动模型(20 世纪 70 年代后期—80 年代中期);第四代,集成(并行)模型(20 世纪80 年代早期至 90 年代早期);第五代,系统集成与网络模型(20 世纪 90 年代以来)。随后模型得到完善,发展成为第六代创新模型:共生演化模型。

基于技术创新过程的六代模型,企业技术创新体系也经过了四个阶段。

第一代,"内部研发中心的创新体系"。企业在内部开展研发,通过内部研发实现技术突破,设计开发新产品并进行试制和生产制造,通过内部途径将新产品推向市场,并提供服务和技术支持。其特点是对技术创新进行严格控制并进行纵向整合,是一种封闭式的自主创新模式。

第二代,"基于协同/整合的创新体系"。企业技术创新过程开始在研发的基础上整合生产和市场资源,从多渠道获取潜在的创意来源。技术创新体系开始由单一的研发体系向科学、技术、市场和生产制造相互连接的方向转变,关注如何利用现有技术创新,通过技术创新组合多样化实现规模经济,获得更多的市场份额。

第三代,"高度基于战略管理导向的创新体系"。将技术创新看作是事关企业发展方向的战略性活动,战略管理在技术创新活动中的重要性日益凸显,催生了第三代企业创新体系。其特点是技术创新活动进入高层管理层的决策视野和权限。

第四代,"创新生态体系"。在这一模式中,企业被看作是生态系统的一个主体。技术创新生态系统是创新全要素资源的协调系统,不仅涉及企业间的生态系统,还包括企业内部的全员创新。

企业的技术创新体系的发展是一个演化的过程。第一代企业创新体系,内部研发被认为是企业最有价值的战略资产和可靠保证,其特点是一种封闭式的自主创新模式。第二代技术创新体系相对完善和开放,"互动"是其关键词,包括企业研发系统内部、研发与其他部门之间、生产者与供应商和顾客之间的互动作用,是一种内部整合、外部开放的创新体系。在高度基于战略管理导向的企业技术创新体系中,治理结构对创新发挥着核心作用。第四代创新生态体系则强调"生态性"和"进化性",其目的是给企业创造一个成长和不断进化的环境,进而促进企业的进化。

由此可见,企业技术创新体系的演化不是简单的代际更替,而是不断叠加向前推进的,正朝着复杂化、生态化的方向进化[15]。

二、企业技术创新管理的发展趋势

随着互联网技术的不断渗透,云计算、大数据等新一代信息技术的蓬勃发展,企业技术创新信息化条件进一步成熟,使得创新供给与创新需求的连接率快速提升,知识和技术的全球化扩散和整合正在实现,大规模群体创造成为现实,大爆炸式的创新正在涌现。技术创新活动面临越来越丰富的机会空间,企业的技术创新管理出现以下趋势[16]。

第一,当下乃至未来,创新成果越来越集中于新兴企业,企业生命周期前段的创新组织和扩散机理问题值得探索。在相当长一段时间里,人们认为大企业是创新的主体,直到 20 世纪 90 年代末期,人们才发现小企业对创新的贡献并不亚于甚至在某些方面比大企业表现更加突出,小企业作为创新研究的对象被予以关注。近年来,新兴企业在创新方面的表现更加突出,创新形式也从技术创新向商业模式等非技术创新转变。学术界已开始注意到这一转变,这一现象必然给理论研究带来挑战,挑战就意味着理论创新的机遇。与大企业相比较,新兴企业的创新活动所嵌入的情境有很大差异,至少表现为弱组织约束、高资源约束和高不确定性,创新主体从组织驱动转变为团队引领,创新管理也从组织规范约束转变为人际规范约束。前提条件发生变化,管理逻辑自然也会发生变化。

第二,在企业边界日趋模糊的前提下,大规模多元主体协同创新的组织与管理模式问题日益涌现。交换是企业的重要活动,而连接方式是交换活动的基础。回顾历史,重大技术变革一旦从根本上改变和优化连接方式,企业经营活动就会发生质的变化。内燃机技术改变了交通,拓展了人类连接的空间边界,企业战略开始从本地化到区域化,再到国家化和全球化。互联网已从根本上改变了人与人、组织与组织之间的连接方式,这些变化包括降低连接成本、提升连接效率、拓展连接规模、丰富连接内容等。企业边界也因此日趋模糊,企业不再是相对开放的封闭系统,而是相对封闭的开放系统。企业的创新实践也因此发生重大变化,在工业经济时代,战略联盟是合作创新的主要形式之一,但在今天,企业更加关注开放式创新、创新生态圈,关注企业创新伙伴的规模、范围和边界出现的前所未有的变化。

第三,创新本身意味着价值创造,价值创造进一步推动成长,有必要探索技术创新与商业模式等非技术创新如何协同推动新兴企业成长。基于互联网和信息技术等新兴技术应用为主导,新兴企业的成长开始背离战略和创业理论的成长路径,成长速度极快,成长不再是与既有企业竞争互动而是颠覆。互联网和新一代信息技术的不断进步以及在全行业领域的应用普及,新兴企业商业模式创新变得更加频繁,可能正在改变甚至颠覆传统成长理论的某些观点,而技术创新在新兴商业模式的出现、演化和变革的不同阶段起了关键的支撑作用。这至少表现在两个方面:一是互联网和信息技术显著降低了信息传递、沟通、交易管理成本,组织间的边界被削弱甚至彻底打破,行业间及行业内企业核心资源或能力的隔离机制消失殆尽,价值创造逻辑发生根本性变革,从以组织资源和能力为核心转变为以跨越组织边界的组织间合作与协同为主导,新兴企业有可能在短时间内创造性地跨界整合资源从而改变行业价值创造流程、要素和逻辑。二是显著降低了供应商和顾客等要素接触成本,借助新兴技术的应用,新兴企业能以极低的成本大范围接触潜在的顾客和供应商,既有企业清晰定义的市场边界和战略位势因此变得支离破碎,竞争逻辑突破行业边界,基于顾客和市场为导向的跨界竞争和产业融合势不可挡。来自全球818位CEO一致认为行业之墙正在坍塌,未来几年会出现大量产业融合。在这样的条件下,新创企业在缺乏关键资源和能力条件下往往仍能借助商业模式设计实现跨界竞争,甚至重塑行业价值。

在战略研究领域,普瑞姆(Priem)等已经敏锐洞察到了来自新的理论和实践的挑战,他们指出传统战略研究侧重将企业端视为焦点,基本遵循在考虑外部环境约束下"资源/能力-战略选择-价值获取"理论逻辑,但这些观点不能充分解释新兴技术创新和创业活动的价值创造和成长逻辑。因此,战略研究应该拓展研究边界,以市场端为分析焦点探索并建构"市场-商业模式-价值创造-价值获取"的理论逻辑和技术实现手段,致力于解释和预测以商业模式为分析单元的价值创造系统中促进价值创造的技术创新管理决策。

第四,关注中国企业创新的新变化,关注中国企业创新实践新动向,积极开展学术探索。有必要更加关注不同阶段、不同类别的企业或产业的创新过程与机制;从关注技术创新进一步关注商业模式等非技术创新;从关注制度安排到关注创新过程中行为主体的互动机制,在更深层次上探索和提炼中国企业与产业的创新发展之道。

三、新时代我国企业技术创新的挑战与机会

以上技术创新现状和趋势,为"创新驱动"国家战略背景下的中国企业创造了巨大的

技术创新机会。新时代中国企业技术创新的挑战是：如何在知识经济、互联互通的时代产生更多"改变世界"的重大技术创新。

当前阻碍中国企业技术创新的四大困境包括：

第一，企业家和企业的创新能力的提升幅度都还远远不够。虽然国家和地方大力出台实施各种促进企业技术创新的政策措施，创新环境得到持续改善、创新资源进一步积累。但从整体来看，中国企业创新能力的提升速度过慢。企业家过度关注短期盈利，对关键核心技术研发投入信心不足，缺乏足够的科技素养以及对技术的风险决策能力。由此带来技术创新投入不足、包容创新失败的空间有限、企业创新体系和能力建设的路径规划不清晰等创新困境。

第二，各种类型的创新型人才仍非常短缺。由于整个教育体系和教育环节对批判性思维、创造性思维、战略性思维和整合性思维的训练不足，导致高端创新型人才不足，这是制约中国走向创新强国的巨大瓶颈。

第三，原始创新和核心技术不足，使得技术创新对中国经济发展的驱动作用仍显不足。中国经济增长仍以投资驱动和贸易拉动为主，缺乏重大突破性技术创新成果的引领发展，模仿与追赶仍然是中国企业技术创新的主要特征。中国创新型国家建设中如何实现产业高端核心技术的开发与产业化，依然任重道远。

第四，创新资源分散、创新效率不高等问题比较突出。国内主要创新机构在人员规模、引领能力、创新能力、公益性、综合性和开放度等方面还有不小差距。在当前大规模科技创新需要规模化、集团化组织实施的前提下，资源聚集仍然显得尤为重要。

中国从创新大国走向创新强国的关键在于创新战略的提升、创新能力的培育、创新人才的培养及创新资源整合。其中，自主引领、开放协同是国家和企业创新战略的核心。未来将依赖两大重要的创新范式：源自全社会民众的大众创新（mass innovation）和依托重点创新机构的聚合创新（integrated innovation）。其中，大众创新针对的是上述第一和第二个困境，主要解决如何培养具有战略意识、科技素养和经营管理能力的优秀企业家及专注技术实现的技术工匠，如何让广大群体积极参与技术创新过程。聚合创新针对的是上述第三、四个困境，主要解决如何围绕核心能力和核心技术来整合全球的知识和技术以形成突破性的技术创新成果。

拓展视频

本章思考题

1. 在宏观层面，为什么要将"创新驱动"作为国家发展战略？
2. 在微观层面，为什么技术创新是企业实现价值、获取竞争优势、承担社会责任的重要活动和手段？

即练即测

本章参考文献

[1] 朱桓源,杨斌,等著.战略节奏:在动荡的商业世界里超越竞争[M].北京:机械工业出版社,2018.

[2] https://www.cnkh.com/article_a0d31a15-270a-4a7e-b823-563877dae7aa_23e2bb79-14d7-4d1d-b239-571dd0e9db9c.html,2018.3.25.

[3] 银路.技术创新管理[M].北京:机械工业出版社,2004.

[4] 彼得·德鲁克,著.创新与企业家精神[M].蔡文燕,译.北京:机械工业出版社,2007.

[5] 陈劲,郑刚.创新管理:第3版[M].北京:北京大学出版社,2016.

[6] 孙一民.创新制胜——现代企业技术创新[M].太原:山西经济出版社,1998.

[7] 吴贵生.技术创新管理[M].北京:清华大学出版社,2000.

[8] National Science Foundation of U. S. A. The process of technological innovation: reviewing the literature-productivity research section division of industrial science and technological innovation [R]. May,1983.

[9] 傅家骥.技术创新学[M].北京:清华大学出版社,1998.

[10] 邵云飞,詹坤.突破性技术创新文献综述[J].技术经济,2014,36(4).

[11] 蒋军锋,李孝兵,殷婷婷,等.突破性技术创新的形成:述评与未来研究[J].研究与发展管理,2017,29(6).

[12] 施萧萧,张庆普.基于共词分析的国外颠覆性创新研究现状及发展趋势[J].情报学报,2017,36(7).

[13] Crossan M, Apaydin M. A Multi-Dimensional Framework of Organizational Innovation: A Systematic Review of the Literaure[J]. Journal of Management Studies,2010,47(6).

[14] 陈劲,黄淑芳.企业技术创新体系演化研究[J].管理工程学报,2014,28(4).

[15] 杨俊.新时代创新研究的新方向[J].南开管理评论,2018(1).

第二章

技术创新基础

本章将较为系统地介绍技术创新的各主要基础问题,包括技术创新的特征和作用,技术创新的主要类型,技术创新的过程是如何推进的,通过技术创新获利需关注哪些要素,哪些因素会帮助企业取得技术创新的成功,以及在开展技术创新时应避免哪些主要"误区"等,本章的最后还将简要介绍实物期权思维在技术创新中的运用。

第一节　技术创新的基本特征和主要作用

一、技术创新的基本特征

作为企业的一项重要的经济活动,技术创新的主要经济特征可归结为以下几个方面:

1. 创造性

创造性是技术创新的最基本特征。它是指创造出新的资源(如尼龙、塑料、石墨烯等)以及对生产要素的重新组合(如集装箱的发明、医学影像 CAT 扫描仪等)。技术创新是企业的一种创造性行为,是企业创新精神的实践,它要求创新的主体——企业必须要具有强烈的创新意识,富有创造性的决策能力,具有勇于承担风险的胆识和有创造性的组织才能。正是基于这一特征,熊彼特将创新活动形容为一种"创造性的破坏"。另外,从创新成果而言,不管创新程度如何,技术创新都必须具有一定程度的创造性,或是创造出全新的功能价值,或是对原有功能、价值的增加或革新。

2. 累积性

每一轮新的创新都是以先前的创新成果为基础的,绝大多数创新并不是全盘否定原有的产品和生产要素组合,而是在已有知识累积到一定程度时对旧的产品和工艺的一种扬弃和技术突破。这是技术创新累积性的一层含义。技术创新累积性的另一层含义是,技术创新并不是每一次都一定会带来技术上的重大突破,在企业创新实践中,大量成功的创新往往是渐进的,是点点滴滴累积而得的,而不一定是技术上的新飞跃。

3．效益性

效益性是企业进行技术创新活动的根本动力所在。任何层次及规模的技术创新活动,都需要投入一定数量的资源,这是实现预期的创新目标的物质保证。伴随着这种投入,每一次成功的技术创新又总会获得比投入高得多的新增财富或比较利益,这正是企业进行技术创新活动的根本动力。从更高的角度讲,技术创新的效益性,不仅表现为企业的经济效益,而且还表现在创造出来的社会效益和宏观经济效益,在很大程度上,这种社会效益和宏观经济效益往往比企业经济效益更为重要,诸多的理论研究及实践均已证实,企业持续不断的技术创新是促进一个国家经济增长和发展的基本保证。

4．扩散性

尽管创新活动会伴随着高失败率的风险,但一旦取得成功,就会对企业的发展直至对整个人类社会的进步和经济的发展,发挥重要的推动作用。技术创新对社会、经济的最大影响,即其宏观效果,正是通过技术创新的扩散来实现的。可以说,如果技术创新不扩散,其效果和作用只能体现在企业的经济效益上;而技术创新的扩散过程,才是真正促进社会经济发展、增加社会财富的过程,才是技术创新的宏观经济效益的实现过程。

5．风险性

创新所能获得的增量收入的多少又是与创新活动所面临的风险的大小相对应的。并不是所有的技术创新活动都必然会为企业带来增量收益,技术创新活动是一项风险性很高的创造性活动,在技术创新过程中,有些风险因素是可控的,但也有一些风险因素是不可控的,是事先难以估计或把握的。即便在发达的工业化国家,也有将近90%的技术创新项目在进入市场实现商业化之前即宣告失败。

概括起来,技术创新的风险性主要体现在以下三个方面:

一是技术风险,如技术开发本身的成熟度不够带来的风险,从实验室样机到大规模批量生产转化过程中技术无法完整复制的风险,技术开发最终无法达到预定目标的风险,技术研发尚未成功就出现了更新、更好的替代技术,等等。

二是市场风险,如竞争对手率先推出更具创造性的新产品,或是消费者的消费观念和需求发生变化,或是为新产品培育新市场所需的投入太高,而使产品成本过高、企业盈利过低或是根本无盈利可言等等带来的风险。

三是社会风险,如自然风险和政策风险。自然风险如自然灾害等,显然是企业无法控制的因素。政策风险在制定决策时大多是可以预见的,这就要求决策者不仅要看到政策的导向作用,也要对政策的变化和制约作用有很好的预见。随着对技术创新研究的不断深入,已有不少学者认为技术创新的风险还应包括道德伦理上的风险,关于此问题我们将在本书的第十章做简要讨论。

技术创新是一项风险性很高的活动,企业在开展技术创新活动时需要对其风险给予高度重视,防患于未然,这就要求企业在创新过程中必须有科学的决策、严密的组织和有效的控制,以期将风险降到最低限度。

二、技术创新的主要作用

各种类型的技术创新带来了各国经济的巨大发展,同时也推动了人类社会的进步。看看世界百强企业和那些"百年老店",正是由于它们积极推动技术创新,才走到了世界企业的前列和保持长盛不衰。技术创新是人类财富之源、社会进步之本,是经济增长的不竭动力。

具体地讲,技术创新的作用主要有以下几点。

1. 提高企业竞争能力

竞争的实质是通过"制造差别化"来战胜竞争对手。企业可以利用自己研究开发的优势,不断研发新技术和开发新产品,在产品的品种、性能、质量等方面制造差别化;也可以利用先进的工艺设备,通过大规模生产降低产品成本,建立同等质量下的价格优势;还可以利用流通领域的能力,通过优质的售后服务创造服务方面的差别化。不管哪一种差别化都可能获得竞争优势,而任何一种差别化都离不开技术创新。

日本的索尼、松下和三洋三大电器公司的成功,在很大程度上可归因于他们追求技术创新,根据各自的优势,选择了不同的差别化战略,使自己的产品始终居于领先地位。索尼每年开发上千种新产品,在品种上独领风骚;松下以优质的服务让天下的顾客"十分信赖和放心地使用着松下产品";三洋则以"用户买得起"为原则,低成本地开发自己的产品,制造竞争中的价格差别化。不同的竞争战略,都可使企业获得竞争优势。

再看两个相反的例子。美国无线电公司是最早开发和生产电视机的厂家,当时可谓电子领域的先锋和开拓者,仅电视机方面的专利在当时就给公司带来了巨额财富。在1965 年以前,美国无线电公司的电视机在市场上一直处于绝对优势,但由于他们没有及时开拓新事业,创新停滞,在 20 年后的 1985 年 12 月被美国通用电器公司所兼并。王安电脑公司亦曾鼎盛一时,王安本人亦名列美国第五大富豪。但进入 20 世纪 80 年代以后,电脑市场竞争激烈,由于该公司满足于自己产品在设计和技术水平上的优势和声誉,未能及时跟上电脑转型创新的步伐,没有及时推出与主导设计相兼容的新型电脑,终于败在 IBM 和苹果公司手下。西方评论家一针见血地指出,王安公司的失败是由于"脱离了用户,忘记了创新"。

由此可见,在世界范围内,任何企业,包括曾经辉煌一时的大企业,并非总会长兴不衰,它们的命运总是与技术创新紧密相关,"创新则兴,不创新则亡",这是市场经济的一条定律。

2. 提高企业经济效益

企业经济效益的高低,是与企业产品的技术含量和是否适销对路密切相关的。提高企业经济效益的一条重要途径,就是通过坚持不懈开展技术创新,不断提高现有产品的技术含量和开发适销对路的新产品,不断提高企业的核心竞争力。为什么美国思科公司能够保持高增长的势头,其主要原因就在于思科公司常年坚持技术创新,使其高端计算机网络设备在世界上保持明显的领先优势。人们常说"人无我有,人有我新",这靠什么来实现?靠创新,主要靠技术创新。拥有核心能力、核心技术的企业显然在提高经济效益上要比其他企业容易许多。

我们不妨看看国外名牌企业是如何通过技术创新,不断推动产品结构变化、不断提高产品附加价值,而使企业走上致富和长盛之路的。

飞利浦公司已有一百多年的历史,企业老,产品却不老。1891 年,安东尼奥和杰拉德·飞利浦在荷兰埃因霍温创建了飞利浦公司。当时,公司以生产碳丝灯泡为主,并于 19 世纪末 20 世纪初成为欧洲最大的碳丝灯泡生产商之一。虽然公司取得了很好的成绩,但创新的步伐一刻都没有停留:飞利浦公司 1914 年成立了第一个研究实验室并发明了内置聚光镜的投射灯;1917 年生产了世界上第一只无线电真空管;1918 年推出了医学 X 射线管;1922 年第一只 X 光管在飞利浦公司问世;1926 年五极真空管诞生;1932 年生产路灯钼灯;1949 年发明了非金属磁体;1957 年生产了全新的铅光导摄像管;1960 年生产出全新的推基式晶体管;1963 年推出了卡式录音机;1965 年全新的电脑电子记忆系统研究成功;1970 年研制出 LOCOS 高密度集成电路生产程序;1972 年推出光学录像激光视盘技术;1980 年将核磁共振成像系统应用于医疗诊断仪器中;1986 年推出了硅片摄录影像管所用的影像感应器;1990 年开发了红绿激光技术;1991 年发明了 QL 感应照明系统;到 1995 年,飞利浦已经销售了 3 亿台 Philishave 电动剃须刀;1997 年飞利浦与索尼公司合作,推出了另一项创新产品 DVD,该产品成了历史上发展最快的家电产品。跨入 21 世纪,飞利浦变革与发展的步伐始终没有停息,目前在剥离部分原有业务的同时,逐渐形成了"医疗保健、照明和优质生活"三大业务板块。正是由于一系列的技术创新,使飞利浦这一老牌公司长盛不衰。也正是由于这些技术创新,使该公司的产品结构不断得到改善,更加适应市场需求的变化,产品的附加价值不断提高,给该公司带来了丰厚的利润。虽然近年来飞利浦公司的销售额有所波动,2015 年的营业额仍达到 286.89 亿美元,处于世界五百强之列。

3. 促进新产业的发展

我们知道,产品有生命周期曲线,其实产业也同样有生命周期曲线。例如,钢铁产业曾经是许多西方发达国家的第一大产业,纺织产业也曾经是日本的一个支柱产业。而现在,发达国家产业的龙头地位早就让位给了新兴的高技术产业,我国目前重点发展的战略性新兴产业,也正在成为我国的高技术支柱产业。

绝大多数产品的市场都有其生命周期,不仅会趋于饱和而达到成熟化,而且还会走向衰老与死亡,最终被另一种新产品所替代,具有知识和技术含量的产品更是如此。当重大技术创新产生出新的技术或产品后,新兴产业的形成和发展也就拉开了序幕。在这种产品的替代和产业的变更过程中,即便是原来的行业领先者,如果跟不上产品替代的步伐,抓不住产业发展的机遇,最终必将被市场所淘汰。例如,美国戴顿国家现金出纳机公司,曾经是美国生产现金出纳机和会计机的龙头企业,在一段时间内,由于技术上的领先,获得了丰厚的利润。然而,当美国一个小公司于 1971 年推出第一台电子出纳机、开始拉开新老产品更替的序幕之时,戴顿公司却没有意识到电动机械设备已经过时,反而投资 1.4 亿美元进行技术改造,以期生产新型的电动机械式出纳机。他们万万没有想到,当新型产品上市时已经完全没有用户,结果公司的股票从 45 美元降至 14 美元,不仅被迫解雇了 2 万多名工人,甚至连总经理也被解雇了。目前我国许多传统行业的大型企业,都遇到了与美国戴顿国家现金出纳机公司相似的命运。

纵观世界产业发展的历史不难看出,几乎每一个新产业的形成和发展,都是技术创新尤其是突破性技术创新的结果。新兴技术、突破性技术所具有的"可以创造一个新行业、毁灭一个老行业"的特征[1],讲的正是通过技术创新将不断催生新产业的形成和老产业的衰亡。在新兴产业的发展过程中,只有那些不断进行技术创新的企业才可能成为竞争的胜利者。即便是竞争的胜利者,也要时时刻刻通过持续的技术创新才能维持其优势;而被迫退出竞争的失败者,也只有通过不断的技术创新,才可能另谋生路。在这个过程中,任何等待观望都意味着放弃发展,坐以待毙。所有企业都必须通过技术创新保持竞争优势和不断寻求新的发展机会。

4. 提高经济增长质量

技术创新不仅是经济增长的不竭动力,而且是提高经济增长质量的根本途径。经济增长质量的提高主要表现为等量资源消耗生产出更高的附加价值,或者等量的附加价值所消耗的资源的降低。简单地讲,就是用等量的资源为人类创造出更多的财富,同时最大限度减少对人类自然生态系统的破坏。具体来讲,一个国家经济增长质量的提高,归根到底需要依靠产业内容和产业结构的"高级化",即在产业内部大力发展知识和技术含量更高、各类资源消耗更少的新兴领域和行业;同时大力发展各类知识和技术密集型的新兴产业。毫无疑问,实现产业内容和产业结构"高级化"的根本且唯一途径,是依靠技术创新。

近年来,我国党和政府大力倡导发展战略性新兴产业,正是产业内容和产业结构"高级化"的重要举措。按照《"十二五"国家战略性新兴产业发展规划》的定义,战略性新兴产业是以重大技术突破和重大发展需求为基础,对经济社会全局和长远发展具有重大引领带动作用,知识技术密集、物质资源消耗少、成长潜力大、综合效益好的产业。从上述定义不难看出,技术创新在发展战略性新兴产业中将发挥至关重要的作用。同时,技术创新还是解决我国部分领域、行业物质能源消耗高,环境污染重,资源浪费多等制约高质量经济增长的有效途径。

第二节 技术创新的主要类型

技术创新是一个动态的过程,根据企业技术创新活动的广度、深度以及研究侧重点的不同,可以将技术创新进行不同的分类。下面我们从比较通俗的角度,介绍技术创新的几种基本类型。

一、按创新程度分类

根据技术创新过程中技术变化强度和技术创新程度的不同,技术创新可分为突破性创新和渐进性创新。

1. 突破性创新

突破性创新(radical innovation)是指技术有重大突破,并在商业化方面取得成功,获得相应效益的创新活动。或者说突破性创新是指具有重大科学发现、技术发明、模式变革等的创新活动。

突破性创新具有如下三个主要特征:

一是突破性。在科学技术上有重大突破,这种突破性会带来一段时间在技术上的垄断性。

二是非连续性。要经过较长时间的研究与发展才能完成,而且是一种全新的技术或系统。

三是带动性。可带动一大批新产品甚至新产业的发展。这一特征正是各国政府和企业对突破性技术和突破性创新高度重视的主要原因。

谷歌眼镜是一款具有突破性创新意义的可穿戴技术产品。它具备拍照、提供导航服务、进行语音和文本转换和其他很多功能。相信不久,你就会在街上看到很多带着谷歌眼镜逛街的人。实际上,正是这款产品点燃了公众对可穿戴技术的强烈兴趣。

再如未来的第五代移动通信技术是突破性创新;石墨烯的制备技术的突破也将是一项突破性创新。

2. 渐进性创新

在突破性创新之后,常常伴随有持续性的改进与拓展,以促使技术突破走向实用阶段。在这一阶段,会涌现出大量的渐进性创新。

渐进性创新(incremental innovation)是指对现有技术的改进和完善而引起的渐进性、持续性的创新活动。或者说是指对现有技术的非质变性的改革与改进。这是一种渐进式的连续创新,创新的思路常常源自市场需求和技术应用。虽然这是一种非质变性的创新,但其重要性却不能轻视。首先,它具有良好的商业价值,众多企业会通过渐进性创新持续获利和发展壮大；其次，它为众多中小企业带来了发展良机，使无法进行突破性创新的企业通过渐进性创新找到自己的细分市场和发展机会；再次，它会有力促进产业转型升级，促进新兴产业群的形成和发展；最后，它会给人们的生产、生活方式带来重要影响，这种改进的不断进行甚至可能使某项技术产生质的突破。例如，由于石墨烯的应用领域十分广泛，一旦石墨烯制备技术得到重大突破，那么石墨烯应用于众多领域的渐进性创新将持续相当长的时期，在此过程中不仅众多企业获利和发展壮大，还会形成一个重要的新兴产业。再如，智能手机中相机的不断改进，已经对数码相机市场造成了巨大冲击，正在对数码相机形成"创造性毁灭"。

渐进性创新具有以下三个主要特征：

一是渐进性。这一次创新改善一个或几个质量、性能指标，下一次创新又改善一个或几个指标。如集成电路集成度的提高就是渐进性的。

二是不间断性。每次创新是在以前创新的基础上进行的，继承了以前创新的优点，解决了以前创新没能解决的问题。如无线射频卡（RFID）识别距离的增加和识别精度的提高。

三是累积性。可能每次创新带来的变化不大，但聚集起来的效果却十分巨大。如手机相机从刚出现时清晰度不高到现在已基本可以与数码相机相媲美。

举个更为典型的例子，计算机、汽车等产品的主导设计多年来基本没有变化，但通过不断的渐进性创新，每一次创新在以前创新的基础上改善一个或者几个性能、质量指标，经过长时间的渐进性创新，相比于计算机、汽车发明之初，其性能、质量等已经发生了翻天覆地的变化，从中我们不难看出渐进性创新的巨大作用。

从长期来看，渐进性创新是企业成功的关键因素，它所产生的累计效应通常会超过突破性创新。日本制造业获得成功的内在原因就是长期坚持渐进性创新，不断改善产品质量和提高劳动生产率。

二、按创新对象分类

根据技术创新中创新对象的不同，技术创新可分为产品创新、过程创新和工程创新。

1. 产品创新

产品创新（product innovation）是指技术上有变化的产品的商业化。按照技术变化量的大小，产品创新可分成重大（全新）的产品创新和渐进（改进）的产品创新。

产品用途及其应用原理有显著变化者可称为重大产品创新。如美国贝尔公司发明的电话和半导体晶体管，德克萨斯仪器公司首先推出的集成电路，斯佩里兰德开发的电子计算机等是重大产品创新；又如杜邦公司和法本公司首创的人造橡胶、杜邦公司推出的尼龙和帝国化学公司生产出的聚乙烯这三项奠定三大合成材料基础的创新也是重大产品创新。重大的产品创新往往与技术上的重大突破相联系。

渐进(改进)的产品创新是指在技术原理没有重大变化的情况下,基于市场需要对现有产品所作的功能上的扩展和技术上的改进。如索尼公司每年上市近千种新产品,其中大部分是对原有产品的功能作了某些微小的变动或者不同产品功能的新组合,如品种繁多的"随身听"就是这样开发出来的。正是这类创新,不断地吸引大量的顾客,为企业产品开辟了广阔的市场前景。

广义的产品包括服务(无形产品),因此,产品创新也包括服务创新。

2. 过程创新

过程创新(process innovation)也称工艺创新,是指产品的生产技术的变革,它包括新工艺、新设备和新的组织管理方式的变革。

过程(工艺)创新同样也有重大和渐进之分。如炼钢用的氧气顶吹转炉、钢铁生产中的连铸系统、早期福特公司采用的流水作业生产方式以及现代的计算机集成制造系统等,都是重大的过程创新。这些过程创新往往伴有重大的技术变化,与采用新的技术原理相联系。另外,也有很多渐进式的过程(工艺)创新,如对产品生产工艺的某些改进,提高生产效率的一些措施,或导致生产成本降低的一些方法等。过程(工艺)创新与提高产品质量、降低原材料和能源的消耗、提高生产效率有着密切的关系,是技术创新中不可忽视的内容。

3. 工程创新

对工程的定义可以分为两类:一是指将自然科学理论应用到具体工农业生产部门中形成的各学科的总称,如水利工程、化学工程等;二是指需要较多的人力、物力和较长的周期来进行的较大而复杂的工作,如中国载人航天工程、三峡工程等。

工程技术创新是指在工程活动中开展的各类技术创新活动的总和。工程技术创新是涉及多学科、多专业和多个组织的创新活动,其中既有产品创新,如工程中使用的材料、设备等,又有工艺创新,如施工工艺、施工方法等。

随着我国大型工程项目的增多、技术水平的不断提高以及对国民经济的作用越来越大,我们认为有必要对工程项目的技术创新开展必要的研究,本书将此内容安排在了第九章。

技术创新的经济意义往往取决于它的应用范围,而不完全取决于是产品创新还是过程(工艺)创新。例如,集装箱这一产品的创新,可以说没有多少新技术,但是它变散装运输为大箱集装运输,减少了船只在码头的停留时间,使海洋运输效率提高了很多倍。可以毫不夸张地讲,没有集装箱就没有现代海运业,同时亦不可能有快速发展的世界贸易。再如,美国明尼苏达矿业和制造业公司(3M公司)开发生产的一种小型不干胶便笺,既可贴于书页上,又可不留痕迹地把它拆下来,就这样的小黄纸片,每年可给3M公司带来3亿美元以上的销售收入。

三、按创新战略分类

按创新战略分，主要可分为自主创新、模仿创新、协同（合作）创新以及集成创新。由于后面章节会详细讨论，故在此仅简要介绍这几种创新形式的基本概念和特点。

1. 自主创新

自主创新是指企业通过自身的努力和探索产生技术突破，攻破技术难关，并在此基础上依靠自身的能力推动创新的后续环节，完成技术的商品化，获取商业利润，达到预期目标的创新活动。

自主创新具有以下基本特点：

（1）技术突破的内生性。

（2）技术与市场方面的率先性。

（3）知识和能力支持的内在性。

2. 模仿创新

模仿创新是指企业通过学习模仿率先创新者的创新思路和创新行为，吸取率先者成功经验和失败的教训，引进购买或破译率先者的核心技术和技术秘密，并在此基础上改进完善，进一步开发的创新活动。

模仿创新从本质上看是一种创新行为，但这种创新是以模仿为基础的，因而具有不同于自主创新的一些特点。具体如下：

（1）模仿的跟随性。

（2）研究开发的针对性。

（3）资源投入的中间聚积性。

3. 协同（合作）创新

协同创新是指多个创新主体充分发挥各自优势来联合开展的创新活动。它既是一种新型的创新组织形式，又是各创新主体可采用的一种创新战略。

狭义的协同创新一般指产学研协同创新（也被称为产学研合作创新）。产学研协同创新的内涵本质是：协同创新是企业、政府、知识生产机构（大学、研究机构）、中介机构和用户等为了实现重大科技创新而开展的大跨度整合的创新组织形式。

综合众多国内外学者的研究，协同（合作）创新的主要动机可归纳为三个方面：

（1）节省交易成本。合作创新能够节省技术转移和技术交换的成本。

（2）合作体内独占知识技术。技术会在产业内及产业间溢出，有的产业技术的溢出效应很高，此时，企业为了使研究开发的"外部性"内部化，便组建合作研究开发联盟，以达到防止技术外溢、在联盟内部独占技术的目的。

（3）能力"异质性"。当前的高新技术创新常常依赖于多个科学技术领域的合作才能完成,然而很少有企业具有足够广阔的知识,因此参与合作主体之间核心能力的广度和多样性,在各参与主体核心能力基础上合作产生新的核心能力是参与合作创新的一个主要动机。

除了开展合作(协同)创新的三个主要动机可以反映协同创新的一些特点外,协同创新还具有以下特点:①整体性,创新生态系统是各种要素的有机集合而不是简单相加,其存在的方式、目标、功能都表现出统一的整体性;②动态性,创新生态系统是不断动态变化的[2]。

协同创新是一项较为复杂的创新组织方式,其关键是形成以企业、大学、研究机构为核心要素,以政府、金融机构、中介组织、创新平台、非营利性组织等为辅助要素的多元主体协同互动的网络创新模式。

协同创新主要包括产学研合作创新、军民融合协同创新等。

四、按技术变动的方式分类

技术变动的方式主要可分为两种,一种是结构性变动(architectural change),另一种是模式性变动(modular change)。结构性变动是指技术(产品或工艺)要素结构或联结方式的变动,如通信技术中从有线电话到无线电话就是结构性变动。模式性变动是指技术原理的变动,如从模拟通信技术到数字通信技术就是模式变动。

按技术变动方式的不同,可将技术创新细分为四种类型[3]。

1. 局部性创新

局部性创新是指在技术结构和模式上均未变化的条件下的局部技术改进所形成的创新。如将电话机由拨号式改进为按键式的创新就是一种局部性创新。

2. 模式性创新

模式性创新是指在技术原理变动的基础上的技术创新。如通信技术中的由模拟交换到数字交换的创新就是模式性创新。

3. 结构性创新

结构性创新是指技术结构变动形成的技术创新。如无绳电话的创新,在一定程度上改变了通信连接方式,但原理并未发生变化。

4. 全面性创新

全面性创新是指技术结构和模式均发生变动所形成的创新。例如,由模拟式有线通信发展到数字式无线通信所形成的技术创新就是全面性创新。

五、按技术变化的性质分类

按创新的技术变化的性质分类,可分为原理独创型、结构综合型、功能移植型和局部革新型四种类型[4]。

原理独创型的技术创新是指从基础科学研究中发现的科学原理,经过应用科学研究的探索得到的技术原理,创造出全新的技术实体(装置和工艺)。例如,本生和基尔霍夫根据牛顿的色散原理和弗郎霍费的光谱线发现所发明的光谱分析技术;马可尼和波波夫按照麦克斯韦的电磁波原理和赫兹的电磁波发现,各自独立创造的无线电通信技术;汤斯和梅曼等人根据爱因斯坦的光受激辐射原理所开创的激光技术等都是基于科学原理之上技术原理的重大突破。这类开拓型技术一般都会引出该领域乃至许多相邻领域的巨大革命,为人类的实践活动提供崭新的技术手段和方法。

结构综合型的技术创新是指把几种科学原理所规定的现有技术重新组合起来,创造出结构形式全新的技术装置、手段和工艺。这种结构综合型技术,是直接根据人的目的和社会需要而人为进行的技术综合组接,实际上是由各种自然规律互相作用和转换的客观基础所规定的。例如,科罗廖夫和布劳恩各自设计的火箭、卫星、飞船等航天技术装置,组成其结构的各个技术系统几乎都是将早已成熟的材料技术、燃料技术、动力技术、通信技术、控制技术等巧妙地综合而成的,而其运用的各种技术原理不仅以相应的特殊科学规律为基础,而且还必须符合和达到牛顿引力理论对航天装置的根本规定。

功能移植型的技术创新是指根据自然规律在不同情况下的各种特殊表现,按现有的成熟技术在不同条件下的不同功能作用,把它移植推广应用到其他领域中去,扩大技术的功能范围。比如,伦琴发现 X 射线之后,人们最早依据其物体的性质,发明了 X 射线人体透视技术、X 射线物件探伤技术等。后来劳厄发现射线对晶体的衍射现象,人们又据此发明了 X 射线晶体结构分析技术,进而又将它移植到矿物、材料、生物大分子的结构测定中,从而扩展了 X 射线技术的应用范围。又如,激光技术移植到工业、农业、医疗等许多部门后,产生了激光测量、激光钻孔、激光熔炼、激光育种、激光手术等新技术。一种新技术一旦在某个领域获得成功,往往会显示出它的巨大潜在功能,触发相邻部门,引起新技术的连锁反应,满足人们的多方面需要。这种移植的技术创新,在当代与综合型的技术创新几乎是并驾齐驱,并且相互渗透、彼此结合。

局部革新型的技术创新是在原有技术主题部分基本原理不变的情况下,对其缺陷或不足的部分加以改进,使之不断完善和成熟起来,更加适应人的需要。这类技术创新,人们通常也叫作技术革新。这种局部革新逐渐积累有时会导致技术上的重大突破和革命。如瓦特发明的往复蒸汽机,对纽可门等前人发明的蒸汽机做了几项改革,加上分离的冷凝器和离心调节器等装置,引起了一场动力革命,把第一次技术革命推向了高潮。

六、按创新的开放程度分类

按企业技术创新的对外开放程度分类,可分为封闭式创新与开放式创新。

1. 封闭式创新

封闭式创新的特点是研发创意、产品开发设计、产品生产与市场化功能都是在企业内部自身系统中完成的。

在 20 世纪的绝大多数时间里,这种创新是主流,也创造了许多企业的辉煌。

例如,20 世纪施乐公司发明了一项令人惊奇的新技术,就是利用静电把色粉印在纸上,称之为"静电复印技术"。施乐公司积极追求技术上的突破,将其转化为产品,并在自己的工厂里生产这些产品,然后向市场推广,并提供服务,所有的一切都是在公司的四面高墙内完成的。这种典型的封闭式创新模式使施乐公司从 20 世纪 50 年代时的一家小公司一举发展为《财富》500 强企业。

这种创新模式的一大优点是保密性好,受外界的影响小,可以在较长时间内获取高额利润。

2. 开放式创新

进入 21 世纪以来,全球经济快速变化,信息网络加速了知识和信息的传递,产品周期快速缩短,技术越来越复杂,使创新成本增加,这使原来成功运行的封闭式创新模式遭遇到新的挑战,在这种新环境下,企业的创新模式也在发生改变。

加州大学伯克利分校哈斯商学院教授亨利·切萨布鲁夫(Henry Chesbrough)通过对美国高通数字技术公司、基因酶生物制药集团、宝洁日用消费品公司和芝加哥报业集团等许多企业的调研发现,这些企业虽然运营在完全不同的技术领域和提供完全不同的产品或服务,但每个公司都不再完全依靠公司内部的计划、想法、研发来发展业务,而是转向更开放的模式。在此基础上,他提出了开放式创新的概念。

开放式创新的核心是在创意、研发和商业化等技术创新过程中,企业外部资源与企业内部资源具有同等重要性。

七、按创新的规模及影响分类

按技术创新的规模及影响划分,可分为企业技术创新与产业技术创新。这两种技术创新活动的规模及影响是不同的。

企业技术创新是以某个企业为主体的创新活动,具体来说是指以企业的产品开发、工艺革新、市场开拓、组织及管理变革为内容的创新活动;而产业技术创新则是指某一类技术创新活动的产业化。

产业技术创新或是表现为创新技术的规模化和群体化,并因此而兴起一种新兴的高新技术产业;或者是表现为由某类创新技术的商业化及扩散过程而使传统产业的传统技术得以突破性改进,使整个产业实现整体的高效化。例如,微电子技术在机械行业中的运用,既为这一传统行业带来了新的发展空间,相应地也带来了生产要素组合的产业化的改变。当然,产业创新活动是要以企业创新活动为基础和主体的,但它也不仅仅只是某个产业中不同企业技术创新结果的简单叠加,而是同一产业中多个企业技术创新结果的有机结合与扩散。

八、其他创新形式

1. 集成创新

集成的概念最早是由美国哈佛商学院的马尔科·扬西蒂(Marco Iansiti)教授提出的。1988 年,扬西蒂出版了《Technology Integration》一书,提出了技术集成的概念,并对计算机企业的技术集成能力培养进行了研究。

集成是一种创造性的融合过程,各种要素的简单结合并不能称为集成。只有当要素经过主动的优化、选择搭配,相互之间以最合理的结构形式结合在一起,形成一个由适宜要素组成的、相互优势互补、相互匹配的有机体,这样的过程才称为集成。

在技术创新中所指的集成创新,是指将两种或两种以上的技术有机地结合在一起从而产生出一种全新的技术的创新形式。

移动互联网是移动通信和互联网融合的产物,继承了移动随时随地随身和互联网分享、开放、互动的优势,是整合二者优势的"升级版本",即运营商提供无线接入,互联网企业提供各种成熟的应用。

医学影像 CAT 扫描仪(CAT 扫描仪,又称计算机 X 射线轴向分层造影扫描仪,原本是用来探查太空元件瑕疵的技术)是 X 光技术和计算机技术结合的产物。X 光技术在医学领域已经得到了应用,而计算机技术以前是用于数据处理。这两项技术的结合创造了一项应用于原有领域的新技术。在这个例子中,只有计算机技术跳到了新领域,结果却是技术应用的惊人改变。

另一种情况是,两项技术经历融合后,产生的新技术被应用于新领域。例如,磁记录读写头原来用于磁带录音机,光信号处理技术主要用于广播电视,这两项技术经过融合后产生了录像机。

将两项或者更多的技术集成或融合在一起,可能会产生意想不到的效果,这方面的例子不胜枚举,所以我们要对集成创新给予高度重视。

2. 商业模式创新

商业模式(business model)是一种包含一系列要素及其关系的概念性工具,用以阐明某个特定实体的商业逻辑。它描述了公司所能为客户提供的价值以及公司的内部结构、合作伙伴网络和关系资本等用以实现(创造、营销和交付)这一价值并产生可持续、可盈利性收入的要素。

所谓商业模式创新,是指对目前行业内通用的为顾客创造价值的方式提出挑战,力求满足顾客不断变化的要求,为顾客提供更多的价值,为企业开拓新的市场,吸引新的客户群。

或者简单说,商业模式创新就是对商业模式进行再设计。

商业模式创新的途径和类型是近年来国内外研究的热点。林德(Linder)和卡特雷尔(Cantrell)把商业模式创新分为四种类型:

一是挖掘型,即在不改变商业模式本质的前提下挖掘企业现有商业模式的潜力;

二是调整型,即通过改变产品/服务平台、品牌、成本结构和技术基础来调整企业的核心技能,提升企业在价格/价值曲线上的位置;

三是扩展型,即把企业的现有商业逻辑扩展到新的领域;

四是全新型,即为企业引入全新的商业逻辑。

虽然商业模式创新研究的主体不是技术创新,也不是技术创新中的一种类别,但在对商业模式进行再设计时,经常需要技术创新的有力支撑,同时很多技术创新在完成之后,也需要对其商业模式进行选择和创新,因此在此顺带提及。

上述对技术创新的划分,有一些重复和交叉,请在理解技术创新概念时注意。

第三节　技术创新的过程分析

一、技术创新成功的过程因素

一些文献对影响技术创新成功的各类因素进行过实证分析和归纳总结,虽然会因研究对象和环境的不同而有所差异,但一些主要结论是基本相同的。

其中对技术创新成功有关的过程因素主要包括:

(1)建立良好的内、外部沟通交流机制,与外部科学源和技术诀窍有效联结,接受和采纳外部的新构想。

(2)将创新看成是企业的任务;有效的交叉智能联结;从创新早期开始,所有部门就一体化地参与创新;设计出的物品可制造性强。

(3)精心计划和增加项目控制程序。即配置资源,对新项目进行公开筛选;评价项目;对项目施行有效管理与控制。

(4)提高开发工作效率,高质量生产。即实行有效的质量控制程序,使用最新的生产设备。

(5)强烈的市场导向。即强调满足用户需要,尽可能让潜在用户参与或涉及研发过程,充分发挥领航式用户的作用。

(6)顾客服务。即为顾客提供良好的技术服务,包括适当的顾客培训、保证物品供应、良好的售后服务等。

（7）配置某些关键人物，包括有影响力的项目倡导者和技术桥梁人物。

（8）高质量的管理。即经理人员有活力；能吸引并保留住有才能的经理和研究人员；组织具有柔性，易接受创新。

除了这些与创新项目实施过程相关的因素之外，还有三类因素对创新成功也比较重要，它们分别是：

（1）产品的性质，尤其是它的独特性或优越性，以及它带来的消费者价值的增加。

（2）市场的性质，即市场需要的密集度、市场成长率和市场容量。

（3）新产品与现有产品之间的技术与生产兼容性。

除上述与技术创新过程有关的因素外，有些战略层面的因素也是创新成功的先决条件，它们是：

（1）高级管理层对创新承担义务，并给予有力支持。

（2）有一个长期的企业战略，创新在该战略中起着关键作用。

（3）重大项目的长期资源配备不能仅仅依据单一的短期投资收益准则，更要基于未来的市场渗透与未来的市场成长。

（4）企业具有柔性并对变化有积极响应，企业内部的创新机制合理。

（5）高级管理层接纳风险。

（6）创造一种接纳创新、利于创业家成长的企业文化。

（7）企业家环境、制度环境和金融环境支持创新，外部激励有效。

（8）研发与企业其他职能的联结强度及企业内部的研发结构比例合理。

美国学者 Peters 和 Waterman 对创新成功的企业进行了调研，他们发现，这类企业具有下列特征：

（1）行动上具有倾向性。

（2）与顾客有着密切接触。

（3）具有自主性和企业家精神。

（4）利用人来开发企业的生产力（率）潜能。

（5）创新的传递依靠价值驱动。

（6）紧密结合自己的业务。

（7）组织形式简单，职员具有一定的倾向性。

（8）松紧结合的组织特性，例如，集中化与分散化的结合。

二、技术创新过程模型

企业技术创新过程涉及创新构思产生、研究开发、技术管理与组织、工程设计与制造、用户参与及市场营销等一系列活动。在技术创新过程中，这些活动相互联系，有时要循环交叉或并行进行。技术创新过程不仅伴随着技术变化，而且伴随着组织与制度创新、管理创新和营销方式创新。从 20 世纪 60 年代以来，国际上出现了多种具有代表性的企业技术创新过程模型。现将这些有代表性的技术创新过程模型介绍如下。

1. 技术推动的创新过程模型

人们早期对创新过程的认识是：研究与开发（R&D）或科学发现是创新的主要来源，技术创新是由技术成果引发的一种线性过程。这一过程起始于 R&D，经过生产和销售最终将某项新技术、新产品引入市场，市场是研究开发成果的被动接受者。体现这种观点的是技术推动的创新过程模型，如图 2-1 所示。

| 基础研究 | → | 应用研究与开发 | → | 生产 | → | 销售 | → | 市场需要 |

图 2-1　技术推动的创新过程模型

事实上，许多突破性创新确实是来自技术的推动，对技术机会的认识会激发人们的创新能力，特别是新的发现或新的技术常常易于引起人们的注意，并刺激人们为之寻找应用领域。如无线电、计算机和激光这类突破性创新就是由技术发明推动的。

2. 需求拉动的创新过程模型

需求拉动的创新又称为市场拉动型创新，它是指创新想法最初源于顾客的需求信息，然后才寻找能满足需求的技术解决方案。在 20 世纪 60 年代中期，通过对大量技术创新的实证研究和分析，人们发现大多数创新特别是渐进性创新，并不是由技术推动引发的。研究表明，出现在各个领域的重要创新，有 $60\%\sim80\%$ 是市场需求和生产需要所激发的。市场的扩展和原材料成本的上升都会刺激企业创新，前一种创新的目的是创造更多的细分市场，抢占更大的市场份额，后一种创新的目的是减少相对昂贵的原材料的用量。于是有人提出了需求拉动（或市场拉动）的创新过程模型，如图 2-2 所示。在需求拉动的创新过程模型中，强调市场是 R&D 构思的来源，市场需求为产品创新和工艺创新创造了机会，并激发为之寻找可行的技术方案的研究与开发活动，技术创新是市场需求引发的结果，市场需求在创新过程中起到了关键性的作用。在许多组织中，最早发现需求信息的人往往不是产生创新想法的人。这些信息可能来自使用者、公司聘请的顾问或咨询人员，且这些信息可能很分散；此外，这些想法还可能产生于使用者与创新企业的频繁交流。

| 市场需求 | → | 销售信息反馈 | → | 研究与开发 | → | 生产 |

图 2-2　需求拉动的创新过程模型

然而，由于消费者需求变化的有限性和消费者需求变化测度的困难性，尽管市场需求可能会引发大量的技术创新，但这些创新大都属于渐进性创新，而不像技术推动那样能引发突破性创新。渐进性创新风险小、成本低，常常有重大的商业价值，能大大提高创新者的生产效率和竞争地位，所以企业往往偏爱这些创新。然而，只考虑市场这一种因素,将公司所有资源全部投向单纯来自市场需求的创新项目而不考虑潜在的技术变化,也是不明智的。

需求拉动的创新在顾客精通技术的时候容易发生,因此顾客成为创新思想的很好来源。比如,在需求拉动很明显的科学仪器行业,科学家们很容易通过市场需求来研发新的仪器。在技术推动的创新中,需要企业中的科学家和工程师与潜在的使用者有直接的交流,才能使新技术获得成功的商业应用。

需求拉动的创新在成熟技术中发生较多,而技术推动的创新在前沿技术领域中较常见。这是因为在技术推动的创新中,技术知识主要存在于创新者之间,使用者对新技术了解不多。

需求拉动的创新多是渐进性创新,而技术推动的创新则主要是突破性创新。

3. 技术与市场交互作用的创新过程模型

20 世纪 70 年代和 80 年代初期,人们提出了另一种创新过程模型,即技术与市场交互作用的创新过程模型,如图 2-3 所示。技术与市场交互作用的创新过程模型强调创新全过程中技术与市场这两大创新要素的有机结合,认为技术创新是技术和市场交互作用共同引发的,技术推动和需求拉动在产品生命周期及创新过程的不同阶段有着不同的作用,单纯的技术推动和需求拉动创新过程模型只是技术和市场交互作用创新过程模型的特例。

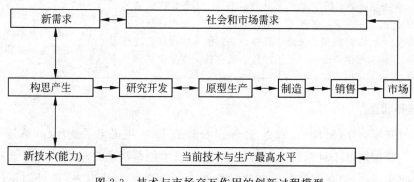

图 2-3　技术与市场交互作用的创新过程模型

4. 一体化创新过程模型

一体化创新过程模型是 20 世纪 80 年代后期出现的一种创新过程模型,它不是将创新过程看作是从一个职能到另一个职能的序列性过程,而是将创新过程看作是同时涉及创新构思的产生、R&D、设计制造和市场营销的并行过程,如图 2-4 所示。它强调 R&D 部门、设计生产部门、供应商和用户之间的联系、沟通和密切合作。波音公司在新型飞机的开发生产中采用了这种模型,大

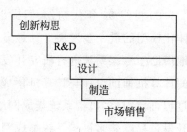

图 2-4　一体化的创新过程模型

大缩短了新型飞机的研制生产周期。实际上,我国在两弹一星的研制中采用的也是这种模型。一体化创新过程模型的框架结构和任务分解如表 2-1 所示[5]。

表 2-1　一体化创新过程模型的框架结构和任务分解

职能	创新阶段					
	概念开发	产品计划	详细设计与开发		商业化准备	市场引入
			阶段 1	阶段 2		
设计	提出开发新技术、新产品的构思;建立模型;实施模拟	选择部件并与供应商沟通;建立早期产品系统原型;确定产品结构	完成产品详细设计;与工艺设计师合作试制产品原型;测试产品原型	细化产品设计;对中间试验产品进行检测;解决技术难题	对工厂试生产的产品进行检测和评价;解决技术难题	对上市产品进行评价,发现新问题并加以改进
营销	提供市场需求信息;提出新产品概念并进行市场调查	确定目标顾客;估计销售收入和毛利;帮助研究开发人员与顾客进行早期沟通	指导顾客测试产品原型;参与评价产品的原型设计	指导顾客对产品进一步测试;评价产品原型;策划新产品首次亮相;制定分销计划	为产品投入市场做准备;培训销售人员和现场服务人员;设计订单接收和处理系统	为分销渠道供货;进行产品促销;与关键顾客联系、沟通;提供售后服务
制造	提出并研究、审查各种工艺概念(构思、方案)	估计制造成本;确定工艺方案;实施工艺模拟;选定供应商	完成详细工艺设计;设计、制造或采购工具和设备;做产品中试准备	安装测试设备;建立工艺规程;制定操作程序;进行产品中试	进行商业目的的工厂试生产;细化工艺设计;培训人员和落实供应渠道	进行商业化生产,达到预期的质量、产量和成本目标

5. 链环模型

克莱因和罗森堡(S. Kline 和 N. Rosenberg)于 1986 年提出了链环(或称链环-回路)模型。这一模型侧重于对创新过程的描述,它将技术创新活动与现有知识存量和基础性研究联系起来,同时又将创新各环节之间的多重反馈关系表达出来,是对创新过程较合理、较详细的解释[3]。

6. 系统集成网络模型

20 世纪 90 年代初,人们提出了又一种创新过程模型,即系统集成网络模型,它是一体化模型的进一步发展。其最显著的特征是强调合作企业之间更密切的战略联系,更多地借助于专家系统进行研究开发,利用仿真模型替代实物原型,并采用创新过程一体化的计算机辅助设计与计算机集成制造系统。它认为创新过程不仅是一体化的职能交叉过程,而且是多机构系统集成网络联结的过程。例如美国政府组织的最新半导体芯片的开发过程就是多机构系统集成网络联结的过程。

三、持续创新过程分析

在突破性的产品或工艺创新出现之后,还会引发一系列后续的渐进性创新并形成创新群,从而引起新产业的成长和老产业的再生或衰亡,这一过程称为持续创新过程。实践证明,突破性创新对技术进步和产业发展固然具有重大意义,随后的持续创新往往具有更大的商业价值。例如:当显像管出现后,经过工艺改进,其成本降低了一半,这为电视机等产品进入千家万户创造了条件。持续创新过程与产业的成长是密不可分的,从产业成长的角度考察创新过程,分析技术创新与产业成长的关系,研究重大的突破性创新产生之后渐进性创新的分布、竞争格局的变化以及产业组织的演变,对于我国制定战略性新兴产业发展战略和投资策略,在一些细分产业建立竞争优势,赶上和超过国际先进水平具有重大的现实意义。

持续创新过程描述的是在突破性创新产生后特定产业中各类创新的分布形式以及创新对产业成长的作用方式。创新的分布形式是指在创新产品或工艺的生命周期内各类后续创新的数量、强度及频率等。

1. A-U 创新过程模型

20 世纪 70 年代,美国哈佛大学的阿伯纳西(N. Abernathy)和麻省理工学院的厄特拜克(Jame M. Utterback)通过对以产品创新为主的持续创新过程的研究,发现企业的创新类型和创新程度取决于产业的成长阶段。他们把产品创新、工艺创新及产业组织的演化划分为三个阶段:不稳定阶段(流动阶段)、过渡阶段(转移阶段)和稳定阶段(专业化阶段),并与产品生命周期(PLC)联系起来,提出了描述以产品创新为中心的产业创新分布规律的 A-U 创新过程模型,如图 2-5 所示。

A-U 创新过程模型描述了处于不同阶段的产品创新和工艺创新的情况[5]。

1) 不稳定阶段(流动阶段)

根据 A-U 创新模型,在产品生命周期的早期,厂家为满足潜在的用户需要进行产品创新,产品原型的创新水平很高,彻底的产品创新很频繁,但是迅速减少。产品创新以剧变,而不是渐变的形式出现的比例很高。但由于设计思想

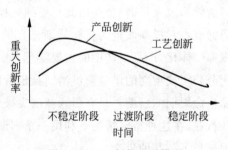

图 2-5 A-U 创新过程模型

缺乏一致性,多种产品设计进入市场且频繁变动(如早期的汽车和计算机),主导设计尚未确定,新技术常常是粗糙、昂贵和不可靠的,但它能在某些方面满足市场的需要。在这一阶段产品彻底失败的危险最大,产品的变化、市场的变化都是最为频繁的。与变动的产品设计相适应,制造工艺和产业组织也是不稳定的,所以这一阶段称为不稳定阶段,也称为流动阶段。这是一个在商业与技术上不断"尝试、纠错"的阶段,技术本身处于发展

和变动状态,技术的潜在市场有待确认,产品功能有待完善,产品市场有待开发。对于从事创新的企业来说,在这一阶段 R&D 支出较高,但却不太可能立即产生很高的经济效益。然而,对于那些具有企业家精神和较强技术鉴别与开发能力的企业来说,若能准确把握技术方向与市场机会并将技术开发与市场开拓有机地结合起来,极有可能取得巨大的商业成功。

2) 过渡阶段(转移阶段)

经过一段以不断"尝试、纠错"为特点的技术发展与变动时期,会出现一个将技术资源与市场需要联结起来的代表优秀产品的主导设计,如汽车产业发展过程中的福特 T 型车和计算机产业发展过程中的 IBM360 计算机系统。主导设计为产业的发展提供了一个"标准",降低了市场的不确定性。在主导设计确定后,产品创新率急剧下降,产品基本稳定,大规模生产成为可能,专用生产设备逐步取代通用生产设备,创新重点从产品创新转移到工艺创新,彻底的工艺创新频率则很高,并围绕着主导设计和大批量生产来展开。频繁的工艺创新加剧了价格和产品性能方面的竞争,而成本的竞争又导致生产工艺的彻底变革,从而大幅度地降低了生产成本,生产能力和规模在获得规模经济效益中愈发显得重要。在过渡阶段将主导设计推向市场的企业将赢得明显的竞争优势,但这并不意味着这些企业能对市场形成垄断。其他一些有较强技术实力和独特资源优势的企业通过在产品性能、可靠性等方面对主导设计进行技术改进,加强市场开发和改善售后服务,也能获得巨大的商业利益。

3) 稳定阶段(专业化阶段)

在稳定阶段,主导设计的出现使产品设计、生产程序与生产工艺日趋标准化,彻底的产品创新和工艺创新频率都很低。市场越来越成熟,价格竞争越来越激烈,为了生产出高度标准化的产品,生产流程也越来越自动化、集约化、系统化、专业化。大规模生产使制造效率大大提高,企业由此享受到规模经济带来的好处。企业进一步创新的重点是以降低成本和提高质量为目标的渐进性的工艺创新。生产过程和企业组织日趋专业化和纵向一体化,产品生产中的主要零部件、元器件通常由某些控制市场的企业集团的专业化分公司或独立的供应商供给。稳定阶段对应于技术学习曲线上的成熟期,通常也是产品生命周期的后期。只有引入新的突破性创新,才能再次焕发起该产业的活力。也有某些行业,在这种特定情况下利用一系列渐进性创新,为其产品增加了新的价值,非常成功地延长了产品的生命。

一个产业一旦发展到稳定阶段,企业组织会呈现出越来越大的刚性,产业内部会产生一种强烈的抵制重大创新的力量。技术变化可能会使工厂的设备过时,大多数员工担心变化会给他们的职业生涯带来威胁,因此,技术、财务、人力资源管理等各部门都可能会对企业要做出的适应性变化设置障碍。这一阶段的实质性创新大都是在外部因素刺激下产生的。例如:由于政府在法律上对污染和汽油消耗规定了新标准,汽车行业不得不进行创新;化学工业中的合成纤维技术创新的刺激导致了纺织工业的创新;集成电路的发展导致了手表工业的创新；计算机排版系统的创新导致了印刷业的创新。

A-U 创新过程模型表明，以产品创新为主的持续创新过程是产业内的企业在产品设计、生产工艺和企业组织等方面从无序、离散状态向有序、高度整合状态转变的过程。在不稳定阶段，产品创新多，竞争的重点在提高产品性能。在过渡到稳定阶段后，技术创新以工艺创新为主，竞争的重点转向通过工艺创新降低产品成本和提高产品质量，创新水平也从突破性创新向渐进性创新转变。在不稳定阶段，产业内许多小企业并存，通过竞争，只有一小部分企业能顺利进入稳定阶段，并发展成产业中少数几个规模巨大的垄断企业，多数企业将会被市场竞争所淘汰。

A-U 创新过程模型不仅为我们理解突破性创新与渐进性创新之间的关系、创新和产业演化之间的关系提供了线索，而且还有着较强的政策含义。按照这一模型，在不稳定阶段，国家应注重培养竞争环境、支持企业开展新技术、新产品的研发；在过渡阶段，国家应致力于提供吸收技术所需的基础设施，鼓励企业开展工艺创新；在稳定阶段，国家则应将支持的重点转移到提高产品性能和质量，降低产品成本等方面。正因为如此，该模型受到了政府和学术界的广泛重视，一些学者针对不同的研究背景，提出了相应的改进模型，并展开了模型的应用研究。

2. 长期的 A-U 创新模型

传统的 A-U 模型只描述了在一个特定技术轨道上的产品创新和工艺创新的一段过程，但从长期来看，同一轨道上的核心技术会在时间上有不同的创新集群形成，此时技术并未发生突变性的跃迁，但体现这种技术变化的产品，会带来不同的市场需求，故而，对应于新的核心技术创新集群会有不同的产品创新和不同的工艺创新高潮。如图 2-6 所示，长期 A-U 模型描述了同一技术轨道内技术创新的长期形态，有一定的现实意义。

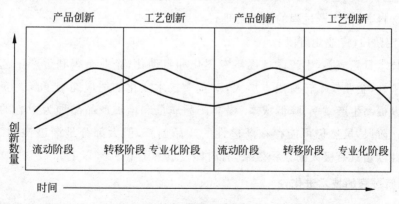

图 2-6　长期 A-U 模型

长期 A-U 模型显示，任何产业都存在着一个由创新流构成的技术周期。从这个周期来看，在同一技术轨道内创新过程存在着波动。要想获得成功，管理者不仅必须对创新进行管理，而且要对创新流进行管理，具体体现在影响创新流的核心技术管理和预先主动地变革组织塑造创新流两个方面。

3. 工艺导向持续创新过程分析

建立在产品生命周期理论基础上的 A-U 创新过程模型描述的是产品创新导向的持续创新过程,反映了许多产业实际的创新演化过程。然而,A-U 创新模型并不适合描述钢铁、建材和化工原料等一些重要产业的创新分布。这类产业的产品生命周期长,产品变化小,表现出了一种不同于 A-U 创新过程模型的工艺创新导向的产业持续创新模式。

在工艺创新导向的持续创新模式中,工艺创新是产品创新的先导和必要条件。突破性工艺创新引发产品创新,渐进性工艺创新导致产品质量的提高和生产成本的下降。突破性工艺创新还常常伴随着生产所用原材料的变化和生产规模的变化。

仿照 A-U 创新过程模型,也可以分三个阶段来描述工艺创新导向的产业持续创新过程[5]。

1) 不稳定阶段(流动阶段)

工艺创新导向的产业持续创新过程始于某些突破性工艺创新的出现,这些突破性工艺创新的初衷是克服某些重大技术障碍。在工艺创新技术生命周期的初期,创新工作的重点是技术原理的工艺实现,试验性工作较多,工艺技术本身处于发展和变动状态,工艺的主导设计尚未出现,技术的潜在市场尚未完全明朗,但突破性工艺创新使许多产品创新成为可能。

2) 过渡阶段(转移阶段)

产生主导工艺设计,以工艺创新为基础的产品创新大量出现,工艺创新的重点转向以适应产品创新和实际生产中的原材料条件为中心。这种以产品与原料为中心的工艺创新,常常也会出现重大突破。在这一阶段,产品逐渐标准化,企业开始增加专用设备,使用专供材料,规范生产过程的组织管理。

3) 稳定阶段(专业化阶段)

工艺技术日趋成熟,生产设备逐步专门化和自动化,企业组织和生产工艺呈现出越来越大的刚性,企业技术转换成本增大,对重大技术变化的适应能力下降。企业创新的重点转向以提高生产效率、降低成本、提高产品质量和增加产品品种为中心的渐进性创新。在这一阶段,虽然仍可能存在渐进性的产品创新,但大部分是渐进性的工艺创新。这种渐进性创新具有极大的累积效果,有时能使成本降低 50% 以上。

4. 创新过程的技术进化论

A-U 创新过程模型描述了突破性创新产生后特定产业的成长过程,但没有描述创新技术在到达成熟状态之后会怎么样。经济学家萨哈尔(Devendra Sahal)根据对由许多产业组成的大样本的观察,提出了创新过程的技术进化论[5]。

萨哈尔认为,技术是通过尝试、纠错这样一种学习方式而不断进化的,特定产业作为一个自组织系统通过对创新技术的应用与发展,其技术能力会逐步提高,从而推动技术不断发展。特定技术的成熟状态只是技术进化连续过程中的一个停滞或间歇时期（也称学习高原），这时形成一个与库恩科学进化论中的范式相对应的作为阶段标志的"技术路标"（A-U 创新过程模型中主导设计的概念与技术路标相似），它是过去创新的产物和未来创新的刺激因素。对于不同的技术来说，进化过程中的间歇持续的时间有很大不同，计算机技术在 25 年内进化了四代，而汽车行业的 T 型车却沿用了几十年。

萨哈尔还指出，技术进步既依赖于技术自身的发展，也依赖于消费环境，因此，创新技术进入市场的时机是决定创新成败的重要因素，有些创新之所以失败是由于引入市场太早而不是太迟。电加热器和电动机早在 1883 年就在维也纳展出过，然而直到普通发电机与电力系统出现之后它们才作为新产品进入市场，创新的商业实现被延迟了几十年。蒸汽船"大东方"是 19 世纪中期进入市场的，这种船的吨位比当时的其他船大 7 倍，动力功率大 100 倍，但由于当时的港口与服务设施不能适应，这种船只最终在商业上遭到失败。

萨哈尔强调，技术进化与生物进化的一个关键性区别在于：不同的生物种类不能杂交繁殖，而不同技术的创造性结合往往导致新技术的诞生，如合成纤维是纺织技术与化工技术创造性结合的产物，E-Mail 是计算机技术和通信技术创造性结合的产物，移动互联网是移动通信和互联网融合的产物。

第四节　技术创新的获利机制

无论一项新兴技术有多伟大，或是市场前景有多广阔，但如果没有有力的赢利手段，都不能保证这项新兴技术的收益能够归属于它的创新者。赢得创新所带来的收益，尤其是创新前期产生的超额利润，对于创新企业来说是非常关键的。

在现实经济生活中，大多数的利润都被模仿创新的竞争对手得到，或者是以他们自己的方式达到了相同的目的。所以，率先创新者希望找到一种方法或思路来保留足够多的利润，有足够长的获利时间，避免付出辛勤劳动却替别人做了嫁衣。

为了创造一种更广泛可行的获利策略，仅有知识产权保护是不够的，必须综合考虑其他因素和措施，它们是：专利权和相关的法律保护、保密、补充性资产管理和时间领先。

一、专利权和相关的法律保护

历史证明，对那些以新兴技术为基础的行业的早期发展，专利权的保护是十分有力的。例如，贝尔在电话机上的专利权使贝尔电话机公司得到了丰厚的利润并一直处于垄断地位，直到 1894 年那些专利权期满为止。在这以后，那些独立的竞争对手的数量在不到 10 年的时间里增长了 100 倍。

专利权保护对于以下 4 种类型的对象是适用的：①机器；②生产的产品；③物质的

成分；④生产过程以及以后的进步。为了获得专利权的保护，发明必须满足有用性（实用性）的标准和新颖而且首次出现的要求。在国外以及在我国，实际上很少有政府机构会把大量的精力花费在发明者的论点，即发明是否有实际效用的严格评估上。而是把大量的努力和程序都花费在"新颖性"的检验上，尤其是在申请者的发明是否人们所熟悉的或者是已被专利权保护的这一问题上。

在专利权保护期限之内，发明者有法律上的权利阻止任何其他人使用其专利产品，不论他是如何获得该产品的。也就是说，即使他们没有参考任何这项专利产品的技术而独立创造出来的，也仍然被排除在有权使用的行列之外，即使他们完全不知道有专利权的存在，情况也不例外。

然而，专利权保护的有效性的轮廓在现实中却是模糊不清的，同时也受到诸多因素的限制。专利权保护的最大限制在于：

（1）诉讼费用。实际上，贝尔专利权本身就体现了这个复杂性的一个方面。专利权的授予的本身并不能使贝尔电话机在市场上占据垄断地位，这种地位是通过涉及600多个专利诉求的冗长诉讼来保卫专利权才得以实现的。当为了捍卫专利权而产生的诉讼费用越来越高时，可能产品的很大一部分利润都花费在诉讼上了。

（2）保护的有效性。专利权的有效性在不同的行业存在着巨大的差异，这已是不争的事实。大量的调查显示，专利权在制药行业的保护是非常有效的；但在一些高速发展的行业，例如计算机和半导体行业，则只有中等的有效性；在另一些行业，如电子设备行业等，保护的有效性则更差。

（3）"围绕发明"。在调查和研究专利权的保护力度为什么在一些情况下会有限的时候，揭示了一个让专利权所有者忧心忡忡的事实，即竞争者可以合法地围绕发明，也就是说，竞争者可能提出自己的发明，而又不侵犯专利权，这样做的结果是十分清楚的，竞争者通过这种围绕发明，确实成功地分割了专利权（中心发明）的潜在利润。

这种"围绕发明"对专利权保护的有效性，以及对专利权保护的渗透性提出了挑战。由于围绕发明无懈可击，提示人们一项专利权必须保护发明中的关键想法。但是，在专利权上保护关键想法会遇到两难境地：一方面，一种想法如果不以具体、有形的方式表达出来，就不能被授予专利权；另一方面，如果这种想法被精确地描述，又很容易被模仿者通过多少有点不同的方法获得相同的结果，这样就可以围绕一项专利进行再发明。

拥有核心专利的企业，可以采取反"围绕发明"的专利布局来加大对自己核心专利的保护力度，即通过围绕核心专利进行相应的专利布局，尽可能地防范"围绕发明"对核心专利的侵蚀。

有一类产品比较特殊，从研发成功获得专利到产品上市要经历较长的时间，到产品上市时专利权的保护期限已所剩不多，如创新药物等。此时，如何延长基础专利的寿命，便成为关心的一个重要问题，有文献提出了基于延长基础专利寿命的专利布局模式，可供涉及此类产品的企业参考。

在许多情况下,随着科学技术的飞速发展,在远远短于专利权有效期的时间内,新兴技术就全面超越了专利权所保护的技术。从某种意义上讲,专利权保护所要完成的最主要任务,是取得时间上的领先。

由于专利法是由政府相关部门制定的,要想经常修改涉及众多因素。与其无谓地抱怨专利权体系的缺陷,不如把精力更集中于获取创新利益的机制上,做自己能做的事情,做自己可以预期结果的事情,收益定会更大。

二、保密

保密是一种直接但有限的保护方法,它可以不借助政府的帮助来实现。它虽然在企业战略中只是一个配角,但在高新技术企业的知识战略中,却始终保留着它的位置。从总体和宏观上看,保密的作用似乎是有限的,但对一些具体企业来说,作用却是十分有效的。例如,前面提到的电子设备类企业,可能通过专利权保护的效果不会明显,但通过保密的方式却可以收到明显的保护效果。更一般地讲,如果实现产品的技术路线并非唯一甚至有多条的时候,专利权对产品的保护作用会相对有限,此时采取保密的方式可能更为有效和实用。通过保密加以保护的技术一般称为专有技术,而通过专利权加以保护的技术称为专利技术,相关内容我们会在后续章节中做进一步讨论。

在实际操作过程中,通过保密来保护创新产品是很困难的。模仿者会想方设法获取产品中的保密信息,如佯装成用户或者诱使用户泄露产品的内容,在市场上购买产品进行反向设计等。

总体来讲,对于程序保密要比对于产品保密容易一些。企业的生产过程可以躲开模仿者的目光,企业也可以加强对员工的保密教育。但是某些经营过程就很难保守秘密了,如服务性员工服务顾客的方式。

从另一个极端来看,作为秘密的信息不能简单地用普通语言表达的情况,或者是复杂且难以被简单清晰描述的情况,其泄密的风险最小。例如,一种只有大量的专家才能明白的、用恰当的代码描述的化学反应方式;一组专家顾问结合起来的智慧和经验;一种难以置信的半导体高产出的详细操作技术等,泄密的可能性都很小。

在管理人员中,越来越多的人开始认识到保守秘密在获取创新利益中的重要性了。在 20 世纪 80 年代早期耶鲁大学进行的一项调查中,保守秘密位于整个获取创新产品回报的主要方法的最后;而 1994 年卡内基梅隆大学(CMU)进行的调查中,保守秘密,在真正与时间领先联系起来的时候,却位居首位。这种变化反映了竞争压力的不断加剧,人们对保守秘密的认识也在迅速提高。

三、补充性资产管理

对于补充性资产的有效管理,是获得创新收益的一个十分重要且有效的方法。补充性资产是指一个能力资源,例如销售渠道、服务能力、客户关系、与零部件提供商的关系和补充性产品。掌握这些资产的公司更有可能从创新中获得商业利润。

举一个补充性资产最能发挥作用的简单例子。当一项创新产品需要利用特殊的设备,或者需要特殊的配套材料才能进行生产,如果创新企业是这种补充性资产(特殊设备或特殊材料)的唯一所有者,那么创新产品是否需要专利权的保护,已经是可有可无的问题了。

与专利权的保护只针对"最初的和最真正的发明者"不同,通过补充性资产获得利润的机会是向每一个掌握资产的人敞开的,不论是创新者还是其他任何人。

一个缺乏某些关键的补充性资产的创新者很难获得预期或最大的创新收益,在寻求这些关键的补充性资产的过程中,提供补充性资产的企业往往坚持要分享一部分创新收益,缺乏补充性资产的创新者有时不得不花费高额的代价去获得补充性资产。

补充性资产的作用可以通过战后 IBM 公司的发展过程中看到。IBM 具有强大的影响力和服务能力,还有创新和生产能力。通过维持原有能力和发展新能力,IBM 在 20 世纪 50 年代中期,其主要产品大约占有了美国市场 85% 的份额,而且这个份额维持了 30年。随着行业中产品和生产过程的创新,IBM 的位置使得它有机会利用 5 倍于其他竞争者的机会来利用任何可能的创新。鉴于此,其他公司偶然的创新成功,不仅基本上无法动摇 IBM 的统治地位,而且其他公司发现他们需要 IBM 的生产和销售渠道,才能帮助他们获得创新的成功。而 IBM 则有权从大量的创新中进行挑选,并且获得了这些创新的绝大部分收益。技术上和资金上的成功,又进一步促进了更多的补充性资产的积累,形成良性循环。

正像 IBM 这个成功的案例所显示的,补充性资产的最重要的作用不仅在于保护单一的创新利润,而且是贯穿在一系列的创新之中,如销售渠道、服务能力等。

四、时间领先

在 CMU 的调查结果排序中,"时间领先"位于最有效保护创新利润的机制的榜首。

与其他机制的情况一样,在不同的行业中,时间领先的有效性存在着巨大的差异。有研究表明,在通信设备、自动化器件、轿车和货车等行业中,大约有 2/3 的创新产品利用时间领先是有效的;而在电子设备的创新中,却只有大约 1/3 的创新产品利用时间领先是有效的。

时间领先的长短会根据企业所处的环境而不同。如果是在一个竞争十分激烈的领域,可以获得的领先时间是很短的,此时处于时间领先的企业一定要抓住这段时间获得尽可能多的利润。时间领先的长短不仅与领先企业的灵活想象、领先的技巧和运气有关,而且与跟随者的竞争能力以及采用策略等多种因素有关。

如果创新者不仅是一项新兴技术的创造者,而且也是这场竞争的创造者的话,那么创新的领先者将会获得更长的时间领先优势。如果领先企业在这场竞争中与其他竞争对手几乎同时起步,那么即便获得了时间领先的优势,这种优势的保持时间一定不会很长。如果创新的领先者能把创新与企业的其他优势相结合,再通过补充性资产或者是其他方法来保护利润,那么领先的时间会更长。

若与保护创新利润的学习能力相结合,时间领先可以保持更长的期限。如果一项创新产品还不足以取得足够的时间领先优势的话,通过学习能力的提高,再不断研发出更好的创新产品,从而可以保持足够长的时间领先优势。

时间领先也受到产品特性的影响,产品越耐用,时间领先越有价值,因此大型耐用品利用时间领先会取得很好的效果。这是由于产品的创新刺激了一股购买热潮,这股热潮过去以后,就会有需求的复位。举个颇具代表性的例子,航空公司只能通过购买新的飞机来替代他们现有的飞机,或者通过扩充航班时刻表来维持经营。当一项创新显著地改进了飞机的质量和价格时,其结果是一场淘汰现有设备的浪潮,以及购买的增加。一旦这个需求膨胀完成,制造商所面临的只能是又一次的需求替换。这样,能够首先将产品中的主要改进引入市场的公司,就可以成为对于替换现有设备的主要提供商。由于某些购买者愿意从创新者那里接受延迟交货,因此获得大部分利润的时间领先可能只是头一两年的订单,甚至更短时间的订单。

当创新者建立了良好的商誉,或者消费者的转换成本较高时,时间领先的优势会更长。尤其是在消费品市场,由于需求中存在着足够的惰性,会给予能首先满足需求的生产厂家巨大的利润。其他有资格的跟随者如果不能在创新上有大的突破,就只能做出降低价格或相关的让步来吸引消费者,但跟随者牺牲的利益也有一个限度,一旦超过了这个限度就只好选择退出竞争了。

时间领先不仅可以提供在竞争对手出现之前获得利润的机会,还可以利用这段时间锁定补充性资产,使竞争对手即便完成了技术上的创新,也无法完成产品的商业化过程。

研究和保持创新成功的不可效仿性,也是保持和延长时间领先的一个有效方法。举例来说,星巴克制造高质量的咖啡饮料的能力很容易被竞争对手所模仿,但是公司发展了以惊人速度来开拓新市场的能力,几乎是每天开一家新店,同时在其经营的所有方面都保持着高质量。这种能力不是制作咖啡饮料的能力,而是创新成功的不可效仿的能力。星巴克通过确定最好的店铺位置,获得这些店铺并使它们良好地运行,而且不断改变店铺选址的地理环境,使得随后的竞争者无所适从。

值得指出的是,一个时间领先的成功案例,并不一定能作为其他企业效仿的典型。一方面,时间领先者的成功,可能有赖于领先者拥有的其他优势;另一方面,要将产品推向市场的过激努力(取得时间领先),可能会以质量和可靠性下降、售后服务体系不健全、批量生产能力不足、零配件供应渠道不畅等为代价。

第五节　技术创新的误区

研究企业内变革的大师克莱顿·克里斯滕森(Clayton Christensen)在《困境与出路》一书中指出:"不论那些天赋超群的人如何努力,许多制造新产品的尝试,最终都失败了。六成新产品在上市前就夭折了。在得见天日的四成产品中,40%无利可图,从市场上撤下。总计起来,在产品开发上75%的投资在商业上以失败告终。"[7]

其实,技术创新失败的案例要远远多于成功的案例,只是因为一些文化等方面的原因(也包括主观上更希望鼓励创新),我们今天更多地看到成功的案例要远远多于失败的案例。这在一定程度上会给人们造成一种错觉。目前对技术创新的风险性讨论较多,但这还完全不够。我们能从失败项目中得到何种启示,如何避开技术创新的"误区",为致力于技术创新的公司提供素材和指导,是一件十分有价值的工作。国外对这方面的相关讨论多一些,我国则是严重不足。我们讨论技术创新的误区的目的,并不是要告诉人们谨慎创新,而是要告诉人们如何正确创新,提高技术创新的成功率。

皮普·科伯恩(Pip Coburn)在《创新的迷失》一书中将技术创新失败的主要原因用"无需求危机"和"预期痛苦高"两个维度来概括[8]。综合其他相关文献,我们主要从四个方面来讨论技术创新的误区,也即在进行技术创新之初,不妨先问一问下列四个问题:有需求危机吗?使用起来痛苦吗?是用户导向还是发明者导向?有违技术伦理吗?

一、缺乏需求危机

技术创新的误区之一是缺乏需求危机。没有需求或者需求没有想象的那么迫切,就仓促上马投入巨资进行研发和商业化,失败的概率会很大。有些技术创新项目虽然存在一定的潜在需求,但可能会由于价格无竞争力、售后服务网络不健全、配套设施不完善等多种原因,无法将潜在需求转变为现实需求,也会使创新夭折。对于一些投资小的短平快项目,缺乏需求危机导致失败的损失不大,但对大型工程项目来说,就需要谨慎评价了,下面来看几个例子。

第一个例子是:铱星计划和全球星为提供无间断的、覆盖全球的通信而设计。

摩托罗拉的铱星计划是一个包含77个人造卫星的系统,始建于1990年。所有装备的成本至少需要50亿美元。到1996年,摩托罗拉募集了19亿美元。尽管铱星服务在1998年11月就已经初次亮相,但是问题接踵而来,先是因为笨重推迟了载运,之后,又发现由于没有连上直接指向卫星的线路,电话在建筑内部无法工作,更无法处理互联网访问的巨大需求。不仅如此,价格也成为使用它的主要障碍——电话本身价值3 000美元,电话费每分钟 7 美元。1999 年,铱星计划宣告破产,成为历史上最昂贵的失败之一。

全球星,由劳拉公司(Loral)和高通公司(Qualcomm)始建于 1991 年,是铱星的直接竞争对手。它自有的 58 个低轨道卫星(LEOs)负责提供无线电话和通信服务,包括互联网、定位服务、短信服务和电话转接。基于卫星的系统耗资 38 亿美元,1999 年第一次提供商用服务。全球星明显比铱星便宜:电话机零售价 1 500 美元,同时还支持更高的数据传输速率,但是这些进步并没有挽回全球星失败的命运。2002 年 2 月 15 日,全球星公司倒闭,轨道上的卫星被放任在天空中,未来 10 年内陆续自行烧毁(有违技术伦理,不是"负责任的创新",见第十章)。

另一项类似的失败是投资上百亿美元的 Teledesic 工程,该系统可以为任何人传输高速视频数据,打电话给地球上任何一个人。但是,与上述两项失败相比,这套系统甚至还没有来得及从地球上升空就夭折了。

上述失败,都有一个令人瞩目的共同点:所谓的零风险与巨大的资金需求,即便是在最初广泛的质疑声中,也能得到巨额资金的支持。

如果没有那些"聪明人"的资金,这些项目走向失败的速度会更快。更快的失败速度对于科技生态系统是有利的。但是,这些项目"美好的前景"冲昏了投资者的头脑,在 20 世纪 90 年代后期,随处都可见到关于全球星与铱星优劣问题的讨论,现在看来这些讨论是毫无价值的,如果当时能把讨论的焦点更多地放在这两个项目成功的概率有多大上,将会更有意义。更为糟糕的是,一旦决定开始筹集大量资金和发射卫星时,反对的声音完全消失了。从上面的例子我们还可以从一个侧面看到,资金对技术创新的作用,除了一致公认的积极推动作用之外,或多或少也还存在着一点负面作用,一些未必好的项目,一旦受到投资机构的关注和介入,很快就能实现华丽转体,从野鸭变成了天鹅。项目还是那个项目,但资金的"逐利性"会通过各种途径拔高项目的价值,以便他们更快、更多地获利。

铱星和全球星计划承诺:如果用户愿意随身携带超大的手机、巨大型天线,那么手机的覆盖率在何时何地均能达到 100%。然而,20 世纪 90 年代后期的用户对这种服务的需求有这么迫切吗?换句话说,这是需求危机吗?显然不是,毕竟它要求携带超大体积的电话,支付贵得离谱的话费。可能没有几个人愿意承担如此昂贵的通信费,那么当初项目策划者认为顾客愿意使用铱星或全球星,即使只是为了提高信号覆盖率的想法的确有误。

二、导致使用痛苦

技术创新的误区之二是使用起来痛苦。一项产品如果使用起来较为复杂,甚至让用户望而生畏,那么必然会直接影响其销量和收益,增加技术创新失败的概率。研发人员由于对产品操作使用十分熟悉,有时可能会或多或少忽视用户使用产品时的困难程度,公司的销售人员最能体会用户在使用产品时的感受,所以研发人员在如何使产品变得更加便于使用这类问题上,要多听取市场销售人员和公司管理人员的意见,尽量做到既能使产品的功能得以充分发挥,又能使用户便于操作、满足各类不同用户的使用要求。下面看一个互动电视的例子。

互动电视(ITV)扩展应用了一些不太谦虚的互动图形,对诸如图标、菜单、流媒体等进行了编程处理。这在 20 世纪 90 年代中期引起了强烈的反响,它似乎宣告了一场革命。从此以后,观看者可以在更多机器上收看电视节目,比如电脑、汽车和手机。收看节目的同时,他们可以阅读更多与当前话题有关的资料,下载和保存相关的媒体文件,实时分享他们关于这个节目的知识和观点,他们甚至可以同步进行网上购物和银行转账。那时,梅耶的报告预计,2006 年互动电视将创造 32 亿美元的年收入。

未来抓住这个美好的机会,许多大公司纷纷投资进入互动电视领域,其中包括AOLTV(美国在线电视)、贝尔大西洋、MTV(全球音乐电视台)、甲骨文、日本 TBS 电视台、时代华纳有限纽约分公司等。但互动电视要应用起来,仍面临许多挑战。

互动电视内容的生产与提供是一个先天性的难题,即使不考虑各种协作的伙伴在这一项目上的失败,仅仅考虑全球统一节目标准的问题,其生产成本也将高得惊人。负担互动电视的开销十分困难,因为订户不愿意为昂贵的附加服务买单。当然,互动电视提供者通过广告经营维持了剩余的收支平衡,但入侵用户隐私的潜在风险却使其备受争议。种种困难,导致了 20 世纪 90 年代中期互动电视未能达到其承诺的目标并宣告死亡。

互动电视承诺得很干脆:可以随意点播电视节目,并且可以用遥控器在家庭购物网络中购物。但是这些功能通过现有技术都可以完成(没有需求危机),而且学习如何使用 500 个按钮的遥控器,简直是一件"挑战极限"的任务。换句话说,总体预期痛苦太高了。如果现状尚可,那么顾客不愿意学习令人生畏的新东西是合情合理的。当用户开始明确抵制这个新生事物时,天花乱坠的广告泡沫也就随之破灭了。

此外,不排除互动电视的失败与互联网的发展也有密切关系,因此,在开展技术创新时,还要认真审视"竞争性技术"的发展情况和发展趋势,如果"竞争性技术"是技术发展的主流,那么开发与主流的"竞争性技术"开展正面竞争的新技术,恐怕要十分谨慎。

三、忽视用户导向

虽然"发明者导向"也有不少技术创新成功的案例,如激光等,而且第一代技术创新过程模型也是"技术推动的创新过程模型",但随着科学技术的发展,这种以"发明者导向"的技术创新变得越来越稀少了,现今绝大多数技术创新都是需求拉动或技术推动与需求拉动交互作用的过程。因此在技术创新过程中,首先就需要明确即将开展的技术创新是"发明者导向"还是"用户导向"。尤其是我国高校院所的科技人员,其研发都具有一定的超前性,就时常出现先有技术后找市场的情况,此时,发明者就需要认真分析市场的真实需求而不是异想天开的虚假"繁荣",研发人员一般对潜在市场的容量会有个大致的了解,但对潜在市场有多大比例会变为现实市场,一般就不甚了解了,此时就很容易出现忽视用户导向的问题。

需求是无止境的,旧的需求得到满足后,又会产生新的需求,如果我们针对新的需求开展技术创新,那就是"用户导向",是企业应该坚持的方向(少数有技术实力的企业还应坚持不懈地开展原始性创新和突破性创新)。但如果基本需求已经能够得到满足,而是因为有了新的技术强行与现有技术开展竞争,去满足已经能够被满足的需求,这也是"发明者导向"而非"用户导向",且有"为了创新而创新"之嫌,最后很容易事与愿违,导致技术创新的失败。

我们经常听到"有好产品,用户自会上门"的说法,换成我们熟悉的语言就是"酒好不怕巷子深"。但从科技发展史来看,这一说法已经付出了昂贵的代价,如前面举例谈到的"全球星"、"铱星"以及"可视电话"等著名且投资巨大的新技术,最终都以失败而告终。再举一个例子,在 2000 年,互联网依然处于起步阶段,现在已经倒闭的 Digital Convergance Corporation 公司推出了有线条码扫描仪,试图取代直接向电脑 URL 中输入网址的方式。但是这种有线条码扫描仪几乎立即遭遇失败,人们不明白为何需要这种订书机大小的设备执行只需动动手指的任务。

最后我们要强调一点,研发新兴技术、前沿技术是一件好事,必须要有研究机构和企业去做,它会为后续的技术创新提供源源不断的技术支撑,推进社会的技术进步,但研发只是技术创新中的一个环节而不是全部,研发成功并不能代表技术创新的成功,如果从立意、研发之初就紧扣市场需求、为用户使用着想,那么成功的概率就很大;反之,如果研发时过于"闭门造车",那么技术创新的风险就会增大,或者今后拓展市场的费用会大大增加。

拓展阅读

四、有违技术伦理

目前在技术创新管理中对道德伦理方面的讨论还十分匮乏,但不可否认这是一个十分重要的问题,不仅关系到技术创新是否成功,而且关系到技术创新的价值取向和发展方向。其实,已有不少研究者指出,科技是一把双刃剑,一方面极大地丰富了人类的物质和精神生活,推动了社会进步和经济发展;另一方面也产生了一些负面影响,如农药的大量使用致使土壤板结并造成环境污染等。所以在开展技术创新时要十分注意企业短期利益和人类长期生存的相互关系,将技术创新的负面影响降至最小,否则很容易受到政府政策的限制或民众的抵制,从而大大增加技术创新失败的概率。

在技术创新中可能与道德伦理相抵触,也即容易产生的负面影响主要包括以下几个

方面：有害于人类的健康,造成环境污染,破坏生态平衡,与宗教文化相抵触,阻碍未来的技术进步等。这些因素都是企业在开展技术创新之初就需要加以认真考虑的,否则很容易进入技术创新的"误区",导致技术创新失败。所以企业在开展技术创新时,不能只局限于企业的当前利益或短期利益,而是应扩大视野,考虑更多的问题,重视企业的社会责任,开展"负责任的创新"。关于技术伦理方面的更多讨论,请参见本书第十章的相关内容,这里不再赘述。

第六节　实物期权思维在技术创新中的应用

案例

　　一家高科技公司的新任首席执行官遇到了一个棘手的决策。他的公司获得一个机会,可与一家具有相当专业技术实力的小型高科技公司合作,共同开发一项前景重要的新技术。这项新技术显然可应用于该公司的现有产品市场,并且可能拓展出极具吸引力的新产品市场。然而,这个项目在研发阶段就需要达 20 亿美元的投资,在以后的扩大规模和商品化阶段则需要更大的投入。接下来建立商业性生产企业后,还要支付技术许可费用并依据合作双方在企业中的参与地位分享利润。

　　该公司的首席财务官不赞成对项目提供融资。他完全从财务上进行分析,包括所有预期资金需求和未来赢利状况,结论表明项目未来的现金流折现后无法抵补所需的投资,而且相差还不少。财务评估分析的结论本应使是否投资的决策显而易见,然而这位首席执行官却疑虑重重。尽管他对财务分析的结论颇有微词,但又不愿对这些结论置之不理。在新的董事会上,这位先生将这个投资机会提出来进行讨论,同时提请大家注意该项目以及超出首席财务官现金流折扣分析计算出的可能产生的利润,结果,与正规的财务分析得出的结论相反,董事会表决一致通过了该项目投资。

　　董事会如何做出了这样的决定呢？首席执行官和其他董事们凭直觉知道该项目潜在的价值比传统评估反映出来的要大得多。首席财务官的财务分析不承认这项投资最重要的价值在于项目为未来创造的选择机遇。这一价值一部分在于可拓展进入新的市场的巨大上升潜力,如果运用得当,又可灵活地减少损失,这将远远弥补该项目预算巨大的缺陷。总之,在那些董事会成员的头脑中,这项新技术尽管前景不那么清晰,但确实意义重大,将在未来十年中实现该行业的理性变革。至于这一切将何时发生,将如何发生(或者是否发生)都取决于未来两三年内所进行的研发的结果,并且,在这之前,任何人也别指望能有什么盈利。

　　除此之外,部分董事表明,他们不仅看中这项研究开发的技术的价值,而且即使原定的技术应用无法实现,他们也看好运用这项技术可能开发出其他新产品的那些尚未确定的潜在价值。另外,通过最初的投资也可扩大与那个小公司的合作,甚至还有收购该公司的机会。一位董事将上述这些潜在机会比做是"形成我们长远竞争优势的生命之血"。比较看来,在进行了一番广泛的讨论之后,董事会的结论是,与这家高科技伙伴进行研发合作可能带来的收益大于正统的财务分析得出的明显的高成本和高风险。

尽管这家公司的首席执行官和董事们并未完全理解这是怎么一回事,但他们正确地认识到,进行上述投资可为公司的未来发展和灵活经营提供可贵的"实物的选择机会"。通过该项目,公司不仅可扩大现有业务规模,还可在新兴技术的开发基础上使业务品种多样化发展。进行投资的更多意义还在于可创造与高科技公司进行合作的机会,而且还有可能在将来实现收购该公司的目的。这些机会和其他由于该投资决策带来的"有形的期权"均是无法从财务分析反映出来的,但它们对公司来讲,却可体现出巨大的价值。

实践证明,这项投资最终的确为公司带来了巨大的利润和战略利益。

一、期权、实物期权的概念与特征

传统评价方法在短期、低风险、较低不确定性情形下有其独到之处,在实际应用中亦很广泛。但是随着投资的风险和不确定性的增加,在对未来价值的评估上,传统的分析工具已经不能满足人们的需要。

相反,实物期权思维和方法可以较好地解决未来价值的评价问题,对投资风险和不确定性进行有效管理。实物期权方法着眼于描述实际投资中的真实情况,以动态的角度来考虑问题,管理者不但需对是否进行投资做出决策,而且需在项目投资后进行管理,根据变化的具体情况趋利避害。因此,应用实物期权思维和方法可使管理者拥有可根据变化了的未来状况来改变其未来行为的灵活性,能在提高投资获利潜力的同时限制投资的损失,在不确定性较高的环境中,实物期权方法不失为一种比较理想的投资分析和价值评价方法。

未来的变化可预测时,可用传统评估方法;而存在显著的不确定性时,则需要用实物期权分析方法,而技术创新恰好是一项存在显著不确定性的活动。技术创新从创意到成功商业化,是一项分阶段的活动,前一个阶段的工作完成后下一个阶段能否成功,存在着较大的不确定性,因此每一个阶段都是一个决策点,都需要对下一阶段的投资决策做出评价。如研发成功后是否需要投资进行中试,中试成功后是否可以投资进行商业化等,都需要进行相应的评价,而这种投资评价都存在着显著的不确定性。正如上面的案例所揭示的一样,传统的评价方法显然已经不足以反映这种不确定性,需要用到实物期权的思维和方法。

通俗地讲,期权(option)也称为选择权,就是指在当前做出很小的投入或付出,取得在未来可行使也可不行使的某种比较大的权利[10]。例如,投资开发一项新产品后,便取得了在今后是否继续投资中试或大规模生产该产品的权利。

期权的标的资产包括股票、股票指数、外汇、债务工具、各种商品、期货合约和实物。以金融资产为标的物的期权称为金融期权；而以实物资产为标的物的期权，就是实物期权（real options）。

从狭义上讲，实物期权是金融期权理论在实物（非金融）资产期权上的扩展。尽管金融期权能够在金融合约中得到详细说明，但战略投资中的实物期权则必须加以辨别和进行特别的说明。从金融期权向实物期权的转化，最为重要的是借用和深化期权的思维方式，并把金融市场的规则和定价方法引入企业的战略决策中。

期权是一种极为特殊的衍生产品，金融期权是其中一种特殊的金融衍生产品，但是，实物期权则更重要，它是一种思维方式。实物期权思维和方法具有强大的作用，因为它能够帮助管理者利用所拥有的机会来规划和管理战略投资。

由于期权具有良好的规避风险、风险投资和价值发现等功能，且表现出灵活性和多样性特点，故而近 30 年来，特别是 20 世纪 90 年代以来，期权成为最有活力的衍生金融产品，得到了迅速发展和广泛的应用。期权理论研究的重点在于三个方向：一是如何构造出新的期权，以满足不断变化的市场投资需要；二是如何确定这些日趋复杂的期权的价值；三是不断运用期权思想和方法，解决非金融领域的一些长期无法解决的问题，如评估高技术企业的价值、对技术创新各阶段进行投资决策、评估技术商品及无形资产的价值、进行员工激励等。

所有期权都具备一个必不可少的特征：投资回报与风险分配的不对称性——可能赢得的回报数额大于可能带来的损失数额。这是由于期权拥有者可以停止执行期权（例如，在技术创新过程中研发成功了，就获得了是否进行中试的期权；如果通过评价，中试的风险过大，就可以停止投资中试），或者反过来说，可以控制损失，并通过未来的执行行为，充分获取利润[9]。

与金融期权相比，实物期权具有以下四个基本特性。

1. 非交易性

实物期权与金融期权最本质的区别在于非交易性。不仅大多数作为实物期权标的物的实物资产一般不存在交易市场（但其中一些标的物可以进行交易，如研发出来的技术商品），而且实物期权本身也不大可能进行市场交易。如股票期权的交易有股票期权交易所（如芝加哥股票期权交易所等）；而实物期权则没有类似的专门交易场所。

2. 非独占性

许多实物期权不具备所有权的独占性，即它可能被多个竞争者共同拥有，因而是可以共享的。对于共享实物期权来说，其价值不仅取决于影响期权价值的一般参数，而且还与竞争者可能的策略选择有关。

3. 先占性

先占性是由非独占性所导致的，它是指抢先执行实物期权可获得的先发制人的效应,结果表现为取得战略主动权和实现实物期权的最大价值。

4．复合性

在大多数场合,各种实物期权存在着一定的相关性,这种相关性不仅表现在同一项目内部各子项目之间的前后相关,而且表现在多个投资项目之间的相互关联。

二、实物期权思维

实物期权思维主要包括以下内容,它对管理者拓展思维大有裨益。

1．期权是或有决策

期权持有者拥有了可以根据事物的发展变化情况制定决策的权利。在决策时刻,假如情况向好的方向发展,就做出一种决策(如投资),但如果向不好的方向发展,则可做出另一种决策(如不投资,但仍掌握着是否投资的权利)。而后还仍然可以继续根据事物的发展情况不断做出下一步的决策。这就意味着期权的损益是非线性的,它将随着你的决策变化而变化。固定的(非或有)决策具有线性的损益,因为不管什么事情发生,你都将做出同一个决策。

2．能够用来设计和管理战略投资

建立期权与执行期权的投资额度具有很大悬殊,相对于执行期权而言,建立期权只是一笔很小的投资(在技术创新中研发与商业化的投资就存在巨大悬殊)。换句话说,实物期权思维就是可以通过"有限"的投入或风险获得"无限"的收益,这就是期权的非线性损益。非线性损益也可以作为一种设计工具。这种设计思路可以降低不确定性和投资风险,并在出现有利结果的情况下增加收益。设计的总体思路和步骤为:第一,辨别和评价战略投资中的期权;第二,为了更好地使用期权而重新设计投资;第三,运用产生的期权来管理投资。

3．创造期权为今后的发展占得先机

创造期权可最大限度保持战略的灵活性。大规模超前研发众多新兴技术,并正确把握新兴技术研发投资和商业化投资的关系,根据环境的变化有重点、有选择地投资生产最迫切需要上马的少数项目,可使企业在发展中占得先机,处于竞争的有利地位。IBM、微软等公司都是创造期权和保持战略灵活性的成功典范,每年研发众多新技术和获得众多专利权,使他们可以在多个领域与对手展开竞争。

4．实物期权估价与金融市场估价是一致的

实物期权方法是使用金融市场的输入量和概念,来为所有类型的实物资产复杂的损益进行定价[11]。换句话说,实物期权不需要开发自己的定价公式,而是直接借用金融期权的定价模型。其结果是使投资决策、期权管理、机会识别(如研发、合资、技术许可证、

收购)等与金融期权具有等值基础上的可比性。

三、实物期权的优点和用途

1. 实物期权的优点

实物期权思维和方法主要具有以下独特优点：

(1) 提供了一种管理不确定性的思路。未来的不确定性越大,实物期权思维和方法越有价值。

(2) 提供了一种非线性损益的设计工具,可设计出各种具有较小且有上限值的投入获取较大且没有上限值的产出的投资组合。

(3) 提供了一种创造、识别和获取机会的思路和方法,可以解决哪些创造价值的机会是企业独有的、要实现这些价值如何规避风险和必须在何种程度上承担何种风险等问题,并可使企业在发展中占得先机和在竞争中处于有利地位。

(4) 提供了一种分阶段投资和降低投资风险的思路和方法。期权是一种权利而非义务,拥有期权后不仅可以使投资分阶段决策,而且在风险较大和投资收益不理想时终止投资以降低风险。Sharp 认为,对于高风险投资,期权方法具有更大的适用性[12]。

(5) 提供了一种对未来价值进行评估的思路和方法。在企业价值评估、技术商品定价等领域,评估和计算的难点和实质都是对未来价值的确定。期权定价方法正好提供了一种计算未来价值的方法。

2. 实物期权的用途

实物期权思维和方法在下列情况下是需要的[11]：

(1) 存在或有投资决策时。没有其他方法可以正确评价这种类型的机会。

(2) 当不确定性足够大时,最明智的做法是等待以获取更多信息(保留期权),以避免不可逆投资带来的遗憾和损失。

(3) 当投资价值是由未来增长的机会而不是由当前甚至未来现金流决定时。这也正是实物期权思维和方法与传统投资评价方法的一个重要区别。

(4) 当不确定性足够大,必须考虑灵活性时。实物期权方法是能够正确评价具有灵活性的投资的一种好方法。

(5) 当项目需要修正或战略需要中间调整时。

实物期权思维是以利用不确定性赢利的金融期权思维在实物投资中的应用和推广,是指导不确定性环境下实物投资决策的有效方法[13]。技术创新意味着从不确定性中获利,当我们把技术创新中的不确定性作为其获取收益的必要条件时,就有实物期权思维和方法的用武之地。

四、实物期权思维和方法在技术创新中的主要应用

1. 在技术创新投资决策中的应用

实物期权思维和方法尤其适用于对技术创新投资的分析,这是因为实物期权思维和方法的独特优点正好适合技术创新投资决策的特点。

首先,技术创新是分阶段进行的,前一个阶段的完成就是为下一个阶段建立了期权。

所有可以分阶段的决策都可以应用实物期权思维。一个完整的技术创新过程包括了许多决策点,如研发、中试、商业化等,有些技术创新甚至包含了十多个决策点,如创新药物。实物期权思维可以充分利用这些决策点来降低投资风险,或在未来竞争中占得先机。每一阶段的完成,都是为后一阶段的决策创造了期权,这些期权都是有价值的,或者可以在后续活动中占得先机,或者可以转让获取利益。从创造期权(研发或中试)到执行期权(中试或产业化)的这一段时间,给了我们进一步了解关键信息和最新信息的机会,更有利于做出最终决策。实物期权思维告诉我们,在做出研发投资的决策时,并不需要同时或者立即做出中试或产业化投资的决策。如果投资进行技术创新的中试,则相当于创造了比研发更大价值的期权,当中试完成后,是否投资进行商业化生产的信息已远比在决定研发时充分,也就更容易做出决策了。在这一系列投资决策中,运用实物期权思维,可以在制定投资决策时,对投资规模、投资进度、风险控制、掌握主动性等方面灵活把握,合理配置。

其次,利用建立期权与执行期权在投资上的差异来管理技术创新过程。

技术创新每个过程的投资都存在较大差异,技术创新每往后推进一步,其投资都会大幅度增加。研发投资小,中试和商业化投资大。运用实物期权思维就增加了在投资决策上灵活机动的优势。根据技术创新可以分阶段决策和不同阶段投资数额存在较大悬殊的特点,可以考虑在技术创新投资决策上采用金字塔型的投资思路,即采取尽量多地投资研发项目,中试次之,产业化的项目数量最少的投资思路。在研发上选择多个项目进行投资研发,建立期权,就掌握了一手好牌,可以随时通过执行期权对其中前景看好的项目投资中试;待项目的风险和不确定性降低到了可以管理的程度,市场前景已经显现的时候,再做出大规模批量生产和商业化的投资决策。在技术创新中采取这种投资决策的思路,可以大大降低投资风险、提高投资效益。

最后,有利于控制高风险却不影响高回报。

对技术创新进行投资的一个重要特征是不仅具有高回报,同时也具有高度的不确定性和风险。技术创新投资在多个方面存在着不确定性:技术研发、中试和商业化是否成功具有不确定性,市场是否能如期开拓存在着不确定性,竞争对手存在着不确定性,未来的收益和成本也存在着不确定性等。这种高度的不确定性对传统的管理思路和方法提出了挑战,而实物期权思维和方法正是管理不确定性的一种有效方法。可以通过创造期

权和保留期权的方式等待不确定性的不断降低,当不确定性降低到可以管理的程度时,再进行下一步的投资决策。如果不确定性始终无法降低到满意的程度,则可终止进一步的投资以降低损失。运用实物期权思维来制定技术创新投资决策,可以控制技术创新过程中的高风险,但却不会影响到技术创新的高回报。运用实物期权思维,在技术创新投资决策中,我们可以不断地创造期权,如先投资在技术创新的研发上,研发完成后,如果收益诱人而风险也可以接受,可进一步投资创新技术的中试;中试完成后,也就建立了是否进行批量化生产的期权,如果此时投资风险已降低到可以接受或者可以控制的程度,就进行大规模的产业化投资;如果批量化生产的风险偏大,可以保留期权等待风险和不确定性的降低。建立期权后如果一直感觉后续投资的风险较大,那么可以保留期权甚至放弃期权,这样总比一次性投资整个技术创新过程的损失要小得多。

2. 在高新技术企业价值评估中的应用

实物期权思维和方法能客观地处理一部分未知的信息,认为不确定性产生了期权价值,而且不确定性越高,期权的价值就越大。同现金流量折现法(DCF)相比,通过实物期权法能够更加客观地评价企业的价值,这种客观性来源于对评估信息源的挖掘扩张以及信息可靠性的提高。

在非完全竞争市场,高新技术的开发具有增强企业竞争和扩张能力的期权特征,这些期权的执行将影响竞争格局,导致市场结构和产品价格的变化。大多数高新技术企业的价值实际上是一组该企业所拥有的选择权的价值,因此在评估一家高新技术企业的价值时,对其发展前景,尤其是其拥有什么样的机会和选择权的分析论证,是影响评估结果的关键。

有许多学者运用实物期权方法对高新技术企业进行估值,如施瓦尔兹和卡洛斯(Schwarrz 和 Carlos,2000)利用实物期权方法对信息技术公司进行评估;尼古拉斯(Nicholas,1999)利用实物期权方法对区域电信网络进行了估值;波尔(Boer,2000)对技术项目利用实物期权进行估值;谭跃和何佳对 3G 牌照价值进行了研究;杰西卡(Jessica,2001)对互联网公司向鼠标加水泥商业模式转变所带来的实物期权进行了分析;拉蒂摩尔(Latimore,2001)对互联网进行了实物期权估值的研究。

实物期权估值方法的基本思路是把高新技术企业视为若干项实物期权的组合,高新技术企业的价值等于现有资产产生现金流的现值加上各种实物期权的价值,因此高新技术企业估值问题变为实物期权定价问题。根据实物期权之间的关联程度不同,期权定价方法分为三类:第一类是单个实物期权的单独定价方法,它忽略实物期权之间的相互影响,只考虑某个特定实物期权本身的价值;第二类是多个实物期权的组合定价方法,它考虑到实物期权之间的复合性,对多个实物期权同时进行综合定价;第三类是实物期权组合的战略定价方法,它不仅要考虑到实物期权之间的复合性,还要考虑到其所有权的共享性,从战略的角度来评估多个实物期权所创造竞争优势的价值。

3．在战略层次上的应用

诺贝尔经济学奖获得者罗伯特·C.莫顿(Robert C. Merton)指出,期权定价理论的一个潜在巨大变化将是从衍生证券的策略性应用转移到战略性应用(例如采用契约协议来代替实际兼并),并且,不论是在发达国家还是发展中国家,期权定价理论与方法将逐渐成为企业实施战略目标的标准工具。人们逐渐意识到,对期权定价理论含义的深刻理解,将大大促进企业的技术规划和技术战略制订活动。实物期权作为一项战略工具,它为战略的制订与实施提供了系统性的框架,正是在这种战略性的运用当中蕴含了实物期权的现实力量。把实物期权作为一种战略工具而不仅仅是价值评估工具,即主动性地选择而不是被动的灵活性,是目前这一领域思想的一大进步[14]。

有文献指出,战略可以被视为由一系列的实物期权和学习过程所形成,期权定价方法可用以提高和改进企业在战略投资组合的序列与时机上的决策过程,对创新性战略的形成及实施具有重要的价值。

实物期权定价方法是关于战略投资的一种重要思维方法。作为一家高新技术公司,为了刺激公司的增长,必须不断地引进新人才和新产品,为了达到此目的,可采用先投资参股拥有新技术的小型公司,如果这些小型公司运行良好的话,再投资不断增加这些公司的股份甚至获得他们的控股权,参股的投资相当于建立了期权,而增加公司的股份相当于行使了参股建立的期权同时又建立了新的期权。另一个典型的例子是,一些大的制药公司通常与生物技术小公司或大学建立商业关系,以便获得进入早期研究阶段的机会和以后收购新技术、新产品的机会。

当然,实物期权思维和方法在技术创新管理中的应用的内容远比上面介绍的要多,有兴趣的读者可参阅相关的专业书籍。

即练即测

本章思考题

1．技术创新有哪些基本特征?

2．突破性创新与渐进性创新各有哪些主要特征?

3．为什么说封闭式创新与开放式创新各有优缺点?

4．协同创新中的"能力异质性"是什么意思?

5．为什么说商业模式创新在很大程度上与技术创新具有密切关系?

6．A-U创新过程模型是如何描述处于不同阶段的产品创新和工艺创新的情况的?

7．请举例说明哪些技术或产品适合用专利权来加以保护,哪些技术或产品更适合通过保密来加以保护。

8．请阐述延长时间领先的几个主要途径。

9．请举例说明如何在技术创新过程中运用实物期权思维。

本章参考文献

[1] 银路,王敏,等.新兴技术管理导论[M].北京:科学出版社,2010.

[2] 陈劲,阳银娟.协同创新的理论基础与内涵[J].科学学研究,2012,30(2).

[3] 吴贵生.技术创新管理[M].北京:清华大学出版社,2000.

[4] 朱新轩,等.技术创新理论与实践[M].上海:上海远东出版社,1997.

[5] 傅家骥,主编.技术创新学[M].北京:清华大学出版社,1998.

[6] 姚志坚,吴翰,程军.技术创新 A-U 模型研究进展及展望[J].科研管理,1999(4).

[7] 克莱顿 M 克里斯滕森.困境与出路:企业如何制定破坏性增长战略[M].北京:中信出版社,2004.

[8] 皮普·科伯恩.创新的迷失[M].北京:北京师范大学出版社,2007.

[9] 乔治·戴,保罗·休梅克.沃顿论新兴技术管理[M].北京:华夏出版社,2002.

[10] 银路,赵振元,等.股权期权激励——高新技术企业的激励理论与实务[M].北京:科学出版社,2004.

[11] 马莎·阿姆拉姆,纳林·库拉蒂拉卡.实物期权——不确定性环境下的战略投资管理[M].北京:机械工业出版社,2001.

[12] Sharp D J. Uncovering the hidden value In high-risk Investments[J]. Sloan Management Review, 1991(Summer).

[13] 赵明,司春林.突破性技术创新战略决策与实物期权思维[J].科技导报,2002(12).

[14] 郭斌.实物期权理论与方法在技术创新管理中的应用与发展[J].研究与发展管理,2002(4).

第三章

技术创新路径

本章将首先介绍技术创新的六种来源,然后对技术创新路径概念进行了界定和类型划分,重点阐释了不连续性技术创新路径的内涵,并对连续性和不连续性技术创新路径的影响因素进行了分析,接下来分别讨论了连续性技术创新路径的含义与特点及三种主要的实现方式,重点对不连续性创新路径的四种类型进行了讨论,最后介绍了基于模块化视角的战略性新兴产业技术创新路径。

第一节 技术创新来源

经典研究已表明,来自技术推动和市场拉动两个方向的力量是技术创新的主要来源。技术推动力可以使技术性能不断进步直至达到突破,需求拉动力可使技术应用得到扩展甚至进入全新的领域,两个方向力量的持续协同作用,相互促进,更有可能实现技术突破和市场爆发。因此,我们将技术创新的来源归纳为以下六种。

一、技术的突破

技术上的重大突破往往能够带来突破性创新(radical innovation),这种创新建立在一整套不同的科学技术原理之上。强调知识基础的新颖性,常常能开启新的市场和潜在的应用,形成新的技术范式(technology paradigms),在技术轨道上呈现不连续性,又称"间断式"。例如喷气式飞机代替螺旋桨式飞机,数码技术对感光胶片行业的毁灭,生物技术对制药产业的冲击,以及当今新一代信息技术、可再生的新能源技术、智能制造技术等都将带来无限的技术创新机会。但这类创新往往存在着巨大的不确定性,给企业各方面带来挑战,需要企业构建新的资源与能力。

二、技术的改进

技术改进是指沿着特定技术轨迹发展和演进的过程,带来的是渐进性创新(incremental innovation),这种创新主要指对现有技术进行的局部改进,具有较强的路径依赖性,呈现连续性特征。例如因特尔公司微处理器的不断升级,微软公司操作系统从Win7 到 Win10,苹果公司的智能手机从 iPhone4 到了 iPhone8,以及现在提倡的快速迭代。采取渐进性技术创新的企业通过试验性学习和探索,可以逐步积累技术优势,并拥有专用性资产,使企业可能在现有领域内具有较大的竞争优势。但技术的路径依赖及资产转换性差,也可能制约这类企业的技术创新,尤其是难以突破原有惯例产生重大技术创新。

三、需求的满足

市场拉动也称需求拉动,它强调以市场需求为导向进行产品创新,进而刺激研究与开发为其提供技术支持。这种模式实际上是一种以需求为动力的线性序列过程,即从市场需求到应用研究与开发,再到生产制造,最后到销售。需求拉动模式中因需求的现实性和潜在性可分为需求的满足和需求的创造,这两种不同层次的需求可产生不同程度和不同影响范围的技术创新,只是它们的源头是来自实际的需求(现实和潜在),而不是科学技术研究的发展。

现实中,技术创新常常源自某种觉察到的、有时是明确表达出来的消费者需要,于是导致了对这种需求的研究与开发活动和随之而来的满足市场需求的新产品的生产过程,R&D 在创新过程中仅仅起着被动作用。满足需求的技术创新往往有时间和成本的要求,大多数是沿着原有技术轨道上的改进和完善,呈现出累积性特点。如为了满足顾客对计算机速度加快的需求,因特尔公司微处理器技术必须不断升级;为了满足人们越来越高的视觉体验,显示器的分辨率需要不断提高等。

四、需求的创造

过分依赖满足用户需求产生的创新,技术上不会有很大突破,长此以往,技术的进步会受到阻碍。就像斯蒂芬(Stephen,2001)所说:顾客根本不知道自己需要什么,现在不知道,将来也不会知道。因而,亦步亦趋跟着顾客走的企业,通常很难有大的发展。管理大师哈默(Hamel)和普拉哈拉德(Prahaled)在其《为未来竞争》中也强调指出:企业要生存和发展,就必须比顾客走得更远些,因为顾客一般是缺乏远见的。因此,很多企业更愿意从创造需求角度来实现技术创新。Sony 的 Walkman 一问世,就受到用户的极度青睐,因为它在应用上为用户创造了新的效用,从而创造出巨大需求。苹果公司的 iPod、iPhone 都是基于需求创造而诞生的革命性产品,不仅创造了新行业,对现有产业也带来了极大破坏甚至颠覆。再如:电影《阿凡达》实现电影界由 2D 电影向 3D 电影里程碑式飞跃。究其原因,就是创造出了新的需求,从而引起口碑式连锁反应。在《阿凡达》还没有出现以前,大多数人对 3D 都没有清晰的概念,而今,3D 电影已成为电影界的新卖点、掀起上座率的热点。

五、技术的融合

为了更好地满足用户需求，或创造出新的需求，往往需要将现有的知识和技术进行融合，产生出更新的技术。这一创新过程是连续有反馈的环形过程，强调研究开发和市场二者的共同作用对创新成功的重要性，体现为技术能力与市场需求和创新企业内部结构的匹配及融合，被视为一个复杂的网络，涉及组织内外的联系，既要把各种内部功能联结在一起，又要把企业与研究机构、市场需求联结在一起。例如，医学影像 CAT 扫描仪是 X 光技术和计算机技术结合的产物。X 光技术在医学领域已经得到应用，而计算机技术以前是用于数据处理，这两项技术的结合创造了新技术，创造了巨大的应用空间；目前的汽车产业正在经历一场因技术的融合带来的巨大变革，计算机、信息传输、移动互联、新能源、人工智能等多项技术都将融合进一部汽车里，未来的汽车已完全不能用现在的汽车概念来解释，也必将带来无限的技术创新机会。技术融合聚焦于技术要素，目标在技术体系的创新。

六、技术的集成

技术的复杂性及市场需求的复杂性促进了技术的集成发展，以及环境的不确定性，使得技术创新日益成为一种复杂性活动，单个企业不可能独自完成越来越复杂的创新活动，因而必然产生集成创新（integration innovation）。这种创新是将各种创新要素通过创造性的融合，使各项创新要素之间互相匹配，从而使创新系统的整体功能发生质的跃变，形成独特的创新能力和竞争优势，不仅仅创造出新的市场、新的技术体系，同时带来产业层面洗牌和广泛的社会经济影响，是技术创新的重要来源。

技术演化理论的开拓者纳尔逊和温特（Nelson 和 Winter）曾经说过："社会经济系统的新发现，来源于现有概念和事物的重新组合之中，而这些概念和事物本来就已经存在于现实生活的角角落落"。当这种集成具有强的独特性和新颖性时，可以实现技术突破。哈格顿（Hargadon）指出建立在全新知识基础之上的突破性技术只是少数，更多的突破性技术是对现有知识重新集成，当原本被忽视的知识链接起作用时，原有零散的缺乏联系的知识模块会立即焕发出创新的活力，基于现有且缺乏必要联系的知识来源之上的专利技术，存在更为明显的新颖性，即使是对现有元件关联关系的重新安排，也能产生亨德森-克拉克（Henderson-Clark）所描述的"结构性创新"。技术集成关注的是各种创新要素的交叉与融合，如技术、知识、资源、能力、组织、文化等，并要求各要素间协同作用，目标是带来系统性创新。

第二节 技术创新路径的概念与类型

一、技术创新路径的概念界定

技术创新路径在技术创新管理研究中似乎还没有明确定义,国外研究中相关的概念有"路径依赖"和"路径创造"。美国著名学者布赖恩·阿瑟(W. Brian Arthur,1983,1987)[1][2]和保罗·大卫(Paul A. David,1985)[3]最早将路径依赖理论纳入技术创新研究中。随后,许多学者文献中指出技术创新是"路径依赖"的,并把技术创新的路径依赖定义为:技术发展的历史因素在决定未来的技术变迁(technological change,其核心内容是技术创新)中起到了主要作用。这些历史因素包括最初市场、技术管理、制度、规则、消费者预期等。在它们的作用之下,技术创新受到社会、经济和文化发展变化的影响,进而导致成功的创新和采用新的技术取决于现有技术的发展,即技术创新的路径依赖[4][5]。

对由于技术创新的路径依赖造成创新锁定于非优技术这一事实"同情"的同时,一些学者通过调查技术锁定发生的环境延伸出了路径创造这一概念,他们把技术创新的路径创造定义为新的创新路径产生[6][7],"新"是相对于原有创新路径而言,在该路径上的技术要优于现有技术。

我国技术创新管理的著名学者许庆瑞院士(2000)曾提出过"路径"的概念[8],是指达到战略目标所拥有的不同战略方案和未来机会的吸引力之间的通道,技术路径取决于企业积累的优势能力和出现的可能性机会。段小华、鲁若愚(2001)将企业技术创新过程中持续行为的结果(方案集)称为技术创新路径[9],即企业可以通过特定的技术创新路径,结合现有资源和能力的特点,依照企业的技术状态、组织结构、行为惯例和战略目标,选择适合企业初始条件和长远利益的技术创新方法和手段,通过资源的积聚、能力的复制驱动企业的竞争优势持续性,将技术创新路径分为能力增强型创新路径和能力破坏型创新路径。也有从宏观角度出发,指一个国家所采取的主导技术创新方式,主要分为自主创新路径和模仿创新路径[10],以及一些特殊背景下的技术创新路径[11][12]。

基于上述研究及观点,我们将技术创新路径理解为创造一种新技术并成功实现商业化的途径。这种途径可以是某项技术在其知识性能和应用领域两个方向的创新累积和企业成长,呈现出连续性(或渐进性)和"路径依赖"的特点;也可以是在这两个方向上发生重大变化,使得技术创新路径出现明显的不连续性(或间断性),从而产生"路径创造";还可以是基于模块化为主要特征的新兴产业技术突破带来的新途径。

二、技术创新路径的类型

1. 连续性技术创新路径

任何技术创新都需要经历技术累积和市场培育的"逻辑渐进"，如技术的改进、需求的满足等，企业才能得到成长发展，技术也才能通过局部改良性的创新，最终引起质的变化，实现突破性创新。连续性技术创新路径是指创造新技术并成功实现商业化的途径主要依靠的是渐进性创新（也称为连续性创新），这种创新是建立在现有的知识、现有的市场和现有的技术基础设施之上，主要任务是通过不断的、渐进的、连续的小创新，较快地实现其商业化[13][14]。比如：微软公司由最初的 Win32，经 Win95、Win98、Win2000 到 WinXP，后来的 Win7 到 Win10。这种创新路径并不完全否定原有的技术，往往会借用原有技术的部分甚至核心要件，在其基础上进行进一步的修改与完善，其对原有技术的发展会基于现有市场与网络的方便之路，迅速地达到商业化目标，在获取利益的同时留住顾客，也将技术留在了市场上。

该路径中虽然单个创新所带来的变化是小的，但它的重要性不可低估。因为，一是许多大创新需要与它相关的若干创新辅助才能发挥作用；二是小创新的渐进积累效果常常促使创新发生连锁反应，导致大的创新出现。

2. 不连续性技术创新路径

现实中，某项技术在其知识性能和应用领域两个方向都有可能发生重大变化，使其创新途径不再连续，而是呈现出明显的间断性特点，如技术突破、需求创造、技术融合、技术集成带来的创新，这种创新处在技术生命周期中不同技术-经济范式转换的混乱期，容易创造出新的技术机会。因此，基于不连续创新视角探讨这一类技术创新路径是一件有价值的事情，可以帮助企业更好地发现创新发展机会。

技术在知识性能方向上发生的重大变化称作"不连续的技术进步"，可分为"单个技术"和"多个技术"，我们将其视为横向维度；技术在应用扩散方向上发生的重大变化称作"不连续的应用扩散"，分为"现有领域"和"新进领域"，将其视为纵向维度，共同构成一个二维分析空间（如图 3-1）。这里的"领域"是指广义的市场概念，即产品现实和潜在的购买者，可以是消费市场、组织市场，也可以指国际市场、国内市场，还可以是家电市场、旅游市场，或是行业性质的市场，如 IT 行业、医药行业等。

该分析空间表明，技术创新路径可能在现有领域发生技术的不连续，一是单个技术的发展，二是多个技术的结合；也可能是应用领域出现了不连续，即一项相对成熟的技术进入了一个新的领域；同样有可能在技术发展和应用领域上都出现了不连续，或是一项全新的技术开发了一个全新的市场，或一个全新的市场催生出一项全新的技术。从而有四条主要技术创新路径：技术突变型、技术植入型、技术应用型、技术融合型[15]。

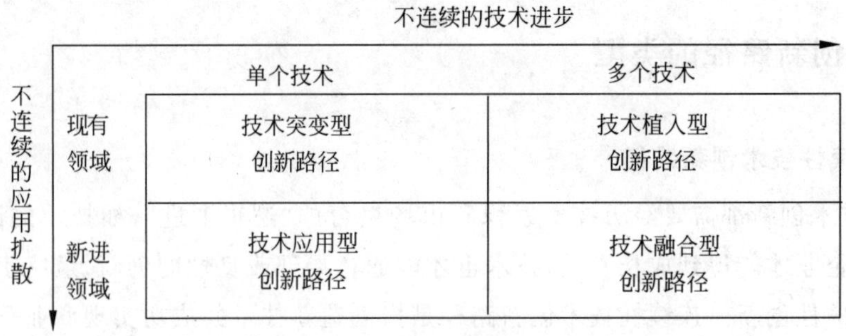

图 3-1　不连续的间断性技术创新路径类型

3. 模块化的战略性新兴产业突破性技术创新路径

这是一类基于产业视角的技术创新路径。技术的持续进步和应用的不断扩展,最终会通过企业的进入、合并、分裂、关联而形成以龙头企业为主导的产业生态。因此,结合不同战略性新兴产业模块化创新重点,对深刻影响产业未来发展的关键技术模块或架构规则技术进行重点突破,具有重要意义[16]。

三、不连续性技术创新路径的内涵解释

因为连续性技术创新路径基于的是渐进性创新,主要目标是技术性能的改善和客户需求的满足,路径含义比较简单清晰,研究成果也相对丰富,在此就不再对其内涵进行过多解释。

但不连续性技术创新路径相对比较复杂,理解起来有一定难度,因此,下面从技术成长的不连续性和物种起源两个视角对这一类技术创新路径的内涵进行解释,有助于更好地理解这类路径的形成及发展。

1. 基于技术成长的视角

技术成长主要通过技术进步和应用扩散两方面来实现,因此分别从这两个方面解释不连续创新路径的内涵。

1) 技术进步的不连续性

当一种全新的技术满足了现有市场的需求或创造了新的市场需求时,这种技术进步就是不连续的,这类创新也是不连续的。从螺旋桨式飞机到喷气式飞机的转变,以及从乙烯基录音技术(或者类似的磁带)到高密度唱片等的转变都是不连续的技术进步。技术成长(the growth of technology)是指某项技术在其生命周期内的发展、变化轨迹。从技术成长的 S 曲线看,当有一条更陡峭的 S_1 曲线或者能够达到更高的性能极限的 S_2 曲线(如图 3-2)出现时,技术进步就出现了不连续,呈现出间断性特征。这种间断性特征表明到了某个阶段后,在新技术上投入的回报率要比现有技术高得多,企业就有可能采用

新技术而淘汰老技术。产业的新进入企业更倾向于选择这种破坏性的技术,而老企业则面临着两难的选择:是努力延长其现有技术的生命周期还是投入并转换到新技术上? 这就是新一轮竞争给老牌企业带来的挑战和给新企业带来的机会。

源于技术不连续的创新活动总是会使新技术不断产生和发展,不同 S 曲线的转换解释了技术创新的第一种来源——技术的突破;技术在同一条 S 曲线上的成长呈现连续性,解释了技术创新的第二种来源——技术的改进。

2)应用扩散的不连续性

在技术扩散过程中,对于用户而言,不是更多地考虑技术的先进与否,而会更多地考虑技术或产品给自身带来的效用,或者说能否满足自身的需求(含潜在需求)。如果某种技术进步的速度超越用户需求或用户能够吸收的性能改进速度,或者技术的进步不能满足用户的需求,技术应用的扩散就会出现不连续性。从技术应用扩散的 S 曲线看,也存在一条更陡峭的曲线 S_1 和一条具有更高极限的曲线 S_2(图 3-3),它们表示用户的新需求希望依赖于某种新技术以更快的速度达到或以更高的水准得到满足,从而才能使用户积累的速度更快或更高,也呈现出间断性特征。因此努力开发这种能更快或更好地满足用户需求的新技术,获得先动优势及高额利润成为企业创新活动的重要动力。

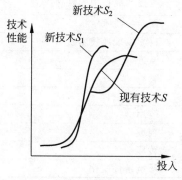

图 3-2 不连续的技术进步

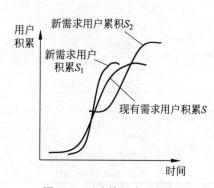

图 3-3 不连续的应用扩展

从 S 到 S_1、S_2 呈现不连续,解释了技术创新的来源之一——需求的创造;同一条 S 曲线上的用户累积增长呈现连续性,解释了技术创新的另一种来源——需求的满足。

3)不连续技术创新路径的形成

不连续技术创新的产生和形成包括两个方面,一是发现了新知识,二是发现了新市场空间。单独考虑技术进步而产生的新技术,会因忽略用户需求和对新知识的接受能力而在应用扩展过程中受到阻碍而变得迟缓,因此新知识、新技术需要能更好地满足现有市场的需求,或者创造出新的客户群体。而新的市场空间是现有技术所无法满足的,必须通过创造出全新的技术来满足。这种全新的技术既包括了技术的突破,也包括了技术融合和技术集成。举个技术融合的例子:20 世纪 90 年代末中国蓬勃发展起来的小灵通技术(PHS),其技术本身并不先进,而且在其发源国日本遭到淘汰。但当 1997 年,此项技术被 UT 斯达康引入中国时,他们不仅吸取和借鉴了其在日本发展的教训,更重要的是结合了中国国情对该技术进行了改造,使之附加于市话交换机,利用城市固定电话交换设备容量富余进行传输。这一改进,使小灵通在不违反当时的政策限制条件下,以绿色、廉价、移动等特点迅速实现用户积累,并在用户积累过程中不断实施其技术与服务的创新,实现技术进步与应用扩散的交互作用,走出了一条符合当时中国国情的技术创新路径。

2．生物进化与技术成长

物种的本质是可育后代,而新物种除了具有与先辈大为不同的特点外,也一定要有繁殖后代的能力,并且是在一定地理环境下讨论其繁殖什么样的后代,只有这样,新物种才具有生命力。新技术也一样,除了应与现有技术有明显不同之外,还要有它的应用领域,没有应用领域的新技术,同样没有生命力。

通过类比分析不难发现,生物进化与技术成长中的许多概念具有一定的对应关系,我们将它们列于表 3-1。

表 3-1　生物进化与技术成长过程的相关概念对应[17][18]

生物进化中的概念	技术成长中的概念
新物种	新(兴)技术
新基因	科学发现或技术发明
进化	渐进
变异	突破
杂交	结合或融合
适应	应用
地域	领域
迁徙	转移
物种形成事件	环境条件变化

基因是决定一个生物物种所有生命现象最基本的因子,而科学发现或技术发明也从根本上决定了新(兴)技术的特性与应用领域。基因通过遗传和变异产生新物种,而科学发现或技术发明则通过渐进性创新和突破性创新形成新(兴)技术。基因产生变异的原因既可以是物种杂交所致,也可以是地域或物种形成事件发生变化,导致物种必须适应新环境而发生的变异;新(兴)技术的形成除了技术突破外,也可以是技术之间的融合和集成,或是技术被转移至新领域,其应用必须适应新环境的条件变化。

生物进化的过程映射到技术创新领域,就是技术的成长过程,没有变异的生物进化与技术创新中的渐进性创新相对应,而生物变异则类比于技术创新中的突破性创新。就某一种特定技术而言,其技术成长的量变过程主要依赖于连续性创新的累积,类似生物进化;而一种新技术替代另一种老技术,则主要由突破性创新引发,也就是生物进化过程中的变异发生了。

因此不连续性技术创新路径可归结为以下三个方面的改变：①科学发现或技术发明（基因因素）；②应用领域的改变（地理环境因素）；③技术之间的融合方式的改变（物种的作用机制因素）。第一种改变可以形成技术突变型创新路径，第二种改变可以形成应用创新型创新路径，第三种改变可以形成技术植入型和技术融合型两种创新路径。而连续性创新路径则类似于生物进化的过程。

四、连续性技术创新路径的影响因素

连续性技术创新基本属于渐进性创新，所以影响连续性技术创新路径的因素也就是影响渐进性创新的因素，主要包括：

1. 企业的技术能力

企业的技术能力是指企业为支持技术创新的实现，附着在内部人员、设备、信息和组织中的所有内在知识存量的总和。企业技术创新能力反映的是企业内部的技术潜力和实力[19]。但这里所指的技术能力，主要还是指企业引进、吸收、消化和再创新等方面的能力。一般情况，比较重视内部资源的积累和利用、不愿意冒太大投资风险、希望得到稳步发展的企业倾向于选择连续创新路径。

2. 市场需求

市场需求与技术创新有着复杂的关系，代表性的理论有"创新诱导需求"、"需求引致创新"、"技术创新与需求互动"等。但就渐进性创新而言，"市场需求引致创新"当属最好的理论支撑。渐进性创新最重要的动力源泉就是来自市场需求，是技术创新活动的基本起点。市场需求引发企业为生存和发展而进行技术创新，市场需求随着经济和社会发展不断地变化，为企业提供了新的市场机会，并引导企业以此为导向开展技术创新活动，从而形成对企业技术创新活动的拉动和激励。Intel 公司在微处理器技术上所坚持的不断创新和升级，最大的动力来源就是用户对计算机速度要求越来越快，功耗要求越来越小，这种持续创新致使 Intel 公司成为 IT 史上最伟大的公司之一，甚至可以说 Intel 公司三十多年的发展历程就是 PC 处理器的进化史。因此，正确把握市场需求，才能为企业技术创新注入新的活力，市场需求是连续性技术创新路径的最重要的外部影响因素。

3. 相关技术的进步

技术生态系统一般由一个核心技术和其相关联的背景技术所构成，是一组特定技术在特定环境中的组合。在该系统中，技术一般被划分成三类：基础技术（一般为主导技术）、补充性技术和支撑性技术（也称配套技术）。如果将一个产品看作是一个技术系统，其基础性技术解决产品基本功能的可用性，补充性技术可以增加应用功能解决易用性问题，支撑性技术则可以增加产品的附加功能，提升用户体验与期望，直接影响产品在市场上的受欢迎程度。因此，技术创新不仅仅聚焦于基础技术，与之相关的互补性技术和配套技术的进步会对技术创新本身带来重要影响,有时一款受市场欢迎的产品往往是因为一项补充性技术,甚至是一系列支撑技术的进步应运而生的。苹果公司的 iPhone 产品,其之所以能导致市场的爆发,与其在人机交互技术上的持续创新有着显著的关系,他们拥有的多点触控屏幕技术、重力感应技术对其 iPhone 的成功及新的产业格局的形成有着重要影响,而这两个技术对于智能手机而言并不是基础性技术。同样,苹果公司的 iPad,看似是一款全新的产品,实质沿用了 iPhone 中很多成熟的技术,但公司在其外观设计、iPad 支架、触控传感器、iPad 包装盒、iPad 保护盖显示、iPad 扬声器、iPad 磁石等拥有多达 48 项的专利,这些专利技术的应用使 iPad 产品具有显著的创新性与独特性,引致大众市场的消费者迅速被它所吸引,继而创造了一个崭新的产业。由此看来,iPad 的成功,实质上得益于苹果公司一系列支撑性技术的持续创新。

五、不连续性技术创新路径的影响因素

不连续技术创新通常是在连续技术创新的基础上实现了技术的跃迁或突变。因此,影响不连续技术创新的因素要相对复杂一些,除了影响连续技术创新的因素会影响不连续技术创新之外,还有一些因素也会影响不连续技术创新,主要包括:

1. 技术自身

主要包括技术的性能进步和应用扩散两个方面。技术的性能进步到一定程度后,随着技术积累和相关技术的进步,可能产生技术的跃迁或突变;当应用扩散到一定程度后,会不断刺激新需求的产生,其中一些新需求无法通过持续的技术改进来满足,进而也可能产生技术的跃迁或突变。

2. 技术环境

企业的技术创活动是在一个开放系统中进行的,它与外界存在信息和能量交换。因此外界的变化将对企业的技术创新产生很大的影响,也是技术创新路径形成过程中必须考虑的因素,我们称之为技术环境因素。宏观层面的环境因素是指包括人口、经济、自然、政策、法律、文化、道德伦理等方面的不确定性,也包括管理者对以上因素的认识和理解存在偏差;微观层面的环境因素主要指来自市场需求、补充性资产、替代技术、竞争对手行为、合作者关系等方面的不确定性。

3. 企业能力

虽然每一条技术创新路径会受技术性能进步和应用扩展两个层面的因素影响,按特定的"技术轨道"逐渐演化而形成,但一旦加入具体企业的因素,创新路径的形成与发展会变得更为复杂和动态,从而形成特定的技术创新路径。因此,企业对技术创新路径的形成与发展具有能动作用,企业的能力是影响技术创新路径形成和发展的重要因素,它不仅仅是指企业的资金、生产、信息、人才、管理等方面的能力,更涉及企业家的决策能

力、高层团队的认知水平、组织学习能力以及企业中的文化氛围等更深层面的因素。我们把前一类称为显性层面的能力因素,后一类称为隐性层面的能力因素。

因此,影响不连续技术创新路径形成的因素主要有三个维度:技术自身、技术环境、企业能力,六个层面:性能进步与应用扩散、微观环境与宏观环境、显性能力与隐性能力[20]。经过相关实证研究,针对六个层面提出了13个独立影响因子,见表3-2[15]。这些影响因子会对不同的不连续技术创新路径有着不同程度的影响,稍后我们将对此做适当展开讨论。

表3-2 技术创新路径的影响因素

维度	层次	独立影响因子	测度指标
技术自身	性能进步	技术的独特性	技术相容、技术稳定、技术标准、技术预见、技术社会责任
		技术的知识性	技术受保护、技术复杂、技术成熟、技术进步累积、技术可替代
	应用扩散	技术的活跃性	应用领域的确定、应用领域的扩展、应用定位的确定、性能改进难易、创新与市场变化的适应
		技术的竞争性	技术性能优越、技术成本优越、技术独占性、规模生产稳定、技术性价比增长
技术环境	微观环境	用户关注程度	用户兴趣、用户偏好、用户对价格敏感度、用户风险承担能力、用户规模
		资源支撑程度	技术与企业战略一致性、补充资源获得性、供应商兴趣、金融市场发达程度
		产业环境配套程度	产业同行关注度、替代危机性、竞争规范性、研究机构关注、金融机构关注
	宏观环境	政府支持程度	政府政策支持、政府资金支持、政府介入行为
		社会进步程度	经济发展、科技发展、法律制度完备、文化相容、文明程度
企业能力	显性能力	技术与经济实力	企业资金实力、研究发展投入、研发组织、新产品成功率、技术专利权、企业品牌、研发人员比例、管理制度、激励
		生产与营销实力	企业生产能力、生产制造水平、技术市场人才、产品与服务、客户稳定性、市场份额
	隐性能力	高层团队素质与能力	企业家创新意识、企业家容纳意识、企业家机会识别能力、企业家风险承担能力、企业家决策能力、高层团队价值观、高层团队结构性、高层团队协调性、核心成员合作性
		内外环境驾驭能力	企业新技术机会识别能力、企业自主创新能力、企业技术吸收能力、企业环境预测能力、企业公共关系能力、企业环境适应能力、企业对客户的了解程度、企业与客户互动性、企业与客户的联系、企业学习能力、企业内部的创新文化、企业内部竞争性、员工认同感

第三节 连续性技术创新路径

连续性技术创新路径是指沿着现有技术轨道和应用领域开展持续不断的、渐进累积的创新。目标是使产品技术性能和用户体验逐步得到提升和改善,不断扩大对市场需求的满足程度。

现实中,大量成功的技术创新都是渐进的,都是点点滴滴积累而得的。注重对原有知识与技术的积累,注重各种形式的学习与模仿是连续性技术创新路径成功的关键。事实上,即使是发达国家的企业,其能力的提高也是渐进的、连续的,大量的创新也属于改良型,例如,索尼公司有 80% 的创新来自对原有技术和产品的改良。连续性技术创新路径主要有以下三种形式。

一、技术改进型

沿着原有技术路线(或技术轨道)不断改进技术的性能,使原有技术的功能不断增强和完善,属于技术改进型的连续性技术创新路径。如因特尔公司微处理器的不断升级,使得计算机运行速度越来越快,功耗越来越小;微软公司操作系统从 Win7 到 Win10,使得办公软件功能越来越强大等。

这一路径首先要求企业要进行持续的技术学习,即组织利用内部和外部有利条件,吸收外部知识或自主开发新技术,然后通过这一过程或行为提升企业的技术能力。技术学习是企业技术能力提升的重要基础和保障,企业每一次技术能力的提升都是技术学习的结果,有了技术能力的积累才有可能实现对原有技术的改进创新,获得更强的技术优势。

二、应用扩展型

沿着应用领域不断拓展的方向开展的技术创新,属于应用扩展型的连续性技术创新路径。一般而言,需求被分为三个层次:第一层次是响应需求,即按照客户提出的明确需求做出反映,提供让客户更为满意的产品和服务;第二层次是预知需求,即发现客户急需解决的需求,快速提供解决方案;第三层次是创造需求,指那些新颖的产品或服务,直到出现后人们才发现原来自己有使用该产品的需求。这三类需求都能带动不同层级的技术创新。现实中,第一类需求是绝大部分连续性技术创新的动力来源,企业可以通过对这类需求的不断满足,使一项技术得到持续改进,不仅可以更好地稳定现有市场,还能使其应用领域得以不断扩展,并充分实现其商业化价值。例如,射频识别(Radio Frequency Identification,RFID)技术是一种无线通信技术,可以通过无线电信号识别特定目标并读写相关数据,而无须识别系统与特定目标之间建立机械或者光学接触。该技术在识别距离上的不断延长,就是在市场需求的不断拉动下得以实现的,识别距离的延长又促使其应用领域不断扩展。该技术最早实现的是无源产品,虽然识别距离很短,但市场应用已相当广泛,如公交卡、校园卡、银行卡、宾馆门禁卡、二代身份证等。随着这种技术的影响日趋扩大,很多领域对这种技术提出了新的需求,如仓储、物流、人员定位等。但这类需求要求该技术的识别距离要大大延长,因此随后出现了半有源和有源 RFID 产品,其识别距离从无源产品的十余厘米扩展到有源产品的数十米。识别距离的延长极大地拓展了RFID 的应用空间,现已成为物联网的核心组成部分。RFID 技术识别距离的不断延长,主要动力源泉来自市场需求的拉动,是应用扩展型连续性技术创新路径的典型代表。

采用这条路径要求企业具有敏锐的市场洞察力,能够准确把握客户需求,并依照客户的需求开发新产品,使其性能得到持续改进,且不断增加新功能,扩展市场应用,以需求的第一层次为基础,并不断向需求的第二层次和第三层次扩展,这也是一条大多数企业容易把握的创新路径。

三、同时兼顾型

连续性技术创新也可能同时沿着技术性能的提升和用户需求的变化两个方向来进行,这种技术创新路径可称为同时兼顾型。如索尼公司在游戏机、播放器、摄像机、计算机、电视机等领域都有经典之作,甚至有很多产品具有划时代意义,如"世界第一"的随身听(Walkman,1997 年)、"世界最小、最轻"的摄像机(Hi-8 摄影机,1988 年)。他们的创新源于索尼一直对"变化"非常敏感,而这种变化主要来源于技术和需求两个方向,加之他们在产品设计方面长期以来沉积磨炼的独特灵感及对最新技术永无止境的追求,使他们能够很好地把握时代脉搏,设计出独特的产品,而获得创新收益。同样,德国徕卡公司能够长期保持在照相机领域的独特优势,也是因为他们对照相机的精湛制造工艺和对人们选择相机也是选择一种生活方式的深刻理解,沿着技术和需求两个方向持续改进,不断推出新产品。最著名的一款产品是 1954 年推出的 135 相机,它就是徕卡 M3,它在机械和光学性能各方面都有重大改进,并且大大提高了更换镜头的速度,使得摄影师可以更大程度提高拍摄速度,同时也进一步降低了镜头螺口的损坏率。同时 M3 还首次采用可自动出现相应框线的取景窗,包含有 50mm、90mm 以及 135mm,而只用一个旋转按钮控制所有快门的设计理念被后来的不少机械相机制造商认可并且沿用至今,成为徕卡机械相机一大特色。随后徕卡相继推出 M2、M4、M4-2、M4-P、M6 以及 M6 TTL,几乎都是依循 M3 的基本设计理念演变改进而来。甚至在数码时代,徕卡推出的 M8、M9、M10,很多技术和理念都有很强的继承性。

当今互联网巨头们几乎也是沿着这条路径得到了持续发展,如 Google、Facebook、Amazon 等,都能依靠掌握的大量数据,精准地抓住用户需求,凭借自身的技术优势向客户提供优质的产品。

我国的华为公司也是这条路径的成功代表。按照华为的定义,"以客户需求驱动研发流程,围绕提升客户价值进行技术、产品、解决方案及业务管理的持续创新"。公司在研发领域广泛推行集成产品开发流程(IPD),在充分理解客户需求的情况下,大大缩短了产品的上市时间。正是因为公司在技术及需求两个方向上的持续创新,使华为从 2G 的跟随者,跃进为 3G 的竞争者,进而成为 4G 的领跑者,相信在未来的 5G 时代,公司会有更强的话语权。

采用这条路径要求企业不仅有洞察市场的敏锐触角,还要有决胜市场的技术优势。一般是综合实力强、品牌的市场影响力大的公司采用较多。

第四节 不连续性技术创新路径

本章第二节提出了不连续技术创新的四种路径,下面对这四种路径进行展开讨论。

一、技术突变型

1. 含义

这是一条通过技术进步的不连续创造出新技术并成功实现商业化的创新路径,它的不连续产生于一种技术在发展过程中取得重大科学突破,且这种突破能使用户的同一类需求得到更好的满足,或者满足新的市场需求。在图 3-2 中,S_1 相对 S 而言就是技术突变型创新路径。例如晶体管代替真空管,从螺旋桨式飞机到喷气式飞机的转变,从卤化银(化学的)摄影到数字成像摄影的转变等,都是具有代表性的技术突变型创新。

采用这类创新路径主要是依靠技术自身的发展为驱动力,多产生于有技术实力的大公司和从事基础研究的实验室。但其应用潜力和商业化前景具有极大的不确定性,当技术发展获得了突破,如果应用不能得到很好的拓展,要么成为束之高阁的科研成果,要么成为早熟技术[18]。

产生技术突变需要新的技术知识或知识结构,这种新知识的产生或知识结构的改变类似于物种的基因突变、重组等遗传物质的变化,技术突变后产生的新技术类似于生物界又产生了一种新的物种。

2. 企业特点

相关研究表明,走技术突变型创新路径的企业,以技术实力雄厚的大公司及研发型企业居多,强调拥有自主知识产权,自主研发是这类企业技术的重要来源。

这类技术实力雄厚的大公司通常有着技术、资金、人才等资源方面的优势,不仅科研力量强大、研发投入占比高、人才储备充分,对市场影响力大,而且有着健全的组织管理机制及先进的企业文化,鼓励创新,允许失败。这类企业往往有足够的资源优势把握技术生命周期前端的新兴技术创新机会,采用技术突变型创新路径实现突破性创新。

加拿大北方电讯公司是一家通信设备行业的百年老店,一直非常注重前沿技术的研发,公司管理层始终奉行一种观念,要做就做最新、最好,公司75%的研发支出的投向是最新、最热门的技术,拥有大量前沿技术专利。即使是在陷入困境的2007年,北电的研发投入仍然高达17.23亿美元,占当年营收的15.7%。北电的产品研发历来非常超前:当市场上的光传播设备仍然是10G比特传输速率的时候,北电就开始投入巨资开发40G的产品,虽然一度造成高额库存,但日后却赢得了市场先机;当3G开始在全球大规模商用的时候,北电已经在LTE和Wimax等4G技术上取得重要突破。显然,该公司在通信设备领域走出了一条技术突破型的创新路径,使他们一直具备着先发优势。

作为研发型企业,规模普遍较小,经营年限较短,一般以有别于原有技术轨道的独特技术为其核心资源。这类企业往往是突破性技术创新的重要发起者,因为小企业灵活的组织结构有利于偏离原有的技术轨道开展技术创新,技术人员的创新意识强、积极性高。从知识角度看,渐进性创新与突破性创新对知识的需求不同,渐进性创新更侧重于利用内部的知识积累,而突破性创新则需要广泛利用内外部的创意并创造出新知识为新技术开发提供知识基础,知识宽度和深度都会影响突破性技术创新成功的概率。研发型企业通常是通过创造独有的和新颖的知识来开发新技术。

高通公司成立于1985年,最初只是一家小型技术公司,虽然拥有近2 000项CDMA技术专利,但仅仅是专利而已,没有成型的产品,也不是唯一掌握CDMA技术的公司。经过5年艰苦的谈判,旧金山太平洋电话公司在1990年最终给予了高通公司将CDMA技术商业化的机会。1993年,在李建业的强力推荐下,韩国政府宣布建立以CDMA为标准的全国移动通信网络,高通终获成功,最终CDMA顺利成为与欧洲的GSM并列的两大2G标准之一。CDMA技术创始人艾文·雅各布斯通过满世界的推广、游说,让一个曾经的军方技术成为一个人们头脑中的产业,自己掌握的技术成为行业标准的一部分,在这个产业兴起之时,自己便可以握住手中的众多专利坐地收钱;当CDMA技术成为3G的主要技术方向后,高通公司利用其专利收取了巨额的许可费用,从一家小公司发展成为行业巨头,目前又成为5G技术标准的主导制定者。

3. 路径实现的关键要素

通过调查问卷的统计分析,影响技术突破型创新路径的主要因素依次包括"技术的竞争性"、"产业环境的配套程度"和"高层团队素质与能力"等(具体含义详见表3-2)。

从影响因素重要度排序可看出,走技术突破型创新路径的企业很重视技术的竞争性,首先要拥有先进的技术,同时也重视产业环境的配套程度,通常被称为互补性资产,再有就是高层团队的素质与能力,包含风险承担、价值导向等,这三个因素共同构成是否采用该路径的关键因素。

上面介绍的北方电讯、高通公司之所以能成功,不仅仅因为他们有超前的专利技术,更因为他们重视将技术优势与技术环境、企业自身的能力相结合。

二、技术植入型

1. 含义

这也是一条技术进步的不连续而引发新技术并成功实现商业化的创新路径,它的不连续来自某项技术在现有应用领域发展过程中引入其他技术,也可以说是两个或两个以上并不相干的技术在某一技术现有应用领域进行合并或结合产生了新技术,最终获得商业化成功。在图 3-2 中,S_2 相对 S 而言就代表这一条创新路径。医学影像 CAT 扫描仪就是 X 光技术和计算机技术结合的产物。X 光技术在医学领域已经得到应用,而计算机技术以前仅用于数据处理,这两项技术的结合创造了性能更卓越的新型扫描系统,最终在医学领域完全替代了传统的 CAT 扫描仪。第三代移动通信技术(简称 3G)是在第二代数字通信技术基础上植入了通信技术和 Internet 技术产生的新技术,相对原有技术具有更大的系统容量、更好的通信质量,而且能在全球范围内更大程度地实现基本无缝漫游及为用户提供包括话音、数据及多媒体等在内的多种业务。它支持高速移动多媒体业务,全面突破了传统移动语音通信模式,给社会经济生活带来重大影响,因此很快成为主流通信技术,替代了第二代移动通信系统,并演进发展到 4G,乃至后续的 5G 技术。

这一路径的形成也可以从生物进化中得到解释,一类物种被引入到另一类物种的生活环境,遗传物质会因此而发生改变,植物界的移植或嫁接就是这样一种方式。如在梨树上嫁接苹果枝条,因枝条的基因(内因)决定了新结出的果实必定偏向苹果,但由于养分(外因)来源于母体(梨树),果实必定具有母体的特性,因此,由于内外因的共同作用形成了倍受消费者青睐的新型水果——苹果梨,它看似苹果,却集苹果和梨的味道与成分于一体。与之相对应,一项技术在原有应用领域发展过程中引入其他技术,或者说是两个或两个以上并不相干的技术在某一技术的原有应用领域进行了结合,产生了更为先进和适用的新技术及系统,便可归结为这种创新路径。

2. 企业特点

相关研究表明,走技术植入型创新路径的企业主要从事研发和生产制造及服务型业务,他们更善于利用其他领域的技术来改变现有领域的技术轨道,从而获得企业快速成长。从技术 S 曲线上来分析,它不是一条完全转轨的曲线,而是在原来的技术中叠加了一项或多项技术,使得原有技术 S 曲线轨迹发生了变化,有望达到更高的技术极限。

苹果公司在其产品更新上往往会采用技术植入型创新路径,其 iPhone X 的成功问世便是典型例证。iPhone X 在原有 iPhone 的基础上,植入了"OLED 全面屏＋面部解锁＋无线充电＋AR 技术"四大"黑科技",被称为"史上性能最强劲手机"。这款手机虽然集成了多项可能代表未来 5 年发展方向的新技术,但其中一些技术并非苹果公司原创。

首先 iPhone X 手机采用了柔性 OLED 全面屏,这也是苹果手机首次采用此技术,但目前 iPhone X 所需要的 OLED 屏幕只有三星公司能够大规模供应,这无疑是苹果公司的软肋,必须要与三星通力合作。再有,iPhone X 还采用了面部识别解锁技术来全面取代指纹解锁技术,苹果公司早在 2007 年起开始了这方面的专利申请,还在 2017 年 2 月并购了一家专门从事人脸识别的以色列公司 Real Face,以进一步完善自己的专利布局,这也充分说明苹果公司对外部技术的搜索与利用能力很强。其无线充电也是 iPhone X 的一大亮点,公司从 2009 年开始就拥有了这项技术的专利。最后是 iPhone X 手机配置有支持 AR 技术的摄像头、陀螺仪和传感器,其中很多技术并非苹果公司最先研发,但公司从 2010 年开始就申请了通过一种映射 APP,能够利用 iPhone 的高级传感器套件,向用户呈现其周围环境的实时增强视图的专利。因此,从苹果公司角度看,iPhone X 的优势在于植入了众多其他领域的技术,使智能手机的技术性能可以达到新的高度,是技术植入型创新路径的典型代表。

我国朗科公司对优盘的成功开发,也在一定程度说明了技术植入型创新路径可以让一个科技型公司快速成长。

优盘技术主要来源于朗科公司创始人之一邓国顺的知识积累和外部知识的应用。首先在知识积累方面,主要体现在他发现软盘存储数据存在诸多问题,如容量小、易坏和不方便携带,移动数据缓慢,容易出现数据丢失等问题。再就是外部知识应用方面,主要是邓国顺观察到计算机的部件如主板、CPU、鼠标、键盘都在快速更新换代,移动存储设备需要的三个核心技术 Flash 存储介质、USB 接口和专有控制程序,其中的前两个技术已经存在,如能再开发出专有控制程序就可以创造出全新的移动存储设备。由此,开发一种大容量和便于携带的移动存储设备的想法油然而生。

随后经过研发、中试到商业化成功,其中申请专利和制定技术标准是朗科公司将移动存储新技术推向普及的关键。朗科于 1999 年首创的基于 USB 接口、采用 Flash 存储介质的移动存储产品,是中国企业在计算机技术领域取得的少数几项产生了广泛影响的技术成果之一。优盘的问世加上标准的普及,取代了占据存储主导地位的软盘和光盘而成为移动存储的主流技术。

3. 路径实现的关键要素

通过调查问卷的统计分析,影响技术植入型创新路径的主要因素依次包括"用户关注程度"、"技术的活跃性"和"技术经济实力"等。

上述关键影响因素同样体现出技术植入型创新路径依然是由技术自身、技术环境、企业能力构成的技术系统中各要素共同作用的结果,但关键因素与技术突破型路径有所不同,因为该路径的特点是通过在原有技术系统中引入其他技术来提高性能或增加功能,目的是增强原有客户能感知到的效用或价值,所以用户的关注度、技术的活跃性和企业技术经济实力成为重要的影响因素。

采用技术植入型创新路径,需要拓展技术搜索空间,不要孤立地考虑一项技术的发展,而要注重与其他技术的结合进而产生全新的技术。特别是企业在某项技术发展过程中出现障碍、导致应用扩展受阻时,不要仅仅苦于在原有技术路径上寻找突破,要努力探索那些存在于不同领域内的技术,并加以创造性地植入并使其有效结合,这样做有时不仅能使技术障碍得以排除,还会带来产品性能和用途上的跃迁。

三、技术应用型

1. 含义

这是一条因技术应用扩散的不连续而产生新技术并成功实现商业化的创新路径,它的不连续来自应用领域的转变,它可以是一项技术从现有的应用领域(或市场)转移到新领域(市场),也可以是一项纯粹的技术被找到恰当的应用空间,从而使技术应用获得迅猛发展的同时,性能也得以完善和进步。起源于 20 世纪 90 年代初日本的"小灵通"技术(又称无线市话,简称 PHS),在日本并不是很成功,却被中国电信(包括原网通)成功引入中国市场,不但市场呈现出爆炸式的增长,原有技术也进一步被创新,这是该路径的一个典型例证。在这个例子中,应用领域的转变是技术发展过程中的不连续点,进入一个新领域不仅改变了选择标准(如低成本),它还极大地改变了支持技术发展的可利用资源(特殊的客户群、运营商、设备提供商、政策)。再如,因特网的迅猛发展从根本上说并不是一项技术变革的结果,倒是由于网页浏览器这一相对不起眼的发明将该技术的应用领域从政府和学术机构推广至大众消费领域;激光技术最初完全是一项纯粹的技术突破,后来其应用领域才逐步被开发出来,首先是军事领域,如激光测距、激光制导、激光通信、激光模拟训练等,再到工业领域的激光切割,然后是消费领域的近视治疗等。每一个新的应用领域被发现,就带来一次巨大的商业机会,技术也随之不断得到进步和完善。

这类路径的形成同样可以从生物进化中得到解释,这是一种首先考虑外因变化的生物进化方式。由于地理环境的改变,如气候、栖息条件、物理屏障等的改变而产生的新物种,为了适应新环境产生了遗传结构的适应性改变,具备了与先辈大为不同的特性。如燕麦和黑麦在中亚和西亚本来是混生在小麦、大麦田里的杂草,但到了更北的地方种植时,由于耐寒性强于小麦和大麦,其生长优势得以充分发挥而成为寒冷气候特点地区的主要农作物。

2. 企业特点

相关研究表明,应用创新,尤其是领先式应用创新往往能让企业快速扩张,这条路径考验的是企业对市场的敏感性及对技术信息的掌握程度,要求企业能提前发现一块有潜力的新领域(即市场),将成熟的技术引入这个领域,并配合"本土化"的技术创新。

采取技术应用型创新路径的企业往往是以用户为中心,善于发现并解决用户的现实与潜在需求,通过引进或集成各种相对成熟的技术,开发出能够引领用户需求的产品和服务。

我国的华为公司最初仅是思科公司的代理商,但很快发现有较大的低端或偏远市场是思科公司短期无法顾及的,因此他们瞄准了这类市场,展开了针对思科公司的模仿创新,努力将产品成本做得更低,服务质量做到更好,锁定顾客,并逐渐扩大领地,依靠应用型技术创新华为最终成为思科最强劲的竞争对手。当然,目前的华为公司已经走出了完全依靠应用创新型路径发展的模式,正在探索更多路径上的成长与飞跃。

再以我国目前互联网的霸主 BAT(指百度、阿里巴巴和腾讯三家公司)为例,他们同样是抓住了中国互联网市场的红利,通过将先进国家的互联网技术及运营模式应用到中国,加上一些适合中国市场的技术创新,用不到 20 年的时间赶上了称霸全球的美国互联网同行。2017 年全球市值 Top 15 的互联网企业排行中,美国占 8 家,中国为 7 家,这一数据足以显示中国互联网企业通过应用型创新路径所获得的快速成长。

3. 路径实现的关键要素

通过对调查问卷的统计分析发现,影响技术应用型创新路径的主要因素依次包括"用户关注程度"、"技术的独特性"和"生产与营销实力"等。

采用技术应用型创新路径的企业通过创造或发现技术新的应用领域,着力进行市场开发。一般选择的技术相对成熟,新市场一旦接受该技术产品的独特价值,往往会伴随着企业销售收入的快速增长。同样,这类企业也不是仅靠单一的关注客户需求获得市场发展,也是通过技术环境、技术自身、企业能力构成的技术系统中各要素共同作用的结果,只是各影响因素的重要度与前两种路径有显著差异。

这类创新路径形成的驱动力主要来源于对市场的了解和对用户需求和利益的认知,技术并不要求有本质改变,但必须充分利用应用环境中的资源与条件实现技术创新。对于发展中国家和技术优势不明显的企业,关注这类创新路径显得尤为重要。中国台湾、马来西亚、韩国等地区和国家经济的成功转型,就是把握了信息技术快速发展的契机,将很多新技术引入本土,通过消化、吸收、学习、创新,从以加工制造和原料出口为主转而成为新兴技术产品的开发者和制造商。

拓展案例

四、技术融合型

1. 含义

这条技术创新路径是由技术进步不连续和应用扩展的不连续同时作用而形成的,它的不连续来自两项或多项技术经历融合产生的新技术被应用到新的领域。如 20 世纪 80 年代发展的生物芯片,它融微电子、微机械、物理、化学及计算机技术等为一体,是生物技术与其他科学和技术相互交叉和渗透的产物。这项技术已在医学、农业、工业及生命科学领域创造出良好的应用前景,其技术正在日趋完善,并将继续广泛应用于生命科学研究和实践等领域。这种以多门学科、多项技术相融合所产生的技术及其广泛应用将给21世纪整个人类生活带来一场"革命"。2001年12月美国商务部(DOC)和美国国家科学基金会(NSF)共同组织召开了一次关于技术融合的专题讨论会,在其"推动技术融合,提高人类素质"的主题报告中提出了"融合技术"(NBIC技术)的概念。这个概念包含了科学技术四大领域的有机结合,这四个领域目前都在飞速发展。它们是:①纳米科学和纳米技术;②生物技术和生物医学(包括遗传工程);③信息技术(包括先进的计算通信技术);④认知科学(包括认知神经科学)。多技术融合在技术上原本就有其合理性,而纳米、生物、信息与认知四大技术领域之间的互补性使它们的融合更富有意义,已经诞生一系列革命性的NBIC产品,可以使人类精神、身体和社会能力持续增强,从而给予我们更多的可成功应付各种挑战的方法。

这类路径的形成也可以从生物进化中得到解释。这是多类物种种群生活在一定生态环境内,由其基因和地域中的物种形成事件共同作用而形成的新物种。即不同物种在一个新环境中相遇,遗传物质也会因杂交而发生改变,但只有当地理隔离出现的情况下,新物种才能形成。技术融合"混进了来自多个以前不相干的技术领域的技术改进,创造出对市场有革命性影响的产品",即两项或多项技术经历融合(杂交)产生了新技术,一旦为新技术找到了恰当的应用领域,技术融合型创新路径便会形成。如上文提到的生物芯片技术,再就是众所周知的录像机产品,它是磁记录技术和光学技术在光通信技术这个新领域得到融合产生的新技术。

2. 企业特点

选择技术融合型创新路径的企业一般具有成熟稳定的特点,他们善于整合企业内外的技术资源,充分了解客户的现实需求和潜在需求,创新成为驱动公司发展的主导文化。

在技术植入型创新路径中列举的苹果的iPhone X智能手机,是基于产品层次的技术创新路径。但纵观苹果公司的发展,从起初的Apple II,到日后的iMac、iPod、iPhone、iPad,以及目前的iWatch和iTV,公司战略层次的创新路径更多地体现为技术融合型。因为在苹果公司推出的上述新产品中,在技术轨迹上发生了不连续,而且很多核心技术并非被苹果公司所有,但它善于将这些原本已经存在的多项技术整合起来,再加入自己的专利技术创造出一个给消费者带来完美体验的革命性产品,成功将新技术扩散到消费级市场,使技术的应用领域也发生了不连续。

走技术融合型创新路径不仅需要一定的技术研发能力,更需要具有新技术大规模商业推广能力,其核心优势是对庞大的生态链的整合能力和市场营销能力,这也是走这条创新路径企业的明显特征。

3. 路径实现的关键要素

通过调查问卷的统计分析,影响技术融合型创新路径的主要因素依次包括"产业环境支持程度"、"技术的独特性"、"生产与营销实力"、"企业技术经济实力"和"高层团队素质与能力"等,且上述几项的重要程度相差较小。表明这种路径下各种机会都存在,关键是看企业发现机会并为这个机会配置资源的能力,即对技术系统中各要素的动态管理能力。

这类技术创新路径产生的驱动力源于技术驱动和市场的拉动的同时作用,但与连续性创新的同时兼顾型有所不同,它关注的是两个方向的不连续性变化,从这种间断性变化中寻求更具潜力的发展机会。这类创新往往很难依靠单个企业的力量来完成,它要求企业与其他组织(包括其他企业、科研机构、高校)之间形成技术联盟,通过各组织间技术优势互补,充分挖掘市场需求潜力,充分利用外部资源(包括政府的组织和支持)来构建技术生态系统,从而实现创新的商业化价值。

第五节 模块化的战略性新兴产业技术创新路径

一、产业技术模块化及其突破重点

我国于 2010 年发布《国务院关于加快培育和发展战略性新兴产业的决定》,之后又相继发布了国家战略性新兴产业的"十二五"、"十三五"发展规划,确立节能环保、新一代信息技术、生物、高端装备制造、新能源、新材料、新能源汽车、数字创意等为战略性新兴产业。战略性新兴产业是典型的创新驱动型产业,代表了未来产业与技术发展方向,复杂性、多领域交叉融合等技术特性使得战略性新兴产业更倾向于通过模块化来实现创新驱动产业发展。

模块化是指将某些复杂系统按照一定的规则分解成若干相互联系的半自律系统并加以重新整合的过程。战略性新兴产业领域技术创新及其突破重点更倾向于模块化特征,具体体现在以下四个方面[16]。

1. 产业技术构成的模块化

一般地,战略性新兴产业技术可以分为功能模块技术和架构规则技术。其中功能模块技术是实现系统特定功能的内部知识集,根据功能重要性及技术水平,功能模块技术又分为关键模块和外围模块;架构规则技术则是关于技术系统整体的设计、结构和集成技术,由结构技术、接口技术和技术标准等构成。战略性新兴产业涉及多领域技术交叉融合,架构规则技术对战略性新兴产业创新的整合作用越来越强,战略性新兴产业突破性技术创新就是要突破关键模块技术和变革产业架构规则。

2. 产业技术创新链模块化

战略性新兴产业技术深度、宽度都很高,相应地,产业技术创新链也必须具备一定的长度和宽度,即基础、应用、产业化多环节创新协作,并涉及多领域技术创新链交叉融合。

因此,战略性新兴产业技术创新链需要进行纵向和横向模块化分解与集中,最终呈现为模块网络化链状结构。

3. 产业技术创新行为模块化

模块化背景下战略性新兴产业技术系统属于半自律系统,不同模块技术创新活动独立性增加。通常在市场竞争环境下,无论是模块技术还是架构技术,都有可能同时被多个主体重复开发,"背对背"竞争压力很大,而"面对面"合作较为松散。因此,战略性新兴产业突破性技术创新就是通过"背对背"竞争激发创新动力,以及"面对面"合作整合优势创新资源进行创新协同,进而实现产业技术重大突破。

4. 产业技术创新组织模块化

产业技术模块化决定了产业创新组织模块化,对应于产业技术模块化划分,产业技术创新组织分为架构规则创新主体模块集成商、关键模块创新主体、关键模块供应商和外围模块创新主体、外围模块供应商等模块化组织。

二、产业突破性技术创新路径

所谓战略性新兴产业技术创新路径,是指实现产业重大技术突破的起点、方向、重点、过程以及方法手段的总称。从模块化视角来看,创新路径主要有四条:外围模块高端渗透路径、关键模块重点突破路径、架构规则颠覆重构路径和模块-架构耦合升级路径,如图 3-4 所示。我国模块化特征显著的战略性新兴产业中的光伏产业、新能源汽车、智能手机和电信设备的产业技术创新路径能够较好地解释这四条路径。

图 3-4　战略性新兴产业突破性技术创新主要路径

1. 外围模块高端渗透路径

外围模块高端渗透路径是指战略性新兴产业技术创新开始于外围技术模块的创新,并通过技术学习与再创新活动,逐步向关键模块技术乃至主导架构规则渗透,并最终实现产业技术赶超与升级的战略主线。

我国光伏产业正是从硅片、电池片以及组件封装等外围模块技术创新入手,逐步向光伏产业链"微笑曲线"的两端进军,通过创新链横向渗透和纵向拓展,实现了高纯度多晶硅制备、高效率电池组以及发电系统集成与应用等重大技术突破。

2. 关键模块重点突破路径

关键模块重点突破路径是指依托优势创新资源,面向制约战略性新兴产业发展的关键模块技术(如产业核心、共性技术等)进行重点攻关,形成能够带动产业发展与技术升级的标志性技术创新成果的战略主线。主要是在"背对背"式的竞争机制作用下,参与创新的模块化组织选择关键技术模块进行重点研发,形成模块技术多样性创新局面,并通过"赢者通吃"规则优选具有核心地位的关键模块技术。

近十年来,我国发展新能源汽车产业就是采用了关键模块重点突破路径。首先是关键模块技术创新的定位——电池技术:这是新能源汽车产业发展中最大的瓶颈所在。再就是关键模块技术多样性创新:到2007年前后,我国在纯电动、混合动力和燃料电池方面均取得技术突破,直接助推了三类新能源汽车的相继问世。然后是关键技术模块主导地位确立:我国明确将混合动力电池作为技术过渡方案,以纯电力电池为创新战略取向,从产业层面规避了不同动力电池模块技术间的恶性竞争,有利于明确优势创新资源投入方向以及合理布局优先发展领域。

3. 架构规则颠覆重构路径

架构规则颠覆重构路径,是指对产业技术架构规则进行重构以及对已有模块技术再集成,进而引起战略性新兴产业整体技术升级以及产业格局变革的战略主线。要想在一些战略性新兴产业领域实现技术突破,就要紧跟新兴技术潮流,对产业架构规则进行重新认识,抢先设计更具创新性的产业架构规则及技术模块优化组合方案,并围绕技术变革和市场需求进行产业架构规则持续个性化重构。

智能手机是新一代移动终端的重点领域,智能手机快速涌现并替代传统手机的过程就是对手机产业领域架构规则颠覆重构的过程。首先是产业技术架构规则重新界定:智能手机到底是什么或应该是什么,这也是智能手机突破性技术创新的本质所在;然后是通过对电脑、通信以及手机等领域技术模块有效集成,实现产业技术架构规则的变革;随后是通过对手机产业架构规则的成功颠覆性重构,通过不一样的产业架构规则及模块技术集成实现创造需求。

4. 模块-架构耦合升级路径

一些战略性新兴产业技术突破,需要模块和架构规则技术同时变革,即为模块-架构耦合升级路径。和前面三条路径相比,该路径的技术突破也是最为全面的,不仅要在架构规则下进行关键模块技术突破,而且还要通过架构规则重构来优化集成模块技术。

我国电信设备技术由3G向4G的成功演进就是典型的模块-架构耦合升级过程。首先通过模块-架构的耦合互动过程,进行了电信设备整体技术创新能力积累,并且为从

3G 向 4G 的重大技术变革奠定了基础,随后以大唐、华为、中兴等为代表的企业对电信设备技术构成接口、测试等架构和标准进行颠覆性重构,成为国际4G 标准的核心内容,重要的是过程中攻克了该框架下的一系列关键技术模块,掌握了重要的基础专利,如华为、中兴拥有的基础专利已经达到国际顶级电信设备供应商水平,远高于当年 TD-SCDMA 标准下的基础专利比重。

拓展阅读

即练即测

本章思考题

1. 技术创新的主要来源有哪些? 技术融合与技术集成的主要区别是什么?

2. 不连续性技术创新路径的含义是什么? 有哪几种主要类型?

3. 连续性创新的基本特点是什么? 主要有哪几种实现方式?

4. 四种不连续性技术创新路径的企业特点是什么? 成功的关键影响因素有哪些?

5. 基于模块化视角,战略性新兴产业有哪几种技术创新路径? 请举例说明。

本章参考文献

[1] Arthur W. Brian,Competing technologies,Increasing returns and lock-in by historical events[J]. Economic Journal,1983(5).

[2] Arthur W. Brian,Path-dependent processes and the emergence of macro-structure[J]. European Journal of Operational Research,1987(3).

[3] David,Paul A. Clio and the economics of QWERTY[J]. American Economic Review,1985(2).

[4] Stephen Redding. Path Dependence, Endogenous Innovation, and Growth [J]. International Economic Review,2002(11).

[5] Robert W Rycroft,Don E. Kash Path Dependence in the innovation of complex technologies[J]. Technology Analysis & Strategic Management,2002(1).

[6] Raghu Garud, Peter Karnoe, Path Dependence and Creation [C]. NJ: Law rence Erlbaum Associates,Mahwah,2001.

[7] Martin Stack,Myles P. Gartland,Path Creation,Path Dependency,and Alternative Theories of the Firm[J]. Journal of Economic Issues,2003(2).

[8] 许庆瑞. 研究、发展与技术创新管理[M]. 北京:高等教育出版社,2000.

[9] 段小华,鲁若愚. 研究、发展与技术创新管理[J]. 四川经济管理学院学报,2001(4).

[10] 姜劲,徐学军. 技术创新的路径依赖与路径创造研究[J]. 科研管理,2006,27(3).

[11] 曾萍,刘洋,应瑛. 转型经济背景下后发企业创新追赶路径研究综述[J]. 研究与发展管理,2015,27(3).

[12] 周潇,黄璐,马婷婷. 大数据视角下的技术创新路径识别研究[J]. 科研管理,2017,38(10).

[13] 陈小洪,李兆熙,金占明,丁宁宁. 联想发展之路:渐进创新[J]. 管理世界,2000(4).

[14] 尚增健. 渐进式技术创新:科技型中小企业的成长路径[J]. 管理世界,2002(6).

［15］　宋艳.新兴技术的形成路径及其影响因素研究——基于中国企业实际运作调查［D］.成都：电子科技大学,2010.

［16］　武建龙,王宏起.战略性新兴产业突破性技术创新路径研究——基于模块化视角［J］.科学学研究,2014,32(4).

［17］　宋艳,银路.新兴技术的物种特性及其形成路径研究［J］.管理学报,2007,4(2).

［18］　银路,王敏,等.新兴技术管理导论［M］.北京：科学出版社,2010.

［19］　银路.技术创新管理［M］.北京：机械工业出版社,2004.

［20］　宋艳,银路.新兴技术风险识别与三维分析——基于动态评估过程的视角［J］.中国软科学,2007(10).

第 四 章

技术创新战略

选择适合的技术创新战略,对企业的竞争发展具有重要的意义。技术创新战略的制定,除遵循一般战略的分析和制定过程外,还需要考虑到技术战略本身的特点。本章将介绍技术创新战略的基本过程、基本特征,并对自主创新、模仿创新、协同创新、集成创新的内涵、特点、适用性等问题一一作了阐述。

第一节 技术创新战略的制定基础

一、企业技术创新战略的概念和内容

1. 企业技术创新战略的概念与特征

战略是指重大的带有全局性的或决定全局的谋划。

企业技术创新战略则是指企业在技术创新领域内重大的带有全局性的或决定全局的谋划。

企业技术创新战略有如下五个基本特征[1]。

(1)全局性。企业技术创新战略是对企业技术发展全局性的安排。企业在发展战略中选择和实施何种主导性技术,不仅直接影响技术、生产等部门,而且对其他部门、对企业整体规划和发展都会产生重要影响,对企业竞争力、发展前途都会起决定性的作用。

(2)长期性。企业技术创新战略不仅影响企业近期经济效益,而且对企业长期竞争力、企业发展方向和企业长期经济效益产生深远影响。

(3)层次性。企业技术创新战略不仅要从指导思想、基本框架方面进行总体性策划,而且要对构成技术创新战略的各个方面和各职能部门(如技术开发、生产、营销等)做出规划,即企业技术创新战略不仅包括企业总体的技术发展规划,还必须包括与技术创新相关的各项具体规划。

(4)风险性。技术创新战略的长期性、技术发展和未来市场的不确定性等特点,决定了技术创新战略面临的环境是变化的,这就导致技术创新战略不可避免具有风险性的特征;而技术创新战略的全局性特点则会使战略失误的损失放大,因此技术创新战略存在

较大的风险性。

（5）依从性。企业技术创新战略是企业总体发展战略的一个组成部分，因此企业技术创新战略必须依从于企业总体发展战略，服务于企业总体发展战略。它不仅不能超越企业总体发展战略，而且要对企业总体发展战略形成有力的支撑。

2．企业技术创新战略的主要内容

技术创新战略是按照企业实际情况制定的，各企业情况千差万别，技术创新战略也各不相同。因此，不存在普遍适用的企业技术创新战略。以下仅对制定企业技术创新战略涉及的内容和共性进行概述，各企业要根据自身的特点，对这些内容进行取舍、补充、细化和完善，才能形成有针对性的企业技术创新的战略框架。

制定企业技术创新战略涉及的基本内容可大体归纳如下[2]。

1）企业外部环境和内部条件分析

企业内外部环境、条件分析是制定技术创新战略的前提。在制定技术创新战略之前，必须全面总结和分析。只有十分清楚企业自身所处的内外部客观环境和所具备的条件，并以此为依据制定出来的技术创新战略，才可能是有的放矢的战略，才可能是具有操作性的战略。企业的外部客观环境，主要包括自然环境、社会环境、经济发展水平、技术进步速度、竞争对手情况等。企业内部所具备的条件，主要包括企业自身的经济实力、企业组织运行机制、企业总体战略对技术创新战略提出的要求、企业自身技术能力、在同业中所处的地位、技术人员状况、技术开发能力等。

2）战略目标的确定

企业技术创新战略目标可分为长期战略目标和阶段性战略目标两类。

长期战略目标具有长期性、稳定性和超越性等特点。长期性是指所制定的目标须经过长期努力才能实现；稳定性是指所制定的目标保持相对稳定不轻易改变；超越性是指所制定的目标往往超过当前企业能力所能达到的水平。长期战略的作用，一是指导企业长期奋斗的方向，引导企业一步步达到较高的境界；二是使企业明确差距，激励企业不断努力，以逐步接近目标。

为了实现长期目标，企业需要将其分解为具体的阶段目标。

阶段目标是企业在中、近期内要达到的目标。与起指导、激励作用的长期目标不同，阶段目标必须在限期内实现，因此具有较强的可操作性。阶段战略目标通常包括：在预定期限内要达到的技术能力和技术水平，要进入的产业，要占领的市场和取得的市场份额等。

3）战略指导思想

战略指导思想是实现战略目标的基本思路，包括拟采取的基本技术路线、获取技术能力的基本方式、实施战略的基本策略等。例如，联想集团在发展早期根据企业的内外环境、条件，在衡量了自身能力以后，制定了"贸-工-技"的基本发展思路。华为依据行业竞争特征，将自主创新作为长期战略选择。

4）战略方案

战略方案是在战略目标和战略思想指导下的行动方案。其基本内容如下。

（1）战略模式选择。针对企业的自身情况，对可能选择的战略模式进行分析比较，选择对本企业最可行的模式。例如，针对某一技术研发项目，是选择自主创新，还是选择模仿创新。

（2）战略性技术选择。对企业的技术发展方向做出选择，对企业主导性、基础性技术做出定位。

（3）技术能力建设方案。从技术能力获取、培养、运用等方面进行方案设计。如技术的获取是通过自主研发还是联合研发或是直接从企业外部引进等。

（4）技术支撑体系建设方案。对实现战略目标所需要的技术支撑体系做出设计。包括技术创新中的人员保证、组织保证、制度建设、技术协作、相关技术的研究与开发等工作。

5）战略实施要点

战略实施要点是实施战略要抓住的关键和重点。企业技术创新战略的实施通常要重视以下要点。

（1）战略时机把握。对出现的技术机会、产业机会、市场机会等重大机会进行分析，做出对策。

（2）资源配置。对实施战略所需要的资金、设备仪器、人力等做出规划，确定基本来源和供给方式。如资金是否充足，若不充足，贷款、融资渠道是否畅通；是否需要新增技术人员，这些技术人员能否招聘到位；是否有独特的资源可供使用等。

（3）人力资源开发。对人才引进、培养、使用等做出基本安排。

（4）运行机制设计。对技术研究开发机构内部、相关部门之间和技术活动环节间的基本运行模式、激励方式等进行设计。

（5）技术创新活动的组织。对技术研究开发部门内部、技术部门与相关部门关联的组织结构和组织方式做出设计。

3. 企业技术创新战略的主要作用

企业技术创新战略的作用主要表现在以下几个方面。

（1）是企业技术发展和技术创新的纲领性文件。

企业技术创新战略是企业在技术发展、技术创新等方面的纲领性文件，它将在较长时间内指明技术发展方向，指导企业的技术创新活动，规范技术创新行为，制定技术创新策略，控制技术创新过程和进度等。

（2）是企业生存和发展的竞争武器。

近几十年来，对技术创新与经济发展之间宏观和微观层次上的关系研究，已使"技术创新是企业生存和发展的竞争武器"这一观点深入到企业管理者的管理哲学和行为取向中。美国通用电气公司 1981 年上任的总裁约翰·韦尔奇说："当受到挑战时，应把技术资源和创造性结合起来齐心协力渡难关"。美国的一些著名公司,如泛美航空公司、通用电气公司、英特尔公司、3M 公司等都一致认为技术创新是其生存和发展的必备条件。

（3）是企业总体战略的有机组成部分和支撑。

企业总体发展战略将规划企业发展中的各主要方面,包括经济增长、企业形象、组织结构、资源配置、技术创新、市场策划、人力资源等方面的战略规划。技术创新战略是企业发展战略中的一个重要的有机组成部分,它将对企业总体发展战略提供有力的支撑,缺少了技术创新战略的支撑,企业总体发展战略将失去一个重要支撑,将是不全面的。

二、制定企业技术创新战略的主要依据

企业技术创新战略制定的主要依据是:企业目标和总体战略要求,发展机会,竞争态势和压力,企业的技术能力,国家政策。

1. 企业目标和总体战略要求

企业技术创新战略是企业总体目标和总体发展战略的一个组成部分,在制定技术创新战略时,要重点明确和满足企业目标和总体战略的要求。这些要求主要包括:

（1）市场目标对技术创新的要求。

企业的市场目标包括保持和扩大已有市场份额和进入新的市场。企业的市场目标要从多方面来实现,一般说来,技术途径是必不可少的。例如,为了在竞争中保住已有的市场和扩大市场份额,必须不断改进产品性能,提高产品质量,开发新产品;为了进入新的市场领域,要掌握原来不熟悉的技术。在制定技术创新战略时,必须弄清企业为实现市场目标在多大范围内和多大程度上依赖于技术创新。

（2）增长目标对技术创新的要求。

企业在竞争中如同逆水行舟,不进则退。任何企业都不甘心于现状而力图不断发展壮大。为此,需要不断扩大生产能力,开拓市场,使销售额和利润逐步提高。但是,在技术进步的作用下,企业现有产品寿命周期有不断缩短的趋势,现在为企业产值和利润做主要贡献的产品将逐步退出市场,其产值、利润呈下降趋势,这与企业发展目标之间形成了"剪刀差"。这一差距往往要靠开发新产品来填补。因此,在制定技术创新战略时,在时间和对企业的经济贡献上必须要权衡和协调,才能满足增长目标对技术创新的要求。例如,从事计算机小容量存储技术产品的生产厂家原来的主要产品是软磁盘,随着刻录光盘、可录可抹磁光盘、移动硬盘的发展,会因软磁盘的存储容量小、易损坏等原因,导致其产销量和利润都会逐步下降,而光盘、移动硬盘的产销量和利润空间会成为计算机小容量存储技术的主要产品。因此,企业必须不断推出新的存储产品以满足企业经济增长的要求。

（3）竞争地位对技术创新的要求。

竞争地位是企业关注的焦点。处于竞争优势地位的企业将力图保持技术先进性,使

其产品不断改进以适应市场的需要,不断改进工艺以降低成本,从而巩固优势,扩大地盘;处于竞争劣势地位的企业则企图以独特的技术出奇制胜(或功能基本相同的技术却价格更低、服务更好;或价格基本相同却技术更先进等),以摆脱困境和被动局面。所以,处于不同竞争地位的企业,对技术创新将具有不同的要求。

(4) 企业形象对技术创新的要求。

在现代市场竞争中,企业形象越来越受到重视,直接关系到企业的生存和发展。国外大企业有一种说法:先做信誉度,再做忠诚度,最后才做占有率。技术则是企业形象构成的要素之一。已经树立良好形象的企业要使其产品和技术日臻完美;形象不理想的企业要通过改进技术、提高产品质量和信誉,以改善其形象;形象不佳的企业,则要通过新产品、新工艺的采用提高技术水平,重塑企业形象。

2. 发展机会

发展机会和竞争压力也是制定企业技术创新战略要考虑的主要依据。发展机会主要包括技术机会、产业机会和市场机会。下面分别对这些机会和竞争压力进行讨论。

1) 技术机会

(1) 本行业技术进步提供的机会。本行业的技术突破将提供新的产品发展机会。本行业的技术渐进性改进也会为企业提供机会。例如,大规模集成电路技术、彩色显像管技术的不断的改进性进步,为开发各种类型的彩色电视机提供了机会。

(2) 相关行业技术进步提供的机会。为本行业提供原材料、能源、配件的"上游"行业以及以本行业产品为原料、部件的"下游"行业的技术进步也将为企业提供技术机会。例如,航天技术的进步使卫星传输信号技术日益实用化,这为卫星通信进入民用消费领域,如卫星电话、卫星全球定位系统等提供了新的技术发展前景和机会。近年来纳米技术的发展对电子信息产业、生物医药产业、环保与能源产业等众多行业都产生了重大影响。

2) 产业机会

从历史的角度看,不仅产品具有生命周期,产业也具有生命周期,产业的更替也是不可避免的。一些原来作为国家经济支柱的产业,随着经济发展和技术进步,在发达国家正在迅速萎缩,如美国、英国的钢铁工业,日本的纺织工业等。而由于技术的不断突破,电子信息、新材料、新能源、生物工程、航空航天、海洋工程等新产业正以超常的速度发展。这为有志进入新产业的企业提供了难得的机遇。

3) 市场机会

市场的成长和成熟受自身规律和多种因素的影响和制约。一旦条件具备,新需求就会产生,处于潜在需求中的市场就会变为现实的市场。例如,随着计算机互联网的发展和使用人数的增加,进入家庭的宽带互联网的建设就成了一个现实的市场机会。在智能手机和个人互联网时代,手机 APP 应用是个巨大的需求,从而给相关软件厂商和内容服务商带来了机会。

3．竞争态势和压力

竞争压力来自技术进步、需求、供给、同行竞争等多个方面。

1）技术进步的压力

在技术进步不断加速的形势下，产品、工艺技术更新速度加快，替代技术和替代产品不断涌现，对企业现有技术和现有产品产生了威胁，促使企业要不断进行技术创新，研发新产品，采用新工艺。

2）需求压力

受经济形势、收入水平、偏好变化、外来品示范效应等因素的影响，用户会对产品提出新的要求，原有产品就不能满足需求，即便曾是畅销的产品，也会销量下降甚至滞销。由此产生了对企业技术创新的压力。例如，一些追求时尚的手机用户，他们要求手机外观和功能不断更新，这就要求手机生产厂家不断对手机进行技术创新。

3）供给压力

供给压力主要是指产品生产所需的原材料、能源等可能因资源短缺，或者生产水平的限制，或者对某种原材料需求的增加等导致供给不足，价格上涨；这种供给不足和价格上涨一旦超出了企业的成本控制目标，便会迫使企业进行材料、工艺创新。另外，我国有相当一部分设备及其配件依赖进口，设备和配件涨价使消化吸收引进技术、提高国产化率的压力越来越大。

4）同行竞争态势和压力

为了争夺市场，同行竞争将在产品性能、外观设计、服务、价格、交货期等方面展开，企业要在竞争中立于不败之地，就需要不断进行产品创新和工艺创新，不断研发出新的产品，或者不断采用新工艺以提高产品质量、降低产品成本。

4．企业的技术能力

1）企业技术能力考察的内容

随着经济、社会的发展和认识的深化，人们对技术内涵的理解在不断扩展，从而技术能力考虑的内容也在扩大。主要包括 3 个方面：

（1）技术吸收能力。技术吸收能力包括技术监测及评价能力、技术获得和存储能力、学习和转化新知识的能力等。企业的技术吸收能力取决于企业员工的素质、在 R&D 上的投入、职工培训、吸收技术的驱动力等。

（2）技术应用能力。技术应用能力指将技术投入实际应用并取得商业价值的能力。它主要包括将技术转化为实际生产能力或新产品的能力、技术设备的投资能力、培训有技能的劳动者的能力、质量保证能力、生产组织管理能力及新产品营销能力等。

（3）技术创造能力。技术创造能力包括：对产品进行局部改进的能力、新产品的开发能力、设备和工艺的改造能力、新工艺的开发能力等。

2）技术能力考察的范围

（1）现有技术能力。包括现在具备的技术能力水平，在同行业中的技术地位，与国际先进水平的比较等。

（2）可挖掘的技术潜力。指在不增加或少量增加投入的条件下，经过内部调整可增加的技术能力。

（3）经过努力可能获得的新的技术能力。获得新能力的方法有：技术硬件的投资，人力资源的引进，新技术的引进，通过合作、联合、兼并等方式获得开发、生产的整体性能力等。

5. 国家政策

国家对企业技术创新的政策引导和支持，已成为各国经济增长与发展不可或缺的推动力。国家政策主要是为现代企业技术创新活动提供良好的环境和起引导、鼓励的作用。企业则可以在政策指导下选择相应的技术创新战略。如美国政策对高新技术产业化十分重视，支持创办了硅谷等高新技术开发区，大力建设基础设施以保证高新技术的研究开发，每年花巨资扶持企业的技术创新活动。又如，我国政府大力倡导发展电子信息、生物工程等高新技术产业，那么企业在制定技术创新战略时，则应着重考虑这些高新技术产业的研发工作和产业化进程。

拓展阅读

三、企业技术创新战略模式及其选择依据

（一）企业技术创新战略模式的类型

企业技术创新战略模式类型可从不同的角度进行划分。

1. 按技术来源分

1）自主创新战略

企业技术主要来源于自主开发，但这并不排斥引进技术及联合开发技术。这往往需要企业具有较强的开发实力。

2）模仿创新战略

企业技术主要通过模仿已有的技术获得。经过模仿，企业逐渐掌握了技术，就可进行适当的改进和创新。

3）合作创新战略

出于节约研究和开发的投资、缩短开发周期或进入对方占领市场的目的，企业可以采取合作开发的战略，在这种战略下，参加合作的各方可以更大地发挥各自的优势，做到优势互补。通常的合作方式为：产、学、研的合作，制造商与供应商合作，制造商与用户合作，同行制造商（竞争者）之间的合作。

4）引进消化吸收再创新战略

企业的主要技术来源是技术引进，在对引进技术消化吸收的基础上进行改进、创新。

5）协同创新

多为（组织）企业内部形成的知识（思想、专业技能、技术）分享机制，特点是各独立的创新主体拥有共同的目标、内在动力，直接沟通，依靠现代信息技术构建资源平台，进行多方位交流、多样化协作。

6）集成创新

集成创新是利用各种信息技术、管理技术与工具等，对各个创新要素和创新内容进行选择、集成和优化，形成优势互补的有机整体的动态创新过程。集成创新强调灵活性，重视质量和产品多样化。

2．按技术竞争态势分

1）领先战略

技术领先战略致力于在同行竞争中处于技术领先地位。采用该战略要求企业不断率先开发出新技术并占领市场。

2）跟随和模仿战略

技术跟随（或模仿）战略不图率先开发、采用新技术，而是在新技术被开发、采用后即行跟上或进行模仿。采用跟随战略往往是在对率先采用的新技术进行改进后推向市场，甚至只利用率先技术的原理而开发独特的技术。竞争的模仿战略与前述技术来源的模仿战略有相同之处也有区别：相同之处在于技术来源都是模仿；不同之处在于竞争模仿不仅模仿技术，而且常常模仿技术推向市场的过程、市场目标和行为。

3．按市场竞争策略分

1）市场最大化战略

市场最大化战略追求最大的市场占有率，其在技术上的体现是：或以领先的技术抢先占领市场，巩固和扩大市场阵地，或以优势的（但不一定是领先的）技术辅以优势的配套资源开拓和扩大市场份额。

2）市场细分化战略

在主要市场已被占领的情况下，新进入企业往往采取这种战略，这种战略强调应用基本技术服务于特别应用的小块需求。因此这种战略常表现的一种"填空"策略，其在技术上的体现是在制造技术上有较高的柔性，有较强的工程设计能力。

3）成本最小化战略

这种战略利用规模经济和制造技术的优势，大力降低成本以取得价格竞争优势，其技术上的体现是优化产品设计，在生产系统采用优势制造技术，实现专业化，并降低管理费用。

4．按行为方式分

1）进攻战略

在市场竞争中采取进攻姿态，向同行企业的市场和技术领域发动进攻，以进入或扩大技术领域或市场阵地。

2）防御战略

在市场竞争中采取防御姿态,固守本企业的技术和市场阵地。为此,要采取一系列措施建立和加固进入壁垒,当被攻击时能进行有力的反击。

3）游击战略

采取这种战略的往往是处于技术和市场劣势的企业,为了打破现有的技术和市场地位格局,推出一种新的技术以取代占统治地位的现有技术,打乱优势企业的阵脚,以求重新瓜分市场。这种战略一旦得手,就要转变为其他战略。

以上从不同角度讨论的战略类型,是以占企业主导地位而论的。实际上,企业可以采取多种战略,以一种为主,其他为辅,构成组合战略。

(二)战略模式选择的基本方法和步骤

1．机会、目标及竞争态势识别

在调查和掌握充分信息的基础上,对技术机会、产业机会和市场机会进行鉴别;预测技术发展前景、市场规模大小、竞争者可能采取的行动,从而估计本企业的可能活动空间,明确本企业的发展目标和总体规划及对技术发展的要求。

2．能力评价

对本企业的技术能力及资源调动、运用能力进行评价,并与潜在竞争者进行比较,鉴别本企业的优势与劣势。

3．机会、目标与能力的匹配分析

技术、市场、产业机会是否能被企业利用,企业总体目标对技术的要求能否达到,取决于企业技术能力与将机会和要求变为现实的需求之间的匹配,例如,企业的技术能力能否解决关键技术问题等。企业要对这些匹配关系进行恰当的分析与判断。

4．基本战略的选择

在对机会、目标和能力深入分析的基础上,对企业拟采取的基本技术战略做出选择。这是关键步骤,也是一个复杂而重大的决策。决策者要在错综复杂的、众多的、往往是相互矛盾和相互牵制的因素中进行权衡。

5．主要战略部署的决策

在基本战略选定后,还要就实施战略的一些关键问题做出决策,主要有:

(1)技术、市场和产业定位。技术定位是对主要技术发展方向做出选择;市场定位是对企业拟占领的市场做出选择,如是进入生产资料市场还是生活资料市场;产业定位是对拟进入的产业做出选择。

(2)技术创新与进步的跨度选择。例如,某企业原来主要从事电缆生产,随着光通信和光传输的逐步普及,电缆的市场迅速萎缩,在新产品的开发、生产上,如果选择光缆生产,则已有较强的生产和技术基础,跨度较小,为逐步进入;如选择光交换机、光电转换设备,则跨度较大,为一步进入。

(3) 时机选择。即对技术开发、生产、推向市场的时机做出选择。如采用率先策略的市场开拓投入大,但市场占有率可能较大;采用跟随策略的市场开拓投入较小,但市场占有率只能逐步提高。

(4) 配套的组织与制度安排。包括管理组织与管理制度、市场开拓、生产组织、质量控制、原材料采购、资金配套等。

第二节　自主创新战略

一、自主创新战略的含义和特点

(一) 自主创新战略的含义

自主创新是一个具有中国特色的概念,2005 年 10 月由中共十六届五中全会公报第一次明确提出"立足科学发展,着力自主创新"。所谓自主创新是指企业通过自身的努力和探索产生技术突破,攻克技术难关,并在此基础上依靠自身的能力推动创新的后续环节,完成技术的商品化,获取商业利润,达到预期目标的创新活动。

国外没有明确提出自主创新的概念,有些概念与自主创新相似,比如内生创新(Krugman,1999; Rainer A.,Franco N.,2005)和原始性创新,它们均强调创新是系统内自发的行为,强调创新的独立性和原创性特征。

自主创新战略是指以自主创新为基本目标的技术创新战略。

(二) 自主创新战略的特点

自主创新具有以下基本特点。

1. 技术突破的内生性

自主创新所需的核心技术来源于企业内部的技术突破,是企业依靠自身力量,通过独立的研究开发活动而获得的。这是自主创新的本质特点,也是自主创新战略与其他创新战略的本质区别,自主创新的许多优势和缺陷也都是由此决定的。

美国 Intel 公司在计算机微处理器方面可谓自主创新的典范,从 1970 年自主开发推出世界上第一块微处理器 Intel 4004,到 1973 年推出 Intel 8080,后来又相继推出 Intel 80286、Intel 80386、Intel 80486 系列,1994 年之后继续推出了风靡全球的 Pentium(Ⅰ-Ⅳ)微处理器,2002 年推出酷睿双核处理器,2012 年发布 22 纳米工艺和第三代处理器。

该公司始终掌握着最先进的、其他公司无法破译的计算机微处理器的关键技术,确保了Intel 公司在国际微处理器市场中的霸主地位。

我国的中文电子出版系统是自主创新的又一成功案例。20 世纪 60 年代中期,西方的印刷行业已经从铅字排版转为照相排版和胶版印刷,进入 70 年代,使用计算机,以数字形式存储字模,以数字方式输出的第三代照排系统开始普及,使西方国家印刷行业的生产效率获得巨幅提高。而我国印刷行业当时还停留在铅字排版、凸版印刷时代,效率低、质量差,全国印刷能力远远不能满足社会经济发展的需要。有关人士意识到,汉字排版印刷的电子化是我国印刷业的根本出路,而汉字排版印刷的关键核心技术——汉字信息计算机处理技术——国外无法提供,只有依靠自主开发。为此,中国科学院、原一机部、新华社、国家出版局等单位联合向国家计委和国务院提出申请,请求将汉字信息处理作为国家级重大工程项目立项。1974 年 8 月,国家批准立项,定名为 748 工程。在国家有关部门的领导下,北京大学、潍坊计算机厂等单位联合攻关,发明了规则与不规则笔画、轮廓加参数的汉字压缩方案,获得了欧洲专利,攻克了汉字电子照排系统的关键技术,使我国印刷出版业发生了翻天覆地的重大变革。

需要指出的是,要完成一项技术创新,所需要的专门技术是多种多样的,其中有关键性核心技术,也有辅助性外围技术,复杂的创新更是如此。对某一企业而言,自主创新并不意味着要独立研究开发其中的所有技术,只要企业独立开发了其中的关键性核心技术,打通了创新中最困难的技术环节,独自掌握了核心技术原理即可,辅助性技术研究与开发既可自己进行,也可委托其他企业和组织进行,或通过技术购买解决。

2. 技术与市场方面的率先性

率先性虽然不是自主创新的本质特点,但却是自主创新努力追求的目标。大部分新技术成果是具有独占性的,在受法律保护的专利技术成果中,真正的成功者只能有一个,其他晚于率先注册专利者的同类成果不仅不能受到专利保护,而且不能够被合法使用。因此,在同一市场中,非率先性的自主创新在大多数情况下是没有意义的,自主创新企业必须将技术上的率先性作为努力追求的目标才可望获得成功。技术上的率先性必然要求和带动市场开发方面的率先性。技术开发的成果只有尽快商品化,才能为企业带来丰厚的利润,因此,自主创新企业还应将市场领先作为努力追求的目标,以防止跟随者抢占市场,侵蚀其技术开发的成果。

现实中,自主创新在技术上与市场开发方面均具有率先性。一般说来,自主创新企业既是技术上的先锋,又是市场方面的先锋,自主创新的优势在很大程度上正是由技术与市场两方面的率先性奠定的。当然,在特定情况下,落后企业也可能从事自主创新。

3. 知识和能力支持的内在性

通过分析我们知道,知识和能力支持是创新成功的内在基础和必要条件,在研究、开发、设计、生产制造、销售等创新的每一环节,都需要相应的知识和能力的支持。自主创新不仅技术突破是内生的,且创新的后续过程也主要是依靠自身的力量推进的。在自主创新过程中,除了一些辅助性工作或零配件通过委托加工或转包生产让其他企业承担外,技术创新的主体工作及主要过程都是通过企业自身知识与能力支持实现的。

因此,自主创新在知识与能力支持方面具有内在性。另一方面,自主创新过程本身也为企业提供了独特的知识与能力积累的良好环境。如自主开发活动能够十分有效地提高企业的研究开发能力,许多落后企业为加深对先进技术原理的理解,提高自身的研究开发能力,不惜投入大量人力物力,对成功者的先进技术进行重复性开发,其道理正在于此。

二、自主创新战略的优缺点

自主创新作为企业的一种创新战略,究竟具有哪些优缺点呢?对此,我们可分别从技术开发、生产制造、市场销售三个大的方面加以分析。

1. 自主创新战略的优点

采用自主创新战略的优点,可从以下几个方面来认识和理解:

第一,在技术开发方面,自主创新企业的技术突破来自企业内部,是企业长期技术积累和研究开发努力的产物。技术突破的内生性有助于企业形成较强的技术壁垒。这种技术壁垒一方面是由新技术本身的特性造成的,因为跟进者对新技术的解密、消化、模仿需要一定的时间,而从投资到形成生产能力,发展成率先创新者的竞争对手也需一定的时间,在此时间内必然会形成自主创新者对新技术的自然垄断,而有些技术的解密与反求十分不易且耗时很长,甚至几乎是不可能的,如可口可乐诞生一百多年来,无数竞争对手试图反求其配方,破译其生产工艺,结果一无所获;另一方面,率先者的技术壁垒还可通过专利保护的形式而加以巩固,进一步从法律上确定自主创新者的技术垄断地位。

第二,在生产制造方面,自主创新企业启动早,产量积累领先于跟进者,能够优先积累生产技术和管理方面的经验,较早建立起与新产品生产相适应的企业核心能力,因此,自主创新企业能先于其他企业获得产品成本和质量控制方面的竞争优势。根据国外的研究,企业产品单位成本与其积累产量之间呈负相关关系,即在同样生产环境下,先行者生产成本较跟随者低,在激烈的市场竞争中,有时产品成本方面的微小差别往往会对竞争的胜负产生重大影响。

第三,在市场营销方面,自主创新者一般都是新市场的开拓者,在产品投放市场的初期,自主创新企业将处于完全独占性垄断地位,可获得大量的超额利润,如目前市场上新推出的艾滋病检测试剂每支的售价是其生产成本的 $30\sim50$ 倍。自主创新的市场优势还在于:由于其在技术方面的率先性,其产品的标准和技术规范很可能先入为主,演变为本行业或相关行业统一认定的标准,迫使后来者纳入到该标准和技术规范中来,成为自主创新企业的跟随者。统一标准的确定将奠定自主创新企业在行业中稳固的核心地位,无形中极大地增强企业的竞争力。自主创新企业还能够较早建立起原料供应和产品销售网,率先占领产品生产所需的稀缺资源,开辟良好的销售渠道,使得创新产品在组织生产和市场销售方面有较强的保障。此外,自主创新通过其产品对用户先入为主的影响,使得用户在使用技术和产品过程中的经验技能积累专门化,这样,用户要淘汰自主创新者率先投放市场的产品,所面临的不仅仅是实物硬件投资方面的损失,而且必须废弃掉已经熟练掌握的经验技能,开始新技术领域新操作使用技能经验的艰苦积累,面对这样巨大的有形和无形转换成本,许多用户往往会选择继续使用率先者推出的产品系列,而对其他企业推出的同类产品较少过问。

2. 自主创新战略的缺点

自主创新战略的主要缺点在于其高投入和高风险性。具体来说:

第一,在技术开发方面,新技术领域的探索具有较高的复杂性和不确定性。为了获得有效的技术突破,企业必须具备雄厚的技术开发实力和风险承担能力,甚至需要拥有一定的基础研究力量,为此,企业不仅要投入巨资用于技术研究和开发,而且必须要保证拥有一支实力雄厚的科研队伍,不断提高 R&D 能力。这对企业而言,一方面固然是一种人力资源储备的优势,但另一方面也是一种较为沉重的财务负担。新技术领域的探索又具有较高的不确定性,能否产生技术突破,何时产生技术突破,往往都是企业难以预料的。事实上,自主研究开发的成功率是相当低的。

第二,在生产制造方面,自主创新企业一般较难在社会上招聘到现成的熟练技术工人,而必须由企业投资对生产操作人员进行必要的特殊培训,并帮助相关生产协作单位提高生产技术能力。此外,新工艺、新设备可靠性的风险也必须由自主创新企业承担,这在一定程度上增加了自主创新的生产成本和质量控制风险。

第三,在市场营销方面,自主创新企业需要在市场开发、广告宣传、用户使用知识普及方面投入大量的资金,努力挖掘有效需求,打开产品销售的局面。由于这种广告宣传对用户所起的作用在很大程度上是一种新产品概念和消费观念的导入,因此,其投入具有很强的外溢效果,即相当部分的投资收益将由模仿跟进者无偿占有。此外,市场开发有时具有较强的迟滞性,如当今风靡全球的 3M"报事贴",在投放市场的初期曾受到冷落,直到十多年后才转变为热门畅销的产品。

三、自主创新与我国企业创新战略的关系

1. 我国企业应如何认识自主创新战略

自主创新战略从总体上看是一种领先者较为适用的战略,目前发达国家大部分实力雄厚的企业采用较多。虽然我国作为一个发展中国家,企业技术水平总体上还不高,但在一定程度上有选择地实施自主创新战略,仍然具有重要意义。那么应该在多大程度

上、在哪些领域积极推行自主创新战略,相关企业应该如何看待和考虑自主创新战略呢?下面我们从以下几个方面加以分析。

(1) 自主创新是推动和加速我国经济发展必不可少的手段。

技术创新是经济增长的源泉。自主创新一般开辟的都是全新的技术领域,大部分属于根本性的重大创新,这样的创新一旦成功,必将引致大量的改进性渐进创新和大量外围产业及相关配套产业的创新,其结果不仅会大大增强自主创新企业的核心竞争力,而且会极大推动新兴产业的发展和新技术向各产业的扩散,促进一个国家的经济发展。因此,要推动我国经济的高速发展,必须积极鼓励和推动自主创新。

(2) 自主创新关系到国家和民族的形象。

我国作为一个大国,拥有比较雄厚的基础研究力量,因此不应该也不可能将经济技术发展完全寄托在模仿、跟随和引进发达国家先进技术的基础之上。单纯地模仿和被动地跟随必然会受制于人,将自身置于非常被动和危险的境地。拉丁美洲一些国家由于过分依赖发达国家的技术输入,缺乏自主技术开发,结果经济状况不断恶化,且背上了沉重的外债,这方面的教训值得我们认真汲取。

(3) 自主创新是企业技术创新的最高境界。

大量的事实表明,自主创新是当今企业努力追求的最高境界,是企业成为高技术产业领先者和市场领袖的基本条件,同时也是一国经济走向真正繁荣的标志。例如,以自主创新而著称的日本索尼公司 50 年前刚创立时只有 20 名员工,开始时只能生产伏特计、电褥子、电报共鸣器的发声器等简单电器产品,20 世纪 50 年代以后,索尼公司引进美国的晶体管技术,加以消化吸收,在此基础上对国外产品加以改革,逐步开发出自己独特的新产品,并在此过程中不断发展壮大,自主技术能力迅速提高,最终成为当代新产品开发的先锋和自主创新的典范。因此,我国企业要成为世界级的大企业,必须坚持自主创新,把自主创新作为企业长期孜孜不倦追求的目标。

(4) 国外技术不可能满足我国多方面、多层次的需求。

我国国内市场十分广阔,消费者的需求是多方面、多层次的,而且在许多方面还带有强烈的地方特色、区域特色、民族特色和文化特色,国外技术和产品不可能完全满足这种需求,许多市场需求只能通过国内的自主创新加以满足。例如,中成药新药的研制,汉字计算机输入技术的开发,门类繁多的计算机应用软件的开发,等等。只有鼓励国内企业积极开展上述特定领域的自主创新,才能不断满足国内广大的市场需求,不断提高人民群众的生活水平。

(5) 技术领先是国际市场竞争取胜的前提。

在当前形势下,经济竞争在很大程度上是技术的竞争,技术方面的领先是国际竞争中取胜的前提,在新兴的高新技术产业更是如此。由于发达国家对高技术的自我保护和对我国的技术封锁,通过技术引进得到的技术只能是二流技术,真正尖端的高技术是无法买到的。要想超越国际先进技术经济水平,只能依靠国内企业的自主创新,别无他途。

例如,20世纪六七十年代,由于西方发达国家和原苏联对我国实行技术经济封锁,我国许多企业不得不依靠自主创新,在与外界完全隔绝的情况下发展自己的技术体系,这样做的代价虽然很大,也走了许多重复开发的弯路,但也取得了许多重大成果,如"两弹一星"的成功研制就是一个极好的例证。同时,这种自主创新也使我国在基础研究的一些领域、一些专项技术的研究上取得了很大的成绩,为后来的研究与开发工作打下了很好的基础。

(6) 我国在自主创新方面具备一定条件和优势。

我国是一个发展中国家,但同时也是一个科技大国,在自主创新方面,我国具备一定的条件和优势。新中国成立以来,特别是改革开放以来,我国在基础研究、应用研究与技术开发方面进行了大量投资,除国家自然科学基金制度、"863"计划、"火炬"计划等计划的实施取得了较为理想的效果外,国家重点基础研究发展计划、科技支撑计划、国家重点实验室、国家工程中心等基础研究投入也在增加,我国在研究开发方面已具备了一定的实力,并拥有一大批自主开发的初期成果。可以说,在自主创新方面,我国已具备一定的实力和潜力,具有较为丰富的社会资源。只有充分挖掘这方面的潜力和资源,充分利用现有的优势,深入推进自主创新,才能加速我国经济的发展。

(7) 自主创新将获得先行利益。

自主创新与其他类型的创新是相互依存,紧密关联的,在同一市场中,由于比较利益的驱动,不可能所有企业都成为模仿跟进者,必然会活跃着一批自主创新企业,率先开发新技术、新产品,获取先行利益。既然自主创新具有前文所述的种种优势,那就完全应该且可能成为一部分有相当技术和经济基础的企业的技术创新的主导战略。我国企业虽然总体技术水平较低,但并不排除我国也有一些企业已经发展到了一定的规模,在研究开发方面具备了相当的实力,积累了明显的优势。对于这类企业,采取自主创新战略正是他们发挥自身优势,强化竞争实力,获取更大经济利益的重要战略选择。

2. 我国实施自主创新战略的条件

在我国现阶段,实施自主创新战略已具备哪些基础和条件呢?

首先,我国的自主创新具有体制上的保证。我国实行的是社会主义市场经济体制,这一体制的最大特色就是国家具有较强的宏观调控能力,可以把有限的创新资源集中起来,把产、学、研各方面力量加以有机组合,发挥各自的优势,在有关国计民生的重大技术和新产品的开发上取得突破,"863高技术计划"的胜利实施便是一个成功的范例。在科技体制方面,国家实行科学基金制,以稳定基础研究为方针,以有利于自主创新为原则,稳住了一支实力很强的基础研究队伍,并引导他们攻占科学前沿,为企业开展自主创新打下了扎实的科技基础。

其次,我国经过多年的建设和发展,进入了世界科技"十大强国"的行列,具备了开展自主创新的能力。在原子能技术、空间技术、高能物理、生物技术、计算科学技术、通信技术等某些高科技领域,已经达到或接近国际先进水平。

　　我国在改革开放中发展壮大的国有大中型企业和企业集团,是具体实施自主创新战略的生力军。这些国有大中型企业具有雄厚的资金实力和技术力量,具有开发领先技术、创建世界一流企业、振兴民族工业的信心和决心,必将在自主创新战略的实施中发挥越来越大的作用。

　　再次,我国拥有数量众多且已经具备相当研究与开发实力的大专院校和科研院所,已经具备学科门类齐全、比较雄厚的基础研究和超前研究的能力,只要通过有效的政策导向,通过有效的组织和管理,引导这些单位将力量最大限度投入到技术创新主战场的研究和开发中,并大力倡导产、学、研的合作研究和创新,必将使我国的自主创新能力提升到一个更高的台阶。

　　最后,开展自主创新,保持技术领先,这是在激烈的国际市场竞争中取胜的前提。目前,出于争夺、控制中国市场,攫取高额利润,阻碍中国成为经济竞争中强大对手这一目的,加上意识形态等方面的原因,西方发达国家正通过各种手段,研究各种对策,制约我国民族工业的发展,技术封锁是其中一个经常使用的手段。因此,真正尖端的高新科技是不会轻易买到的,特别是关系到国计民生的重要工业部门和产业领域,如被动等待国外技术输入后加以模仿,一会延误时机,二会受制于人,其结果必然影响国民经济的发展进程。

　　我国在倡导和推进自主创新战略时,还应做好以下几方面工作:一是继续发挥政府的宏观调控作用,对基础研究和重大技术攻关实行"稳住一头、放开一片"的方针,按照"有所赶、有所不赶"的原则,精心制定计划,认真组织实施。要建立关键产业的自主创新体系和机制,在国有大中型企业中,选择具备创新潜力的企业,从资金和技术上加以扶持,研究开发出在国际和国内市场上技术领先、需求旺盛、竞争力强的产品,依靠创新,发展和壮大我国的民族工业。二是在创新项目的实施过程中,要加强组织协调和协作配合,推进产、学、研的紧密结合,力争做到在共同发展的大前提下,资源共用,信息共享,协同攻关。三是加强科技成果的转化工作,使技术发明和创新及时形成现实生产力。四是尽快建立和完善自主创新的风险和担保机制,使具备良好的技术和市场前景的项目不会因资金短缺而夭折,提高企业自主创新的风险承受能力。五是对尚不具备开展自主创新的企业,要注重引进关键和先进技术,集成国内科技力量,进行消化、吸收和"二次创新"。

　　综上所述,对于我国一部分已经具备一定技术基础和经济实力的企业,应坚持不懈把自主创新战略作为企业技术创新的主导战略;对于我国更多的、研发能力和技术水平尚不具备与国外大公司正面竞争的企业,虽然可把模仿创新、合作创新或其他创新中的一种或几种战略作为企业技术创新的主导战略,但仍应把自主创新作为企业长期追求的目标,并时时注意为今后实施自主创新做准备,通过长期的努力和积累,不断完成从其他技术创新战略向自主创新战略的转换。

　　例如石墨烯是世界上最薄、最硬、导电性能最好的材料,具有十分广泛的用途。石墨烯一直被认为是假设性的结构,无法单独稳定存在,直至2004年,英国曼彻斯特大学物理学家安德烈·海姆(Andre Geim)和康斯坦丁·诺沃肖洛夫(Konstantin Novoselov)，成功地在实验中从石墨中分离出石墨烯，而证实它可以单独存在，两人也因"在二维石墨烯材料的开创性实验"，共同获得 2010 年诺贝尔物理学奖。我国对石墨烯的技术创新和产业发展给了了高度重视，国家自然科学基金委员会已陆续拨款超过 3 亿元资助石墨烯相关项目的研发，政府经济主管部门和企业在石墨烯领域的投资更多，这些投入已经取得了相应的成效。据 2015 年全球石墨烯专利数据显示，我国在石墨烯领域的专利申请量已占世界的 1/3，排名第一位，接下来是美国、韩国和日本。只有我国继续坚持在石墨烯领域，尤其是其中的制备技术领域的研发和技术创新投入，相信我国在石墨烯领域将大有可为。

3. 加强我国自主创新能力的建议

根据上述对我国实施自主创新战略的条件和制约我国推进自主创新的因素，我们认为，加强我国自主创新能力的培育，应重点做好以下几个方面的工作。

(1) 制定切实可行的技术创新发展战略。

加速发展自主创新能力，解决制约经济发展的瓶颈，是当前我国经济和科技发展的主要任务之一。根据国外发展的经验，经济发展要上一个台阶，需要技术创新能力有一个大的提高。因此，建议国家制定和实施切实可行的技术创新的发展战略，调动全社会的力量，增加科技投入，增加 R&D 投入占 GDP 的比重，尽快将我国的技术创新能力搞上去，为我国经济发展提供稳定的动力。

(2) 处理好经济与科技发展之间的矛盾关系。

目前在我国经济与科技发展之间的矛盾关系中，主要反映的是近期与远期的发展关系、技术引进替代与自主创新的矛盾关系、科技供给与需求之间的矛盾关系。经济发展模式对科技的发展影响极大，并在一定条件下起主导的、决定性的作用。改变引进替代的发展模式，有意识地引导和扩大经济发展对国内技术开发的需求，加强技术自主开发和引进技术的消化吸收与创新，将会有力地促进自主创新能力的提高，带动我国科技事业的快速发展，而自主创新能力的提高反过来又会促进经济的持续增长，从而有利于形成经济与科技相互促进的良性发展机制。

(3) 改革管理体制，充分发挥科技管理部门的作用。

发展国家的自主创新能力，需要充分发挥科技管理部门的作用。企业是技术创新的主体，发展自主创新能力不抓企业的技术进步不行。按照市场经济的发展规律和科技自身的发展规律，改革管理体制，让科技管理部门全面承担起发展国家科技创新能力的责任，特别是促进企业发展技术创新能力的责任，加强国家创新工程的实施，加强国家宏观科技发展目标完成情况的分析考核，不断完善措施，使其对国家科技的发展真正有责有权。

(4) 加强国家创新体系的建设。

国家创新体系是一个复杂的系统工程，涉及管理体制、运行机制、内外环境等内容。良好的国家创新体系对自主创新能力的发展可以起到事半功倍的积极作用。目前，我国的创新体系还没有完全建立起来,在今后一段时间内,加强国家创新体系的建设应作为一件大事来抓。

(5)提高企业的技术创新能力。

企业是我国科技发展最具潜力的领域。提高企业的技术创新能力,对加速我国经济和科技的发展至关重要。一方面,在微观上要进一步推动企业产权制度的改革,促进企业建立起良好的技术创新机制;另一方面,在宏观上政府需要引导和推动企业增强技术创新能力,创造一个有利于促进企业提高技术创新能力的环境。除了鼓励和扶持高新技术产业发展外,政府应制定相应的政策措施,全面鼓励和促进企业技术创新,改善企业技术创新的外部条件;引导和促进企业制定中长期的技术研究开发计划,推动企业发展自身的创新能力;制定引进技术的消化吸收和创新计划,对于重要的引进技术,要组织企业、科研机构、高校进行消化吸收与创新,加速提高我国产业的技术水平。

拓展阅读

四、实施自主创新战略应注意的问题

为了扬长避短,成功实施自主创新战略,达到理想的效果,应特别注意下列几方面的问题。

1. 充分利用专利制度保护知识产权

自主创新企业的优势在很大程度上是通过自主研究开发,形成并掌握新的核心技术而建立的。能否独占并控制其核心技术,是自主创新战略能否获得预期、理想经济效益的前提。新技术本身固然有一定的自然壁垒,模仿跟随者要反求或仿制自主创新者的新技术成果在技术上存在一定的困难,需要一定的时间,对于复杂技术和包括大量技术诀窍的新产品、新工艺,反求与复制的困难则更大,所需的时间更长。但是,必须看到,现代检测、分析手段在不断发展,对复杂技术的解密手段也在日益提高。特别是智能支持技术的应用,进一步加强了跟随者反求复制自主创新者新技术的能力。因此,要保证自主创新企业对新技术的独占性,仅仅依靠技术的自然壁垒是远远不够的,还必须求助于专利制度的法律保护。对于一些较为直观,易于复制的自主创新成果,尤其要注意借助专利制度获得法律上的保护。在竞争较为激烈,多个竞争对手同时从事研究开发的情况下,还应注意专利申请的及时性。因为法律并不保护首先获得技术突破但未申请专利的创新者,而只保护首先申请专利的创新者。在现实经济生活中,不少自主创新企业由于未申请专利保护或未及时申请专利保护,导致其核心技术被其他企业仿制而不能通过法律程序维护其正当权利,甚至不能合法使用自主研制技术,从而使自主创新企业遭受巨大损失。这样的事例比比皆是。自主创新者只有充分利用专利制度通过法律保护自己的知识产权,才能发挥自身的优势,在产业中保持有利地位。

例如,华为的知识产权战略可归为三点:①知识产权是企业的核心能力,每年将不低于销售收入的 10％用于产品研发和技术创新,以保持参与市场竞争所必需的知识产权能力;②实施标准专利战略,积极参与国际标准的制定,推动自有技术方案纳入标准,创造和积累基础专利;③遵守和运用国际知识产权规则,依照国际惯例处理知识产权事务,以交叉许可、商业合作等多种途径解决知识产权问题。

2. 灵活适当地进行技术转移

自主创新企业所开发的新技术一经授予专利或其他知识产权,便成为企业合法的无形财富。自主创新企业既可保持对新技术的独占性,也可对新技术进行合理的转移。实践表明,不转移、过早转移、过晚转移或向不恰当的对象转移自主开发的新技术对企业自身发展都是不利的。正确的技术转让策略应该是:在适当的时候、向适当的对象对所持有的新技术进行适度的转移。技术转移不仅可以使自主创新企业获得丰厚的经济回报,这种回报有时甚至能远远超过研究开发的成本投入,而且对改善产业结构,加速新兴产业的发展,强化自主创新企业的竞争优势,奠定企业在产业中的核心地位具有十分积极的作用。过早转移自主开发的新技术对企业的发展显然是不利的。但不转移或过晚转移自主开发的新技术,企图长期保持对新技术和新产品市场的独占性也是不明智的。这种做法既不经济,又不现实,且不利于新技术产业的形成与健康发展,而没有产业的发展,自主创新企业的发展便失去了依托。选择适当的需求者对自主技术进行转移,有利于培植与扶持一批理想的行业合作者和竞争者。理想的合作者和竞争者的出现不仅不会削弱自主创新者在行业中的地位,反而有助于创新者核心地位的提高,有利于自主创新企业的发展。因为培植理想的合作者和竞争者有助于吸收需求波动、填补市场空白、改善现有的产业结构、分担市场开发的成本、普及自主创新者的产品技术标准、增加自主创新者进一步改进新产品的动力,等等。因此,自主创新企业要获得长足的发展,必须合理使用技术转移策略,通过技术转移诱导一批企业成为自身的跟随者,顺利推广自身的技术规范,推动行业的发展,确保自身在行业中的领先地位和核心地位。

3. 注意自主创新产品的自我完善

自主创新一般都是率先创新,其向市场推出的创新产品一般都是全新的产品。率先性、新颖性固然十分重要,通过开辟新市场可率先获得高额垄断利润,但要长期稳定地占领市场、吸引用户,保持自身的竞争地位,光靠率先性与新颖性是不够的,还必须注重对新产品性能的改进和产品系列的不断完善,满足不同层次的市场需求及广大用户对提高产品质量和性能、增加产品品种的要求。日本索尼公司于 1979 年率先向市场推出 Walkman 磁带放音机"随身听"后,为了保持市场占有率,对该产品进行了不断的改进,1979—1988 年间,"随身听"18 项较大的功能改进中有 15 项是由索尼公司率先完成的(见表 4-1)。索尼公司正是通过这种不断的改进,在技术上、产品性能和质量上保持领先水平,维持了其在"随身听"市场上的领先地位。

表 4-1 "随身听"的渐进改进性创新[3]

改进功能项	企业	年份	是否被模仿
第一台随身听	索尼	1979	是
调频/调幅立体收音机	索尼	1980	是
立体声录音	索尼/爱华	1980—1981	是
调频、调谐盒	东芝	1980—1981	是
自动翻带	索尼	1981—1982	是
"杜比"降噪	索尼/爱华	1982	是
短波调谐器	索尼	1983	
遥控		1983	是
分立小音箱		1983	是
防水	索尼	1983—1984	
图形显示均衡器	索尼	1985	是
太阳能供电	索尼	1986	
电台预置	松下	1986	
双卡	索尼	1986	
电视伴音接收	索尼	1986—1987	是
数字调谐	松下	1986—1987	是
儿童型	索尼	1987	
增强低音	索尼	1988	是

在一项率先性自主创新成功之后,总会有大量的跟随者进行模仿创新,跟随者中不乏实力雄厚、技术先进的竞争对手,自主创新企业只有不断创新,对产品的性能和生产工艺加以完善,才能保持领先地位。实践中,许多自主创新企业由于未做好这方面的工作,致使跟随企业有机可乘,夺去了自主创新企业开辟的市场,这方面的教训值得认真汲取。

4. 重视对创新后续环节的投入

自主创新源于自身的技术突破,在自主创新整个过程中,技术研究与开发无疑占有极其重要的位置。由于自主研究与开发的艰难与曲折,企业不得不对其给予高度的重视,投入充足的人力、物力,这在一定程度上会削弱企业对设计、生产、销售等创新后续环节的关注和资源投入。但必须看到,一项创新产品能否最终被消费者所接受,能否为企业带来预期的利润,不是仅靠技术研究与开发的成效来决定的,创新产品的竞争力也不仅仅取决于企业对新技术原理的掌握情况,在相当程度上,设计、生产制造、销售部门的能力和努力起着同样至关重要的作用,实践证明,只有在创新链的每一环节均投入足够的人力、物力,创新才能产出理想的效果。

第三节 模仿创新战略

一、模仿创新的含义和特点

1. 模仿创新的含义

所谓模仿创新是指企业通过学习模仿率先创新者的创新思路和创新行为,吸取率先者成功的经验和失败的教训,引进购买或破译率先者的核心技术和技术秘密,并在此基础上改进完善和进一步开发,在工艺设计、质量控制、成本控制、大批量生产管理、市场营销等创新链的中后期阶段投入主要力量,生产出在性能、质量、价格等方面富有竞争力的产品与率先创新的企业竞争,以此确立自己的竞争地位,获取经济利益的一种行为。

模仿创新是一种十分普遍的创新行为,是当今许多企业参与市场竞争的有力武器。一项成功的率先创新总要引来许多后续的模仿跟进者,通常模仿跟进者的创新成果又会被进一步模仿。在这种不断模仿的过程中,新工艺得以不断改进,新产品性能不断提高。在模仿创新者中高技术企业占有相当的比例。日本的佳能公司就是一个成功实施模仿创新的高技术企业。美国施乐公司在 1959 年推出了世界上第一部普通纸复印机,佳能公司对施乐复印机进行了模仿和进一步开发,使机器变得更加紧凑、小巧,特别是价格要便宜许多。20 世纪 80 年代,佳能复印机曾一度在美国市场的排行榜上超过施乐公司。

2. 模仿创新的特点

模仿创新从本质上看是一种创新行为,但这种创新是以模仿为基础的,因而具有不同于自主创新的一些特点。模仿创新的主要特点可归纳为以下三个方面。

1) 模仿的跟随性

模仿创新的重要特点在于最大限度地吸取率先者成功的经验与失败的教训,吸收与继承率先创新者的成果。在技术方面,模仿创新不做新技术的开拓探索和率先使用者,而是做有价值的新技术的积极追随学习者;在市场方面,模仿创新者也不独自开辟新市场,而是充分利用并进一步发展率先者所开辟的市场。

2) 研究开发的针对性

模仿创新并不是单纯的模仿,而应属于一种渐进性创新行为。模仿创新同样需要投入足够的研究开发力量,从事其特定的、有针对性的研究开发活动。与自主创新或合作创新不同的是:模仿创新的研究与开发投入具有很强的针对性,能够免费获得的公开技术或能够以合理的价格引进购买到的技术不再重复开发,其研究与开发活动主要偏重于破译无法获得的关键技术、技术秘密以及对产品的功能与生产工艺的发展与改进。相比较而言,模仿创新的研究开发更偏重工艺的研究开发。

3）资源投入的中间聚积性

由于模仿创新省去了新技术探索性开发的大量早期投入和新市场开发建设的大量风险投入，因而能够集中在创新链的中游环节投入较多的人力物力，即在产品设计、工艺制造、装备等方面投入大量人力和物力，使得创新链上的资源分布向中部积聚。这是模仿创新战略的一个重要特点，也是模仿创新的优势所在。

二、模仿创新战略的优缺点

模仿创新战略与其他创新战略一样，有其自身的优劣势，认清这些优劣势对于企业正确选择创新战略具有重要的意义。下面将从产品和企业两个层面对模仿创新的优劣势进行分析，阐明模仿创新的产品竞争力和企业层面的基础竞争力。

1. 模仿创新战略的优点

1）模仿创新产品具有较强的竞争力

实施模仿创新战略的优势首先在于模仿创新产品具有较强的竞争力，成功的模仿创新产品往往能够后来居上，在市场上赢得消费者的青睐，甚至能够超越率先创新者的产品，给企业带来丰厚的利润回报。模仿创新产品的预期盈利是大部分企业从事模仿创新、实施模仿创新战略的直接驱动力。

纵观世界上市场竞争的格局，我们会发现一个有趣的现象，在许多产品领域，当今的市场领袖大都并非原来的率先创新者，而恰恰是后来的模仿创新者。这一现象在以模仿创新为主导战略的日本企业和以率先创新为主导战略的美国企业之间表现尤为突出。

模仿创新产品的竞争力主要得益于模仿创新产品的低成本和低风险，以及能更好地满足市场需求。

在技术开发方面，模仿创新不做开拓探索者，而是做有价值的新技术的积极追随学习者。率先创新必须独自承担技术探索的风险，负担探索失败的损失，而模仿创新者却可以冷静地观察率先者的创新行为，向多个技术先驱学习，选择成功的率先创新进行模仿改进。因此，模仿创新能够有效回避研究开发探索和竞争的风险。

在生产方面，模仿创新的优势主要表现在以下两个方面：

第一，模仿创新企业把创新投入集中在生产制造等环节（而不是研发环节），因而对产品性能的改进、工艺的进步、质量的提高、成本的降低、市场需求的满足、生产效率的提高等方面给予了极大的关注和投入，因此模仿创新企业有足够的投入和能力在产品质量、价格、性能等方面建立起自己的竞争优势。

第二，除了对质量、价格性能的主动关注外，模仿创新在生产方面的优势还得益于后发者的跟随学习效应。新产品的生产成本受制于设备购置成本、原辅材料成本、生产效率等多方面因素的制约。相对于率先创新者而言，模仿创新可以购买到性能更稳定、价格更低的设备，也能够一开始就享受到因规模经济带来的原材料、辅助材料的低价格。

同时由于随着操作工人熟练程度的提高,将使生产效率不断提高,单位产品成本将不断降低。

在市场方面,模仿创新产品的优势主要表现在以下三个方面:

第一,可能最大限度避开市场"沉默期"。新市场的开辟具有很高的风险,在率先创新推出的诸多产品中,虽不乏一些市场期待已久,一上市就能引起轰动的产品,但大多数产品都必须经历一个被市场逐步认识,逐步战胜替代品的过程,其性能和价格要为用户接受也需要一个过程,这一过程被称为"沉默期"。"沉默期"有时需要数月,有时长达数年、数十年,如果新产品的"沉默期"较长,很容易使率先创新企业陷入困境,甚至因资金无法收回而破产。表 4-2 给出了几种创新产品的"沉默期"。

表 4-2 几种产品的市场"沉默期"[4]

创新产品	市场"沉默期"(年)	创新产品	市场"沉默期"(年)
35 毫米照相机	40	无酒精啤酒	6
圆珠笔	8	微波炉	20
信用卡	8	个人计算机	6
佐餐软饮料	10	电话应答机	15
干啤酒	9	磁带录音机	20
电子计算机	10	电视游戏机	13

注:市场沉默期指产品第一次在市场上出现到获得商业成功的时间。

进入市场的适当滞后还可避免市场开发初期需求和市场不确定性的风险。圆珠笔引入市场的过程就是一个典型的例子。最早的圆珠笔是由 Eversharp 等公司引入市场的,由于产品新颖,在最初一两年销售情况良好,但由于生产技术尚未过关,产品存在漏油、划纸等毛病,且售价过高,用户很快就对这一"新鲜玩意"失去了兴趣,圆珠笔的市场销售总额开始急剧下降,到 1949 年圆珠笔在市场上近乎绝迹。直到后来,由于模仿创新者对产品的性能和制造工艺的不断改进,价格的不断下降,圆珠笔才又逐步成为畅销产品。

第二,从市场投入方面看,率先创新的企业需要投入大量的人力、物力进行开拓新产品市场的广告宣传,这种投入一方面是必不可少的,但另一方面又存在着很强的外溢效益,因其广告宣传中有相当一部分必须是对消费者的消费观念引导和对消费知识的普及宣传。例如,微波炉刚刚上市时,消费者对其功能、作用缺乏了解,对其微波辐射存在着畏惧心理,害怕它会有损健康,也不知道如何用它做出美味可口的食品。为了引导消费者,微波炉的率先创新企业 Raytheon 公司曾投入了巨量的广告宣传资金。很显然,这样的宣传教育费用的投入,其受益者决非率先创新企业自身,在相当程度上其效益将与模仿跟进的企业共享。模仿创新产品由于晚进入市场,因而可充分享受率先创新者市场开拓的溢出利益,可节约大量的公益性资金投入,而集中投资于自己产品品牌的宣传,这对模仿创新产品的成功是十分有利的。

第三,从消费者的消费偏好来看,有时对模仿创新产品也是十分有利的。由于消费者的消费心理、消费习惯、消费能力千差万别,消费者并非千篇一律对率先创新产品感兴趣。在许多情况下,相当一部分消费者往往会等待一段时间,等市场上出现价格更低、性能更完善、质量更稳定、设计相对定型的产品再加以购买,由于这部分消费群体的存在,为模仿创新产品创造了良好的需求。此外,由于民族意识、区域意识、售后服务、消费习惯等方面的原因,在同等条件下,消费者更愿意购买本地企业的产品,这样,模仿创新产品在本地区必然拥有较高的市场需求。

由于上述技术、生产、市场、消费偏好等方面的原因,使得模仿创新产品能够以较低的成本、较低的风险、较高的性能、适销对路的市场定位投向市场,并很快为市场接受。因而,模仿创新产品具有较强的竞争力,模仿创新战略具有其独特的优势。

2) 模仿创新可提高企业基础竞争力

模仿创新战略不仅通过模仿创新产品为企业带来直接的经济利益,而且会引起企业诸多内质的变化,给企业带来超越于产品的、深层次的竞争力,我们姑且把这种竞争力称为企业的基础竞争力。而雄厚的基础竞争力是企业参与竞争,从事技术创新,并在新产品市场上取胜的根本保证。因此,基础竞争力的提高对企业的长远发展,特别是对技术落后的企业追赶先进企业具有特别重要的意义。

模仿创新对企业基础竞争力的促进首先是通过快速高效的技术积累来实现的。技术积累虽可通过组织间的存量迁移和流动而发生增减变化,但最终的增长源泉是组织学习,即企业作为一个整体在所从事的实践活动中的学习,模仿创新无疑是组织学习最有效的形式(第六章中将对组织学习作进一步介绍)。

模仿创新对企业基础竞争力的促进还表现在技术积累重点的后移上。由于模仿创新战略避免了研究开发方面大面积、探索性的大量投入,而将注意力和主要资源集中在工艺、批量生产、质量控制等后续环节,在这方面形成丰厚的技术积累,建立起核心能力。这种中后期阶段的投入和在这方面的技术积累,对提高企业基础竞争力是十分有利的。

2. 模仿创新战略的缺点

模仿创新战略的主要缺点是被动性。由于模仿创新者不做研究开发方面的广泛探索和超前投资,而是做先进技术的跟随者,因此,在技术方面有时只能被动适应,在技术积累方面难以进行长远的规划。在市场方面,被动跟随和市场定位的经常变化也不利于营销渠道的巩固和发展。

模仿创新战略有时会受到进入壁垒的制约而影响实施的效果。这种壁垒一方面是自然壁垒,如核心技术信息被封锁,反求困难,模仿创新难以进行,率先企业先期建立的完备的营销网难以突破,等。另一方面是法律保护壁垒。模仿创新有时会和率先者的知识产权发生矛盾,产品技术受专利保护的率先创新企业会通过法律保护自身的利益,阻碍模仿创新的发生。由于这方面的原因,也使得模仿创新战略的实施受到一定程度的影响。

三、模仿创新是我国企业创新的优选战略

我国企业是否应当采用模仿创新战略,显然不能一概而论。但从总体上看,模仿创新不失为我国企业现阶段创新战略的现实选择,是我国大多数企业技术创新的优选战略。其理由有如下几点。

1. 模仿创新是技术发展的一个必经阶段

国际上许多发展经济学家曾对后进国由落后走向先进的过程从技术发展特征上进行了实证研究,虽然各自表述方式不同,但大体上将技术发展划分为引进、模仿吸收和创新三个阶段,这已成为一种规律性现象。判断一个国家的技术发展处于哪个阶段的主要依据,主要看这个国家 R&D 经费占 GDP(GNP) 的比重。一般来说,R&D 经费占 GDP 的比例小于 1%,为引进技术阶段;R&D 经费占 GDP 的比例大于 1% 小于 2%,为模仿吸收阶段;R&D 经费占 GDP 的比例大于 2%,为创新阶段。2016 年我国研发经费投入占 GDP 的比重已达到 2.11%,但我国幅员辽阔、地区间的经济发展水平存在较大差异,经济发达地区已进入创新阶段,而许多欠发达地区仍处于模仿吸收阶段,从全国整体看,我国基本处于模仿吸收阶段向创新阶段的过渡期。因此,从技术发展的规律和我国的宏观现实情况看,模仿创新是我国技术发展和经济发展必经的一个阶段,我国大多数企业选择模仿创新战略是符合我国国情和大多数企业的实际情况的。

2. 模仿创新符合我国现阶段经济发展的实际情况

一国经济的真正强盛最终要建立在技术自主的基础之上,因此,率先性的自主创新以及合作创新应该是我国经济发展的最终目标和努力方向。

但是,技术自主是一个缓慢的过程,对于我国这样一个发展中的大国来说,这一过程可能会更加曲折。一方面,被动跟随国外先进技术,不做任何消化、吸收的技术引进,永远重复发达国家的老路,是绝对不可能实现技术自主的。但另一方面,不顾现实条件的限制,不顾所处的发展阶段,盲目推进自主创新和合作创新,也同样是无法达到预期目标的。

因此模仿创新对于我国来说,是我国当前经济发展必须经历的一个阶段,也正是我国现阶段经济发展的一个必然选择。只有在经过了这一阶段,有了足够的技术基础和技术积累之后,我国的技术创新才可能发展到自主创新阶段。同样,对于我国的大多数企业而言,模仿创新也是现阶段最为现实的选择。

3. 模仿创新有利于创新资源优化配置

从资金层面上看,目前我国企业技术创新资金投入明显不足,且在近期内难有根本性好转,在这种情况下,我们必须特别注意降低风险,提高资金使用效率。相比较而言,模仿创新企业较率先创新者的风险要小得多,因为首先它回避了 R&D 竞争的风险。新

技术的探索具有很高的不确定性和失败率,而且 R&D 竞争具有强烈的排他性,在一项新技术的开发竞争中,最终法律上的成功者只能有一个,除此之外的企业都只能作为重复开发者而损失惨重。模仿创新的目标较为单一,其主要目标是市场方面的成功,而市场竞争具有一定的兼容性,率先者不可能长期独占市场,后来者完全可凭借自己的实力在新产品市场上占有相应的份额,而且我国国内市场十分广阔,这给国内广大企业开展国际技术的模仿创新提供了稳固的后方支持。此外,如前文所述,模仿创新企业节约生产成本的优势明显,市场开发费用较小,因此模仿创新属于一种投入少、风险低、温和型的创新战略,能够有效缓解我国企业创新资金紧缺的局面。

从技术层面上看,与发达国家相比,我国企业技术水平普遍比较薄弱,企业技术人才十分紧缺,如何合理使用这些稀缺的人才资源,使其发挥最佳的效率是选择创新战略时应考虑的重要问题。采用自主创新战略的企业必须在创新链的各个环节投入足够的技术力量,否则就难以获得成功,难免在竞争中被后来者所淘汰,因此,自主创新对技术人才的质和量都提出了很高的要求,这是目前我国大部分企业所难以满足的。而模仿创新则强调在创新链的中后环节投入技术力量,在工艺、批量生产、质量控制、市场营销等方面建立自己的核心能力。这种技术资源向创新链中下游相对集中的配置模式,一方面可大大缓解我国企业技术人才数量不足的矛盾,另一方面有助于形成其他企业难以简单复制和仿效的强大的竞争优势,这种优势不仅是战胜其他跟进者的有效手段,而且是击败率先创新者,在创新中取得最终胜利,获取最终创新收益的唯一武器。

4. 模仿创新是加速技术扩散的有效方式

一项创新只有扩散开来,为多数企业所效仿,才能有利于提高社会总体技术水平,产生巨大的社会经济效益。对于技术扩散,我们过去习惯求助于行政手段,结果并不理想。其实只有模仿创新才是最积极、最主动、最具效率的扩散形式,因为模仿创新能够将扩散活动与扩散主体的经济利益紧密联系起来,通过这种最直接的利益驱动,新技术才得以在不同企业之间迅速传播发展。技术扩散速度慢、效率低一直是我国经济发展中的重大障碍,为此,我们有必要大力提倡模仿创新,在保护率先创新者合法权益的同时,积极鼓励技术落后企业和不发达地区企业开展模仿创新,加速先进技术在国内市场中的扩散;积极支持国内有条件的企业对国外先进技术开展模仿创新,加速世界发达国家先进技术向我国的转移,缩小我国与世界先进水平的差距。

5. 模仿创新是企业技术积累的有效途径

技术积累包括技术知识的积累和技术能力的积累,它是企业推动创新不可或缺的内在基础。技术积累主要并非理论学习的产物,而是亲身参加技术实践,特别是技术创新实践的结果。目前,我国许多起点低、技术落后的企业大都陷入技术积累薄弱与创新难以开展的恶性循环之中,以致长期得不到发展,难以走出困境。而模仿创新则为解决这一问题提供了良策,为企业技术积累提供了高起点的技术平台。技术落后企业从简单模仿开始,在先进企业技术发展的成功轨道上循序推进,认真学习率先企业的成功经验,吸取其失败的教训,在此过程中不断增加创新含量,积极开展创新实践,就能够极大地提高技术积累的针对性和效率,快速弥补与先进企业在技术积累方面的差距,实现创新与技术积累之间的良性循环。从这一角度考虑,在我国企业中大力提倡模仿创新是十分有意义的。

腾讯,一个创立于1998年,以一款免费的即时通信软件起家的小企业,经过十几个年头的发展,已经成为最高市值超过5 000亿美元的互联网巨头。腾讯的成功是中国企业模仿创新的典型代表,为中国企业发展路径的选择做出了很好的表率。从QQ到微信,腾讯不是互联网的先行者,但却是互联网和移动互联网迅速发展的推动者和践行者。

综上所述,模仿创新战略对我国企业的发展、我国经济技术总体水平的提高有着重大的意义,是我国当前现实经济技术环境下多数企业创新战略的审慎而理想的选择。为此,在积极鼓励一部分有条件的企业坚持自主创新的同时,应努力创造条件,促进我国广大企业开展对国际先进技术的模仿创新,积极支持我国技术落后企业开展对国内先进技术的模仿创新,推动我国经济、技术蓬勃发展。

四、实施模仿创新战略应注意的问题

模仿创新战略并非放之四海而皆准的创新战略,其作用和效果必将会因企业、因产品、因行业而异。为了促进模仿创新在我国企业深入开展,使模仿创新战略成为我国现阶段企业发展的一项重要战略,有必要特别注意以下几方面问题。

1. 正确领会模仿创新战略的内涵

为了成功地实施模仿创新战略,达到通过模仿创新不断向自主创新过渡的目的,必须正确领会模仿创新战略的内涵,特别要纠正对模仿创新的一些错误看法。

首先,模仿创新虽然是以模仿为基础的,但它与单纯机械模仿有着根本的区别,从本质上看,模仿创新是一种类型的创新活动。只模仿不创新,只能叫单纯模仿,而不是模仿创新;只创新不模仿,那就是自主创新了。模仿创新的显著特点是先模仿,再创新,两者缺一不可,而且顺序也不能改变。

其次,模仿创新与技术引进也是两个完全不同的概念。虽然不少模仿创新是从技术引进展开的,但技术引进并不一定导致模仿创新。如在我国目前的技术引进实践中,有相当一部分技术引进还只是引进生产能力,并没有很好地对引进技术加以消化、吸收,能进一步创新的就更少了。同时,模仿创新也不一定必须通过技术引进这一途径,不引进也同样可以通过收集资料、消化吸收进行研制,进行模仿创新。因此,模仿创新与技术引进不是同一概念。

2. 正确认识知识产权保护与模仿创新的关系

模仿创新与知识产权保护之间并无必然的对应关系,但在某些情况下,模仿创新与知识产权保护之间可能会发生一定的矛盾,但这种矛盾是完全可以解决的。而且,我们还应看到,模仿创新与知识产权保护之间还存在着相互促进的关系。

在模仿创新中,通常会涉及专利技术、技术秘诀、商标、著作权(含软件)等四类知识产权,在知识产权所覆盖的地区和市场中,模仿创新企业只要依照相应的产权法律,按适当的形式给知识提供者以符合法律、双方认可的物质与精神补偿,即支付一定金额的技术转让费后,就不会构成侵权行为。与自行研制开发相比,这种技术转让费不会显著增加模仿创新的成本,甚至比自行开发更节省资金,而且节约时间和人力,并且可获得较为完整的技术信息,更便于消化吸收和创新。与非法模仿相比,对于较为复杂的技术,支付技术转让费仍然是比较经济的,因为在非法模仿中,必然有许多信息的丢失,反求这些技术细节的代价和效果不一定优于合法模仿。对于一些相对简单的技术,非法模仿虽然可能节约资金,但由于涉及侵权问题,一旦受保护者提出申诉,非法模仿者将损失惨重、颗粒无收,不但会损失所有研制费用,而且投入的所有市场开发费用、生产设备、原材料、产成品等都将毫无价值。

事实上,知识产权保护的普及更有利于模仿创新的开展。这是因为:第一,知识产权保护不仅保护了率先创新者的合法利益,同时也保护了模仿创新者的成果不被其他模仿者非法模仿;第二,知识产权保护的普及必然伴随着信息服务系统的完善,模仿创新者通过公共信息媒介如专利信息库等,能够更好、更快地检索到最新的技术创新成果,更科学地决定模仿创新的方向;第三,通过知识产权的合法交易,节约了模仿创新者的资金和时间,使模仿创新者能更快地接近和掌握率先创新者的核心技术,为模仿创新奠定良好的基础。

3. 有意识地不断提高企业模仿创新能力

企业要成功实施模仿创新战略,必须具备和有意识地不断提高自身的模仿创新能力。模仿创新能力主要包括以下几个方面的内容。

1) 快速反应能力

快速反应能力是一种对有价值的技术信息和率先创新成果敏锐而迅速地识别与跟踪能力。这是一种综合能力,需要企业的决策者和管理者在日常工作中不断学习、积累知识,不断提高对技术信息、市场信息、技术发展的敏感度。

2) 学习吸收能力

模仿创新是建立在广泛吸收外部知识的基础之上的,因此能否快速高效地吸收率先创新者的技术知识,是模仿创新能否发生的先决条件,只有努力培植对外部知识的学习和吸收能力,模仿创新才能具有坚实的基础。

3) 技术改进能力

没有技术改进就没有创新。模仿创新企业通过对率先创新技术的不断改进和完善,是模仿创新企业获得成功的重要途径。技术改进一方面主要是对产品功能的改进,另一方面是对工艺过程的改进。模仿创新企业只有具备较强的技术能力,才有可能对技术进行改进。

4）大批量生产能力

大批量生产能力是模仿创新企业的优势，是模仿创新获得成功的关键因素之一。只有通过大批量生产不断降低单位产品成本，扩大产品的市场占有率，模仿创新企业才可能与率先创新企业相竞争、相抗衡。因此，培植和不断提高模仿创新企业的大批量生产能力，对模仿创新企业的成功具有十分重要的意义。

5）市场营销能力

模仿创新企业作为新产品市场的后进入者，在与率先创新企业的竞争中，除了产品性能、质量和价格等方面的保障外，必须具备强有力的市场营销能力，这是模仿创新取胜的重要保证，否则，模仿创新很难顺利实施。

4. 把握好模仿创新启动的时机

把握模仿创新启动时机是一项十分复杂的工作。启动过早，技术和市场需求尚不稳定，且技术壁垒较强，模仿的难度较大，技术配套难以解决，因此技术风险和市场风险都比较大。启动过晚，技术已经趋于成熟，创新改进的空间有限，模仿创新企业已经较多，市场开始趋于饱和，市场进入壁垒开始加强，因此同样面临较高的风险。

精明的企业家应该选择一个最佳的时机启动模仿创新，启动时间的确定必须综合考虑企业外部和企业内部多方面的因素。在企业外部，应综合考虑诸如技术的稳定性、成熟度，新产品的预期收益，市场的成长性，模仿跟进者的数量，竞争对手的水平等；在企业内部，必须对企业自身的条件和实力做出正确的评估，如自身的技术能力积累情况、资金实力、技术人员储备、市场营销网络建设等。

从产品生命周期来分析，模仿创新的最佳启动时机是产品生命周期中的成长期。在成长期，消费者的消费需求被迅速激发，市场容量急剧扩大，产品技术也开始稳定，同时产品的功能创新、技术的改进仍然有一定的空间，这为模仿创新者提供了良好的机会。

拓展阅读

在产品生命周期的导入期，由于技术和市场的不确定因素很多，市场容量较小，技术壁垒较强，因此产品导入期不是模仿创新的最佳时机。在产品生命周期的成熟期，市场容量增长缓慢甚至负增长，产品接近更新淘汰，无论是产品的功能创新还是工艺创新的空间均很小，因此也不是模仿创新启动的好时机。

第四节　协同创新战略

党的十八大报告指出："科技创新是提高社会生产力和综合国力的战略支撑，必须摆在国家发展全局的核心位置。要坚持走中国特色自主创新道路，以全球视野谋划和推动创新,提高原始创新、集成创新和引进消化吸收再创新能力,更加注重协同创新"。

一、协同创新的内涵

协同一词来自古希腊语,或曰协和、同步、和谐、协调、协作、合作,是协同学(synergetics)的基本范畴。所谓协同,就是指协调两个或者两个以上的不同资源或者个体,协同一致地完成某一目标的过程或能力。对于协同创新中的"协同"及其近义词的认识较为混乱,郑刚对此进行了归纳(见表4-3)。王振维认为,协同(synergy)的含义涵盖了其他近义词的含义,从系统角度来看,其他近义词实质上是对协同内容的细分[5]。

表 4-3　与协同相近的词汇的比较[7]

词汇	英文词汇	含　义	焦　点
协同	synergy	各子系统间的非线性复杂相互作用,以使整体实现单独所不能实现的效果	强调产生单独所不能的整体效果
集成/整合	integration	为了完成组织任务而使组织各子系统达成一致的过程	强调一致性、一体化
协作、合作	cooperation, collaboration	互相配合,共同完成某项任务;二人或多人一起工作以达到共同目的	配合完成共同目标
协调	harmonizing	和谐一致;配合得当	和谐,得当
耦合	coupling	相互配合,结合	结合
匹配	fit,matching	配合;搭配,适合	适合
互动	interaction	相互作用的行为或过程	相互作用

协同创新是指企业创新相关要素有机配合,通过复杂的非线性相互作用产生单独要素所无法实现的整体协同效应的过程。协同既体现在创新资源和要素层面,也体现在创新主体层面。简言之,协同创新就是创新资源和要素有效汇聚,通过突破创新主体间的壁垒,充分释放彼此间"人才、资本、信息、技术"等创新要素活力而实现深度合作。由美国麻省理工学院斯隆中心研究员彼得·葛洛(Peter Gloor)给出的协同创新概念是:"由自我激励的人员所组成的网络小组形成集体愿景,借助网络交流思路、信息及工作状况,合作实现共同的目标"[6]。

在要素和资源协同上,陈光指出协同创新是"以企业发展战略为导向,以提高协同度为核心,通过核心要素(技术与市场)和若干支撑要素(战略、文化、制度、组织、管理、资源等)的协同作用,实现企业整体协同效应的过程"[8]。陈劲、王芳瑞根据"协同的基本定义和特征"从市场和技术协同角度给出了"技术和市场协同创新"的定义,其中强调了"创新系统从无序态向有序态转移"的创新"系统效应"[9]。程荣认为"协同创新是指以提高协同度为核心,各项创新相关要素如技术、市场、战略、文化、制度、组织、管理等有机配合,通过复杂的非线性相互作用产生单独要素所无法实现的整体协同效应的过程"[10]。

在创新主体上,金林指出协同创新是指"利用科技中介在政府、创新主体、创新源及社会不同利益群体之间,发挥桥梁、传递、纽带作用,为科技中小企业提供技术扩散、成果转化、科技评估、创新资源配置、创新决策和管理咨询等服务,促进科技中小企业的技术创新活动和科技成果产业化而形成的一种协同关系"[11]。此定义一方面跳出了关注单个协同创新主体内部协同创新的范围,将注意力集中于参与主体间的协同上(科技中介与科技中小企业);另一方面则从对要素协同的关注上转移至不同协同创新主体之间定位差异的互补协同上(科技中介与科技中小企业各自中心任务的差异性),这极大拓宽了协同创新含义的包容性。

学者们对协同创新的研究主要有国家层面、区域层面和企业层面。在国家层面,学者们更多是考虑政府政策对协同创新的影响,分析政府与创新之间的相互关系,并得出协同创新会出现的后果,以及政府一般性政策和行业政策对创新的影响。在区域层面,学者们主要研究区域协同创新、协同创新网络以及产学研协同创新。在企业层面,学术界关注企业间基于价值联系资源互补所形成的创新合作网络及企业内部各资源能力要素的整体协同效应等。

狭义的协同创新一般指产学研协同创新(也被称为产学研合作创新)。产学研协同创新的内涵本质是:协同创新是企业、政府、知识生产机构(大学、研究机构)、中介机构和用户等为了实现重大科技创新而开展的大跨度整合的创新组织形式。协同创新是通过国家意志的引导和机制安排,促进企业、大学、研究机构发挥各自的能力优势,整合互补性资源,实现各方的优势互补,加速技术推广应用和产业化,协作开展产业技术创新和科技成果产业化活动,是当今技术创新的新范式。

二、协同创新的特征

协同创新具有以下特征。

1. 系统性

1) 生成结构的系统性

一方面无论是协同创新的主体构成、要素集合还是相互作用,都是协同创新系统结构性分解下的下级子系统,而这些子系统又可再分解为更小的子系统,即纵向系统;另一方面,这些子系统横向之间不可或缺,即横向系统。以政府子系统为例,目前已抛弃对政府是否干预科技创新的疑问,而转化为如何有效嵌入协同创新系统的问题。

2) 运行的系统性

从运行主体来看,协同创新不是以单元素运行为基础,而是以所有子系统的全面参与为条件,这构成了协同创新运行的宏观系统性;从运行过程来看,各系统以有序参与为条件,逐步实现协同创新效应,构成了协同创新运行的微观系统性。

3) 协同效应的系统性

协同创新不仅产生了多种协同效应,更重要的是这些效应之间具有内在逻辑,构成了协同创新效应的系统性。

2. 复杂性

1）构成要素的多元性

无论是协同创新主体、创新要素还是实现手段都具有多元、多样性，这从结构构成上决定了协同创新具有复杂性。

2）相互作用的非线性

协同创新的某一结果并不是简单地由某一或某些因素在某一固定法则对应下即可产生，而是在诸多要素之间及多种发生机制的复杂作用下产生，并且这一结果一方面会进入另外的作用机制成为其他效应的产生来源，另一方面也会反作用于其本身的发生环境，改变发生环境的构成与状态。

3）协同效应的集合性

协同创新的结果并非单一，而是形成了协同创新效应集合，这一集合既包括协同创新的技术性成果，也包括非技术性成果。

3. 动态性

1）协同创新模式的多样性

从横向上看，根据不同的创新属性及不同的创新使命可以构建不同的协同创新模型；从纵向上看，在不同的创新时期，协同创新的模式也具有差异性。

2）创新要素的流动性

协同创新需要创新要素在创新的不同层次及不同领域内实现整合，而整合的实现就需要创新要素在所有创新网络中实现顺畅转移或流动。

三、产学研协同创新

产学研合作创新是合作创新中的一种，由于在我国现阶段，这种合作创新形式具有重要的现实意义，特单列加以讨论。

产学研合作是开展协同创新的一种模式，可称之为产学研协同创新。我们所讲的协同创新更加强调打破行业、领域、地域的壁垒，组织国内外高校、科研院所、研究机构、行业企业等多种创新力量通过协同配合，开展多学科融合、多团队合作、多技术集成的"立体式"、"网络式"的全新合作创新模式。

（一）产学研合作创新的概念

产学研合作创新是指以企业为主，企业、大学、科研单位及政府的相关部门为追求发展目标，在利益驱动下，运用各自资源相互协作所进行的经济和社会活动。其活动结果是实现了资源在新起点的配置。产学研合作创新的重点在技术创新过程的上、中游。

在产学研合作中,企业、大学、科研单位都是合作的主体,三者关系平等,都有从自身优势出发获得最大利益的需求,其自身优势就是经济学中资源稀缺性形成的。当主体各方以自身优势换取对方优势,这种合作活动的动机便形成了。产学研合作创新应遵循优势互补、利益共享、风险共担的原则。

产学研合作活动的主要机制包括:优势互补机制、利益和风险机制、竞争机制。优势互补是指产、学、研合作各方由于资源和信息掌握的不对称所形成的差异;利益和风险机制是指由于合作体质量优劣所带来的效绩评价,这种运行质量可以是机会造成的,也可以是规模造成的,但最重要的是合作方向的选定;竞争机制同样适应于产学研合作,这种合作有主体之间的双向甚至于多向选择,这是优化的必然结果。

进入 20 世纪 90 年代以来,我国政府在总结世界各发达国家经验的基础上,开始大力倡导产学研的合作,使产学研合作创新在我国蓬勃展开,取得了显著效果。目前,产学研活动是我国经济和社会发展中的重要组成部分,已成为我国建立国家创新体系的重要内容。

自改革开放尤其是 1992 年实施"产学研联合开发工程"以来,我国在产学研合作创新方面,不仅环境得到了明显改善,产学研合作创新的进程逐步加快,科技成果转化率逐渐提高,而且呈现出合作层次不断提高的特点。产学研合作首先是从项目合作即产学研合作的第一层次开始的,表现为以项目为纽带来联系产学研各方,开展技术转让、技术改造、技术服务;随着合作各方对合作内容的要求不断提高,大学、研究所与企业之间开始着手建立较长期的全面性合作关系——产学研合作的第二层次,这种合作形式的特点是合作重点为法人之间全面的合作关系,而不是单个项目的具体合作,在法人之间签订的全面合作协议中,产学研合作的基本内容往往都包含在内了,包括技术转让、技术开发、技术咨询、人员培训等;产学研合作的第三个层次是指综合性大学或研究院所与地方(省、市、县)或某个行业间进行的全面合作。这三个层次是逐步发展起来的,从第一层到第三层经历了若干年。到了第三层后,才有可能对产学研合作布局进行指导。

但是我们也必须看到,我国与美国、日本及欧洲的一些先进国家比,在产学研合作创新的规模、数量、质量、效益等方面都有明显差距。为了创造有利于深化产学研合作创新的条件,走出一条有中国特色的合作创新之路,有必要积极研究我国产学研合作创新的特殊性,不断深化和探索我国产学研合作创新的途径。

(二)产学研合作创新的组织方式

按照产学研合作创新的内容、各方合作的紧密程度等方面的不同,产学研合作创新组织方式主要可归纳为下述四种[12]。

1. 政府推动的合作创新组织方式

美国政府于 20 世纪 70 年代以后陆续投资建立了数以百计的"科学技术中心"(简称STC)、工程研究中心(简称 ERC)、大学-工业合作研究中心(简称 UICRC),美国这三类中心均建在大学,其目的是:一方面引导大学面向产业界,发挥多学科的综合优势,从事广阔的跨学科研究,发展新兴学科和高新技术,为传统产业寻找新的出路;另一方面,吸引企业向中心投资,推动产业界支持大学的科研工作和人才培养,从而加强产业界与大学的联系。同时,美国政府又通过干预企业对"中心"的投资,使大学的三类中心与企业联系的紧密程度各有不同,以此确保三类"中心"的研究开发能够合理定位。对于研究基础理论的"科学技术中心",美国政府通过"国家科学基金"(NSF)这个部门对其投资;对于"工程研究中心",由于它研究的是科学理论工程化问题,是与企业发展密切相关的问题,企业可以就研究课题提出建议和意见,可以接转研究成果,因此政府和企业各资助 50%。"大学-工业合作研究中心",以新技术、新工艺的开发为主要内容,其任务是直接为企业服务,因此美国政府在最初五年对其资助之后就必须由其自己创收来维持和发展。世界上许多国家和地区在政府的推动下建立了各类中心。

　　为了发挥高校、科研机构和企业各方的优势,发挥产学研合作创新的作用,我国应当由政府推动建设好三种创新组织:科学研究中心、工程研究中心和企业技术中心。这三类中心大致可以定位在基础研究、应用研究和技术开发研究这三个层次上。在产学研合作创新体系中,处于上游的是以基础研究为主并进行少量应用研究的科学研究中心,这类中心通常建在高校、国家重点实验室和科研机构;处于中游的是工程研究中心,它是集工程研究、开发创新、小试中试、转移推广及教育培训于一体的新型组织,其任务是实现国家相关行业生产技术的重大进步、对相关产业的"共生性"技术和关键技术进行工程化研究,对人才进行工程化教育和培训;处于下游的是企业技术中心,主要设在实力雄厚的大中型企业(集团)或某些以工业研究开发为主的研究机构,其任务是通过开发创新,形成拥有自己知识产权的新产品、新技术、新工艺,超前研究市场潜在主导产品。这三种合作创新的组织方式互相交叉、互相补充,有利于国家引导产学研合作创新的连续性,有利于产学研合作创新的不断深入。

　　2. 自愿组合的合作创新组织方式

　　自愿组合的合作创新组织是以某种科技成果的转让或研制为基础,在以经济合同为纽带、自愿结合的技术协作关系基础上建立起来的。这类合作创新组织能够较好地适应市场需要,迅速开发出适销对路的产品,从而使合作各方获得收益。这类产学研合作创新组织主要包括以下四类。

　　1) 单体性产学研合作创新组织

　　这是以单个科研机构或大学与单个企业联合而建立的合作创新组织,这种组织方式是二次大战后不久大学与企业合作创新的传统组织方式。特点是:高校接受企业需要但无力解决的科研课题,并就研究范围、期限、经费、所有权、保密责任等签订合同,通过合同的形式实行委托研究。我国多数产学研合作创新组织属于一次性项目连接的单体性组织。

　　2) 群体性产学研合作创新组织

　　这是以单个或数个高校或科研机构与一批生产企业联合组建的合作创新组织。随着科技、经济的竞争加剧,越来越多的企业要求加入到产学研合作创新中来。据统计,日本有 2/3 的民间企业与大学、科研机构有合作研究关系,在拥有 10 亿日元以上的民间企业中有 90% 参与合作研究;拥有 1 亿日元以下的民间企业,也有 50% 以上有这种合作关系。美国许多高校,如麻省理工学院则通过"工业联系项目"(industry liaison program)形式,与一批公司建立了固定的技术合作关系,为企业进行双方共同感兴趣的课题研究,定期举办学术报告会、专业训练班等。

3)集团性产学研合作创新组织

这是由众多高校、科研机构与大批生产企业联合组建的行业性系列开发生产的合作创新组织。这种组织方式往往集基础研究、应用研究和开发研究于一个合作创新组织内,为行业的发展和系列技术的研究开发提供技工贸一体化服务。在我国,由数十个科研机构、大专院校与 70 多家生产企业联合组建的中国无锡华晶电子集团就属于集团性产学研合作创新组织,这类合作创新组织在我国为数不多。

4)点对应组合型产学研合作创新组织

这是以"自由碰撞"的方式来进行组织的。其特点是:产学研各方在项目中的"关键点"上进行合作,由厂方提供课题经费及必要技术装备,合作各方派人组成临时"联合小组",需要即来,解决了问题即散。这种合作创新组织方式的优点是灵活高效,其不足之处是不利于合作创新的持续和深入。这类产学研合作创新组织方式,是我国产学研合作组织的主导方式之一,许多大学、科研院所的大型产业化项目都在某一阶段采用了这一方式。

3. 合同连接的合作创新组织方式

合同连接的合作创新组织方式是以合作开发和技术咨询、技术服务、技术培训、技术转让等技术传播为重点,通过合同形式组建的产学研合作创新组织方式。合同连接的合作创新组织具有灵活高效、责利分明的优势,利于短平快产品的合作创新。合同连接的技术传播组织方式具有松散性,合作的紧密程度较低,是产学研合作创新早期阶段的主要方式。据资料显示,美国 1969 年有 60% 的高校教师从事取酬的咨询工作,每周从事咨询工作超过 4 小时的教师人数占教师总数的 19%。

合同连接的合作创新组织是一种半紧密型的产学研合作创新组织,它是比技术转让等技术传播形式更富有成效的一种产学研合作创新组织方式。其特点是:企业和高校、科研机构合作进行技术开发创新或企业委托高校、科研机构进行技术开发创新,合作创新经费由企业支付,合作创新成果由双方共享或按合同约定。日本已将这种合作创新的组织方式制度化,形成了大学与民间企业的"共同研究制度"和"委托研究制度"。

4. 共建实体的合作创新组织方式

共建实体的合作创新组织方式是以企业、高校、科研机构围绕共同目标,将各自的部分人力、物力、财力集中起来统筹规划、统一管理、统一使用,在创造的财富共同分享的基础上组建起来的实体性合作创新组织方式。其特点是：科学研究、技术开发、中间试验、批量生产和销售服务紧密相连，技术创新成果适用性强，应用于生产的周期短、收效快。这种紧密型的产学研合作创新组织方式，有利于高校、科研机构与企业之间保持长期稳定的合作创新关系，有利于将技术优势不断扩展为规模经济优势，从而获得技术成果高收益回报。

共建实体的合作创新组织目前主要有以下几种形式。

1）合作研究中心

在美国，合作研究中心被视为促进高校科技成果向企业转化的一种有效的组织方式，它被誉为"美国在 21 世纪竞争中取胜的重要力量"，合作研究中心由高校与企业联合组建，其经费的 60%～70%来自企业。20 世纪 80 年代以来美国已建有 45 个中心，英国、加拿大和澳大利亚也建有多个。我国的著名高校也都建有不少类似的合作研究中心，只是大部分尚不是实体型组织。

2）研究开发集团

研究开发集团是由几家大公司提供资金联合大学组建成的从事技术开发的经营公司。在研究开发集团中，大学常常起着主导作用。因为研究开发集团要取得成功，关键是大学开发出来的技术必须满足出资公司的要求并为它们所接受。这种研究开发集团，1982 年美国仅有几家，现在已发展到 60 余家。

3）技术入股创办企业

这是指由企业出资金，高校、科研机构以技术作价入股联合创办的高新技术企业，一般多为经营机制灵活的中小企业。随着发达国家大学科技园区的发展，这类企业如雨后春笋般迅速涌现出来。现在美国有 250 多所大学与 1 万多个企业合作组建了这类风险大盈利高的高科技小公司。

除了上述几种形式外，共建实体的产学研合作创新组织方式还包括股份制公司、技工贸实体、中试基地等形式。

5. 我国产学研合作创新中存在的问题分析

经过多年的发展和完善，我国在产学研合作创新方面已取得了巨大的成就，对促进技术创新和科技成果产业化发挥了重大作用。但是，我国在产学研合作创新中也存在着一些问题。这些问题概括起来主要有以下几个方面[13]。

1）技术供给问题

由于体制原因，长期以来科技成果的"价值"都是单纯以获得国家经费多少、发表论文数量、参与人学术地位高低、所获奖励级别和数量来确定。这种评价体系仅体现科技成果的"技术价值"，而忽略了"市场价值"，结果导致科研不是面向市场需求，仅是单纯追求学术价值和地位而进行与实际脱节的研究。其成果不具有市场领先性，或不具备工业化生产可行性，或作为技术商品缺少必要的服务支持，等等。市场价值的缺失造成科技成果的有效供给不足，理论成果、预研成果多，实用的新技术、新产品少。另外，高校和科研机构能向企业提供的通常仅是单向的技术和产品,不能有效满足企业大规模生产对成套技术和装备的需求。因此,高校和科研机构不能给企业提供充足数量和较高质量的生产技术,是制约产学研合作创新的重要障碍之一。

2) 技术需求问题

科技成果的"有效需求"具有如下特点:需求方具有创新主体意识,科技成果的引进最终以提高自身研发水平为目标;具有较高的消化吸收能力,转化成本较低,风险较小;能结合自身市场实际,以市场需求为标准,对科技成果进行选择。但现实中我国企业存在的一些问题导致了对科技成果"有效需求"不足,阻碍了科技成果转化。主要表现在:①企业单纯为了引进而引进,自身 R&D 队伍和能力没有得到发展,技术水平简单停留在引进水平,没有形成增殖创新,体现不出科技成果转化的经济效益,最终挫伤科技成果转化的热情;②企业自身技术力量薄弱,与科研方技术落差过大,一味要求科研方将科技成果直接送到生产线上,并负责全部的技术支持和人员培训工作,这种绝对要求"交钥匙"的方式,使转化成本大大增加,将风险不合理地过多转移给科研方;③企业对于国内外科技水平对比和市场情况的认识不足,国内许多科技成果已经处于世界领先地位,或是虽然存在技术差距但更适合现实生产力发展水平和市场需求,但这类有转化价值的科技成果却被许多企业以"技术水平落后"为由加以否定。

3) 利益分配问题

在一些产学研合作的案例中企业积极性很高,高校和科研机构提供的技术也很好,但合作的过程却非常艰难。其中一个重要的原因就是在产学研合作创新中各方的利益始终不能得到很好的处理,各方对技术的价值经常存在着不同的认识,合作初期根据各方谈判地位的不同,可能还比较容易达成一定的协议,但随着合作项目的进行,看得见的利益或风险越来越近时,常常会发生不愉快的事件,使得合作各方分道扬镳。利益分配还存在于产学研合作创新各方内部,处理不好这些问题,就会使参加合作的组织不仅不能赢得应有的利益,还可能由于内部人员的流动而导致更大的利益损失。

4) 风险投资问题

产学研合作创新是创新活动的一种形式,是科学技术活动的继续,也是企业市场经营活动的一种形式。产学研合作创新同其他技术创新活动一样,合作各方都存在风险。对于科研机构和高校来说,自身并不具备自我转化的资金能力和实力;对于企业来悦,面对承担高风险的巨大压力,往往对很多高新技术成果望而却步,或者对于大多数科技成果的转化工作,企业愿意承担部分风险,但不愿承担全部风险,而希望国家通过有关政策(如补偿)或风险投资机构、金融机构介入共同承担风险。因此,能否有风险投资资金介入科技成果的研究开发、中试、商品化和产业化活动,是产学研合作创新能否成功的又一个重要环节。

拓展阅读

第五节 集成创新战略

一、集成创新的含义和特点

1. 集成创新的含义

集成创新最早是由美国哈佛商学院教授马尔科·扬西蒂(Marco Iansiti)于 1998 年在其代表作《Technology Integration》中提出的。他探究了信息技术产业内的 50 家领先企业的技术管理、产品开发过程，指出影响产品开发绩效的核心因素是"技术集成"。

集成创新理论是企业应对激烈竞争和资源、技术的相对有限性而产生的一种新的创新模式，它源于熊彼特的创新理论与经典管理思想中的系统原理的结合，是对企业各种要素进行整合和集成的过程。

从管理学的角度来说，集成是一种创造性的融合过程，即在各要素的结合过程中，注入创造性思维，当要素经过主动的优化、选择搭配，相互之间以最合理的结构形式结合在一起，形成一个由适宜要素组成的、相互优势互补、匹配的有机体时就形成了集成。从系统论角度集成是指相对于各自独立的组成部分进行汇总或组合而形成一个整体，以由此产生规模效应、群聚效应。从本质上讲，集成就是将两个或两个以上的单元集合成一个有机整体的过程或行为的结果，这种集合不是要素之间的简单叠加，而是要素之间的有机结合，即按照某一或某些集成规则进行组合和构造，旨在提高有机系统的整体功能。集成的概念除了含有聚合之意，更值得重视的是其演进和创新的含义。

单纯从技术集成创新的角度而言，集成创新是指通过对各种现有相关技术的有效集成，形成有市场竞争力的产品和新兴产业。在现代社会化大生产过程中，产业关联度日益提高，技术的相互依存度日益增强，单项技术的突破再也不能独柱擎天，必须通过整合相关配套技术、建立相应的管理模式，才能最终形成生产力和竞争力。在这种背景下，集成创新更具有持续的优势。对集成创新持上述狭义的理解或更直接理解为"技术集成创新"无可厚非，因为从技术角度来说，技术集成是创新集成的基础和核心。但仅持狭义的理解还远远不够，我们通常所讲的创新不仅仅指技术创新，还包括制度创新、组织创新、市场创新等，集成创新应该有更丰富的内涵和更为广阔的外延，应该从创新主体、创新载体、创新环境等影响创新的各种要素、各项创新内容系统综合集成的角度来理解集成创新。

广义上的集成创新在创新思想方法上要以系统集成为指导，在创新方式上要以集成手段为基础，在创新过程中要以集成管理为核心。集成创新的本质是各种创新要素、创新内容的交叉和融合，由于创新要素是由不同的主体所掌握，因此集成首先是对占有不同创新要素的主体的集成。从更为通俗的角度对集成创新给出如下定义：所谓集成创新是指以系统思想方法,利用各种信息技术、管理技术与工具等,创造性地将不同创新主体的知识、技术、市场、管理、文化以及制度等各种创新要素、创新内容进行综合选择和优化集成,相互之间以最合理的结构方式结合在一起,为实现创新目的而形成功能倍增性和适应进化性的有机整体的实践过程。

现在的任何一项原始创新,往往不能直接应用于市场,而能够应用于市场的产品,大多是集成创新的成果。比如,苹果的 iPhone 手机,主要是苹果公司集成创新的成果,手机的触摸屏、芯片、存储器、操作系统、应用软件、网上商店等技术(以及商业模式)都不是苹果公司的原创,但苹果公司把这些创新成果集成起来,形成了一个革命性的产品和新的商业模式,这就是典型的集成创新。

2．集成创新的特点

集成创新具有以下内涵及特点。

(1)集成创新要以创造性为基础,具有创造性的特点。集成并不是将系统的众多要素进行简单的集中,要素仅仅是一般性地结合在一起并不能称为集成,而应是一个众多要素经过主动的选优、选择搭配,相互之间以最合理的结构形式结合在一起(即有机融合)后产生创造性,从而形成能够产生新的核心竞争力的创新方式,且这种创新更加关注创新效果以及竞争力的持续性。在集成过程中缺乏创造性就不是真正意义上的集成创新。

(2)集成创新是创新的融合,具有融合性的特点。这种融合注入了创造性思维,要素经过主动的优化、选择搭配,相互之间以最合理的结构形式结合在一起,是技术融合的进一步延伸,通过把创新生命周期不同阶段、流程以及不同创新主体的创新能力、创新实践、创新流程和竞争力有机集成在一起,使各项创新要素、创新内容之间互补匹配,是集聚各要素的一种创造性的融合过程。

(3)集成创新是一项复杂的系统工程,具有系统性的特点。集成创新的理论基础是系统论和协同论。集成创新涉及技术、知识、资源、市场、战略、组织等层面,必然具有综合性和系统性的特点。由于创新系统是由众多的要素或子系统构成的开放系统,始终与外界进行大量的物质、能量和信息交换,与外界存在着千丝万缕的联系,这种交换与联系使系统内的各要素以及要素间关系不断发生变化,进而影响系统的功能。因此,重整系统要素之间的关系,必须通过创造性的集成来实现。通过创造性的集成,系统内各要素并非孤立地发挥作用,而是在相互作用的基础上形成一个综合系统。

企业集成创新作为一个复杂巨系统,涉及不同的领域和内容。企业集成创新涉及内外两大系统的不同层面,首先要在战略决策层次上实现企业技术创新战略与外部系统的最佳集成,其次企业在组织结构层面上实现集成,建立各种集成组织,以达到创新要素层面的融合与集成,最后实现产品的商业化。这内外两大系统是一个有机联系、相互协同和集成的整体。

集成创新是一项系统工程,要求企业技术创新过程中不同的行为层次和要素层次全面地协同和集成,不仅在同一层次集成,各层次之间同样要实现集成,任何一个环节的欠缺,都会影响企业集成创新系统能力的发挥。

（4）集成创新具有集成放大效应。集成放大效应是系统性的作用结果,这种集成不仅强调在集成过程中各构成要素相互融合,而且强调与创新环境相融合,更重要的是要素之间主动寻求优化、选择搭配,相互之间以最合理的结构形式结合在一起,形成一个由适宜要素组成、相互优势互补、相互匹配的有机体,从而使创新系统的整体功能发生质的跃变,形成独特的创新能力和竞争优势。通过控制各集成构成要素比例关系、相互联系、相互作用的变动,使其结构趋于优化,实现集成创新整体功能的放大,形成 $1+1>2$ 的集成放大效应。

（5）集成创新是一个开放动态的演进过程。企业集成创新是一个开放、动态的演进过程。企业集成创新的开放性表现为企业要根据技术创新的需要调动和吸收外界创新要素来完善企业的技术创新过程,同时还能改造外部环境,创造出更加适合的生存条件。如建立企业的外部知识网络,获取先进的技术知识,进行知识的创新和价值的实现,建立企业的动态联盟,实现知识的流动,联合开发公关,加速企业技术创新的速度。企业集成创新是一个开放的系统,与外界物质、能量、信息有着密切的关系,随着创新系统复杂程度的增加,与外界交换的强度也不断增强,创新要素和创新系统会因内外因素的影响发生量变甚至是质变,导致集成体的功能和作用的变化,同时随着集成在广度和深度上的发展以及集成内容和要素的变化,也将导致原集成系统的变化。

二、集成创新的内容

早期的集成创新也主要是围绕技术创新展开,但随着经济全球化、信息技术与互联网快速发展及企业生存环境的复杂化,集成创新的构成要素也在不断地发生变化。集成创新不只是集中在技术方面,还要考虑组织、战略、知识等方面。集成创新是技术融合的进一步延伸,是产品、生产流程、创新流程、技术和商业战略、产业网络结构和市场创新的集成。

我国学者结合我国实际情况及企业发展的特点,对集成创新的构成要素进行了相应的完善与修正。欧光军、胡树华从技术集成、知识集成、组织集成、管理集成四个层面提出了集成动态创新模式[14]。江辉、陈劲为分析研究企业形成集成创新的机制,将企业内部运转的三个层面——技术集成、知识集成和组织集成作为构成企业集成创新的要素[15]。李文博、郑文哲在剖析企业集成创新理论内涵的基础上将集成创新的构成要素划分为四个方面:技术、战略、知识、组织[16]。

1. 人的集成

企业集成创新过程是一组人员进行创造性的活动过程,人的集成就成为集成创新成败与否的关键。企业集成创新过程中人的集成,主要指从研究开发到生产到产品的市场化和销售的整个创新过程中,不同分工人员之间的配合、前后衔接和信息交流等协调活动,还包括这些人员与外部顾客及供应商之间保持良好的合作关系。企业集成创新过程中人的集成包括以下两个方面。

1) 企业各职能部门、各类技术及管理人员的交流与联系

集成创新过程是一组人员进行创造性的活动过程,从研究开发到生产到产品的市场化和销售,不同的人员承担着不同的任务,需要对不同部门的人员进行集成与协同。不同分工人员之间的配合、前后衔接和信息交流等协调活动对于集成创新运行的效率起着非常重要的作用。

2) 企业外部人才资源的融合和交流

企业集成创新要广泛利用企业外部资源。人作为企业集成创新过程的实施者,企业必须建立与企业外部人才资源的融合与交流,如吸收外部专家参加项目开发、对某些问题进行专家咨询等。人的集成的实质表现为创新人员所掌握的知识的集成,尤其是隐性知识的创造性地集成,只有通过人的主动地、积极地参与过程,充分发挥人的潜能,来实现技术集成和知识集成。

2. 技术集成

随着国际和国内科技供给资源日益丰富和对知识产权的保护日益严格,通过技术集成合理而有效地利用已有知识产权的技术,在技术集成的基础上创新,成为我国企业进行技术创新的重要途径。

技术集成是企业根据现有的技术,抓住产品的市场特性,同时引进已有的成熟技术或参照技术资料进行学习,根据产品的特性,使各项分支技术在产品中高度融合,在短时间内进行集成开发,以最快的时间领先进入市场,充分获得产品的市场占有率的手段和方法。

技术集成强调将技术源与市场紧密有效地联系起来,从需求和技术出发形成产品概念,并以新的产品建构作为企业集成创新的起点。领先用户在新的产品建构的形成中具有重要的作用。领先用户往往更能洞察市场的潜在需求,比原有产业的业者更容易摆脱经验束缚,有利于跳出原有的产品建构,进行全新的产品概念创新。

在技术集成创新过程中,开放式地选择各种技术资源。技术集成过程中,将面临对已有的技术存量进行评估选择,人们通常倾向于在过往经验的附近范围寻找解决新问题的答案。这一行为惯性往往限制了人们的技术视野,因此,创新者必须摆脱传统思维定式束缚,充分利用技术发展带来的机遇。在产品层次上,集成创新以开放的产品建构来集成多种来源的技术。在开发团队的层次上,美国企业使用来自多学科背景的人员,而且每次产品开发都倾向于使用新人。日本企业由于没有可与美国相媲美的大学系统,其产品开发主要依靠经验丰富的内部人员。结果美国企业经常能够实现激进创新,而日本企业长于渐进创新。在企业之间关系层次上,明确指出开放模式对于集成创新的重要性。美日企业之间存在着明显的结构差异。

3．知识集成

知识经济时代知识取代传统的劳动力、金融资本成为最具战略意义的资源,企业的竞争优势来源于企业知识资源本身的创新性。企业知识资源包括企业外部知识资源和企业内部知识资源。外部知识资源来自市场、大学、科研机构、竞争企业、供应商、用户等,企业内部知识包括企业员工的个人知识、整体的企业知识和客户关系方面的知识。从集成创新的角度出发,知识集成就是在创新系统的整体性及系统核心的统摄、凝聚作用下,运用科学的方法,对不同来源、不同层次、不同结构、不同内容的知识进行综合,实施再建构,使单一知识、零散知识、新旧知识、显性知识和隐性知识经过集成形成新的知识体系。企业对知识的集成和创新是企业集成创新运作的关键。

企业知识集成系统是指企业从整体、战略、动态的角度出发,综合运用各种先进、适宜的管理理论和方法,借助于先进的信息技术网络平台,为实现知识的共享和创新,提高企业的技术创新能力,将企业可获得的各种知识资源有机集成在一起,所形成的有机整体。企业知识集成系统由企业知识集成要素、企业知识集成主体、企业知识集成工具和企业知识集成模型构成。

1) 企业知识集成要素

企业的知识资源是知识集成系统的基本集成要素。企业知识资源包括企业外部知识资源和企业内部知识资源。外部知识资源来自市场、大学、科研机构、竞争企业、供应商、用户等;企业内部知识包括企业员工的个人知识、整体的企业知识和客户关系方面的知识。企业个人知识指个人的能力、知识、技术和经验,是以隐性知识形态存在。

2) 企业知识集成主体

知识集成主体是掌握知识的对象。企业知识集成主体按层次分为以下层次:第一是个体层次上的集成。体现为个体掌握知识的宽度和深度。第二是研究团队的内部成员的知识集成。研究团队内部普遍存在的非正式研讨和个人之间的工作交流,都能促进个人知识的增长和群体知识的融合。如技术创新项目团队中的知识集成。第三是不同研究团队之间的交流与集成。第四是企业内部不同职能部门之间的知识集成。如企业并行工程中的知识的集成。第五是企业与外部组织的集成,如企业与用户、供应商和合作对象之间的交流与集成。

3) 企业知识集成工具

使用知识集成工具的目的是将知识与知识、知识与人、知识与过程集成起来,将知识与特定过程和未知情况进行动态匹配,促进企业的创新。知识集成工具有企业知识库系统、知识提取工具、知识挖掘工具、知识集成平台等。

4) 企业知识集成模型

企业知识集成模型的用途是描述知识与知识、知识与人、知识与过程的关系,常见的知识集成模型有知识基元的分类系统、知识结构图、知识图与知识地图、知识需求和知识建立的过程模型等。

三、集成创新的形式

可以根据不同的标准对集成创新的形式进行分类。

1. 按集成创新的方向分类

1) 水平集成

水平集成主要是通过知识生产的不同主体间以及主体与环境间的创新能力和行为集成,形成创新网络。水平集成的前提是把创新网络看作一个自组织系统。自组织系统具有局部交互、非线性、热力学开放性与涌现性四个重要的特性。水平集成创新网络的组织原则显示了新知识的协作和生产本身是一个复杂的、动态的过程,使得创新网络能够在环境中自组织。自组织系统与创新的新理论之间的重要补充,强调创新网络中知识生产的系统过程,具有高度复杂和非线性方式。水平结构化的创新网络中企业间的合作行为也是水平集成创新中的重要部分。水平集成创新网络能够生成用于知识交易的合作结构,同时网络化创新的基础不只是存在于战略决策中,而且与产业环境、宏观环境密切相关。

2) 垂直集成

垂直集成主要是对产品生命周期和企业生命周期相关的创新过程进行集成,通过实施并行工程方式达到集成创新的目的。这种并行工程发生在产品开发过程、企业设计与再设计过程,以及在持续变化的市场环境中通过生命周期动态检查来对前二者进行动态更新。这种垂直集成以产品数据管理和企业数据管理系统作为基础。无论是水平集成创新还是垂直集成创新,重要的是把产品、企业和环境创新的生命周期当作主要的集成对象,在此基础上,再集成不同的创新主体、创新资源、创新能力,形成持续的集成创新流程和方法。生命周期主要包括:概念生成、概念评估、价值和技术评价、产品与流程设计、早期开发-原型-商业与营销、最终开发-正规营销规划-业务结构、商业起点、快速增长、竞争加剧、成熟、衰落阶段。在某一阶段的集成创新后,可以形成产品、流程、制度、方法、组织、技术等方面的创新成果。

2. 按集成创新的系统构成分类

从集成创新系统构架上看,企业集成创新的系统一般包括战略集成、知识集成和组织集成。

1) 企业集成创新的先导层——战略集成

企业集成创新的战略集成是在企业发展战略规划下,根据企业的核心能力的发展阶段,综合运用技术创新战略管理和分析工具,在对企业的外部环境、内部资源与能力进行分析的基础上,对企业集成创新的指导思想、目标、方式及途径所做出的整体谋划和安排。企业集成创新战略确立企业如何有效选择新产品开发中所需的新技术,确定实现企业内和企业间的信息、技术和知识流动的方式和途径。战略集成一方面要保证集成创新系统适应技术发展和市场竞争需要，另一方面有利于企业调配更充足的资源投入技术创新，进一步培养企业的核心能力。

技术创新需要战略集成，它首先包含了企业创新与企业家精神的集成。由于企业创新面临环境的不确定性，市场经济是动态、开放的经济，生产与消费之间的联系是通过市场这只看不见的手调节的，它只能给予勇于承担风险、善于创新的人赢利的机会。企业家是创新的倡导者，是创新组织者和激励者。通常，企业家并不直接参与创新的具体工作，而是通过组织的变革、管理上的创新来形成一种良好的创新与勇于承担风险的氛围。企业家在经营管理中支持创新的最核心部分体现在是否进行适合创新与风险创业的组织结构的变革，是否建立一个支持创新与风险创业的人力资源系统。创新精神以及风险承担精神是市场竞争的内在需要，也是企业持续发展的重要保证，是企业家精神最显著的特征。古今中外，任何一个成功企业家，其最突出的行为特征就是创新，他们的行为活动无不表现为鲜明的创新特征。国内外成功的创新公司都非常注重培养和提升企业家精神，以达成不断追求创新与风险创业之目标。

其次是技术创新战略与企业经营战略的集成。因为技术创新有能力影响产业结构和竞争优势，所以技术创新战略成为公司整体竞争战略的基本组成部分。尽管如此，技术创新战略只是整个公司战略的一个组成部分，它服务于公司战略，必须与其他价值活动的选择相一致且因此得到加强。企业的技术创新战略应该力求明确、重点突出，以提高核心竞争力为目标，以市场为导向，阶段性强，并与具体计划相配套。企业在技术创新战略的实施过程中，首先要使创新战略在企业内达成共识并为员工所拥护，然后由企业高层领导推动，使其得到各个职能部门的配合，并交于专门机构或专人负责，按计划实施。在战略实施过程中，企业还可以通过高标准定位，加强组织学习，根据环境和信息反馈不断调整原有战略计划。技术创新战略是企业整体战略的关键组成部分，必须服务于整体战略，才能真正增强企业的竞争能力。另外，必须使全体成员理解技术创新战略的内容和意义，并得到他们的支持。

再次是市场需求与技术方向的集成。技术创新的关键在于对市场需求的超前、正确地把握。技术创新的风险、成本日益加大，如医药工业创新的成功率通常为1：3 000。因此要不断地加强企业与企业之间、企业与用户之间的交互作用，包括供应者与装配者、生产者与消费者、创业家与风险投资家之间的相互影响、竞争者之间的技术信息交流等。其中，强调用户在创新中的参与和互动，是"体验经济"时代企业发展的重要特征。企业可以强调内部人才的流动，但应时时注意挽留与保持高水平的用户。

最后是对世界领先水平产品的战略性技术的集成。要完成一项技术创新，所需要的各项分支技术是多种多样的，其中有关键性的核心技术，也有辅助性的外围技术，针对一个复杂的技术产品更是如此。因而对于一个企业来说，其技术产品的产生并不意味着要进行独立研究开发所有的分支技术，只要企业拥有与产品相关的核心技术，掌握了它的原理,其技术创新就是成功的。当然拥有与产品相关的核心技术越多,企业的自主创新能力就越强。大多数管理良好的公司都设计了精妙的程序,用来甄别和跟踪潜在的持续性技术的发展,这对服务和维持现有客户非常重要。不论是新产品或新工艺,本身都是多种技术的集成,而进入生产阶段又必须与现有的生产技术进行集成,尽可能地使用现有的标准产品和成熟技术。研究表明,任何一项创新,包括根本性的重大创新,都不可能完全脱离现有的生产技术,都会尽可能多地利用已有的或成熟的技术成就[17]。

2) 企业集成创新的核心层——要素集成(知识集成)

要素集成是企业集成创新的核心。要素集成企业将在空间上分散的属于不同主体的互补性的创新要素,通过一定的机制组织起来,经过评价、匹配,使之集成在一起,实现快速技术创新。

企业集成创新过程是多种要素的集成过程。随着企业知识理论的兴起和能力理论的发展,在企业技术创新体系中,资源和能力成为主要的创新要素。企业集成创新过程中的能力要素表现为技术能力、组织能力、外部能力和项目管理的经验和技能,是企业用以生产和管理技术变革的资源,包括知识、经验、组织结构和外部联系等。

企业集成创新过程中的资源要素主要包括资金、人员、技术和知识,知识是最基本的集成要素。在野中郁次郎所述的个体知识变为群体知识的螺旋上升过程中,企业实际已逐渐形成自身的知识库。建立企业的知识库就是把企业现有的知识分门别类,进行加工和提炼,形成企业有系统、不断发展的知识资产。任何一个企业,如果没有一定的知识储备,它就无法跃进,无法成功。

企业知识库建立或知识集成的根源与知识的某些特性是密不可分的:第一,在任何组织中,知识的各个方面都与其他各项事物紧密相联,我们不能简单地将任何事物的"知识"成分割裂开来。知识与文化、结构、技术,以及形成组织的个体的独特性质有关。同时,知识也位于一国和全球的"知识环境"这些更大的社会背景中。因而,不管企图怎样割裂知识,我们都会发现有其他东西与它相联系。第二,知识是自组织的。每时每刻,知识都在组织中产生、保存、消亡和更新,知识有自己的生命,它是自组织的实体。这种知识围绕其组织起来的"自我",是组织和团体的定位和目标。第三,知识寻求融合。知识的产生,就像生命的产生一样,需要一种融合。知识的融合功能非常强大,它涉及全球相互交流的每个人。第四,知识的形态越松散越好。适应性很好的系统看似无条理,但多变化的分散系统存活率更高。这意味着我们试图紧紧控制知识进程的行为是在浪费资源和精力。第五,知识的核心是一种社会过程,只有集思广益才能产生知识,个人不能聚集知识。知识管理者并不能管理知识本身。但是,他们也确实帮助设计和支持了知识获取、知识创新、知识共享和知识应用的进程。知识管理者还能借助于这些策略来排除障碍并创造一种知识共享的文化氛围。

3) 企业集成创新的载体层——组织集成

企业集成创新的组织集成是指企业在信息网络技术、现代集成技术的支持下,为最大限度地实现企业集成创新的战略目标,将具有不同功能的组织要素集成一个功能相对完整的组织体的行为过程,为集成创新提供一个资源共享、要素集成的平台。企业组织集成包括企业内组织集成和企业间组织集成,同时着力网络组织的构建与应用。人员要素是组织集成的基本单元。

由于组织集成的"实现沟通"特性,在企业内部主要需要提升研发部门与营销部门交流程度、研发部门与制造部门交流程度、制造部门与营销部门交流程度。企业管理活动中,人们很早就已注意到不同部门之间的协调,并且常常为不同职能部门之间的矛盾和冲突而感到困惑。例如,营销部门和研发部门之间常常在新产品选择上存在分歧,制造部门和采购供应部门也经常发生冲突,市场部门和制造部门之间的失调则更常见,导致创新效率低下。因而在界面管理中,为使组合要素交融和紧密,组织集成必须做到以下几点:

第一,跨职能集成。为了最大限度地减少或消除各种不同部门职能之间的摩擦损耗,要采取跨职能集成的方式进行界面管理。要淡化传统意义中严格的岗位职责划分,使企业全体人员都关心企业,如技术创新方案的产生应由企业的全体人员来承担。要将领导者由过去的精通某一职能的专才转为适应形势需要具有多种职能管理知识的通才,要充分组织好知识互补的管理专家群体进行管理。

第二,充分沟通。企业各职能部门要加强沟通、增进了解,使部门之间充分掌握互相的信息变化动态,了解相互间的性质特点。

第三,协商合作。不管是跨职能集成,还是充分沟通,要想最终消除界面存在的问题,都必须发挥协商合作精神。因而当具有不同专业职能的人员、所有不同的职能部门和所有集成要素通力合作,才能突破界面阻隔,保证各集成要素的协调匹配,发挥出最佳的整体功效。

即练即测

本章思考题

1. 什么是技术创新战略?它有哪些基本特征?

2. 企业技术创新战略有哪些主要的内容?

3. 自主创新战略的优点和缺点是什么?

4. 分析自主创新对我国企业竞争战略的意义。

5. 什么是模仿创新?模仿创新有哪些特点?

6. 产学研合作协同创新有哪些组织形式?

7. 集成创新有何特点?

本章参考文献

[1] 银路.技术创新管理[M].北京：机械工业出版社,2004.

[2] 吴贵生.技术创新管理[M].北京：清华大学出版社,2013.

[3] Susan Sanderson, Mustafa Uzumeri. Managing product families：The case of the Sony Walkman [J]. Research Policy,24(1995).

[4] 傅家骥.技术创新学[M].北京：清华大学出版社,1998.

[5] 王振维.基于协同创新的大学学科创新生态系统模型构建的研究[D].重庆：第三军医大学,2011.

[6] 陈劲,阳银娟.协同创新的理论基础与内涵[J].科学学研究,2012,30(2).

[7] 郑刚.基于 TIM 视角的企业技术创新过程中各要素全面协同机制研究[D].杭州：浙江大学,2004.

[8] 陈光.企业内部协同创新研究[D].成都：西南交通大学,2005.

[9] 陈劲,王方瑞.再论企业技术和市场的协同创新——基于协同学序参量概念的创新管理理论研究 [J].大连理工大学学报(社会科学版),2005(2).

[10] 程蓉.基于产品设计链的企业协同创新研究[D].武汉：武汉理工大学,2008.

[11] 金林.科技中小企业与科技中介协同创新研究[D].大连：大连理工大学,2007.

[12] 李廉水.论产学研合作创新的组织方式[J].科研管理,1998(1).

[13] 胡恩华.产学研合作创新中问题及对策研究[J].研究与发展管理,2002(1).

[14] 欧光军,胡树华.构建面向产品开发的团队集成创新体系[J].科学管理研究,2002,20(2).

[15] 江辉,陈劲.集成创新：一类新的创新模式[J].科研管理,2000,21(5).

[16] 李文博,郑文哲.论企业集成创新系统的复杂性：混沌与分形[J].科学学研究,2006,24(4).

[17] 方新.创业与创新[M].北京：中国人民大学出版社,1998.

第五章

技术创新组织

技术创新对企业的组织形态和组织过程提出了新的要求。本章较为系统地从静态的技术创新组织角度讨论了技术创新文化、技术创新组织结构设计以及技术创新组织形式,同时从动态的技术组织角度讨论了如何组织技术创新,以及技术创新绩效管理。

第一节 技术创新的文化

一、技术创新各阶段的文化氛围

与技术创新各阶段相匹配的文化氛围,有助于企业获得良好的经营业绩。因此,企业应根据技术创新各阶段——构思阶段、研发阶段、商业化阶段的特点,培育良性互动的文化氛围[1]。

1. 构思阶段

技术创新的构思阶段,应培育创新型企业文化氛围。企业技术创新构思阶段,主要是激发员工创造力,使员工积极参与创新构思,具体体现为:以企业战略为基础,综合考察企业内外部环境,捕捉信息和市场机会,对存在威胁或机会的信息做出意识层面的反应,形成创新性的构想和方案。技术创新的构想和方案离不开员工创造力的发挥,因此,培育创新型企业文化氛围,充分释放员工的创造力,在技术创新的构思阶段至关重要。

2. 研发阶段

技术创新的研发阶段,应塑造奉献型和学习型企业文化氛围。技术创新构思完成后,需要由研发人员将意识转化为物质,通过技术研发、技术融合或技术集成等多种途径,将存在威胁或机会的信息开发成产品。随着科技的迅猛发展,企业技术创新难度不断增加,研发过程更是艰辛漫长。同时由于技术创新的不确定性和高风险性,研发人员更是顾虑重重。因此,技术创新的研发阶段,营造奉献型、学习型企业文化氛围,可减轻研发人员的心理压力,激发其强烈的工作责任心和事业使命感,形成一种积极向上的观念,促进技术创新的研发过程。

3. 商业化阶段

技术创新的商业化阶段,应塑造形象型企业文化氛围。技术创新始于创新构思而终于商业价值的实现,企业技术创新最终目的是将研发成果商业化,即投入市场,产生经济效益和社会效益。形象型企业文化氛围塑造出来的技术创新产品,代表的不仅是一种产品,更是一种价值理念和社会形象。形象型文化氛围有利于创新产品的推广和认同,赢得消费者信任,从而体现出技术创新的价值。

二、技术创新文化的内涵

技术创新文化,是把对技术创新的追求,内化为人们的共同价值观。这种共同价值观能够有效地激发成员的创造力,促进创新思想的形成,使人们以乐于冒险、积极参与的态度,以及协调一致的行为,灵活应对复杂多变的外部环境,共同推动技术创新的实现。

技术创新文化以内隐和外显的文化形态,共同作用于技术创新。技术创新内隐文化主要是观念形态,包括理性、价值观、信仰等,它是技术创新的内在动力。技术创新外显文化主要是指技术创新活动的外部环境,包括支持技术创新活动的各种设备设施、土地资源、投资资金等物质支持条件,以及教育技能培训、奖励措施等各种规章制度安排,它是技术创新的外在动力。

三、技术创新文化的构成

技术创新文化是一个复杂系统,它的构成主要分为核心要素、支持要素、市场要素三个方面,如图 5-1 所示。

图 5-1　技术创新文化的构成要素

1. 核心要素

技术创新文化的核心要素是技术创新文化最为深层而又无实体形态的要素,是以知识为表征,是对系统的整体结构与行为进行控制与调整的"首脑"或"领导核心"。技术创新文化的核心要素内容是价值观念和认识方式,支配着技术创新主体的行为。技术创新文化的构建,首先必须以核心要素为基础,这样才会产生凝聚力,把技术创新文化构成的各种因素组合起来。

2. 支持要素

技术创新文化的支持要素是技术创新文化的行为载体。支持要素最为根本的是人，主要包括企业家、研究开发人员和市场开发人员。技术创新文化的软体性使得该文化不断地以隐性方式向企业外渗透和延伸，以产生极大的影响力。从这个意义上说，支持要素还包括政府、大学与科研机构、中介组织、金融机构等组织机构，以及物品装备、信息网络、图书资料等服务平台。

3. 市场要素

技术创新文化的市场要素决定了技术创新的实现方式。市场要素由各种技术创新文化的消费者构成；此外，还包括技术创新所需的市场资源，比如劳动力、新技术等。技术创新目的在于向社会推出新产品、新服务等，并实现其经济价值或社会价值，技术创新能否持续，关键在于能否有市场需求或社会需求。因此，技术创新文化的市场要素主要关注技术创新的经济效益或社会效益。

四、技术创新文化的建立

企业决策者或管理者对技术创新过程的管理水平、创新导航和能力准备，在一个有利于技术创新的文化中才能发挥最佳效力。建立技术创新文化，有三大关键要素[2]。

1. CEO 要把技术创新作为第一要务

公司决策者或高层管理人员应把技术创新提升至公司愿景层面，让技术创新成为公司的长期追求，搭建有利于技术创新的管理体系，帮助企业充分理解竞争环境，洞察到用户需求，进而实现技术创新。

2. 文化变革

中国企业通常是由上至下执行公司决策或管理层的决定，但这种企业文化不利于技术创新。技术创新需要鼓励下级能够挑战上级，鼓励员工勇于去做日常工作之外的事情。要实现这样的企业文化转变，管理者必须花费较长时间且运用一些有效手段。具体措施包括：

（1）引进管理者。适度空降中高层管理者，培育技术创新文化。

（2）树立榜样。公司管理人员要随时鼓励员工技术创新，将技术创新作为评选最佳员工、最佳事业部的首要因素，逐渐培养出技术创新氛围。

（3）容错。培养容错文化至关重要，因为如果企业管理者不为技术创新容错，技术创新文化就无法形成。

（4）聚焦于技术创新。一些企业虽然有很好的技术创新愿景，但面临短期财务挑战时，往往会采取应急措施，比如用抄袭的方式去创新。举个例子，硅谷有一家公司，与谷歌一样非常注重创新的企业文化。有一次 CEO 为了解决短期财务问题,做了一个抄袭戴尔高端产品的决定,结果蚕食了整个企业的技术创新文化和技术创新能力。

3. 重建有利于技术创新的关键绩效指标体系

关键绩效指标(KPI)是衡量实现公司使命阶段性成果的标准。技术创新同样需要用标准来衡量,在企业层面而言,最基本的技术创新关键绩效指标是创新收入和创新利润方面的要求。但是从操作层面来讲,不宜用太多关键绩效指标衡量技术创新绩效,否则会阻碍技术创新。技术创新管理者只需关注最重要的三至五个关键绩效指标就好,这样可以使员工不受约束地产生创意。具体而言,输出角度的技术创新关键绩效指标主要为:产品活力指数、产品创新指数、创新产品收益、创新成功率等。输入角度的技术创新关键绩效指标主要为:吸引的创新人才数、产生的创意数、孵化的创新项目数、流程是否卓越等。

 案例

3M 公司的"15%规则"

3M 公司 1902 年始创于苏必利尔湖畔的小城——明尼苏达州的双港市,创立以来,3M 公司素以勇于创新、产品繁多著称于世,在其一百多年历史中开发了 6 万多种高品质产品,每年都要开发 200 多种新产品,其每年销售量的 30% 来自最近 4 年研制的新产品。正是由于 3M 公司营造出独特的创新环境,才使其成为美国最受推崇的公司之一。

为了鼓励技术人员开发新产品,3M 公司(包括美国的杜邦、惠普等大企业)有个"15%规则"——允许每个技术人员至多可用 15% 的时间来"干私活",即搞个人感兴趣的工作方案,而不管这些方案是否直接有利于公司。当一个有希望的构思产生时,3M 公司会组织一个由该构思的开发者,以及来自生产、销售、营销和法律部门的志愿者组成的风险小组。孵化新产品的风险小组成员将始终一起工作,直到新产品的成功或者失败。3M 公司知道,为了获得成功,必须尝试成千上万种新产品构思,而且要把错误和失败,都当成创新的正常组成部分。事实证明,许多"大错误"最后都变成了 3M 公司最成功的产品。

3M 公司的弗拉伊发明"报事贴(post-it)"的过程就是这种创新文化成功的典型案例。1974 年,3M 公司的弗拉伊根据自己的体验,觉得人们需要一种能粘在书上又能不留痕迹地揭下来的活动书签,于是他利用 3M 公司给予的 15% 的自由时间着手进行这项设计,很快就做出了不干胶便笺,并造了一台简单的加工机器。弗拉伊首先把样品在 3M 公司内分发试用,同时编了一本小册子,用图示和举例来说明这种不干胶便笺的许多用途。事实证明,这种产品非常适合于通过试用来推销,几年以后,这种 post-it 便笺便在全美国流行,初期年销售额就达到 4 000 万美元,后来超过了 3 亿美元。弗拉伊的成功应归功于 3M 公司提供的有利于员工创新的环境,弗拉伊在 post-it 产品创新的整个过程,不仅利用了公司的资金,而且利用了公司的专利技术、实验工厂、制造设备,更为重要的是他还利用了公司的销售渠道和声誉。

第二节　如何组织技术创新

技术创新需要把知识变成效益。目前,中国已有部分企业在某些技术领域处于全球领先地位,但距离全面领先还有很长的路要走。中国企业何时能成为各领域的创新领导者,取决于如何组织技术创新。

一、组织技术创新常犯的错误

企业组织技术创新,管理者应不懈地追求技术创新、细心培养技术创新,同时持续提供创新资源、有策略地指导技术创新、有条不紊地监管技术创新。显然,这些都不容易。以下是企业技术创新的组织过程中常犯的四个错误[3]。

（1）要求员工想出点子,却不提供实现这些想法的机制。一些企业管理者常常大肆宣传创新文化,要求员工有强烈的创新意识,但实际情况并不理想。其实,企业不仅需要有创新意识,更需要有能够把创意进行系统收集整理,并成功转化为完整创新产品的机制,仅仅提倡提出创新想法,而缺乏实现这些想法的机制,容易导致企业里累积大量负面情绪,久而久之,创新文化建设变成了一句空话。因此,要求员工出创意,还要制定一套标准来评估创意,并且为实现创意提供机制。

（2）鼓励冒险,却不能包容失败。成功创新背后都曾出现过失败。大多数企业里,往往不能包容创新"失败",认为创新失败是创新人员的无能,且浪费了企业的创新资源,因此,失败的创新往往给创新人员带来耻辱,甚至事业上的危害。其实,企业管理者应意识到,创新过程中的每次失败,都是创新靠近了成功一步;创新过程中,看似失败的事物,其实结果恰恰相反。因此,企业以及企业管理者对创新人员应鼓励冒险,包容创新的失败。

（3）期望员工完成实验,却不提供充足的实验支持。成功的创新往往归功于严谨的实验。企业管理者往往鼓励创新团队快速完成实验或完成研发成果,但创新者们缺乏实验材料或实验空间。因此,为了高效地推动创新实验,企业应提供充足的实验支持。

（4）追求颠覆性创新,却不进行充裕的投资。克莱顿·克里斯滕森著名的《创新者的窘境》强调:企业重视维持当前业务的投资,却容易忽略影响未来发展的创新投资。从企业财务角度来看,追求短期投资回报是理性的选择。但从企业长远发展来看,颠覆性创新的投资可能是更好的方案。因此,企业为了长远发展追求颠覆性创新,应设立专项的创新资金进行创新投资。

二、组织技术创新的核心要素

为了避免重蹈组织技术创新常犯的错误,有效组织技术创新应围绕以下四个核心要素进行[2]。

1. CEO 亲自推动创新

斯塔塔(Starta. D)和恩格尔(Engel. K)2016 年调查研究了全球 25 家卓越创新的大型企业,发现大多数成功创新的企业都是由 CEO 亲自推动创新,并且把建立创新体系、鼓励创新和支持创新作为首要职责之一。

过去 30 多年,中国企业家有两条基本商业逻辑:其一,对于有领先意识的企业家来说,就是把全球各地的技术拿过来,然后利用低成本劳动力,实现高增长和高利润;其二,很多企业家深知中国市场容量巨大,跟着市场走就可以赚钱,因此采取跟随战略。但从近些年的情况来看,上述两条商业逻辑已经变得越来越难以实现,而解决方案只有一个——创新。例如,有一家中国快销行业的领先企业,10 年前不会主动推出太多新产品——那意味着自己抢自己的份额。现在的情况则完全不同,如果不快速推出新产品,竞争者就会推出。2015 年,这家企业不得不把技术创新升级为首要战略,技术创新也成了该企业 CEO 关注的头等大事。

2. 构建创新生态系统,实现创新导航

创新导航的作用是准确洞察用户潜在需求。用户通常不知道自己的需求是什么,所以企业需要创新导航系统,准确发现用户潜在需求,从而正确找准创新方向。

如今,科技正推动着全球范围内的物与物、人与人、人与物、组织与组织的整合,整合的结果是产生越来越多的生态系统。科技的发展使每一家企业都有条件逐步构建生态系统或参与生态系统,通过生态系统能更准确识别用户需求,找准企业创新方向。在生态系统中,企业识别出创新方向后,内部员工和外部合作伙伴迅速有效合作,相关各方高效地参与创新,迅速满足用户需求。比如,海尔正在构建面向全球开放的创新生态系统,供应商、用户和应用服务商等都将全面融入,围绕其中的每一个角色也会形成子系统,任何一个角色都会在系统中找到自己的定位。对于海尔这个大生态系统的构建者和维护者来说,可以从中洞察创新方向,并迅速组合系统资源实现高效创新。

3. 能力准备,保证创新执行

能力准备决定了企业是否有能力实现创新。如果企业构建了有效的生态系统,实现了基于用户需求的创新导航,那么当系统识别出一个创新方向后,企业还须做如下能力准备。

(1) 耐心。对于创新而言,耐心本身就是一种能力,它决定着企业其他创新能力的积累程度,创新能力需要在持续的试错过程中完成积累,需要时间才能建立。一个突破性

创新最少需要 5 年时间,企业要有耐心,才能给创新团队足够的支持。

(2)长期高投入。创新投入是一种关键的企业能力。中国与全球相比,在创新投入方面的差距是 10 倍,比如全球主要国家的同类企业将销售收入的 3%~5% 作为创新投入,而我国大多数企业可能只有 0.3%~0.5%,像华为那样持续高投入创新的中国企业目前很少。

(3)吸引创新人才。打造这一能力的关键是建立跨文化的创新人才开放体系。创新往往产生于跨文化的互动,但是中国企业家的全球视野和跨文化开放还亟待增强。举个例子,迪拜从无到有催生出一个现代化的创新城市,秘诀就是建立起了一个跨文化的开放人才体系,迪拜一些重要机构的领导职务允许外国人担任,很快培育起创新生态系统,而我国企业里却很少有外国人任职。

(4)创新组合能力。只有持续创新才能积累起创新能力,持续创新必须做出科学的创新组合,既包括应用性创新,也包括突破性创新。在一个创新组合中,企业特别要规划出突破性创新的比例,推动企业用长远眼光进行创新投入,从而建立并积累创新能力。例如当消费品企业的销售规模超过 100 亿元之后,企业要进一步成长,创新就要成为核心驱动要素。那么创新组合中,应根据创新风险级别,匹配高、中、低各类风险的创新组合,各类风险的创新组合中又要规划多个产品,用以平衡创新风险,避免其中一个或几个产品的失败拖垮整个企业。此外,企业还要为不同风险级别的创新产品设定不同的期望值,要给予高风险的创新产品更多的时间,用以保证本来需要三年以上才可以实现的创新,不会在第一年、第二年被淘汰。

(5)创新管理流程。对于很多中国企业家来说,公司的第一个产品往往是他发明的或他带领创新团队完成的,他基本上就成了创新决策者,对于之后的产品创新,他很容易凭感觉或凭经验做决策。过去的市场环境中这种决策方式也许可行,但如今却很难成功。中国消费品行业有一家公司,由于产品创新主要凭老板个人感觉进行决策,结果创新失败率达到了 90%。而那些创新失败率保持在较低水平的公司的做法通常是:它们基于创新环节,设计出了一套科学的流程——什么样的创意或研发可以立项,市场测试到什么程度可以批量生产,是否有适合的营销策略相配套等,这些创新环节的决策都是用数据说话。

(6)创新管理能力。控制创新风险的核心是建立全方位、全流程的创新管理能力,基于创新目标,企业决策者永远要知道企业的短板在哪里,以及如何解决。

4.建立创新型文化,有效发挥创新效力

组织技术创新的前三个核心要素——CEO 对整个创新过程的管理水平、创新导航和能力准备,都需要在一个有利于创新的文化环境中才能发挥创新效力。建立创新型文化,有效发挥创新效力,需要企业决策者把创新作为第一要务;同时,通过企业文化变革,打破由上至下、强势服从的企业文化;此外,要建立有利于创新的关键绩效指标体系。

三、企业的创新负责人：技术创新的决策者

打造创新型企业，有效组织技术创新，在系统地归纳出有效组织技术创新的要素之外，还应在公司组织架构中设立企业技术创新负责人——技术创新的决策者[5]。

1. 明确企业的创新负责人

企业的创新负责人，作为强有力的技术创新决策者，协调企业各业务部门支持与协作创新。一些企业往往缺乏各部门间协作创新的机制，例如一些公司里，有多个不同的小组在进行创新，但缺乏其他部门积极参与协作创新的激励机制，以及协作创新的量化绩效指标体系，导致其他部门往往仅重视本部门主要的关键绩效目标，而不关注其他部门的创新活动。因此，企业的创新负责人应强有力地协调企业各部门支持创新，创造有利于创新的企业环境。

2. 企业的创新负责人职责

欧洲战略创新中心（European Center for Strategic Innovation）通过研究，总结出企业创新负责人有如下七项重要职责：

（1）支持最佳实践。具体体现为：发掘新颖想法；洞见市场研究方法；推动战略创新；促进开放创新；引入鼓励创造性思维的团队工具和流程。

（2）开发技能。负责培训和开发企业员工的创新技能；制定和实施创新技能开发的方案，跟进创新活动。

（3）支持业务部门开发新产品和服务项目。为企业里最重要的创新团队当好参谋和助手，鼓励他们不断创新；培训其他部门经理支持业务部门的创新活动。

（4）确定新的市场空间。分析市场现状及发展趋势，寻找新市场机会。

（5）帮助开发创意。建立和运行产生创意的平台，如即兴构想会、编程马拉松，以及为公司利益考虑，实施创意的内部众包或外部众包等。

（6）支配种子资金。掌握并支配年度预算，为"无路可去的创意"提供资金。这些创意对业务部门来说不是风险过大，就是超出了现有业务范围，因此原本是不可能得到资金支持的。企业的种子资金正是要为这类跨业务部门、对企业未来发展具有帮助的创意提供资金支持。

（7）为有前途的项目设计保护方案。通过制订资源分配流程，如投资组合、资本支出和预算，使可能遭受夭折的创新项目得到保护，并得以从种子阶段向商业化阶段发展，而免于被眼界狭窄的经理所摒弃。

宝洁公司创新负责人——首席创新官阿兰·乔治·雷富礼（A. G. Lafley），2000年到2010年之间的创新工作重点如图5-2所示。从该图可以看出，雷富礼竭力履行了上述七个重要职责中的六项职责，并未全力投入到"帮助开发创意"这项职责。这是因为宝洁

公司的业务部门、研发部门已经在"促进开发创意"这个领域建立了成熟的流程,因此不需要投入更多的时间和精力。

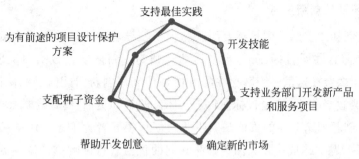

图 5-2 宝洁公司的创新负责人——首席创新官七项职责的履行情况

其他企业可能面临的挑战不同,因此,企业创新负责人七项职责的履行情况也不同。如三星公司的创新负责人的七项职责的履行情况如图 5-3 所示。三星公司尤其关注"支持最佳实践、开发技能和支持业务部门的创新项目",以使新奇的想法不被埋没。因为三星公司创新负责人的另外四项职责,在公司操作层面已得到相对完善的管理。

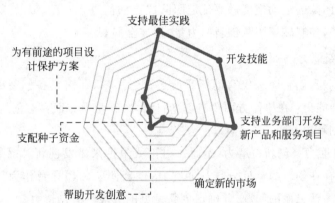

图 5-3 三星公司首席创新负责人——创新官七项职责的履行情况

企业创新负责人七项职责的蜘蛛图,可以帮助公司层面的创新负责人明白:哪些是他们目前所关注的领域,以及在哪些领域他们可能需要增加或减少投入的精力。例如,他们可以根据公司的战略意图,以及公司在管理和组织方面存在的问题,了解到他们当前工作与应该做的工作之间的差距。

四、团队的创新领导者:技术创新的组织者

团队的创新领导者,是企业技术创新的组织者。团队的创新领导者职责不是"我要如何创新",而是"我要如何创造适合团队创新的环境",即如何创造利于创新的环境,让团队成员愿

拓展阅读

意分享自己的想法,却又有足够的对立性改进想法,并融合成集体智慧进行创新。团队的创新领导者,应从以下三方面承担起组织技术创新的职责[5]。

1. 培养团队的创新意愿

(1) 建立创新团队的共同目标。团队的创新领导者要想培养团队成员的创新意愿,必须建立一个拥有共同目标、价值观和活动规则的创新团队。鼓励团队思考存在的原因:"我们为什么会在这里?团队存在的目标是什么?"创新团队的目标使得团队成员愿意冒险,愿意为创新努力,这个目标使得创新团队的工作更加"具有战略意义"。

(2) 形成创新团队共同的价值观。团队的创新领导者为了建立团队精神,应促使团队成员在重要问题上达成一致。因为团队共同的价值观将影响每一位成员,并形成集体思维和行动。不同创新团队的集体思维和行动方式并不相同,但真正具有创新精神的团队,往往具有四个共同的价值观——魄力、责任心、协作和学习精神。

(3) 建立创新团队的活动规则。有了共同目标和价值观后,创新团队的活动规则可以使团队成员注意力集中到必要的行动上,减少低效行为,从而鼓励并促进创新。创新团队的成员合作中,天然存在的矛盾不仅会减缓创新进程,甚至会威胁到整个创新团队。因此,建立创新团队的活动规则需要规定团队成员如何进行互动,以及怎样思考,以帮助成员间相互信任,控制破坏团队创新的力量,形成全局观。

2. 培养创新能力

要想激发创新,创新团队仅有创新意愿还远远不够,还需具备创新能力。这要求创新团队发展三种能力:在协作方面要有创新打磨力,在学习方面要有创新灵敏力,在团队决策方面要有创新决断力。

(1) 创新打磨力。创新打磨力,是通过讨论或争论来激发创新灵感的能力。具体而言,当创新团队存在创新的意见分歧与冲突时,创新团队的领导者作为技术创新的组织者,要善于提出一针见血的问题,并确保创新意见的分歧具有创造力。

(2) 创新灵敏力。创新灵敏力,是指通过快速的工作、反应和调整,来进行测试和实验的能力。提升创新灵敏力可分三步走:第一步,敦促员工快速寻求新想法,积极进行多种试验;第二步,让员工从试验结果中得到反馈并学到东西;第三步,鼓励员工在结果的基础上调整计划和行动,并且重复这个应用新知识的过程,直到得出最终的解决方案,或证明该方法无效。

(3) 创新决断力。创新决断力,是通过弥合分歧,甚至合并对立意见来进行决策的能力。

3. 培养未来的创新型领导者

如果要建立有能力进行持续创新的团队,必须要甄别出具有领导创新潜力的人,并培养他们成为未来的创新型领导者。根据国际著名领导力发展咨询公司曾格·福克曼(Zenger Folkman)展开的调查研究,创新型领导者,具有以下 10 项特征(按重要性降序排列)[4]。

(1)卓越的战略眼光。高效的创新型领导者能够生动描述创新的未来愿景。

(2)以顾客为中心。主动了解顾客内心,始终与顾客保持联络,持之以恒地关注顾客的需求。

(3)创造相互信任的氛围。创新过程中,创新型领导者与创新团队成员建立了和谐信任的合作关系。创新团队的成员知道,如果创新出错或失败,他们的上级会包容这种创新出错或失败,并努力补救。

(4)坚持做有利于企业和顾客的事。创新型领导者专注地做有益于创新项目、有益于满足顾客需求的事。

(5)建立自下而上的沟通文化。创新型领导者相信,最具创意的理念和想法往往来自底层,因此,他们建立自下而上的沟通文化,鼓励各层级员工大胆地向上级提出想法和构思。

(6)善于说服他人。创新型领导者不会将自己的观念强加给自己的团队;相反,他们充满热情地陈述自己的观点,展现自己的信念,说服团队成员接受并追随。

(7)设定具有延展性的目标。创新型领导者善于设立有延展性的目标,激发员工找到更新的方法,达到更高的标准。

(8)强调速度。创新型领导者相信,注重速度能够淘汰掉团队里那些不努力的人。

(9)在交流中保持坦诚。创新型领导者会给出诚实,有时甚至是毫不客气的反馈意见,因此,下属们感觉,他们总能从创新型领导者那里得到直接有益的答复。

(10)将鼓舞与激励付诸行动。要使创新源源不断,创新型领导者经常鼓舞和激励团队成员,让成员感觉到工作带来的意义。

 案例

谷歌创新的集结号[5]

谷歌在第一个10年取得了惊人的成功,很大程度上得益于它强大的创新能力和前所未有的基础设施扩张速度。比尔·卡夫兰(Bill Coughran)在2003年至2011年期间担任谷歌系统基础建设部门的工程副总裁,他带领的千人团队建造了谷歌的"引擎",为人们使用谷歌浏览器和其他服务提供系统和设备支持。卡夫兰2003年加入谷歌,鉴于公司追求飞速发展,卡夫兰深知谷歌文件系统(GFS)这一曾经突破性的创新技术用不了几年就会被淘汰。卡夫兰曾是贝尔研究室的负责人,拥有斯坦福大学计算机科学硕士和博士学位,所有人都认为他会首先聚焦于制定解决谷歌储存问题的技术方案,然后带领团队去执行。但是卡夫兰并没有这样做。因为卡夫兰深知创新领导者的职责不是构建出一个愿景,激励其他人为之奋斗,而是建立一个有意愿、有能力进行技术创新的组织。

当卡夫兰和员工们探讨一种新型的存储系统时,两个自发组成的工程师团队产生了分歧。其中一个团队(改良队)想在原有的 GFS 系统上,增加一个可以解决存储需求的新系统;而另一个团队(革新队)认为谷歌不能仅靠改良,而是要建立一个全新的存储系统。卡夫兰用一种他称为"谨慎宽松"的方式管理这两个团队,他给两个团队的工程师足够的自由,同时又"微微勒紧缰绳",以防团队之间的竞争陷入一片混乱。他会定期举行回顾会议,促使团队评估他们离目标还有多远,并让大家进行诚恳的交谈和严肃的辩论,他鼓励两个团队与各自体系的弱点做斗争——革新队的作战对象是可扩展性,改良队的对象是不同系统的兼容性。他希望两队去质疑各自的设想,通过一针见血的问题来"注入对抗"、"激发灵感"并引发争论,确保意见分歧具有创造力。

卡夫兰知道必须给体系中注入一些冲突来促使创新打磨力出现。卡夫兰表明了他的期望:每一个团队应该通过对想法的严密测试来推进,团队的成员应该通过客观数据对面临的挑战和分歧做出回应。两年后,卡夫兰不得不承认革新队的提案不够稳定,无法满足谷歌的需求,改良队的方案也没办法满足 YouTube 等不断增加的谷歌应用。但是,他相信改良队的方案在短期内更为可行。为弥合分歧,卡夫兰把凯西·波利齐(Kathy Polizzi)招入团队,作为存储项目的工程总监和他智囊团的一员,帮助他说服革新队承认他们的系统有局限性。波利齐敦促团队把系统带入半作业状态,进行性能和稳定性测试,并在规定时间内,团队必须消除人们对系统性能的顾虑,达到谷歌大规模操作的要求。她还让团队成员跟谷歌运营部员工一起开会,这些人常会因为一个系统问题在半夜被召集到公司。正如波利齐所说,他们从"人的角度"展现出新存储系统需要处理的问题和优先事项。最后,她说:"团队开始发现他们系统的局限性。"

最终,改良队开发的存储系统在公司内得到了广泛应用。但卡夫兰又开始重新面对最初的挑战:这个系统只能在几年时间内满足谷歌的需要。因此他要求系统基础建设部门的两位高级工程师开发新一代系统,为未来做好准备。他邀请革新队加入系统的研发,他们的一些想法也确实发挥了重要作用,比如,让系统能够处理以前不可能完成的大量数据和文件,或在驱动器和服务器崩溃时保护数据。卡夫兰通过自己的努力,适时整合团队分歧,避免自上而下的决策,帮助企业很好地解决近期的问题。他还在创造谷歌将来所需的、具有颠覆性的新存储系统方面取得了进步。

第三节 技术创新的组织结构设计

技术创新是决定企业发展的关键因素,而组织结构是影响企业技术创新的一个重要维度。著名学者钱德勒指出企业组织应随着战略的调整而调整,企业实施技术创新战略提高企业的核心竞争力,应随着市场环境和技术环境的变化不断调整组织结构。

一、技术创新对组织结构的影响

技术创新是一种多目标行为,技术创新目标的多样性以及市场环境的动态性,对企业技术创新过程中的市场需求响应能力、创新周期压缩能力、持续创新能力、多种技术组合能力等都提出了更高要求。技术创新的这些要求,对组织结构的影响如下[7]。

1. 扁平化

组织结构扁平化,是指企业组织结构职能部门层级和数目的减少。企业中间管理层次的缩减克服了以往组织机构的复杂重叠现象,使员工与领导间的信息沟通更加快速畅通,为高层领导及时制定技术创新决策以及开拓新产品市场提供可能性。同时,扁平化组织的权力下放,使基层员工得到更多的自主权,充分发挥他们的主观能动性,从而提升技术创新效率。

2. 分立化

组织结构分立,是指组织的刚性结构与柔性结构同时出现在同一企业内部。对不确定性和模糊性较强的技术创新,部分企业采用高度柔性的组织结构,通过规则、程序、分工等有效降低成本、提高效率;部分企业则采用刚性组织结构,如设立专门的创新委员会、研发团队、技术创新部门甚至分公司等。

3. 网络化

组织结构网络化,是指组织由互相支撑、紧密联系的经营单元,构成错综复杂的网状结构,而不再是相对独立的职能部门。由于企业技术创新的综合性、集群性增强,组织间合作关系日益强化,互联网技术使技术创新各环节及时交流,整合、利用更广泛的创新资源。虚拟企业、虚拟研究机构、战略联盟、技术创新联盟等就是网络化的具体表现形式。

4. 小型化

组织结构小型化,成为一种发展趋势被许多企业采用。基于相同规模的研发活动,小型组织的创新效率比大型组织更高。据 IBM 公司统计,近 20 多年来他们所采用的新产品初期设计和研发,主要来自小型化的创新小组。

5. 柔性化

组织结构柔性化,是指企业创新的组织结构具有高度的灵活性和可变性。随着科技迅猛发展,产品更新周期缩短,新产品和新品种层出不穷,技术创新战略也必然处于动态之中,企业需要不断变革组织结构,以适应技术创新的高度不确定性。技术创新的组织结构柔性化通常表现为临时团队、工作团队和项目小组等形式,通过改变传统企业组织中的高度集权,将权力下放到团队,直接面对顾客进行有效创新。

6. 国际化

组织结构国际化,是指企业利用多个国家的科技资源,进行跨国界跨地区的分散型技术创新活动。全球经济一体化使得创意、研发和研发成果商业化等创新行为走向国际化,企业组织结构也随之国际化。在海外设立研发机构是目前最直接的一种方式。

二、技术创新组织结构的设计原则与考虑因素

(一) 技术创新组织结构的设计原则

对企业而言,技术创新是一种有组织的活动,组织结构直接影响企业技术创新效率。企业技术创新的组织结构设计,需掌握以下原则:①有利于减轻企业研发成本,以最低的投入获得最多的知识和技术;②有利于扩大企业的社会影响,吸引外部创新资源向企业流动;③有利于创新资源的优化配置,提高创新资源使用的效率。

(二) 技术创新组织结构的考虑因素

企业进行技术创新组织结构的设计时,需要考虑以下几方面因素。

1. 是否设立专门的创新组织机构

企业进行技术创新时,企业组织结构形式有两种选择:一是将研发部门作为研究与开发的职能部门,而创新过程其他阶段的工作,则由企业内不同职能部门来分别完成;二是成立专门的技术创新组织,由其完成创新全过程的各阶段工作。

第一种选择,即研发部门作为研究与开发的职能部门,其优点如下:一是使各个部门把创新阶段性任务内部化,使阶段性创新效率较高;二是有效地利用各部门现有的条件和设施,节约创新资源;三是有利于创新过程中,各部门在各自职能范围内的学习和技术积累。但职能部门之间的界限可能降低技术创新整体效率。

第二种选择,即设立专门的技术创新组织,其优点如下:一是便于明确决策的权限与责任,避免因权限不清而造成效率损失;二是便于明确组织内部的目标和责任,加速新技术的市场实现;三是便于不同范围内、不同层次上丰富企业的创新实践,以不同形式进行组织学习,有效激励和保护员工的创造性。但如何高效、快捷地利用企业的现有资源,是第二种选择要重点考虑的问题。

2. 集权与分权

技术创新的集权是指在创新过程中,较多的决策权集中到企业高层主管人员手中;分权则是指决策权更多地下放给创新项目团队或研发部门,高层主管人员只保留少数重要问题的决策权。

技术创新集权的优点是:保证创新活动的整体协调和统一,始终朝着企业总目标推进;有效避免技术创新各阶段工作的重复,提高创新效率;直接控制创新费用和创新风险,避免重大失误和资源浪费。技术创新分权的优点是:充分发挥创新项目团队或研发

部门的主动性、创造性,迅速对创新环境的变化作出反应,同时有助于技术创新人员之间相互学习和交流。在技术创新过程中,应有机地结合集权和分权,使技术创新保持统一性和灵活性。

3. 正式组织与非正式组织

技术创新的正式组织或非正式组织,是指创新组织受企业内部制度以及各种行为关系准则制约的程度,并没有严格界限,受制约程度越小,非正式程度就越高,反之,非正式程度就越低。技术创新是一种有组织的活动,采用正式程度较高的组织形式,有助于把握技术创新方向,使创新活动与企业总体战略目标一致,创新资源的投入也比较有保证。但是,技术创新又是创造性的活动,要通过非正式组织激发创新人员的主动性与创造性。因此,技术创新过程中,需要有机结合正式组织与非正式组织。

4. 突破性创新或渐进性创新

渐进性创新虽然大多是些小创新,但对提高生产率非常重要,这种创新几乎不需要专门的组织,企业只需提供物质条件,营造鼓励创新的氛围即可。突破性创新是伴随全新产品或全新工艺产生,它们一般是企业、大学或研究机构通过大量投入长期研发的结果,企业在开展突破性创新时需投入较多的人力、物力和财力,一般以设立专门的永久性组织为好。突破性创新在诞生之初常常是不完善的,需要渐进性创新对其进行不断的改进,才能充分发挥其巨大潜力。

三、技术创新不同阶段的组织结构设计

技术创新不同阶段,其工作强度和动态能力不同,因此,技术创新不同阶段,要求不同的组织结构设计[8]。

1. 创意阶段的组织结构

技术创新的创意阶段,主要是产生和推广技术创新的创意或思路。技术创新的创意或思路的产生和传播,依赖于组织内成员的广泛参与支持。另外,企业内各部门,特别是研发部门、生产部门及营销部门作为创意或创新思路的主要来源,彼此间的相互沟通能够促进创意或创新思路的产生,而企业中高层领导及其他职能部门的支持,是创意能否顺利传播推广的关键因素。根据上述创意阶段的特点,可以采用直线互助式的组织结构,如图 5-4 所示。

直线互助式组织结构要求企业内各部门间的相互协作支持,即创意或创新思路的产生依靠上阶段支持下阶段,下阶段参与上阶段工作,让信息与技术在各部门之间进行传递。根据图 5-4 可知,营销部门直接将市场信息反馈到研发部门(a31),或将用户对产品的意见反馈给生产部门(a11),生产部门再结合生产的意见反馈给研发部门(a21)。只有把握市场动态、满足用户需求的产品才可能为企业带来效益,也才能有效实现创意的价

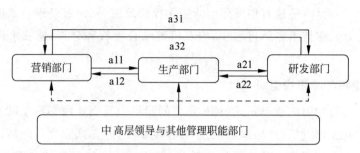

图 5-4　创意阶段的直线互助式组织结构

值。因此,研发部门应直接参与到市场中(a32),或通过生产部门间接参与到市场中(a12),具体了解产品营销以及市场信息,快速形成创意;同时,也应直接参与到生产中(a22),掌握生产过程的技术情况及产品生产情况、创新思路。因此,通过研发部门、生产部门以及营销部门紧密结合,并相互协作,快速形成创意或创新思路。

2. 研发阶段的组织结构

技术创新研发阶段需要以研发部门为核心,研发部门与高层管理人员之间、研发部门与相关部门之间、研发部门与供应商和用户之间,以及研发部门内部专家之间应加强沟通与互动,缩短研发周期。网络式组织结构是一种比较适合研发阶段的组织形式,如图 5-5 所示。

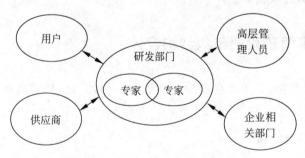

图 5-5　研发阶段的网络式组织结构

1) 研发部门和企业高层管理人员的沟通、互动

研发部门与高层管理人员在研发任务和研发目标上通常会有不同的侧重点。研发部门更追求技术的先进性、新颖性等,而高层管理人员可能更注重技术的成熟性、研发进度以及新产品的市场定位等。虽然关注的侧重点有所不同,但总体目标应基本一致,因此增强研发部门和高层管理人员之间的沟通和互动,有利于坚定公司高层对研发的信心,获得公司更多的资源支持;同时通过这种沟通和互动,拓展研发人员的视野,使得研发成果更适合公司要求。

2) 研发部门和企业相关部门间的沟通、互动

研发部门加强与相关职能部门的沟通和互动,有利于在研发过程中以及在中试、商

业化阶段充分利用企业的现有资源,如企业现有生产条件、营销网络、销售渠道等,使研发成果在技术创新的后续环节更加顺利。

3) 企业与用户、供应商的沟通、互动

用户在新产品研发阶段的重要性更是显而易见的,没有消费者的认可,任何技术创新都不可能完成。与供应商的交流,则关系到新产品的原材料供应以及产品的成本等,是构成产品竞争力的一个重要因素。因此与用户和供应商良好的沟通互动,不仅可以提高技术创新的成功率,还可以提高新产品的竞争力。

4) 研发部门内部专家之间的互动

一项新技术以及新产品的成功研发需要融合多种知识。因此,研发部门内部不同学科专家之间的紧密互动,促进不同知识在研发部门的内部转移。当今新技术、新产品的复杂性提高,也增加了研发部门内部不同学科的专家间互动的紧迫性和必要性。

综上所述,研发阶段的网络式组织结构,能促进技术创新过程中知识、资源和能力的交流和共享,使研发成果更加适合企业的实际情况和市场需求。

3. 商业化阶段的组织结构

技术创新商业化阶段的主要任务是研发成果的产品化和市场化。这个阶段需要更多人员参与技术创新的商业化过程,商业化的每道工序在企业各部门间频繁地沟通和互动。根据上述特点,可以采用矩阵式的组织结构,如图 5-6 所示。

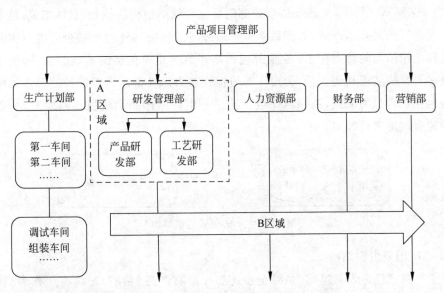

图 5-6 商业化阶段的矩阵式组织结构

这种组织结构能有效地适应技术创新商业化阶段,即新产品规模化生产及市场引入的需要。其中,各生产车间列于矩阵的纵向,各相关职能部门位于横向。根据技术创新商业化阶段的实际情况,这种组织结构设置了最上层的产品项目管理部,负责生产车间与职能部门之间的协调工作。在商业化阶段,工艺创新的重要性尤其重要,因此组织结构应将原先的产品研发部门分为产品研发部和工艺研发部,让工艺创新的作用更加突出。整体上,研发、人事、财务、营销等各职能部门会在生产中协助各个车间(图 B 区域),以提高企业技术创新商业化的效率以及对外部环境的适应能力。

矩阵式组织结构可以灵活地根据实际产量需求,随时增减纵向的生产车间以及横向的职能部门。大型跨国公司在涉及新产品的商业化时往往会采用这种矩阵式组织结构,以提升组织动态能力,积累创新经验,从而提高企业创新能力。

4. 衰退阶段的组织结构

这里所指的衰退阶段,是指新产品经过一段时间的生产和销售,进入其生命周期的衰退期。虽然产品进入衰退期,但其价值并未完全丧失,为了使技术创新的价值最大化,下面将着重分析适合于此阶段的维持型组织结构和二次创新组织结构。

1) 维持型组织结构

如果此时企业希望将研发和生产资源用于新的技术创新活动,可以把进入衰退期的产品生产业务外包给其他企业,企业负责按产品标准进行验收、销售和帮助解决生产中出现的问题。这样,企业既保持了对原产品的经营,也有利于将有限的资源投放到新产品生产上。

当企业将产品生产外包之后,其组织结构变成了本企业与外部企业构成的网络组织,如图 5-7 所示。其中,产品项目管理部门是这个组织结构的核心,具体来说,技术研发部门主要进行产品技术改进,而产品项目管理部门主要是与外包承接企业进行沟通与协商。这种组织结构的特点在于:企业外包出不再具有竞争优势的非核心业务,便于企业腾出更多资源去实现其他创新,为构建新的核心能力作准备。当然这种外包式的网络组织结构也存在自身的缺点,例如当外包承接企业生产的产品出现质量问题时,企业可能无法快速有效地进行控制。

图 5-7　生产外包式组织结构

2) 二次创新组织结构

由于产品已经进入衰退期,如果企业还想在原有产品(领域)继续有所作为,就需要对产品进行实质性的重大改进,让技术成长曲线跃升到更高的层级,此时,企业想要独立完成从设计、技术升级到生产、销售等一系列二次创新流程是很困难的,需要动用更多的外部资源协同创新。此时,柔性化、有机式的组织结构可能是更好的选择,即选择如图 5-8 所示的虚拟组织结构。

二次创新模式下的虚拟组织结构中,企业新产品项目管理部门处于中心位置,它的

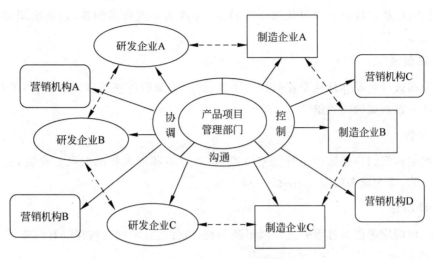

图 5-8　二次创新虚拟组织结构

外围有研发企业、制造企业和营销机构。在图 5-8 中,企业项目管理部门通过图中的实线箭头对其他组织的各个技术创新环节进行协调和控制,不同的企业和组织机构承担着新产品研发与制造、销售的不同工作,组织机构成员之间通过虚线箭头共享和交流信息与知识。

　　虚拟组织结构的优势在于具有高度的灵活性和适应性,组织成员间形成了共同体,既能实现组织间优势资源的互补,降低彼此的研发成本和投资风险,也能在更大范围内快速整合创新资源,实现难度更大的技术创新。同时,该结构要求位于虚拟组织结构中心的企业具有很强的管理协调能力,统一组织各成员为技术创新共同努力,共享组织范围内的信息和知识,保证技术创新各个环节能够协调有序地进行。

第四节　技术创新的组织形式

　　企业有效实施技术创新,应随着市场、技术环境的变化而不断调整组织结构,寻求适用于技术创新的组织形式。企业技术创新的组织形式多种多样,可以根据产品、技术、企业自身状况和市场情况灵活设立,基本不存在固定模式。可以是常设的,也可以是临时的;可以是正式的,也可以是非正式的。

一、技术创新对组织形式的要求

拓展阅读

　　企业技术创新是一种有组织的活动,技术创新的组织形式直接影响创新战略的实现和创新活动的效率。企业应综合考虑各种影响技术创新的因素,合理选择适合企业技术创新的组织形式。技术创新具有开放性、动态性、扩散性以及学习化过程等特点,为成功实施技术创新,企业组织形式的设计应遵循以下要求[9]。

1. 高效性

组织高效性主要体现在企业的高效决策、组织资源的迅速调整、组织结构的精简等,是企业技术创新成败的关键。

2. 柔性

技术创新组织应根据产品开发的特点、市场环境和资源状况而灵活设置,变革原有的等级分明、层次较多的刚性组织。

3. 动态性

组织结构应随创新过程的进行而不断调整,以促进技术创新过程的有效进行。

4. 学习性

技术创新需要知识和能力的更新,这就要求组织通过组建网络联盟向其他企业学习,向环境学习,并不断更新组织的知识和能力结构。

二、企业内部的创新组织形式

企业要高效地实现技术创新战略,其内部组织形式应有效地协调各部门的创新活动,有效激发创新人员的创造性与积极性,对市场响应速度快,且具有较强技术消化能力、应变能力和二次创新能力。常见的企业内部的创新组织形式主要有技术创新项目小组、新事业发展部、技术中心等。

1. 技术创新项目小组

技术创新项目小组是指为完成某项创新而成立的创新组织,采用非固定编制的灵活组织形式。它可以是常设的,也可以是临时的;小组成员可以是专职,也可以是兼职。技术创新项目小组具有明确的创新目标和任务,企业高层主管对技术创新项目小组充分授权。项目小组在结构上有两个特征:一是淡化了以往组织的纵向和横向直线权力制;二是把原来的个人决策变为小组成员共同决策,自主管理。

技术创新项目小组的职能比较完备,在创新过程中有较高效率。其特点主要有:①创新项目小组由多学科、多部门、多方面的专业人员组成,优势互补有助于提高创新效率。②创新项目小组的目标由所有成员共同确定。小组成员对实现目标有强烈的责任感,便于实现创新目标。③创新项目小组淡化了纵横的直线权力制。小组领导是一种管理职能,成员之间平等协作,利于充分发挥小组创新的潜力,提高小组创新的能力。④创新项目小组的决策由小组成员共同决策,自主管理。

2. 新事业发展部

新事业发展部是大企业为了开创全新事业而单独设立的组织形式,全新事业涉及重大的产品创新或工艺创新。由于重大的技术创新往往伴有很大的风险,因此这种创新组织又称为风险事业部。新事业发展部拥有很大的决策权,只接受企业最高主管的领导。新事业发展部非常适合企业的大型创新活动。这是因为:①任何一个独立的常规事业部都不愿承担创新活动的巨大风险,单独设立专门从事创新的新事业发展部有利于企业开展创新活动。②重大创新活动若在原有事业部进行,容易破坏正常经营秩序、受到原有业务的排斥,从而不利于创新的顺利实施。设立新的事业部并对之充分授权,有利于新部门的高效运转和创新目标的实现。

3.技术中心

技术中心是大企业集团从事重大关键技术和新一代产品研发活动的专门机构,是企业技术创新体系的重要组成部分。技术中心的研创新项目一般具有较高技术水平,有一定超前性和综合性。企业技术中心通常采取矩阵式组织结构,技术中心往往采取项目经理负责制,由不同专业技术人员组成跨部门课题组,根据项目进展,课题组成员根据需要进行调整。为保证研发成果最终实现向生产部门的转移,在项目研发阶段就充分考虑了工艺、装备和生产条件。在研发计划安排与科技成果转化的组织与管理方面,技术中心保持了与企业内其他技术开发机构和职能部门的沟通与配合。20世纪90年代以来,我国许多大型企业相继组建了技术中心,国家对大企业组建技术中心也提出了要求,并给予一定优惠扶持政策,从某种程度上说,技术中心已成为我国企业进行技术创新所采取的主要组织形式。

三、企业间的创新组织形式

除了企业内部的创新组织形式之外,技术创新的组织形式还有企业间的组织形式,主要形式有虚拟企业、创新网络、创新联盟和联盟组合等。

1.虚拟的创新组织

虚拟的创新组织是若干创新企业为共同获得某一市场优势,依靠信息手段以最快速度进行组合形成的没有企业边界、超越空间约束的临时性动态联盟组织形式。其实质是企业间基于技术创新的暂时联盟,联盟的基础在于企业间是否具有技术优势和核心能力的互补性。传统的技术创新小组通常是多个人组成的专门小组,具有实物中心和实体组织的概念。而虚拟的创新组织在组织形式上没有固定的、永久性的实体组织,是根据创新的客观需要,通过信息技术将不同地区、不同组织的有关人员进行虚拟联合,实现某种目标的技术创新活动。

虚拟的创新组织是在新环境下产生的适应竞争需要的新型组织形式,其具有以下特征:首先,它是基于对市场机会响应而形成的互补性联合,在构成上是由各企业组成的联盟,没有严格的等级排列,可提供科层组织无法提供的横向联系。其次,它是一种无地理边界的动态网络组织,是拥有不同核心能力的企业,基于信息技术进行沟通的临时性一体化创新组织。虚拟的创新组织没有固定组织结构,在运行过程中根据目标需要和情况变化随时进行调整,企业成员的角色不是固定的,而是动态变化的。最后,虚拟组织具有自组织、自学习与动态演进等特征,各成员相互信任,密切合作,能够围绕共同的创新目标,实现信息共享与无障碍沟通。

2. 创新网络

弗里曼(Freeman)于 1991 年首次提出了创新网络这一概念,1999 年创新网络概念引入国内。概括地讲,创新网络是不同层次的组织(企业、政府、高校和科研机构等),基于共同的创新目标而建立起来的一种网络组织形式。目的是解决创新的不确定性、资源稀缺性以及创新能力有限性等问题,以帮助创新主体更好地利用外部资源实现创新目标,最终使创新网络中的所有主体共同获益。各式各样的创新网络不断兴起:产业集群创新网络、供应链创新网络、战略联盟创新网络、技术创新网络、研发创新网络。北京中关村的集群创新网络以联想、百度、中星微电子等企业为核心,联合北京大学、清华大学、北京航空航天大学等高校,形成了以电子技术行业为主导的高技术创新网络,网络中的创新主体数目超过 3 万家,75% 以上的企业与企业之间达成了长期合作关系,84.1% 的企业与高校之间进行长期合作。

3. 创新联盟

创新联盟是指由企业、大学、科研机构或其他组织机构,以企业的发展需求和各方的共同利益为基础,以提升技术创新能力为目标,以具有法律约束力的契约为保障,形成的联合开发、优势互补、利益共享、风险共担的技术创新合作组织。技术创新联盟是组织之间在技术创新领域建立的联合关系。理解"技术创新联盟"应考虑到以下三点:一是"联合"只局限于技术创新领域;二是"组织"的外延包括大学、研究所、政府部门、企业等;三是"联合关系"的表现形式很多。由于联盟成员构成的差异,国内对"技术创新联盟"的理解分为广义与狭义两种。广义的"企业技术创新联盟"认为"联盟成员除企业外,还包括大学、研究所和政府部门等"。狭义的"企业技术创新联盟"认为"联盟成员均为企业"。技术创新联盟已成为近年来效率最高的组织创新模式(详细内容见本章第五节)。

4. 创新的联盟组合[10]

创新的联盟组合是指企业为了实现自身的创新战略部署,所建立的或参与的多个创新联盟的集合体网络组织形式。创新企业构建或参与联盟组合的主要目的是利用与不同联盟的知识交流,实现知识资源的优化整合,从而促进创新。企业缔结创新联盟组合的动机主要表现为技术和市场两个方面。技术动机包括获取创新机会、缩短创新周期、获取隐性知识、降低研发成本和风险等,而市场动机则包括改变市场结构、进入新市场、扩大市场规模等。实践证明,创新联盟组合的形成缩短了企业与市场之间的距离,极大地丰富了创新资源的外部来源,已成为企业把握市场需求、整合创新资源、提高创新绩效的重要手段。

海思半导体有限公司的联盟组合

华为旗下的海思半导体有限公司成立于 2004 年,自成立以来即与国内外众多业界同行建立了多个以自身为核心的联盟关系,拥有了成熟稳固的集研发、生产于一体的一系列战略联盟伙伴。2014 年,海思发布了我国第一款满足五模需求的 4G 芯片——麒麟 920,这款具有划时代意义的芯片整合了与德国 Rohde & Schwarz 合作测试的 BALONG 710 基带、华为 LTE Advanced 通信模块、英国 ARM 公司 Mali T628MP4 型 GPU、中国台湾 ALTEK(华晶)成像芯片组等关键模块。并于同年 6 月搭载于华为荣耀 6 上市。海思通过与多个战略伙伴建立联盟组合,为自身创造了丰富的资源和能力,实现了技术创新能力的跨越式提升。

资料来源:海思官网,www.hisilicon.com.

5. 创新生态系统

创新生态系统,是由创新型企业、高校院所、创新人才、天使投资和创业金融、创新服务机构、创新载体机构、创新文化环境等要素组成,政府、企业和个人等主体在其中相互作用并有效协同,创新资源要素完整并形成良性循环的企业生态系统。创新生态系统是指一种协同机制,企业通过这种协同机制将个体与外部联系,并提供面向客户需求的解决方案。

创新生态系统具有以下特征:第一,创新环境良好,创新资源丰富。创新环境包括市场、公共政策、经济体制、社会文化等要素,创新资源包括企业或者高校院所开展科技创新需要的各种投入。第二,创新主体多元化,创新体系及创新服务体系完整。企业是创新的主体,是创新体系的主要组成部分,既包括大企业,也包括中小企业。创新服务体系包括高等院校、科研机构、行业组织、投资机构、各类专业服务机构等,它们有的是创新资源的提供者,有的是企业创新活动的外部支持者。创新企业与创新服务体系的各主体之间形成相互支撑的网络关系。第三,创新网络关系复杂而稳定。创新系统中的不同企业分工为供应商、生产商、销售商和客户,彼此之间结成前向、后向和水平的产业网络关系。

中国北斗产业技术创新西虹桥基地的创新生态系统

中国北斗产业技术创新西虹桥基地(以下简称"基地"),是由上海市科委和青浦区政府整合各种社会、高校资源,投入大量的人力、物力建设起来的战略性新兴产业基地。基地以打造具有世界影响力的北斗导航科技创新中心为整体愿景,凝聚相关研发机构和企业,通过各种方式激发基地内研发机构和企业技术创新的活力和动力,不断加强基地研发机构和企业与更多领域的跨界合作,加速推动"北斗+"产业升级和可持续发展,在上海市青浦区初步形成了北斗导航和位置服务领域的创新生态系统。

第五节　技术创新联盟

技术创新联盟能够通过协作创新提升整个产业的价值体系,已成为近年来创新效率最高的组织模式。上一节的组织间创新组织形式中,介绍了创新联盟的内涵特点,本节主要介绍创新联盟的构建模式、运作模式,风险防范。

一、技术创新联盟的构建模式

按联盟中创新主导者的不同、联盟构建目标的差异和联盟联系纽带的不同,技术创新联盟构建模式有不同的分类[11]。

1. 从主导者角度划分

政府、企业、高校和科研机构是技术创新联盟的主要参与者,它们相互联系、共同协作发挥各自作用,实现创新联盟的目标。技术创新联盟主体之间既有利益结合点又存在冲突,利益的结合点和资源的互补是它们之间形成联系的基础。技术创新联盟成立的目的在于实现资源共享、资源与知识的转移渗透,从而实现异质性资源的内化。技术创新联盟参与方中的具有相关产业的技术创新积累优势和意愿的任何一方,往往会成为联盟成立的倡导者。据此,我们可以将联盟分为以下三类。

(1) 龙头企业主导的技术创新联盟。由于企业是技术创新的最直接受益者,因此其具有技术创新的强烈愿望,以龙头企业主导的技术创新联盟是最主要的联盟构建模式。现代市场竞争激烈、变化莫测,谁更贴近市场谁就能抢得先机。龙头企业为主导者的创新联盟优势在于:企业在技术创新联盟三大参与者中,与市场的连接最直接,使得联盟基于市场的技术创新最具有方向性和市场前景,从而使联盟通过技术创新获利。此种模式适合市场需求变化较快的产业。

(2) 科研院校主导的技术创新联盟。这种联盟由科研院所、高校主导成立,它们一般掌握相关产业的核心技术,科研能力强,以自身科技资源、智力资源推动联盟运行。由于体制原因,我国高校和科研院所的科研经费来源单一,一般由国家提倡和扶持的产业才会出现科研院所主导的联盟,因此科研院所主导的联盟较少。

(3) 政府主导的技术创新联盟。这种联盟在一些产业领域有明显优势,如关系民生,涉及国家安全,对国家、区域经济社会发展具有重要推动作用的、市场主导不能实现的产业,如钢铁、煤炭、电力、石油、航空航天。政府主导的创新联盟中,政府的强制力是其他模式无法超越的,政府可以通过制定经济、产业政策等相关政策,为联盟发展创造良好的政策环境,通过控制联盟的发展方向和进度,来保证创新的经济效益和社会利益最大化。

表 5-1 所示为根据主导者分类的技术创新联盟模式对比。

表 5-1 三种构建模式比较及其适合产业举例

主导者名称	优 势	适 合 产 业
企业主导	贴近市场,敏感度高	高技术产业
科研院校主导	智力资源丰富,具有相当的技术积累	国家扶持产业
政府主导	联盟贯彻国家利益,政府符合社会利益,具有强力执行力	钢铁、煤炭、电力、石油、航空航天

2. 从构建目标角度划分

技术创新联盟是以产业内共性和核心技术的创新为目标,但不同的联盟通过技术创新要达到不同的目的。通常,根据构建目标,创新联盟分为以下三种类型。

(1) 技术攻关合作联盟。技术攻关合作联盟,是以实现产业内共性关键性技术突破为主要目的,联盟成员的行业集中度比较高,有利于分散经济风险、避免过度竞争造成的资源浪费。

(2) 产业链合作联盟。产业链合作联盟是以打造有竞争力的产业技术链为目的。产业技术链是一条从科研发明,研发成果商品化,达到规模经济,直到成为国民经济一个分支产业的链条。产业链合作联盟一般由产业链涉及的企业或组织,沿着产业链条的延伸组成联盟。其优势在于:产业技术链上的每个技术创新都有利于整个产业链的发展,避免不必要创新造成浪费。如我国为打造 TD-SCDMA 第三代移动通信产业链合作联盟。

(3) 技术标准合作联盟。技术标准合作联盟以率先订立行业技术新标准为目标。技术标准合作联盟追求制定竞争性行业标准,促进行业发展和新技术成果扩散与应用。此模式特点是制定行业技术标准保证联盟在行业中的绝对竞争优势,并带来巨大收益,提高联盟成员创新积极性。如我国的"闪联"就是一个典型的标准联盟。

3. 从联系纽带角度划分

技术创新联盟的维系纽带分别为契约和股权。因此,可以将联盟分为契约模式和实体模式。

(1) 契约模式。在这种模式下,技术创新联盟的联系纽带是契约,即建立全面而规范的人员、财务、合作机制等制度,实现制度化运作。契约模式的优点在于:以具有法律效力的合同来规范联盟成员行为,确保实现联盟合作创新目标。其缺点是:契约存在不完备性,如遇重大事项缺少事先协商而无法达成一致,易引发纠纷危及合作。这类联盟模式适合联盟组织不复杂,权利义务关系明确且相对简单,成员素质较高,持续时间并不长的产业。我国早期建立的产学研组织大多属于此类模式。

（2）实体模式。技术创新联盟实体模式是指合作各方经过协商同意后,在共同意愿的基础上组建实体来开展技术创新活动。相比于契约模式,实体模式下技术创新联盟各方合作时间长、程度高,且拥有更为稳定的合作关系。

二、技术创新联盟的运作模式

技术创新联盟运作模式主要有以下四种[12]。

1. 股份合作制企业模式

股份合作制企业模式是参与联盟的企业以资金入股为主,而高校、科研机构主要以自主知识产权成果形式作价入股或出资入股。加入联盟的企业共享成果,成果进行转化后的部分收益将作为联盟企业的研发基金和对研发人员的奖励,实现联盟企业的良性运行。这种模式组织效率高、执行力强,能充分调动各方积极性,有利于自主创新。

2. 专利联盟模式

专利联盟模式往往由行业内部在技术上处于领先地位的企业发起,它们拥有大量的专利技术,通过专利联盟的形式可以使自身拥有的专利得到最广泛的使用管理。在专利联盟的组建阶段,核心主导企业将发挥重要的组织管理作用。在联盟的经营成长阶段,成员企业共同参与的协会式组织管理是适合其运作特征,并能够为成员企业所接受的模式。在联盟的成熟阶段,联盟在行业内具有很大影响力,甚至成为行业技术标准以及市场标准的"代言人"。

3. 专业经营管理模式

专业经营管理模式,即聘请专业化的经营管理公司实施管理,是联盟向专业化、规范化方向发展的高级形式。经营管理公司的职责,是按照联合各方签订的合同对联合组织进行经营管理,在管理中严格中立地执行有关的财务制度、分配制度,并直接承担相应的经营管理风险。

4. 模拟公司模式

模拟公司模式是由联盟各方共同管理。模拟公司模式在执行力上不如企业模式,但其机制灵活,联盟的退出和加入成本低,因此在联盟内被广泛采用。模拟公司模式需设立专门的管理机构和场所,管理机构由联盟各方派专人参与,按公司规范化运行。

三、技术创新联盟的风险防范

技术创新联盟风险是指由于联盟系统内外部环境的不确定性、复杂性,而导致创新联盟的成员企业发生损失以及联盟失败的可能性。创新联盟的风险防范方法具体如下[13]。

1. 寻找到合适的联盟伙伴及合作模式

联盟管理者理性地认识和评估潜在合作伙伴是非常必要的。评估潜在的合作伙伴应考虑：潜在合作伙伴是否能与自己优势互补；联盟双方在经营理念、企业文化等方面是否能互相融合和基本一致；能否达到双赢,共同获取优势资源,共赢互利。联盟成员应根据各自的核心优势、战略目标、利益需求,寻找合适的合作模式以减少冲突,维护联盟稳定。

2. 强化联盟的信任机制及约束机制

首先要建立联盟内部信任评审体系和相互信任的产生机制,防止欺骗和机会主义行为产生。要建立合作伙伴的信誉、风险偏好及行为机制的评审体系。其次应建立一套约束机制作为彼此信任建立的保障措施。

3. 加强联盟运行期的风险防范

首先,联盟各方要加大接触和沟通,寻找缩短或消除目标距离与冲突的途径,从而保证联盟平稳运行,同时制定明确的阶段性目标。其次,加强联盟谈判期和订约期的风险防范,防范一方的机会主义行为。最后,企业要合理控制信息流动,保护自身的竞争优势,防止关键信息泄露,产生有损自身的行为。

4. 加强联盟组织机构的风险防范

在设计联盟的组织机构时,要防止不应转移的技术发生转移。在风险管理中通过签订协议,在组织产品的开发设计、制造销售及售后服务的全过程中,应严格保护技术秘密,防止发生泄漏。在联盟协议中加入有关保护性条款,禁止联盟企业与本公司竞争,通过制定合同条款,排除合作伙伴通过结盟进入本公司原有市场,并成为竞争对手的可能性。

5. 协调联盟的利益分配

在组建和运作过程中,为防止利益分配不均带来的风险,必须制定适当的利益分配原则,如：互惠互利原则、结构利益最大化原则、风险利益匹配原则。对联盟中承担风险较多的企业分配较多的利益。

第六节 技术创新的绩效管理

运用科学有效的绩效管理体系科学评价技术创新的进度和成果,据此调整相应的创新战略,确保实现企业技术创新战略目标。

一、技术创新绩效内涵

技术创新绩效是衡量企业技术创新活动实施效果的重要指标。国内学者高建和傅家骥(1996)首次定义技术创新绩效的概念,指出技术创新绩效是指企业技术创新过程的效率、产出的结果及其对企业成功的影响和贡献,包括技术创新产出和技术创新过程两个阶段上的绩效。后来,学者提出技术创新绩效的概念有广义和狭义之分。广义的技术创新绩效,是指创意产生一直到将发明创造引入市场全过程所取得的绩效。狭义的技术创新绩效指企业将创新成果引入市场的程度、新产品数、新工艺或新设备的开发等。

对技术创新绩效内涵的理解可以归纳为以下三种观点(见表 5-2)。

(1) 技术创新绩效是指技术创新投入与产出的效率。因此,技术创新绩效的评价指标也分为投入指标和产出指标,通过计算投入产出比来衡量技术创新绩效。

(2) 技术创新绩效是指技术创新活动的产出及其对企业的影响。

(3) 技术创新绩效体现为创新产出绩效和创新过程绩效两个方面。其中产出绩效表现为企业技术创新成果给企业带来的效益和影响,包括技术创新产出和产出效率,它反映的是企业技术创新活动的最终成果以及对企业商业绩效的贡献。过程绩效表现为企业技术创新执行过程的质量,它通过技术创新项目的运作管理影响产出绩效,从而间接影响商业绩效,它反映了企业技术创新活动的管理水平。

表 5-2　技术创新绩效的内涵

观　点	内　涵	指　标
效率	技术创新投入与产出的效率	转换效率、转化效率
产出	技术创新活动的产出及其对企业的影响	经济效益、社会效益、生态效益、技术创新效益、技术创新效率、产品创新绩效、工艺创新绩效、成果转化技术水平、资源消耗、环境保护、资源保护
过程＋产出	技术创新成果给企业带来的效益和影响,以及技术创新执行过程的质量	产出绩效、过程绩效

二、技术创新绩效指标体系

组织层面的技术创新绩效指标主要包括:结果类指标——新产品、新服务、新技术、专利数、市场份额等专利数等;过程类指标——生产流程的重大变革、信息获取、流程创新、整体盈利能力等。技术创新人员是企业技术创新活动的主体,本书着重介绍个体层面的技术创新绩效指标体系。个体层面的技术创新绩效指标体系可归为 6 个方面——投入产出、创新过程、创新能动、市场导向、组织沟通和知识管理[14]。

1. 投入产出维度

根据投入产出维度,技术创新绩效指标主要包含直接显性指标和间接隐性指标。直接显性指标主要是包括新产品、专利和技术诀窍等显性产出要素,用来评价技术创新人员的最终投入产出成效。间接隐性指标侧重于技术创新综合分析,主要是考核创新投入的利用率和创新流程的有效性。

2. 创新过程维度

企业层面的创新过程实际上衡量研发人员个体创新行为,因此必须正确衡量和预测研发人员的创新行为。为有效评价研发人员的创新行为,可以将研发人员创新过程划分为创意构思、创意提出和创意实践三个阶段。

3. 创新能动维度

从创新能动维度评价企业技术创新人员绩效,是关注如何促进研发人员创新能力的发展,以加快技术扩散和企业利润增长。通过不断延伸和具体化研发人员创新能动的内涵,逐渐挖掘出研发人员的创新素质和创新意识等创新能动要素。技术创新人员创新素质评价侧重于个体先天禀赋和参与体验程度等方面,创新意识评价则侧重于创新认知方式和支持转化力度等方面。

4. 市场导向维度

市场导向维度的评价集中在技术创新人员与市场需求的有机结合,市场导向因素贯穿于技术创新绩效评价和企业创新过程的始末,因此应将新产品绩效和市场战略目标等维度引入该评价体系。此外,技术创新人员和目标市场间信息传递畅通,是产品创新成功的必要条件,应基于市场信息的捕捉和研发信息的需求,将技术创新人员信息渠道来源、甄别分析处理和实践应用能力纳入指标体系。

5. 组织沟通维度

组织沟通维度,用于评价企业研发人员的个体技术学习和组织创新氛围,因为这两个因素是影响研发人员创新绩效的关键因素。个体技术学习被视为不断探索和多向交流的试验过程,是技术创新人员技能和自有经验的组织性转化,能有效减弱管理的复杂性和创新的不确定性。

6. 知识管理维度

企业研发人员知识管理维度的评价主要集中在知识转移和知识溢出两个方面。其中,知识转移评价主要考察企业研发人员内部隐性知识的传递和交流状况,知识溢出评价侧重于企业研发人员对外的知识输出和协同合作方面。

三、技术创新绩效管理流程

企业技术创新绩效管理过程分为技术创新绩效计划、技术创新绩效辅导与沟通、技术创新绩效考核、技术创新绩效反馈四个环节。

1. 技术创新绩效计划

技术创新绩效计划是技术创新绩效管理的基础环节,是管理人员与技术创新相关人员共同讨论,以确定技术创新相关人员考核期内应该完成哪些工作和达到怎样的绩效水平的过程,包括技术创新绩效计划的准备、沟通、审定和确认。

技术创新绩效计划的目的在于让技术创新相关人员了解企业目标,以帮助技术创新相关人员与技术创新企业朝着统一方向努力。首先,由企业最高管理层制定一定时期内企业技术创新总目标,并将该总目标进行分解。通过目标分解使技术创新工作同企业创新的总体目标联系起来,以保证企业战略得以实现。其次,围绕部门技术创新业务重点、策略重点制定部门的创新绩效目标。然后将部门创新绩效目标进行分解,确定出工作团队的创新绩效计划。最后,技术创新相关人员作为团队一分子,要根据分解给本人的工作进行详细计划,提出本期主要创新绩效目标和达成标准,并就这些创新绩效目标和创新绩效标准与主管进行反复协商。

2. 技术创新绩效辅导与沟通

技术创新绩效辅导与沟通是指管理者为帮助技术创新相关人员完成绩效计划,通过沟通、交流或者提供机会,给下级以指示、指导、支持、监督、纠偏及鼓励等帮助行为,是技术创新绩效管理的重要环节,这个环节工作不到位,技术创新绩效管理将不能落到实处。这一环节主要包括两方面内容:一方面是关于技术创新相关人员的绩效信息收集与分析,另一方面是建立在与技术创新相关人员绩效沟通基础上的绩效辅导。

技术创新人员绩效信息收集的渠道可以是自身的工作汇报和总结,也可以是团队合作过程中同事的观察,最主要的还是主管对该创新人员工作过程中的检查和记录。因此,在技术创新绩效辅导过程中主管应随时收集创新人员的绩效信息,并及时客观地反馈该人员的创新绩效,从而提升其创新绩效。

技术创新绩效辅导是建立在有效的绩效沟通基础之上的。首先,主管应掌握技术创新人员工作中存在的问题,了解技术创新人员工作进展情况。在技术创新绩效辅导过程中,主管应该注意识别问题的原因,以便更好地指导技术创新人员的工作。其次,技术创新人员需要帮助时,主管能够为他们提供具体有效的辅导。具体有效的创新绩效辅导应具有如下特征:它是一个学习的过程,主管应该扮演教练的角色而不是监督者,这样技术创新人员能够很轻松、很坦诚地与主管交流,得到主管的支持和指导;同时它也是一个双向交流的过程,主管应该扮演积极的倾听者角色,并鼓励创新人员多发表自己的看法。

3. 技术创新绩效考核

技术创新绩效考核是技术创新绩效管理的核心环节。企业技术创新绩效考核能够更好地判断出何为有效的投入,从而更好地制定符合企业发展的创新战略。通过系统的技术创新绩效考核体系,企业才能较为准确地评估技术创新绩效,提高技术创新人员的积极性,也有助于企业选取合适的技术创新战略,并有效地配置创新资源。

在技术创新绩效考核体系设计中应遵循以下基本原则。

(1) 公平、公开原则。技术创新人员在企业中从事的是创造性活动,其价值由于受到技术、市场等诸多因素的影响而呈现出不确定性,有时研发绩效难以量化。这就加大了对技术创新人员绩效考核的难度。但是如果绩效考核的内容和程序是公开的、透明的、双向的,而不是暗箱操作,那么技术创新人员就能够感知到公平的氛围,对他们来说仍然能够起到激励效果。

(2) 参与原则。技术创新绩效考核体系的设计需要技术创新人员的积极参与,只有经过技术创新人员参与设计,且得到技术创新人员认同的绩效考核体系才是有意义的,才能真正发挥绩效考核的作用。

(3) 价值评估与产出评估相结合。赢利性是企业的本质特征,创新的效果要体现在新产品开发、成本降低、销售量上升、产品改进、市场占有率等方面。

(4) 评价系统要尽量客观。在评价创新绩效时,数量是客观指标,但是质量指标往往是主观指标,在设计评价过程时可以尽量减少主观指标。

4. 技术创新绩效反馈

技术创新绩效管理不是为了考核而考核,而是为了不断提升技术创新人员的绩效和企业绩效。首先,通过技术创新绩效反馈,技术创新人员能有效找出完成绩效目标过程中问题产生的原因,并寻找解决问题的办法。其次,反馈能使技术创新人员清楚主管对自己工作的看法。因为他们不仅热衷于具有挑战性、创造性的任务,渴望看到创新成果,期待自己的工作对团队、企业、社会有所贡献,同时也渴望赢得他人的认可,从工作和他人的认可中获得内在满足感,最大限度地实现自我价值。最后,主管与技术创新人员的绩效反馈面谈,也是企业对技术创新人员进一步传达组织期望,共同确定下一个绩效管理循环周期的绩效目标的主要方式。

技术创新绩效结果应用是绩效管理取得成效的关键。作为调动技术创新人员工作积极性的重要手段,应该体现激励先进、鞭策后进的原则。技术创新绩效考核结果应用,除奖励和惩罚外,还应该将绩效考核结果合理运用于技术创新人员的培训、职业生涯规划、开发等发展目的,以更有效地利用创新绩效考核结果,使技术创新人员的素质和企业竞争优势同时得以提升。

即练即测

本章思考题

1. 技术创新文化的构成要素包括哪些内容? 如何构建技术创新文化?

2. 技术创新的组织过程中,企业的创新负责人职责、团队的创新负责人职责分别是什么? 如何建立创新型团队?

3. 技术创新不同阶段的组织结构选择有哪些?

4. 技术创新有哪些组织形式? 各自的特点是什么?

5. 企业技术创新联盟的组织形式及其运作模式有哪些？

6. 企业技术创新的绩效及其绩效管理的内容各是什么？

本章参考文献

[1] 吴雨瞳. 技术创新对企业文化氛围的需求[D]. 沈阳：东北大学，2010.

[2] 丹·斯塔达(Dan Starta)，卡伊·恩格尔(Kai Engel). 中国企业创新导航四要素[J/OL]. 哈佛商业评论，2016，(9)：1-3. http://www.hbrchina.org/2016-09-02/4458.html.

[3] Anthony S，Duncan D，Siren P. 这 6 个创新错误，据说 99% 的企业都曾犯过[J/OL]. 哈佛商业评论，2015，(8)：1-2. http://www.hbrchina.org/2015-08-21/3273.html.

[4] Fiore A D. 首席创新官应该做好的 7 件事[J/OL]. 哈佛商业评论，2014，(12)：1-2. http://www.hbrchina.org/2014-12-08/2615.html.

[5] 琳达 A 希尔格，雷格·布兰多，艾米丽·图拉夫，肯特·林内贝克. 创新团队"集结号"[J/OL]. 哈佛商业评论，2014，(7)：1-8. http://www.hbrchina.org/2014-07-08/2151.html.

[6] Jack Zenger，Joseph Folkman. 创新团队领导造，10 大特征你具备几条[J/OL]. 哈佛商业评论，2014，(12)：1-2. http://www.hbrchina.org/2014-12-25/2650.html.

[7] 景临英. 中小企业技术创新的组织结构研究[D]. 太原：太原科技大学，2008.

[8] 张宁辉. 基于技术创新的企业组织结构选择及其对创新绩效的影响研究[D]. 长沙：中南大学，2011.

[9] 刘开，刘媛媛，吕强. 基于技术创新的企业组织形式分析[J]. 技术与创新管理，2009，30(4).

[10] 杜欣. 网络视角下联盟组合创新合作行为的演化与创新绩效研究[D]. 成都：电子科技大学，2017.

[11] 郭士俊. 产业技术创新战略联盟运行机制研究[D]. 天津：河北工业大学，2012.

[12] 向荟. 产业技术创新战略联盟运行机制研究[D]. 西安：陕西科技大学，2013.

[13] 贾玲艳. 产业技术创新联盟风险管理研究[D]. 南京：南京邮电大学，2014.

[14] 沈克正. 企业研发人员创新绩效评价维度及其作用机理[J]. 技术经济，2017，36(1).

第六章

技术创新能力与技术能力

本章将讨论两个方面的问题:一是技术创新能力,包括技术创新能力的概念、组成,技术创新能力的培育和提升以及如何评价企业的技术创新能力;二是技术能力,主要包括技术能力的含义、技术能力的外部获取和内部提升途径等,企业技术能力的内部获取的最主要途径是建立有效的学习机制,包括组织学习和技术学习等。本章还讨论了技术创新能力与技术能力的异同。

第一节　技术创新能力的概念和组成

一、技术创新能力的概念和要素

1. 技术创新能力的概念

技术创新能力,是指企业依靠新技术上的创新推动企业的发展能力,也就是通过引入或开发新技术,使企业满足或创造市场需求,增强企业竞争的能力。

基于技术创新能力在企业技术创新中的重要地位,因而也成为国内外学者探讨的热点问题之一。尽管他们对技术创新能力概念的具体表达方式不尽相同,但所揭示的实质内容却大致类似,他们几乎一致地把企业的技术创新能力看成是一个由若干要素构成的、综合性的能力系统,是企业作为技术创新行为主体能够实施并完成技术创新行为的诸种内在条件的总和。

2. 企业技术创新能力的要素分解

由于分析问题的视角不同,对技术创新能力要素的分解方式也各有差异,主要有以下几种[1]:

(1) 从技术创新的过程角度来分析,技术创新能力可分解为企业的技术与市场的机会选择能力、技术设计与开发能力、样品制造能力、中试能力、规模生产能力、销售与市场开拓能力、市场信息和反馈以及产品更新能力等;一种较简洁的观点认为,技术创新能力的结构要素由创新决策能力、R&D 能力、生产能力、市场营销能力、组织能力五个方面构成。

（2）从组织行为的角度，可以把技术创新能力看成是组织能力、适应能力、创新能力和技术与信息的获取能力的综合；也有学者把技术创新能力看成是可利用的资源、对竞争对手的理解、对环境的了解、公司的组织结构和变化、开拓性战略等能力的组合。

（3）从技术创新资源要素入手，技术创新能力要素可分解为技术创新的投入能力（包括研究开发人员、研究开发经费等）、产出能力（新技术、新产品、专利、新产品产值率等）、过程能力、内部支持和社会支持能力等几个方面。

（4）从企业技术创新行为主体看，技术创新能力可看成是由技术人员和高级技工的技能、技术系统的能力、管理能力、价值观等内容组成的。

在科技部的"技术创新工程纲要"中，把技术创新能力界定为创新决策能力、研究开发能力、工程化能力、生产制造能力、市场营销能力、组织协调能力以及资源配置能力等，基本上也是从创新过程出发的。

出于特定的需要，上述各种要素分析方法都有其合理性，但从企业层面的技术创新活动来看，着眼于创新过程更贴近于企业的现实，显得更为生动具体，并更容易被企业接受理解。因此，在探讨如何提高企业技术创新能力时，我们也主要以过程能力要素为基点。企业在研究自身的技术创新能力时，可根据研究的目的的不同，选取最适合自身需要的技术创新能力的划分方法。

需要指出的是，企业的技术创新能力和企业的技术能力之间是有区别的。一个技术能力较弱的企业，如果它的技术创新能力较强，那么它能通过技术引进和持续创新保持较高的创新态势，逐步提高其技术能力和增强企业的竞争活力。反之，技术能力强而技术创新能力弱的企业，它的技术进步就会相对较慢，已有的技术能力也很难发挥其应有的作用。

二、技术创新能力的组成

技术创新能力是由多个能力有机组合而成的，几乎涉及企业经营活动的各个方面和活动过程的各个环节。根据技术创新的过程和主要内容，企业技术创新能力大体由七个方面构成，如图 6-1 所示。

1. R&D 能力

这是企业技术创新的本质能力，包括基础研究、应用研究和实验开发。企业只有通过研究与开发，才能完成创意的技术实现，获得先进的技术，创造出新产品和新工艺、新方法。R&D 是企业竞争力的源泉，是企业经济效益的根本，也是企业获得技术创新能力的主要途径。

2. 生产能力

企业能否将 R&D 成果转入生产、实现产业化是技术创新成功的关键，它是对企业已

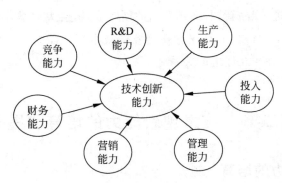

图 6-1　技术创新能力的构成

有的生产技术水平、设备水平、操作工人熟练程度及劳动生产率等方面的综合考量,也在一定程度上反映了企业技术创新的综合能力。

3. 投入能力

技术创新是一项需要有意识、有目的地进行资源投入的行为,也是资源进行重新组合的行为,创新的投入是启动创新和维持创新的基本条件。创新的投入主要包括人员投入和资金投入等显性投入,也包括创新文化建设、创新体制机制建设等隐性投入。我国一些企业的技术创新能力不强,其首要原因就是对创新投入的重视程度不够。

4. 管理能力

管理能力是指企业从整体上、战略上安排技术创新和组织实施技术创新的能力。良好的组织管理能焕发企业员工创新的积极性,营造良好的创新氛围,推动创新活动顺利开展,减少创新的风险和不确定性,促进企业与外界的信息交流和合作。

5. 营销能力

技术创新形成的新产品或新服务,都需要通过市场营销才能实现经济效益。营销能力主要包括市场开发能力、产品销售能力等,如果没有营销能力做支撑,技术创新就难以完成。企业营销能力的强弱,主要体现在新产品的市场开拓和市场占有情况,直接关系到技术创新获得的经济效益的大小。

6. 财务能力

技术创新的各个环节都需要资金的投入,新技术的研发环节需要资金投入,新产品的商业化和市场营销更需要资金投入,如果没有资金投入作保障,技术创新活动就难以顺利进行。企业的经济实力一方面决定着技术创新的规模和强度,另一方面也是保证技术创新顺利实施的基本条件。

7. 竞争能力

竞争能力强的企业,会对其技术创新能力形成有力支撑甚至倒逼机制,会支撑和促使企业不断提高其技术创新能力。同时,技术创新成果的优劣,最终又会体现在企业的竞争能力上,技术先进、产品新颖、适销对路的创新成果,会大大增强企业的竞争能力,企业竞争能力的强弱,很大程度上是建立在企业的技术创新能力之上的。因此,竞争能力与技术创新能力是一种相互促进的关系。

第二节　技术创新能力的培育和提升

一、技术创新能力的培育

技术创新能力的本质是技术创新要素有机组合而成的系统整体功能。任何一项或几项技术创新要素都不能完全代表技术创新能力。技术创新能力的大小不是技术创新要素的简单相加,而是各要素以一定结构方式的有机结合。由此,技术创新能力培育包括要素培育和结构培育,要素培育是技术创新能力培育的基础,结构培育是技术创新能力培育的核心。只有培育足够的能力要素和合理的能力结构,才能达到技术创新能力培育的目的[2]。

技术创新能力要素培育包括增加要素供给和提高要素质量。

要素供给就是保证供给足够数量的能力要素,具体包括人力要素、资金要素、设备要素和信息要素。

人力要素中最重要的是 R&D 人员。R&D 人员主要依靠高等学校培养和企业自身培养,也可以通过吸引本行业、本地区甚至国外的人才来保证供给。跨国公司在投资所在国建立 R&D 机构就是从所在国获取人力要素的重要手段,我国一些高技术大型企业也在国外设有研发机构。

资金要素供给主要依靠企业在资金分配中加大创新资金投入的比例。我国大部分企业的 R&D 投入占销售收入的比重都不高,会严重制约这些企业的发展后劲。除此之外,政府应制订关于增加创新资金供给的引导政策和优惠政策,鼓励企业加大创新资金投入,引导社会资金投入 R&D 和高技术的产业化。同时,政府还可以与社会资金合作建立创新风险投资基金,以增加资金要素的供给。

设备要素反映技术创新能力依托的技术水平。一方面,可积极鼓励有条件的单位积极引进国外的先进设备,并在引进的基础上进行创新,可以较快提高企业的技术创新水平,缩小与国际先进技术水平的差距;鼓励建立企业技术中心、工程技术中心等创新平台,增加设备要素的供给。另一方面,政府要积极支持孵化平台、共性技术平台的建设;鼓励高校院所进行科研设备共享。

信息要素供给要求建立现代化的信息网络和能够快速分析、处理创新信息的企业科技信息跟踪系统;建立符合本企业需求的各类数据库;加快信息交流和共享的速度,缩短信息上传下达的周期。

在加强要素供给的同时,更重要的是要不断改善要素的质量。

提高人力要素的质量主要是提高 R&D 人员的整体研究能力和创新实现能力,可以通过改善 R&D 人员的年龄结构、技术结构和对 R&D 人员进行后续教育来进行。除了企业坚持开展组织学习和技术学习外,还可以通过吸引高校院所的科研人员进入企业或参与企业 R&D 活动,也可以通过产学研合作来培养企业的 R&D 人员。

提高资金要素的质量主要是通过科学的决策创新资金在创新活动的各个环节得到合理分配,将有限的资金用在最需要的环节,不断提高创新资金的使用效率,从而使资金要素在创新活动中发挥的效用最大化。

提高设备要素的质量就是提高技术创新所用仪器设备的技术性能和技术水平,及时更新仪器设备,使仪器设备保持在相关领域的先进水平。

提高信息要素的质量主要是提高对创新信息的收集能力和处理能力。信息要素的质量直接关系到创新水平和成功率,信息的不完善和处理方式不得当,将会大大增加技术创新的风险。

在培育创新能力要素的基础上,要建立合理的技术创新能力结构,也就是保持好工艺创新能力和产品创新能力、新兴产业(高技术产业)技术创新能力和传统产业技术创新能力、当前主导产品技术创新能力和未来发展产品技术创新能力等的比例关系和先后发展次序。

工艺创新是产品创新的基础和保证,直接关系到产品创新的水平和商业化的实现,同时,产品创新又将促进工艺创新。重视产品创新忽视工艺创新,或重视工艺创新而忽视产品创新,都将导致创新发展速度缓慢。有学者在比较研究日、美技术创新时发现,重视工艺创新是日本经济迅速发展的主要动因。因此,技术创新能力应当同时包含工艺创新能力和产品创新能力,各企业应根据自身的实际情况,在工艺创新能力与产品创新能力之间建立起合理、协调的结构关系。

新兴产业代表着产业发展的方向,任何企业都应积极创造条件在新兴产业领域开展技术创新活动,以便为企业的长远发展做好技术和产品储备。同时,新兴产业又是动态发展的,今天的新兴产业过一段时间可能就变成了传统产业,大多数企业总是在新兴产业与传统产业的更替中发展,在当前主导产品和未来发展产品的升级换代中成长壮大。因此,企业应对其技术创新能力结构做合理的安排,协调好近期与中长期的关系。

二、企业技术创新能力的提升

根据目前我国企业技术创新的实际情况和所面临的宏观环境,企业在提高自身的技术创新能力方面应做到以下几点。

1. 对技术创新工作和技术创新人员给予高度重视

无论企业当前的技术实力强弱,在市场竞争中处于何种地位,只要企业想持续、稳定地发展,就必须对技术创新工作和技术创新人员给予高度重视。一方面,企业要统一思想,加强对技术创新的投入,以保证企业创新活动的正常、持续进行;另一方面,要建立和完善对技术创新人员的激励机制,以充分发挥技术创新人员的潜力。

2. 加强对企业市场需求和竞争地位的研究

加强对市场需求与竞争地位的研究,有利于促进企业的技术创新活动。企业技术创新活动的原动力来自市场需求和竞争的需要。通过对市场需求和竞争地位的研究和分析,企业可以清楚市场需要什么,自己缺乏什么,这样可促使企业结合自身的实际情况,有的放矢地开展技术创新工作。没有针对性或目的性不明确的技术创新,不是最充分、最有效利用资源的技术创新。

3. 加强对技术创新的组织管理

企业应加强对技术创新工作的组织管理,使现有的创新资源能够得到有效的利用。目前我国许多企业不仅存在创新能力不足的问题,还存在对现有创新资源缺乏充分利用的问题。因此,如何组织协调企业现有的创新资源是企业急需解决的重要问题[3]。加强技术创新的组织管理的另一个新的途径,是不断探索和建立新型的组织形式。

4. 加强合作和建立战略联盟

寸有所长,尺有所短。企业在技术创新工作中也同样会具有各自不同的优势和劣势。扬长避短的一条有效途径就是与外界加强合作和建立战略联盟关系,共同发展。一方面,企业应加强与大学、科研院所等研究单位的技术合作,以增强企业的技术实力和技术创新能力。另一方面,企业可针对自身的弱势,加强与那些能弥补自身不足之处的单位合作或建立战略联盟。

5. 建立有效的学习机制

建立有效的学习机制,是企业不断提高技术创新能力的一条十分重要的途径。这一途径被国内外的众多研究者和企业所推崇,我们将在本章的后续部分做专门讨论。

三、产业技术创新能力的提升

产业技术创新能力由该产业内各行业技术创新能力构成,是该产业内所有行业(企业)技术创新要素的耦合状态并由此决定的系统整体功能。行业技术创新能力过低将影响整个产业技术创新能力。所有行业技术创新能力不可能大小一样,应当优先发展部分行业的技术创新能力,通过优先发展的行业技术创新能力来促进其他行业的技术创新能力增长。根据产业技术创新能力的构成,产业技术创新能力提升有多种途径,如图 6-2 所示[2]。

由图 6-2 可见,2→5→8→11 组成的途径耗费时间最小,此条途径产业技术创新能力

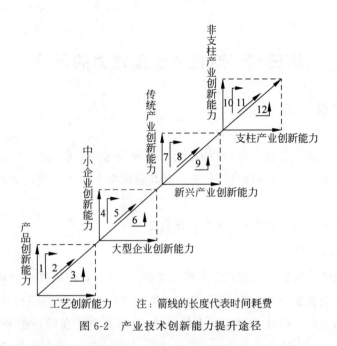

图 6-2　产业技术创新能力提升途径

增长速度最快。这是一种理想状态,在实践中不可能存在。根据前面对技术创新能力结构的分析,实践中应该是:工艺创新能力增长略快于产品创新能力,大型企业创新能力大于中小企业创新能力,新兴产业创新能力增长速度快于传统产业创新能力,支柱产业创新能力增长速度快于非支柱产业创新能力。

让部分技术创新能力优先增长的目的就是通过其优先增长促进其他技术创新能力增长,从而使整体技术创新能力快速增长。如果要达到这个目的,必须增加各种能力之间的关联性,也就是通过各种创新的前向或后向联系来促进共同发展。因此,在产业经济中,各产业的关联程度、大中小企业之间的生产关系直接影响技术创新能力的提升效果。

技术创新能力的培育和提升是一个不断反复的过程。只有通过技术创新能力的培育才能实现技术创新能力的提升,当技术创新能力提升到一个更高水平后,新的技术创新环境和新一轮的市场竞争又将对技术创新能力要素的数量、质量及其结构提出新的要求,于是又需要对技术创新能力进行新的培育和提升,如此反复便形成技术创新能力的演进。从演进过程来看,技术创新能力演进的实质是能力要素耦合达到一种更高级形态。能力要素耦合高级化必然要求要素质和量的变化。如果没有足够的要素供给,技术创新能力演进只能作为一个良好的愿望。同时,应高度重视关联性强而且技术先进的主导产业,因为体现先进技术的主导产业的技术创新将通过产业关联性促使其他产业技术创新提升到一个更高的水平。

第三节　对技术创新能力的评价

一、评价的总体步骤

对企业技术创新能力的评价,目的是给出企业技术创新能力的一个综合量化指标。企业技术创新能力是一个相对的指标,需要与其他同类企业进行比较才能反映出本企业这方面能力的强弱。

对企业技术创新能力的评价,涉及以下主要内容和步骤。

1. 确定评价的目的

评价企业技术创新能力可能出于不同的考虑,一些企业评价技术创新能力的目的是找出企业在技术创新能力方面的差距,有针对性地采取措施扬长补弱;有些企业是为了在一个区域或行业内进行技术创新能力的比较,分析本企业在同行竞争中所处的地位。由于评价目标的不同,在评价的思路、指标体系的建立和评价方法的选择上也会有所不同。

2. 明确评价的基本原则

在进行企业技术创新能力评价时,应主要遵循以下几个原则:

第一,科学性原则。指标体系的建立要能如实反映技术创新能力的内涵,选取的定量评价方法和过程处理要具有坚实的理论基础。

第二,综合性原则。评价时要能使企业技术创新能力得到综合反映。技术创新能力是由多个能力构成的,各个能力在技术创新能力中所占的比重和所起的作用是不同的,这就需要通过一定的数学方法将这些能力进行综合。

第三,同类企业通用性原则。单独评价一个企业的技术创新能力是没有多大实用价值的。企业技术创新能力的强弱,需要与其他同类企业进行比较才能反映出来。因此,在建立评价指标体系和选择评价方法上,要充分考虑和涵盖同类企业的不同情况,在同类企业中具有通用性。

第四,数据易获取原则。在建立评价指标体系时,要尽量选择那些同类企业都容易获取数据的指标;对于一些不易量化的指标,应事先考虑量化的方法。

3. 建立评价的指标体系

首先是具体指标多与少的取舍。指标较多,数据收集尤其是其中一些无法直接量化的指标的量化处理,以及计算方法的设计可能会遇到一些困难;指标较少,又会涉及评价的准确程度难以保证的问题。其次是指标的分级问题。评价指标是全部平行排列,还是由大指标再到小指标分类逐次给出,评价指标是否分级以及分级的多少,会直接关系到评价方法的选择。最后是一些指标的量化处理问题。如何把非量化的指标进行量化处理，也是建立评价指标体系时应考虑的问题。

4．选择评价方法

在评价企业技术创新能力时，有多种方法可供选择，如目前应用较多的方法主要有模糊评判法、层次分析法、聚类模糊评判法等。企业在实际操作中，可根据评价的目的的要求，选取适合的方法进行评估。

二、评价指标体系与评价方法举例

技术创新能力评价指标的选择，会因为企业类型的不同、评价目的不同、选择指标的原则和思路的不同而有所不同，目前很难建立一种公认的评价指标体系。因此我们选择几种有代表性的评价指标体系，分别加以介绍。读者可从中体会建立企业技术创新能力评价指标体系的一些基本思路和指标的具体选择，为企业开展有针对性的评价工作提供参考。

1．四要素指标体系

企业技术创新能力是由多种要素构成的有机整体。根据技术创新过程的实用模式和各阶段包含的关键要素，可以把企业技术创新能力分解为创新投入能力（也称为创新的资源投入能力）、创新实施能力（也称为活动过程能力）、创新实现能力（也称为创新的产出能力）以及创新管理能力。针对现有统计制度与数据，通过对上述四种能力的分析与具体化，可构建如表 6-1 所示的企业技术创新能力评价指标体系[4]。

表 6-1　企业技术创新能力评价的四要素指标体系

企业技术创新能力	创新投入能力 A	财力投入 A_1	技术创新总费用	A_{11}
			技术创新总费用/产品销售总收入	A_{12}
		人力投入 A_2	技术开发人员	A_{21}
			技术开发人员/职工总数	A_{22}
	创新实施能力 B	研究研制能力 B_1	研究研制总费用/技术创新总费用	B_{11}
			主要产品更新周期	B_{12}
		制造能力 B_2	产品的质量标准	B_{21}
			工程技术人员数/职工总数	B_{22}
	创新实现能力 C	市场营销能力 C_1	销售网点数（境内、境外）	C_{11}
			专职销售人员	C_{12}
			专职销售人员/职工总数	C_{13}
		新产品效益（产出能力）C_2	新产品销售收入	C_{21}
			新产品销售收入/产品销售总收入	C_{22}
	创新管理能力 D	创新战略 D_1	创新战略计划指标	D_{11}
			创新战略任务指标	D_{12}
		创新机制 D_2	发展机制指标	D_{21}
			激励机制指标	D_{22}
			界面管理机制指标	D_{23}

2. 六要素指标体系

技术创新能力是一个组合性概念,它从企业的多个侧面得到体现。可以把技术创新能力分解为创新资源投入、创新管理、创新倾向、研究开发、生产制造和市场营销六个要素[3]。

1) 创新资源投入

创新资源投入,是指技术创新活动中的资源投入。而技术创新资源投入能力则指企业投入创新资源的数量与质量。按照国际通行的方法,企业投入的创新资源分为研究开发投入和非研究开发投入。研究开发投入能力集中体现在经费、人员和设备上。非研究开发投入分两种情况:一是指技术创新活动中除研究开发经费之外的其他部分,包括市场研究、设计、工艺和材料准备、试制、试销和广告活动的经费;二是指技术引进和技术改造的投资。

2) 创新管理

创新管理能力表现为企业发展和评价创新机会、组织管理技术创新活动的能力。一个善于管理创新的企业应具有明确可行的创新战略和有效的创新机制。有效的创新机制是指技术创新人员得到合理安排,企业内研究开发、生产、营销与综合管理部门存在良好的沟通方式和渠道,部门间能够开展旨在实现创新的大协作,人员流动和奖励的效果明显,技术创新项目的选择有一套科学方法,企业与外部的技术力量(大学、研究机构)能有效合作,等等。

3) 创新倾向

技术创新是企业家追求卓越、积极进取的产物,是企业家精神的体现。创新倾向集中反映了企业家的创新意识和能力。创新倾向指企业家具有的创新主动性和前瞻性。创新倾向强表现为创新成果丰富、创新视野开阔、创新规划长远和具有强烈的创新愿望。

4) 研究开发

研究开发能力是创新资源投入积累的效果,但是,创新资源投入能力替代不了研究开发能力。创新资源投入既强调研究开发投入,又强调非研究开发投入,研究开发能力则强调研究开发的产出。对引进技术而言,可以把引进后的消化吸收能力作为企业研究开发能力的衡量指标之一。

5) 生产制造

生产制造能力是指将研究开发成果从实验室成果转化为符合设计要求的批量产品的能力。生产制造能力包括两个方面:一是企业装备的先进性;二是工人的技术等级、适应性和工作质量。

6) 市场营销

技术创新所需要的营销能力不仅是指产品开发出来后所具有的推销能力,而且还指研究市场、使消费者接受新产品,通过企业用户和竞争者反馈信息改进产品,从而提高新产品的市场占有率和扩大市场范围的能力。

根据上面对企业技术创新能力的分解,可以设置如表 6-2 所示的企业技术创新能力评价指标体系[3]。

表 6-2 企业技术创新能力评价的六要素指标体系

指标		分 指 标	计 算 方 法
企业技术创新能力	创新资源投入	科技经费投入强度	(研究经费/销售收入)×100
		创新人员投入强度	(研究开发人员数/企业总人数)×100
		引进技术和改进技术投资	(引进与改进投资/销售收入)×100
		企业的规模与实力	企业在相应市场上所占的份额×100
	创新管理	技术创新人员的合理安排	定性指标
		企业各部门之间的协调运作	定性指标
		企业与外部技术力量的合作	(合作创新次数/创新总次数)×100
		激励机制	定性指标
	创新倾向	技术创新率	定性指标
		领导的创新欲望和责任心	定性指标
		技术创新的预测和规划能力	定性指标
	研究开发	研究开发人员的整体水平	$\sum$(职称分(0～100)×该等级人数比例)
		研究开发成果水平	$\sum$(等级分(0～100)×该等级人数比例)
		研究开发的成功率	(研究的成功次数/研究总次数)×100
		专利拥有情况	(拥有专利数/创新成果数)×100
		消化吸收能力	定性指标
		开发周期	定性指标
		开发费用	定性指标
		信息采集能力	定性指标
	生产制造	企业装备的先进性	$\sum$(等级分(0～100)×该等级设备比例)
		工人的技术等级	$\sum$(等级分(0～100)×该等级人数比例)
		工人的适应性和工作质量	定性指标
	市场营销	现有销售组织的适应性	定性指标
		营销管理的有效性	产品销售率×100

注：表中定性指标可通过专家打分法获得,分值在0～100之间。

从表 6-2 可见,各指标的取值均在 0～100 之间,从而可以采用综合指数法对企业的技术创新能力进行评价。其基本方法如下:

设企业的创新资源投入能力、创新管理能力、创新倾向、研究开发能力、生产制造能力和营销能力分别为 C_1,C_2,C_3,C_4,C_5,C_6,其下面的分指标分别为 $C_{11}\cdots C_{14},C_{21}\cdots C_{24},C_{31}\cdots C_{33},C_{41}\cdots C_{48},C_{51}\cdots C_{53},C_{61}\cdots C_{62}$。则

$$C_1 = \sum_{k=1}^{n_1} (a_{1k} \cdot C_{1k}) \tag{6-1}$$

其中: n_1 为 C_1 中的分指标个数; a_{1k} 为 C_{1k} 的权重,且 $\sum a_{1k} = 1$。

同理可计算出 $C_2 \cdots C_6$ 的值。这样我们就可以得出企业的技术创新能力为

$$C = \sum_{k=1}^{6} (a_k \cdot C_k) \tag{6-2}$$

其中：a_k 为 C_k 的权重，且 $\sum a_k = 1$。

关于各指标的权重的计算，可以采用德尔菲法或层次分析法等多种方法，以层次分析法为好，具体可参考层次分析法的有关书籍。

3．七要素指标体系

按技术创新七要素建立的指标体系如表 6-3 所示[5]。对于表中七种能力，已经在本章的前面部分简要介绍。

表 6-3　企业技术创新能力评价的七要素指标体系

能　力	指　标	计　算　方　法	权重
R&D 能力 (a_1)	R&D 人员比重(a_{11})	R&D 人员数/企业职工总数	C_{11}
	人均研发费用(a_{12})	R&D 总费用/R&D 人员数	C_{12}
	人均开发成果(a_{13})	鉴定成果数/R&D 人员数	C_{13}
	人均专利数(a_{14})	专利拥有数/R&D 人员数	C_{14}
	R&D 开发成功率(a_{15})	研究的成功次数/研究的总次数	C_{15}
生产能力 (a_2)	固定资产装备率(a_{21})	固定资产总额/企业职工总数	C_{21}
	设备更新系数(a_{22})	设备资产净值/设备资产原值	C_{22}
	测试设备系数(a_{23})	测试设备价值/设备总价值	C_{23}
	工人水平(a_{24})	工人平均受教育年限	C_{24}
	劳动生产率(a_{25})	新产品产值/工人人数	C_{25}
投入能力 (a_3)	R&D 经费投入强度(a_{31})	R&D 经费/销售收入	C_{31}
	技术购买费支出强度(a_{32})	技术购买经费/销售收入	C_{32}
	创新实施投入强度(a_{33})	新产品生产准备投入/企业资产总额	C_{33}
	技术人员比重(a_{34})	技术人员总数/企业职工总数	C_{34}
管理能力 (a_4)	创新频率(a_{41})	产品创新、工艺创新总数	C_{41}
	每千人创新数量(a_{42})	产品、工艺创新数/（职工人数÷1 000）	C_{42}
	创新成功率(a_{43})	成功的创新数/创新总数	C_{43}
营销能力 (a_5)	销售网络覆盖率(a_{51})	用于新产品销售的现有销售网点/新产品销售需要的网点总数	C_{51}
	广告支出强度(a_{52})	新产品广告支出额/销售额	C_{52}
	新产品市场开发周期(a_{53})	销售人员平均受教育年限	C_{53}
	市场研究投入强度(a_{54})	专职、兼职市场研究人员总数/销售人员总数	C_{54}
财务能力 (a_6)	投资收益率(a_{61})	实际值/估计值	C_{61}
	投资回收期(a_{62})	实际值/估计值	C_{62}
	资金获得能力(a_{63})	自筹资金/所筹总资金	C_{63}
竞争能力 (a_7)	市场占有率(a_{71})	本企业产品市场份额/同类产品市场总份额	C_{71}
	质量提高率(a_{72})	（创新后质量－创新前质量）/创新前质量	C_{72}
	成本降低率(a_{73})	（创新前成本－创新后成本）/创新前成本	C_{73}
	能源降低率(a_{74})	（创新前能源消耗－创新后能源消耗）/创新前能源消耗	C_{74}
	原材料利用率(a_{75})	理论原材料投入/实际原材料投入	C_{75}

（企业技术创新能力）

技术创新能力可以表示为各要素能力及其权重指标的函数,其数学模型可表示为

$$\omega = f(C_i \cdot a_i) \qquad (6\text{-}3)$$

式中:ω——技术创新能力;

$\quad a_i$——技术创新的第 i 种能力;

$\quad C_i$——技术创新的第 i 种能力的权重。

其中:

$$a_i = f(C_{ij} \cdot a_{ij}) \qquad (6\text{-}4)$$

式中:a_{ij}——技术创新的第 i 种能力的第 j 个指标数值;

$\quad C_{ij}$——技术创新的第 i 种能力的第 j 个指标的权重。

技术创新的第 i 种能力可以简单表示为

$$a_i = \sum_{j=1}^{m} (C_{ij} a_{ij}) \qquad (6\text{-}5)$$

其中 m 表示技术创新的第 i 种能力的指标个数。

根据此简单模型,可定量估计企业技术创新能力的大小。

但必须看到,技术创新能力是复杂的综合体,要全面反映技术创新能力,评价时不仅要进行定量计算,同时还应进行适当的定性分析,使定量和定性相结合。企业在进行技术创新能力评价时,可增加或删减指标,以更适合企业的实际情况和评价目的。

第四节　技　术　能　力

一、技术能力的含义

1. 技术能力的定义和构成

技术能力的一种定义是:技术能力是指在生产、工程和创新中为了保持价格和质量上的竞争力而有效利用技术知识的能力。这种能力使公司能够吸收、运用、适应以及更新现存的技术。它也使公司创造新的技术与开发新的产品和工艺以回应不断变化的经济环境[6]。

技术能力的另一种较为全面的定义是:企业为支持技术创新的实现,附着在内部人员、设备、信息和组织中的所有内在知识存量的总和。企业技术能力反映的是企业内在技术潜力和实力。这个概念包含三层含义:一是企业技术能力的本质是知识;二是企业技术能力的载体是企业内部人员、设备、信息和组织自身;三是企业技术能力的强弱通过技术创新反映出来。具体来说,企业技术能力反映在以下四个过程:一是技术与信息的引进,包括选择购买国内外的适用技术,实现技术转移过程;二是对技术的学习过程;三是产生新的技术与知识,保证技术的储备与积累的过程;四是实现技术创新,创造经济效益的过程,它包括生产与组织、市场开拓、技术的扩散[7]。

对企业技术能力的研究,始于 20 世纪 80 年代。马丁·弗莱斯曼(Martin Frasman)是最早研究第三世界国家技术能力的主要代表人物之一。他在研究第三世界国家技术能力问题的基础上,提出技术能力必须包括以下要素:

(1) 寻找可靠的可选择技术,并决定最适合的引进技术的能力;

(2) 对引进技术实现投入到产出的变革能力;

(3) 改进技术以适应当地生产条件的能力;

(4) 使引进技术适合本地区实际生产条件的能力;

(5) 对采纳技术渐进性创新发展的能力;

(6) 在自身 R&D 基础上通过制度化研究取得较重要创新和突破的能力;

(7) 制定基础研究计划并进一步提高、改进技术的能力。

事实上,从马丁·弗莱斯曼的定义来看,由于他从第三世界的角度研究技术能力,因此他对技术能力的定义更多地侧重于反映技术引进吸收消化能力,提示的是从技术引进到局部创新的过程,而没有反映技术能力的积累效应、自主创新能力的提高等内涵[7]。

道尔(R. Dore)把技术能力定义为如下三种能力的综合体现:技术的搜索能力;技术的学习能力;技术的创造能力。道尔把这三种能力有序地综合起来,表述为搜索技术-学习技术-创造技术的链式过程。而且他认为,日本经济的快速增长就得益于这三种能力的动态应用。

德赛(Desai)把技术能力定义为:获取技术的能力;工厂操作运用的能力;复制和扩展的能力;创新的能力。该定义明确把企业技术能力概括为从技术购买、使用、模仿到创新四个层次,较为全面,可操作性强。

贝尔(Bell)是继阿罗(Arrow)的“干中学”和罗森伯格(N. Rosenberg)的“用中学”之后,又一位着重从学习的角度研究技术能力的学者,他认为一个国家或企业技术能力的决定性因素包括:在操作中学习;在变革中学习;通过绩效反馈学习;在培训中学习;在工作中学习;在探索中学习。贝尔进而指出,技术能力是通过组织学习、变革学习、产品性能反馈、培训学习、工作学习和研究学习形成的。

2. 技术能力与技术创新能力的关系

技术能力与技术创新能力是两个既相近又不同的概念。这两种能力不是包含与被包含的关系,而是内涵和重点各有不同,相互交叉、相互促动的关系。总体而言,企业的技术创新能力与企业技术能力的关系是:企业的技术能力是企业技术创新能力的重要基础之一,技术能力通过技术创新能力得以体现并发挥作用。技术能力是企业的一种内在能力,一般很难加以定量评价;而技术创新能力则是企业多项能力的综合,其中包含了技术能力的成分,并且可以进行定量评价。

具体来讲,我们可以从以下几个方面来深入理解技术能力与技术创新能力之间的关系。

1) 内涵和重点不同

虽然这两个概念都专门反映企业技术方面的能力,但其侧重点是不同的。

技术能力主要反映的是企业技术方面内在的、已经具备的和潜在具备的能力。技术能力主要通过学习过程得到不断积累,通过学习特别是组织学习和技术学习,企业技术能力会随着人员素质、信息收集和处理能力、采用设备水平、组织协调能力的提高以及知识、技术储备和掌握信息的增加而不断得以提高。

而技术创新能力反映的则主要是企业在技术方面创新的能力,是技术能力和企业其他能力在产品和服务中的综合体现。企业技术创新能力会随着技术能力的提升和企业其他能力的提高而日益增强。

2)相互促动的关系不同

技术能力是技术创新能力的重要基础,但不是技术创新能力的必要条件和全部。企业技术能力强只是为不断提高技术创新能力打下了良好的基础。但技术能力强的企业,技术创新能力未必也一定强,如果企业缺乏创新观念和创新意识,即便拥有很强的技术能力,也不会转化为企业的技术创新能力;但技术能力弱的企业,其技术创新能力一定不会强。另一方面,技术创新能力强的企业,要么其技术能力已经比较强大,要么其技术能力会不断提高和增强,以适应企业强大的技术创新能力。

3)涉及的范围不同

企业技术创新能力可以针对企业整体而言,也可以针对具体的创新项目而言。技术创新能力几乎涉及企业生产经营活动中的所有环节,包括从创意、技术和产品研发、资金投入、生产组织、市场营销、商业化直到取得经济效益。技术创新能力是企业技术能力、生产能力、市场营销能力、资金能力与组织能力的综合体现。而技术能力主要体现在创新链的前端,基本不包含资金投入、市场营销和商业化等环节。

技术能力在企业中的横向联系和与各部门的组织协调比技术创新能力更加广泛,有时也更加复杂,几乎涉及企业技术管理的全部内容,如企业的适应能力、自组织能力、不同组织之间的协调能力、企业技术创新机构的设置和人员配备、专业技术知识的互补等方面。

4)两者均最终反映在企业产品的技术水平上

技术能力是一个内在的能力,它主要附着在企业的人员、信息、设备、专利、论著、组织管理的各个要素中,不深入到企业内部,是很难了解和掌握其全貌的;而技术创新能力是个相对外在的能力,它可以直接通过产品研制开发的周期与效率、企业的资金实力、批量生产能力、销售网络和销售渠道、生产工艺准备等方面表现出来。而产品的技术水平,则是企业技术能力、技术创新能力的最集中体现。企业生产的产品,其技术水平在同行业中,在国内外处于什么地位,是每个消费者通过使用就能知晓的。简而言之,企业技术能力是企业第一层次的能力,产品的技术水平是企业技术能力的最终体现,而技术创新能力是外在的、第二层次的能力[8]。

二、技术能力的提升

1. 内部提升的基石:学习机制

发展中国家企业和发达国家企业之间,技术能力的提高模式是不一样的,这已基本为现有研究所公认。20世纪80年代以来,西方、东亚和我国学者对技术能力的提升,特别是其中的技术学习进行了大量的研究。西方学者研究的主要对象是发达国家企业以知识创造为基础的学习过程,其研究对象都已经形成或接近形成核心技术能力,他们关注的焦点是如何通过创造知识来扩展和深化自己的能力。另一方面,同样从20世纪80年代开始,西方和亚洲各国的许多学者对发展中国家的企业技术能力提高的机制也做了大量研究,形成了比较公认的技术能力提高的模式:引进、消化吸收、创新。这一模式确实从本质上刻画了发展中国家的企业技术能力提高的基本过程。当然也必须看到,发展中国家不同企业的技术能力提高模式也是各有特点的,不同企业在寻找提高技术能力的途径时,要认真分析自身的特点和技术能力所处的阶段,选择适合其自身特点的模式。

从发展中国家技术能力提升的角度看,基本都经历一个从技术引进、消化吸收到自主创新的过程。基于这一前提,国内学者提出我国企业技术能力的提升,应不断通过学习和知识积累,循序渐进地从技术引进和模仿向技术消化吸收再到自主创新的不断转换,进而不断提升自身的技术能力。

在发达国家,技术能力大部分是由"研究型学习"累积而成的,是知识的创造和新技术的生产。然而在发展中国家,技术能力主要是在模仿性的"实践型学习"("干中学")的过程中得以建立的。一些新兴工业化经济体已经完成了从"实践型学习"向"研究型学习"的快速转型。韩国、中国台湾、新加坡都是不错的实例。

通过对韩国工业化过程的考察表明,在发展中国家工业化过程的初期,技术引进占据着重要的地位。当然技术引进的目的,不仅是要建立产业生产能力,而且还要通过引进来学习和提高技术能力,从而形成和提高产业竞争力。产业从技术引进到形成自主创新能力的过程,一般被称为技术学习过程。弗里曼认为,关于发展中国家技术学习过程的研究,是经济追赶(catching-up)理论的一个重要组成部分。对技术学习过程的研究,不但对经济学,而且对人类社会的发展都是极为重要的。

从总体和宏观上看,发展中国家企业技术能力的提高一般要经历仿制能力、创造性模仿能力到自主创新能力三个台阶,每一个进步都是技术学习的过程,每上一个台阶都是技术能力的一次跃迁[9]。

如前所述,企业技术能力的本质是企业的知识,企业技术能力的提高应以知识的学习和积累为基础。组织学习和技术学习是技术能力形成和提升的最主要途径。关于组织学习和技术学习的内容,我们将在下面专门讨论。

2. 技术能力的外部获取途径

企业除了可以通过有效地组织学习和技术学习提升企业的技术能力之外,还可以通过多种途径从外部获取技术能力,如国内外大中型企业经常使用的参股具有目标技术的公司、收购或控股具有特定技术的公司等;也有中小型企业常采用的从企业外部雇用所需的技术人员等。与企业外部的单位进行合资、合作等,也是从企业外部获取技术能力的有效途径,能使企业的技术能力得以快速提升。相对于企业技术能力的内部提升,从企业外部获取技术能力可能更快捷,在时间较为紧张的时候也更为有效,但从长远来说,企业还是要通过建立有效的学习机制,以内部提升技术能力为主,外部获取技术能力为辅。在文献[10]的基础上,我们对通过外部途径获取技术能力的方法以及他们的优、劣势进行了归纳,如表 6-4 所示。

表 6-4 技术能力的外部获取

外部获取技术能力的方法	主 要 优 势	主 要 劣 势
完全并购或控股:公司收购或控股具有特定技术的公司的全部或大部分股权	能实现对目标技术的完全占有或控制,实现两家企业的优势互补,能充分利用被并购企业的技术优势为本企业服务,拓展本企业的技术领域和产品链,快速开发出新产品或服务	被并购或控股企业将丧失对技术、人员和特有的创新文化的控制权,可能对后续的技术创新产生不利影响
独占性许可:公司以排他性的方式获得另一个公司的技术使用权	更迅速利用目标技术,节省了研发的时间和风险,有利于快速形成生产能力和降低成本	公司须具有进行目标技术商业化的能力;原技术研发企业在后续的技术改进和商业化过程中的作用有限,需自行完成后续技术的开发
参股目标企业:参股具有目标技术的公司	在没有进行大量投资的情况下,可以跟踪目标技术进步的轨迹,促进与目标企业更紧密的合作,在被参股企业需要扩股时,可获得扩股甚至控股的先机	缺乏对目标企业的控制或方向的引导,存在其他企业获得控制权的威胁
合作开发:与其他企业或高校院所合作开发技术	通过两个及两个以上组织的合作,有利于技术资源和技术能力的优势互补,分担风险和减少开发成本	合作各方的人员安排和进度保证有可能发生冲突,文化的不同也可能影响研发进度
研究和开发合约:对于某一特定技术,委托其他企业或高校院所来开发,企业提供资金	在不增加人力资源的情况下,扩大企业的研究和开发的能力及范围,获得企业需要的新技术	如果开发单位不能分享后续阶段的商业化利润,开发单位往往会激励不足,难以在计划期内或目标预算内完成任务,可能会涉及产品的二次开发
跨国并购:一国政府、企业或个人对另一国的企业等进行全部或部分投资,并取得该企业的全部或部分经营管理权	能够快速形成生产能力,有利于利用被收购企业快速研发出适合本国需要的产品	不同企业文化的融合需要一定时间,有时会形成技术落后一方对技术先进一方的技术依赖
技术引进:直接从国外技术先进公司购买技术	形成生产能力较快	技术的后续开发有难度,产品的升级换代容易形成对技术先进一方的依赖
合作生产:利用其他公司的技术与本企业的生产条件合作进行产品生产	能充分利用资源,成本低,形成生产能力快	很难掌握技术的核心内容,对技术提供方的依赖程度较高
设备进口:进口国外的生产设备	基于自有的技术知识,进口国外的先进生产设备,能够较快形成生产能力	往往难以对进口设备内含核心技术进行消化和吸收

续表

外部获取技术能力的方法	主　要　优　势	主　要　劣　势
培训:利用内外部的教育机构对技术人员进行培训	投资较小,而且培训可以较容易地按需进行	从培训到发挥作用的周期一般较长
雇用外部技术人员:企业雇用外部技术人员,进行研究和开发工作	企业可以灵活主动地按需聘用人员,而且费用较低	技术人员也有被其他企业挖走的风险,稳定和激励措施要跟上

第五节　组 织 学 习

一、组织学习的含义和类型

1. 学习的核心地位

先看一个小故事。在《生存的公司》一书中,有一段对英格兰两种庭院鸟的经典描述。一种鸟(红色知更鸟)有强烈的领地概念,另一种鸟(山雀)则喜欢聚集。在第一次世界大战之前,两种鸟都喜欢从送奶人放在门口台阶上的开口的奶瓶中偷取乳脂。在两次世界大战之间,奶瓶生产采用了新技术,加上了铝制封口,这意味着鸟儿不再容易得到乳脂。但是,一些勇于创新的鸟儿(企业家)发现它们可以用嘴啄锡箔,得到乳脂。在有领地概念的鸟(红色知更鸟)中,这种创新是独立的、不常见的。而在另一种鸟(山雀)中,这种创新却迅速传播,因为它们聚在一起有所交流。这里要说明的就是只有在经常分享信息、不断交流的文化中,个人学习才能成为集体学习,才能共同进步。

前面已谈到,企业技术能力的内部提升,最重要的途径是学习,包括组织学习和技术学习。其实,学习的作用远不仅限于提升技术能力,学习起码还有如下三种重要作用[11]:

(1)通过技术和市场知识来监测环境的变化。技术知识使企业能够了解科学和技术知识的有效性,了解技术的可行性或采用的可能性;市场知识使企业明确顾客的需求和市场潜力。

(2)企业可以通过内部试验来学习解决问题的方法,包括模拟和试验。创新过程中的成功和失败都能给企业带来丰厚的回报,告诉企业什么有用什么没有用。

(3)模仿竞争者。通过学习竞争者的成功经验和失败教训,能使企业无须投资于学习所必需的实验就能获得知识。

学习能力正日益成为当今企业最重要的核心能力之一。

2. 组织学习的含义

企业所处的环境正在加速变化,如技术变化的动态性、市场竞争的白热化,以及信息传播和交流速度的不断加快,企业为了生存和发展,必须同环境一起变化,甚至变化得更快才能适应环境。这正是组织学习(organizational learning)的宗旨。

组织学习理论自 20 世纪 70 年代由美国的阿吉瑞斯(Argyris)和熊恩(Schon)提出以来,在西方管理领域引起了强烈的反响,被认为是管理理论的一大变革。美国《幸福》杂志曾设专刊介绍组织学习,封面语为:"要么学习,要么死亡"。在中国,20 世纪 90 年代中期翻译出版了彼德·圣吉的畅销书《第五项修炼——学习型组织的艺术与实务》,引发热烈的讨论,目前越来越受到人们重视。

学习是人们日常生活中最常见的行为之一,但究竟什么是学习、学习如何完成实际上是一个非常复杂的问题。认知科学对学习的定义是:学习是通过实践获得的对行为模式的改变。生物学上界定的学习一词含义甚广,不只限于语言材料的学习和新技艺的掌握,原有习惯的放弃也属于学习的范畴。

"学习"本是用来描述单个人的行为的。因此,用"学习"来描述一个组织的行为实际上是一种类比,即借用描述个人行为的方式来形象地描述一个组织的行为。之所以能这样类比,是因为一个由很多人组成的组织是可以学习的,从宏观上它确实能体现出一种整体性的学习行为。

阿吉瑞斯最初提出组织学习的概念是指"发现错误,并通过重新建构组织的'使用理论'(theories-in-use)(人们行为背后的假设,却常常不被意识到)而加以改正的过程"。因此,阿吉瑞斯也被誉为"组织学习"之父。自那以后,这个概念就不断得到发展。阿吉瑞斯也不断对此概念进行修正,认为组织学习就是减少组织的习惯性防御。其他研究者也从不同的角度对组织学习的概念进行了界定,如组织学习是通过理解和获得更丰富知识来提高行为能力的过程;是对过去行为进行反思,从而形成指导行为的组织规范;是管理者寻求提高组织成员理解和管理组织及其环境的能力和动机水平,从而使其能够决策如何不断提高组织效率的过程;是通过信息处理而改变潜在行为的过程;是组织成员积极主动地利用有关资料与信息来规划自己的行为,以提高组织持续适应能力的过程。从以上这些定义中可以看出,不同的研究者,其着重点不同,有的强调认知的改变,有的强调行为的变化,有的二者兼顾[12]。

目前被广泛接受的一种定义是:组织学习是指企业在特定的行为和文化下,建立和完善组织的知识和运作方式,通过不断应用相关的方法和工具来增强企业适应性与竞争力的方式[13]。或者说,组织学习是改变组织成员的认知,进而改变组织行为的全员学习过程。

经济学对组织学习的定义是:"组织学习是一种行为上的改进,这种改进可以产生抽象或具体的积极结果"。管理与创新学的定义是:"企业相对竞争优势的保持和对企业创新能力的促进"。组织理论的定义是:"企业在特定的行为和文化下,建立完善组织的知识和常规,通过不断应用相关工具与技能来加强企业适应性与竞争力的方式"。显然,前两种定义主要描述了学习的结果,说明组织通过学习可以对行为进行改进,从而保持自身的竞争优势,促进企业的发展。而第三种定义主要关注于学习发生的过程,以探询组织究竟如何学习,才能够不断促进企业的完善。

为了深入了解组织学习的定义,有几点必须强调[14]。

(1)组织学习有两层含义:其一,学习本来是用来描述人的行为的,组织的学习实际是一种比喻,是用人的行为来比喻组织的行为;其二,组织学习实际是指组织不断努力改变或重新设计自身以适应不断变化的环境的过程,是组织的革新过程。

(2)组织学习与个人学习的关系:个人是组织学习的基本个体,即组织要学习,首先需要组织中的每个人进行学习,组织学习只能通过个人的行动来完成。但个人学习并不是组织学习的充分条件。个人学习只有上升到组织的层面、在组织中传播并为其他组织成员分享,才能叫作组织学习。因此,组织学习是描述组织作为一个整体(集体)的学习行为。组织学习也不是高层管理者的特权。

(3)上面定义的假设是:虽然学习的内容可能是负面的,但学习对以后的影响是积极的。例如:组织可以从以前失败的决策中学习,这种学习对企业将来的发展是有利的。

3. 组织学习的类型

由于组织学习是一个适应面很广的概念,运用于管理科学的多个领域,针对不同的研究目的,对组织学习类型的划分也不同。归纳起来,目前对组织学习的类型的划分,主要有以下几种[12]。

1) 按学习内容划分

按学习内容划分,组织学习主要包括三项内容:①获得知识和洞察力;②习惯与技能的学习;③情绪化和习得焦虑。

2) 按学习形式划分

按学习形式划分,组织学习可以分为三种形式:①"单环学习",即"知道如何做",是一种维持学习,主要是用来发现并纠正错误;②"双环学习",即"知道为何这样做",是对自己(个体或组织)行为的正确与否进行反思,实质上就是改变认知模式;③"再学习"或"次级学习",是学习如何检查自己的学习并进行探索式学习的过程。有人分别称之为适应性学习、重构性学习和过程学习。

3) 按学习层次划分

按学习层次划分,组织学习可以分为四个层次:①个体学习,即激励个体学习新技能、新规则和形成新的价值观;②团队学习,即利用自组织小组或联合攻关小组等形式来激励学习;③组织学习,即通过建构组织结构和文化来促进组织学习;④组织间的学习,即不同组织间相互借鉴、相互学习以提高组织效率。

4) 按学习策略划分

按学习策略划分,组织学习可以分为两类:①探索式学习,即组织成员不断搜寻并试验新的组织活动形式及程序来提高组织效率;②开发式学习,即组织成员学习如何提炼和改善现有的组织活动形式及程序,以提高组织效率。

5）按学习目的划分

按学习目的划分,组织学习可以分为三类:①维持学习,即学会处理日常工作、制定短期工作计划的一种学习形式;②危机学习,即依靠应变策略来处理危机和动荡的一种学习形式;③期望学习,即对问题或未来形势进行预测的一种策略学习。

二、组织学习的方式

人们从不同的角度对组织学习的方式进行了论述。这其中有三种代表性的流派[15]。

1. 不同深度的组织学习:单环学习、双环学习与再学习

不少研究者都基于学习的深度对组织学习的方式进行了分类,如表 6-5 所示。这其中最有代表性的是阿吉瑞斯提出的分类方式:单环学习和双环学习。其他均与之类似,只是名称不同。因此,我们以阿吉瑞斯的理论为基础进行分析。

表 6-5　几位学者对组织学习方式的分类

学　　者	学习方式分类
阿吉瑞斯(Argyris)	单环学习(single loop learning);双环学习(double loop learning)
彼得·圣吉(Senge)	适应型学习(adaptive learning);产生型学习(generic learning)
雪恩(Schein)	维持型学习(maintenance learning);变革型学习(innovative learning)
埃得蒙森(Edmondson)和莫吉(Moingeon)	学习如何做(learning how);学习为什么(learning why)

阿吉瑞斯将组织学习的方式分为单环学习和双环学习,如图 6-3 所示。

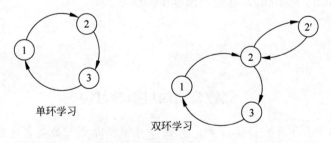

单环学习

双环学习

说明:1——感知、监测环境的变化;
2——将所获取的信息与企业规范与目标进行比较;
2'——思考企业规范与目标的正确性;
3——对行动进行改进。

图 6-3　单环学习与双环学习示意图

1）单环学习

单环学习是将组织运作的结果与组织的策略和行为联系起来，并对策略和行为进行修正，以使组织绩效保持在组织规范与目标规定的范围内。而组织规范与目标本身——如有关产品质量、销售额或工作绩效的规范——则保持不变。显然，单环学习只有单一的反馈环，它是在当前的系统和文化框架下去提高组织的能力，完成已确定的任务目标。这种学习的目标是适应环境、取得最大效率并延长组织生命，学会如何在相对稳定的环境下生存下去。如果一家企业的目标是利润最大，单环学习就使企业学习如何不断地调整自己的行为从而达到企业利润最大。但单环学习并不对组织的目标本身发生质疑和提出思考，所以，单环学习在短期内会促进企业达到自身认为的理想水平，但在长期是不够的。

2）双环学习

双环学习是重新评价组织目标的本质、价值和基本假设。这种学习有两个相互联系的反馈环，它们不仅要发现与良好的绩效有关的策略以及行动的错误，而且还要发现规定这些绩效的规范的错误。当企业目标从自身利润最大转向更多地满足用户的需求时，组织的双环学习就发生了。由于双环学习对企业的价值观和目标等基本问题提出了挑战，可能会导致企业的经营战略和行为的巨大变动，因此，也有人也将它称为"变革型学习"。

单环学习与双环学习对组织都很重要，它们适用于不同的环境。组织要学会在不同的情况下进行不同深度的学习。

3）再学习

单环学习与双环学习都是针对具体的企业生产经营活动，其对象是企业的各种组织、过程和事务。但是组织还应该对其学习过程的本身、学习的方式提出质疑，并加以改进。贝特森（Bateson）指出，组织应该学习如何学习，并将之命名为再学习（relearning）或次级学习（secondary learning），这是最深程度的学习。

 案例

壳牌公司的组织学习

组织学习比个人学习要困难得多。多数公司管理者个人的高水平思考是令人钦佩的，然而，多数公司管理队伍的整体思考层次却大大低于管理者个人的思考能力。在开展学习时，集体的学习水平经常是最小的公分母，特别是对那些视自己为机器的组织而言，这一机器的零部件各司其职：生产管理者关注生产，分销管理者关注分销，营销管理者关注营销。

高层次、有效和持续的组织学习，以及随之而来的组织变革，是公司成功的前提条件。壳牌石油公司开展组织学习的方法之一是未来情景法。

公司最有意义的学习是那些有权采取行动的人员进行的学习(在壳牌公司是公司业务管理部门)。

1984年,壳牌公司提出了15美元一桶石油的未来情景。而在当时,每桶石油的价格是28美元,当时普遍的看法认为15美元一桶的石油价格将是石油世界的末日。壳牌公司认为,公司的高层管理者能尽早在1985年开始考虑15美元的油价,是一件非常重要的事情。提出这一学习命题后,公司一般管理人员的普遍反映是:"如果想让我们考虑这一情况,请告诉我们什么时候降价,降到什么程度,以及降价会持续多久?"

公司领导告诉大家:"其实,我们对将来并不了解,但你们也同样不了解。尽管大家谁都不知道是否会降价,但我们却感到,如果真的降价甚至降到每桶15美元,那将是一件十分严峻的事情。我们现在就必须对这种降价有所准备,准备若干备选的方案和措施。"

虽然当时的石油价格是每桶28美元,此后还略有上升,但这个命题使整个壳牌公司都开始了认真的工作。工作的重心不是回答"会发生什么"的问题,而是探讨"如果发生,我们将做些什么"的问题。这样,壳牌公司组织学习的过程开始加快了。

正如实际发生的一样,1986年1月初的石油价格仍是每桶27美元,但到了2月1日,油价下降到了每桶17美元,4月又急剧下降到了每桶10美元。由于壳牌公司已经深入探讨过每桶15美元的情况,在1986年其他公司惊慌失措之际,壳牌公司却从其组织学习中受益匪浅。

2. 组织学习中知识的创造与转化:四种模式

日本学者野中和竹内认为,组织学习也是组织内获取、创造和传播知识的过程。他们首先将知识分为隐性知识(tacit knowledge)和显性知识(explicit knowledge)两种。隐性知识是存在于组织个体的、私人的、有特殊背景的知识,即组织中每个人所拥有的特殊知识。它依赖于个人的不同体验、直觉和洞察力。显性知识是指能在个人间更系统地传达、更加明确和规范的知识。然后,他们将组织学习描述为以下过程(见表6-6和图6-4)。

(1)组织学习是从个人间共享隐性知识开始的(社会化)。隐性知识在团队内共享后经整理被转化为显性知识(称为外在化)。

(2)团队成员共同将各种显性知识系统地整理为新的知识或概念(称为合并)。

(3)组织内的各成员通过学习组织的新知识和新概念,并将其转化为自身的隐性知识,完成了知识在组织内的扩散(内在化)。

(4)拥有不同隐性知识的组织成员互相影响,完成了社会化的过程。此后,新一轮的组织学习循环又开始了。

表 6-6 知识转换的四种模式中知识的变化

转换过程	知识变化
社会化	从隐性知识到隐性知识
外在化	从隐性知识到显性知识
合并	从显性知识到显性知识
内在化	从显性知识到隐性知识

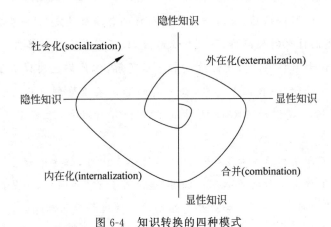

图 6-4 知识转换的四种模式

3. 组织学习的过程模型

组织学习过程模型用来抽象地描述组织学习的过程,对分析该过程中发生的问题有很好的辅助作用。最早的,也是最有代表性的组织学习过程模型是由阿吉瑞斯和熊恩在1978 年提出的四阶段模型,即发现(discovery)、发明(invention)、执行(production)和推广(generalization),如图 6-5 所示。

图 6-5 组织学习的过程模型

阿吉瑞斯认为:组织要作为一个整体进行学习,必须完成四个阶段。"发现"包括发现组织内部潜在的问题或外界环境中的机遇。然后在"发明"阶段,公司着手寻找解决问题的方法。解决方法在"执行"阶段得到实施,即产生了新的或修改了的操作程序、组织机构或报酬系统。然而,即使实施了成功的新程序也不足以保证学习发生在组织水平上,因为学习必须传播到组织内所有相关区域。学习不仅应从个人水平上升到组织水平,还必须贯穿组织各部门或组织边界,这些就是"推广"。

三、组织学习与技术创新的关系

组织学习超越了一个企业内部个人学习的简单相加,它是一个社会过程。在这里,组织成员通过共同的观察、评价并采取一致的行动来迎接组织所面临的挑战。组织成员拥有共同的规范、标准以及有关它们的说明。从理论上讲,组织学习过程的目标就是要建立一种可以从自己和别人的经验中学习的机制,并能产生、储存和搜索知识,以达到组织行动的理想效果[16]。

　　企业技术创新过程实际就是一个复杂的组织学习过程。如果我们从组织学习的角度来看企业技术创新过程,那么,企业技术创新就应该是在创造型的组织视野引导下,通过 R&D 部门、销售部门和生产部门的合作而达成的一种反思式学习。通过不断反思组织的学习方法以及学习中的不足,组织得以迅速把握技术机会和市场机会,从而能够不断地以新的产品和服务来为自己赢得生存空间。很明显,在基于组织学习的企业技术创新过程中,创造型的组织视野和职能部门间的密切协作是两个主要特征。

　　日本企业技术创新之所以引人注目,很大程度上在于它们具有创造性的组织视野,并强调部门间的合作。日本企业的管理部门、研究与发展部门、销售部门和生产部门都习惯于把整个生产销售过程考虑为一个系统,注重产品设计和工艺设计的综合方法。借助反思式学习,日本企业大都具备不断重新设计全部生产系统的能力,它们的研究与发展部门的工作与生产工程师和工艺控制的工作紧密相关,几乎难以区分。整个企业的发展过程就是一个复杂的组织过程。日本企业的学习能力已被普遍认为是其竞争成功的主要原因之一。

拓展阅读

第六节　技术学习

一、技术学习的基本概念

　　韩国技术管理专家金林素对技术学习所下的定义是:技术学习是一个建构和累积技术能力的过程。同时指出,为了增强竞争力,政府和公司都必须关注能力的建构。当然,这些活动大部分是公司的事,但政府的公共政策可以搭建起有利于这些活动展开的重要基础设施[6]。技术学习另一种较为具体的定义是:技术学习指的是组织利用内部和外部有利条件,吸收外部知识或自主开发新技术的行为[10]。

　　通过上述定义不难看出,技术学习的概念包含了以下几层含义:一是技术学习是一个获得新知识、新技术的过程或行为;二是技术学习的目的是提升企业的技术能力;三是技术学习是一种组织学习,而不仅仅是技术人员个人的学习;四是技术学习要充分利用企业内部和企业外部各种有利的条件,既可以通过企业内部有效的组织进行技术学习,也可以通过与企业外部单位的合作、合资等多种途径进行技术学习;五是政府要为企业的技术学习创造必要的条件。

在技术学习理论研究领域,国内学者的工作重点主要是研究了技术学习的来源,例如提出了创新学习,研究和开发中学习,模仿学习,引进、消化吸收和创新学习等过程模式。国外学者在技术学习研究领域除揭示了技术学习来源之外,还提出了发展中国家技术学习的过程模式,例如金林素提出的发展中国家技术学习过程模式的核心是"引进、吸收和提高"(acquisition,assimilation and improvement),霍布迪提出了发展中国家技术学习模式之一是 OEM-ODM-OBM(OEM,original-equipment manufacture,订牌制造;ODM,own-design manufacture,自己设计制造;OBM,own-brand manufacture,自有品牌制造)。

技术学习是一个与组织学习十分相近的概念,两者都是指一种组织的学习行为。不同的是:技术学习是指一个组织以技术为目的的学习行为;而组织学习是指从事学习的实体是一个组织,学习的范围和内容更加广泛。

对技术学习问题的研究最先起源于对学习曲线的研究。学习曲线首先是在飞机制造工业中发现的。在飞机装配操作中,随着学习时间的延长,需要投入的直接劳动时间会渐渐减少。但直到 1925 年,在军事工业生产中,学习曲线首次才以经验曲线的形式被人们所识别。而 11 年后,怀特(Wright,1936)首次在航空工业杂志中指出了学习曲线的实际效果,即就平均水平而言,在飞机制造工业的装配操作中,产出增加一倍,劳动时间的需求大约增加 80%。由于对这一发现感兴趣,在战争时期美国国防部要求斯坦福研究所,研究一些工厂完成飞机生产任务所需要的直接劳动投入。自此开始,学习曲线作为一种重要的有助于提高劳动生产率的理论和实践工具,被理论界和产业界广为重视。实际上,学习曲线依据的是一个非常简单的关于人类本性的设定,即人们可以从经验中学习。在早期的文献中,人们预测学习效果可能仅存在于劳动密集型的制造业中,其后发现学习的生产率提高效果也存在于资本密集型产业中。学习的效果不仅存在于生产的开始阶段,而且也存在于生产的成熟阶段。基于学习曲线的理论研究成果,国外关于技术学习的研究此后在多种学科领域内得到了发展,尤其在战略管理研究领域和技术创新研究领域内的进展较为显著[17]。

目前理论研究上的进步主要体现在以下几点发现。

首先,学习需要企业有资金投入,是企业的一种有目的的行为。学习可能发生于生产、设计、工程、研究和开发及销售部门,而我们经常所说的干中学仅是其中的一个来源或者说仅是冰山的一角。

其次,学习的知识有不同的来源,一部分来自企业内部,另一些则来自企业外部。企业内的学习可以由生产、研究和开发及市场部门产生,外部的学习包括产业内其他企业的知识引进、与供应商和顾客的合作及行业内外科学技术的进步。企业独有的技术学习渠道从长期而言,会影响企业技术进化的方向。

最后,学习可以提高企业的知识存量。因为有不同的知识来源,学习的类型会强烈地影响企业知识存量的特点。由于企业对学习的强调程度和对不同学习渠道的依赖程度不同,其长期效果就表现为企业间知识资本存量类型的区别。企业可以被视为引进、积累和产生知识的实体,企业间的一个重要区别就是知识资本的数量和类型不同。

二、技术学习的作用

技术学习的作用,主要表现在以下几个方面:

第一,是促进经济增长和发展的重要基础。从理论上说,一国经济增长的过程是产业结构高级化的过程,而产业结构的高级化是以技术能力的提高为基础的。前面已谈到,技术学习是形成和提高技术能力的基石。因此,通过技术学习可以提高企业的技术能力,促进产业结构的高级化,进而促进和保证一个国家经济的长期、稳定增长。

第二,是开展技术创新的重要基础。企业的自主创新、突破性创新等创新活动,主要依赖企业内部的技术学习;而企业的模仿创新、合作创新、跟随创新等创新活动,则需要依赖企业内部和外部的技术学习。因此,没有技术学习,企业的技术创新工作就很难开展。

第三,是企业研发工作的重要基础。企业的研究与开发工作,必须通过企业长期的技术学习的积累才能得以展开,没有通过技术学习的积累,研究与开发便成为无源之水。

第四,是企业对外学习的重要基础。企业对外部技术的学习,也需要以企业内部的技术学习为基础,否则将无法理解和掌握技术,无法"打开"技术的黑箱。

总之,技术学习是企业提高技术能力的最主要途径。一切需要企业技术能力做基础和保障的活动,都需要通过技术学习来实现。

三、技术学习的来源

关于技术学习的来源,其理论进步主要体现在以下几个方面:

第一,戴维(David)在 1975 年、罗森伯格(Rosenberg)在 1976 年指出,干中学可产生增量的创新,并将干中学植入了创新扩散的自组织模型中。

第二,1976 年罗森伯格强调了企业的用中学,认为用中学可以提高生产效率并可在企业内导入体现型或非体现型的产品和工艺变化。

第三,萨哈尔(Sahal)在 1981 年、纳尔逊(Nelson)和温特(Winter)在 1982 年、道西(Dosi)在 1988 年指出,研究和开发作为一种搜索过程(a search process),可以使企业在特定的技术进步方向上,产生技术提高效应。伦德维尔(Lundvall)和冯·希帕(Von Hippel)分别在 1988 年和 1987 年讨论了与供应商和顾客交互作用中的学习。

第四,蒂斯(Teece)在 1986 年、温特在 1987 年、科恩(Cohen)和列文(Levin)在 1989 年都指出了企业的能力存量在企业产生和吸收技术过程中的作用。在这方面,科恩和列文做出了重要贡献。他们于 1989 年 9 月在《经济文献》杂志上发表的"创新和学习:研究和开发的两面性"一文中,用数学模型证明了这样一种观点:在过去的经济研究中,研究和开发对学习的作用长期受到忽视。

目前已提出的技术学习的主要来源,如表 6-7 所示[17]。

表 6-7　目前已提出的技术学习来源

不同的学习过程	学习的来源	研究者和时间	知识类型
干中学 (learning by doing)	企业内部	Arrow(1962)	与生产活动相关
用中学 (learning by using)	企业内部	Rosenberg(1976,1982)	与产品、机器和投入的使用相关
从科技进步中学 (learning from advance science and technology)	企业外部	Kline 和 Rosenberg(1986)	吸收科技的最新知识
从产业间竞争的溢出中学习 (learning from inter-industry spillovers)	产业外部	Nonaka 和 Takeuchi(1988)	对于竞争者溢出的知识或信息通过学习可以提高效率
通过培训来学习 (learning through training)	企业内外部	Enos 和 Park(1988)	通过内外部培训来提高整个企业的知识存量
通过交互作用来学习 (learning by interacting)	企业外部	Von Hippel(1987),Lundvall(1988)	与价值创造链条中的上下游企业或竞争对手合作
通过雇佣来学习 (learning by hiring)	企业外部	Bell(1984)	通过雇用其他企业人员来学习知识
基于联盟的学习 (learning by strategic alliances)	企业外部	Hagedoorn 和 Schakenraad(1994),Lei,Slocum 和 Pitts(1997)	与其他企业结成战略联盟来学习
通过创新和研究开发来学习 (learning by innovation and R&D)	企业内部	Cohen 和 Levinthal(1989),Kim Linsu(1997),Hobday(1995)	通过内部的创新和研究开发来学习新知识
共享的学习 (shared learning)	企业内部	Adler(1990)	企业内部部门间的学习
通过模仿来学习 (learning by imitating)	企业外部	Dutton 和 Thomas(1984)	主要集中于对企业竞争对手的产品或工艺的学习
通过搜索来学习 (learning by searching)	企业内部	Nelson 和 Winter(1982),Sahal(1981),Dosi(1988)	主要集中于产生知识的规范化活动,如研究和开发

四、企业内部的技术学习

下面对企业内部技术学习的三种主要形式进行简要阐述。

(1)"从干中学"。从干中学包括了两个阶段的学习：第一个阶段发生在产品的设计过程中，为寻求最佳的设计方案而不断地进行信息搜索、交流讨论和修改完善，逐步积累相关技术知识和经验。第二个阶段发生在生产活动中，学习的目的是提高生产效率，如节约工人的操作时间；同时也包括寻找更适合的原材料、降低生产成本和使产品质量更加稳定等。罗森伯格曾经指出，阿罗（Arrow）所提出的从干中学是发生在制造阶段的学习，这种学习能不断增加生产技能。

(2)"从用中学"。罗森伯格提出的从用中学有两个学习途径。第一个途径是，人们通过长期地或强化性地使用某项技术，能够进一步地加深对该项技术功能和特性的理解。第二个途径是从最终的用户那里获取经验。根据用户的需求，对核心技术进行渐进性的改进，便是一个典型的"从用中学"的过程。

(3) 从 R&D 中学习。一些学者提出了通过搜索进行学习的观点，认为研究和开发是一种搜索过程，它能使企业的技术在特定的技术进步方向上得以提高。科恩和列文在"创新和学习：研究和开发的两面性"一文中指出，研究和开发活动有两个作用：一是能够产生新产品和新信息；二是提高了探索现有信息并对其加以消化吸收和利用的能力。

企业内部的技术学习可以产生两种类型的知识：显性知识和隐性知识。正如前面所谈，显性知识指的是已成文的或能以正规、系统化的文字和图形为载体进行传播的知识。它可以从图书、技术规程、研发文档、产品说明、计算机程序等材料中获得，便于沟通和分享。有的学者称它们为"可迁移的知识"。相反地，隐性知识则是一种深深地根植于个体与组织内部的知识，如技术秘密、操作技能和通过长期实践积累的经验等，这类知识很难整理成规范化的文字和图形等形式进行表达和交流，人们只能在特殊的情况之下通过学习、观察、模仿和实践等，凭着经验或悟性来获取它。这类知识无疑是既不易于从外部获取，也不易于被他人模仿的。但通过组织内部有目的的学习（组织学习），可以不断促使组织内部的隐性知识显性化，进而提高企业整体的技术能力。这种具有企业特性的知识（firm-specific knowledge），才是企业核心能力持续提升的关键。

五、产业技术学习过程模型

从产业的角度看，以能力为特征的产业技术学习过程表现为：从技术引进到生产能力形成，再进化到创新能力，如图 6-6 所示[18]。

图 6-6 表明，对于发展中国家而言，产业的技术学习过程是从技术引进开始的，通过对引进技术的消化和吸收，逐步形成生产能力；当生产能力形成和完善后，随着科学技术的进步，这种依靠技术引进形成的生产能力必须要进行创新，才能跟上时代前进的步伐，否则将逐步变为落后的生产能力而被淘汰或不再具有竞争能力，此时创新的途径主要包括模仿创新（引进、消化、吸收和再创新）和自主创新。生产能力形成和创新能力形成构成了产业技术能力发展的阶梯，每一个进步都是学习的结果，每上一个台阶都是技术能

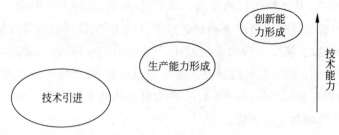

图 6-6　产业技术学习过程

力的一次跃迁。

图 6-6 还表明,产业是通过技术学习和技术能力的提升成长壮大的,产业的成长过程也就是产业技术能力上升的过程。但并不是每一个企业都能够通过技术引进形成生产能力,更不是每一个企业都能形成创新能力。产业内总会有少数企业因为技术引进不成功而退出,也会有一些企业在形成生产能力后就停滞不前。当然,大多数企业在形成生产能力后会致力于进一步创新,但即便是进行创新的企业,其中必定会有一部分企业由于各种原因而以失败告终。因此在图 6-6 中,用逐渐变小的圆圈来表示,在技术学习过程中,每上升一个台阶,企业的数目会随之变少,与技术引进相比,能够形成创新能力的企业往往不占多数,但这类企业往往具有长期的持续发展能力,是产业发展的希望所在。

即练即测

本章思考题

1. 企业在提高技术创新能力时应注意哪些主要问题?

2. 为什么说技术能力与技术创新能力是两个不同的概念?技术能力与技术创新能力有何异同?

3. 为什么组织学习和技术学习是提升企业技术能力的主要途径?

4. 组织学习与技术创新有何内在关系?

5. 企业如何通过外部渠道获取技术能力?

本章参考文献

[1]　孟庆伟,安会茹.企业技术创新能力的系统结构[J].科技管理研究,2000(2).

[2]　徐小龙.工业技术创新能力演进机理分析[J].管理科学研究,2002(1).

[3]　郑春东,和金生,陈通.企业技术创新能力评价研究[J].中国软科学,1999(10).

[4]　康凯,等.企业技术创新能力评价研究[J].河北省科学院学报,2001(1).

[5]　王鹃茹,潘洁义.技术创新能力评价探讨[J].科技进步与对策,2002(2).

[6] 金林素.工业化进程中技术学习的动力[J].国际社会科学杂志(中文版),2002(2).

[7] 魏江.企业技术能力论——技术创新的一个新视野[M].北京:科学出版社,2002.

[8] 魏江,许庆瑞.企业技术能力与技术创新能力之关系研究[J].科研管理,1996(1).

[9] 赵晓庆.技术学习的模式[J].科研管理,2003(3).

[10] 谢伟.产业结构高级化与技术学习[J].中国科技论坛,1998(6).

[11] V K Narayanan.技术战略与创新——竞争优势的源泉[M].北京:电子工业出版社,2002.

[12] 陆昌勤,方俐洛,凌文辁."组织学习"研究的历史、现状与进展[J].中国软科学,2001(12).

[13] Goh S C. Toward a learning organization:the strategic building block[J]. Sam Advanced Management journal,1998(Spring).

[14] 陈国权,马萌.组织学习的过程模型研究[J].管理科学学报,2000(3).

[15] 陈国权,马萌.组织学习:现状与展望[J].中国管理科学,2000(1).

[16] 张刚,许庆瑞.组织学习与企业技术创新[J].科学学与科学技术管理,1995(10).

[17] 谢伟,吴贵生.技术学习的功能和来源[J].科研管理,2000(1).

[18] 谢伟.技术学习过程的新模型[J].科研管理,1999(4).

第七章

技术转移与技术商品定价

本章重点介绍技术转移的相关理论和模式,以及与技术转移紧密相关的技术商品定价问题。在我国,技术转移既是一个十分重要的问题,同时又是在现实工作中一直困扰我们的一个难题。科研与技术商业化脱节的现象一直未能得到充分解决,而技术转移中最为困难的则是技术商品的定价问题。本章将重点讨论技术转移的相关概念、技术转移的基本过程和前期准备、技术转移的几种主要模式、技术商品的计价因素和计价原则,最后介绍几种主要的技术商品定价方法和模型,并对这些模型做简要评述。

第一节 技术转移的概念及相关讨论

目前国内真正对技术转移进行深入研究的文献尚不多见,对技术转移的概念以及与之相关的一些概念的讨论也不多,在本节和下面几节中,我们拟对此作比较深入的讨论。

一、技术转移的概念

对技术转移的概念现在尚无统一的定义。一种比较笼统的定义是:"各种形态的技术从掌握该技术者向拟采用者的转移"[1]。

另一种比较通用的定义是,所谓技术转移,是指各种形态的技术从技术持有者向技术需求者的转移。

这两种定义基本谈到了技术转移的主要内容,但也有一些遗漏和不足。

我们认为,技术转移是指各种形态的技术通过某种价款支付方式,技术提供方将技术的部分或全部权益出让给技术需求方的过程[2]。

上述定义包含着以下几个要素:

(1)技术的形态。这里各种形态的技术既包括研究开发阶段的技术,也包括进入生产阶段的技术,甚至包括新技术设想;既包括发展中的技术,也包括成熟技术。

(2)转移的目的。技术提供方转移技术的目的是希望弥补技术研发的成本并获得技术成果产生的利润。技术需求方通过支付一定的费用或出让一定的权益获得技术的目的是希望通过运用该技术,将技术转换为新产品或新服务来获得技术使用的利润。

（3）价款支付方式。价款支付方式又包括两种主要形式：技术需求方直接支付价款和出让某种权益给技术提供方。直接支付价款包括一次付款、分期付款等多种形式；出让权益包括股权、分红权、提成权等。

（4）技术提供方和技术需求方。技术转移中的技术提供方主要包括企业、高等院校、科研院所和个人。技术转移中的技术需求方主要指企业，也包含企业内部的生产和使用部门。

二、与几个相关概念的关系

有两个与技术转移概念相关且经常被混淆的概念，这就是技术转让和技术扩散。

1. 与技术转让的关系

一些文献作者将技术转移与技术转让视为同一概念，经常不加区分，这样就隐含着将技术转让视为技术转移的唯一途径。这种观点限制了技术转移的范围，忽视了技术转移的其他途径和形式，对深入研究技术转移是不利的。

我们认为，按照技术转移中价款支付方式的不同，技术转移可分为技术转让、技术作价入股、合作生产等几种主要形式。其中，技术转让是指技术需求方通过直接支付技术转让价款的形式在一定权限范围内受让技术提供方的技术。因此，技术转让只是技术转移中的一种形式，而且技术转让一般适用于技术转让价款不高、技术相对容易掌握和运用的情形。

2. 与技术扩散的区别

关于技术扩散以及技术转移与技术扩散的关系，国内学术界的观点也尚不统一。

有国内学者认为，技术转移包含了技术扩散，技术扩散是技术转移的一个组成部分[3]。

国外学者认为，技术扩散是指在一定时期内，创新通过某种途径在系统中各单位之间进行传播的过程。扩散仅指采用，不包括模仿。当一个企业进行了创新，如开发了一个新产品，有两类群体将对创新做出反映：第一个群体是消费者，决策要不要采纳这项创新；扩散就是指这种采用决策。第二个群体是竞争者，决策是否要复制这项创新，从而生产自己的产品来与创新企业竞争，这就是模仿。模仿是一个供应方的概念，它的主体是销售产品或服务的企业。扩散是一个需求方的概念，指购买产品或服务的消费者[4]。

我们倾向于上述国外学者的观点。即技术转移与技术扩散是两个不同的概念，它们既无交叉，也不存在包容关系。

技术转移反映的是技术生产者与运用该技术的产品生产者（服务提供者）之间的关系。

技术扩散反映的是运用创新技术的产品生产者或服务提供者与产品或服务的消费

者之间的关系,描述的是消费者购买该产品和服务的数量和变化规律。

所以,技术转移与技术扩散的研究对象和所揭示的规律都是不同的。

三、技术转移的走向

归纳起来,技术转移的主要走向可分为两种类型:

(1) 研究开发机构向企业的转移。主要包括高等院校、科研院所和一些专门从事技术研发的企业向以生产为主的企业的转移。这类技术转移我国通常称之为科技成果产业化、科技成果商品化或高新技术产业化等。

(2) 企业内的转移和企业间的转移。主要包括企业内部研发部门向生产部门的转移,企业内部不同部门之间的转移,技术先进企业向技术相对落后企业的转移,新兴技术企业向传统企业的转移,先进地区企业向相对落后地区企业的转移,先进国家企业向相对落后国家企业的转移等。

在我国,由于长期形成的科研与生产相分离的状况,因此第一种技术转移类型就显得尤为重要。根据我们最近两年连续对国内某中心城市的调查发现,这类技术转移率还是较低的,大体在 15% 左右,提高我国高校院所的技术转移比率,依然任重道远。

四、技术转移的主要形式

技术转移包括了多种不同的形式,主要有技术转让、技术作价入股、合作生产、自我转化等形式。

1. 技术转让

如前所述,技术转让是指技术需求方通过直接支付技术转让费的形式在一定权限范围内受让技术提供方的技术。

与一般商品不同,技术转让在多数情况下只是使用权的转让,但也不排除所有权的转让。而一般商品的转让通常都是所有权的转移。

根据技术转让权限的不同,技术转让有以下几种常见的情况(按转让价款的高低排序):

(1) 所有权转让。技术拥有方一次性将技术的所有权转让给技术受让方。这种情况在我国并不少见,多发生在高校院所的技术转让中。这主要是因为我国技术市场还不够发达和完善,高校院所研发出来的技术实现产业化还有一些工作要做,要想多次转让有较大难度。这种所有权转让在技术转让中是价格最高的一种形式。

(2) 区域独家使用权转让。技术受让方获得技术使用权的同时,技术提供方和任何第三方在指定区域内都不再拥有该技术的使用权,不能用该技术在该区域内制造和销售产品。但在该区域之外,技术提供方拥有技术的使用权和转让权。

（3）区域排他使用权转让。技术受让方获得某一区域技术使用权的同时，技术提供方继续保留在该区域技术的使用权，但在这一区域内不允许任何第三方获得该技术的使用权。

（4）普通使用权转让。技术受让方获得技术使用权的同时，对技术提供方和其他任何第三方使用该技术没有任何限制。

按照技术受让方是否有权将受让的技术再次转让，技术转让又可分为可转让、不可转让和交换转让三种形式。可转让是指买方有权在指定的区域内把受让的技术的使用权转让给第三方。不可转让是指买方无权再次转让受让的技术。交换转让是指出让方和受让方之间可以以价值相当的技术进行互惠交换。

技术转让大多数都规定了明确的地域范围，如某个国家或地区，受让方的使用权不得超出这个地域范围。

技术转让还要规定有效期限，有效期限的长短因技术而异，但受法律保护的技术的期限一般不长于法律保护的期限。

2. 技术作价入股

技术作价入股是指技术提供方将拟转移的技术通过评估作价，与技术需求方提供的资金和其他资产一起组建一家新公司，技术提供方通过在新公司中占有相应的股权的形式实现技术向需求方转移的过程。

在这种技术转移形式中，技术提供方获得的是股权而不是现金收入，技术提供方的收入主要来自两个方面：一是股权的分红，二是股权的增值。

与技术转让不同的是，技术转让是直接获得转让收入，与技术需求方后续的生产经营状况无关，而采用技术作价入股，技术提供方的收益与技术转移后创造的效益直接相关，因此在选择技术需求方以及选择转移的权限时，技术提供方需要考虑更多的因素。如技术需求方的经济实力、管理水平、所处行业、生产能力、技术能力、营销能力等，并根据技术需求方的综合情况，考虑技术转移的权限，以便使技术提供方实现技术转移后能获得最大的收益。

按照转移的权限不同，这种转移也可分为多种形式，这一点与技术转让的形式是相同的，但主要是所有权转移和区域独家使用（所有）权转移两种形式。

所有权转移是指技术提供方只能组建一家新公司，该技术的所有权益均归新公司所有。包括是否再次进行技术转移的权利，也归新公司所有。技术提供方除了拥有在该新公司中的股权外，对已转移的技术不再具有自己运用于生产和再次转移的权利。在国内技术转移中，技术需求方一般愿意选择这种形式，但选择这种形式技术作价的金额一般也较高。

区域独家使用（所有）权转移是指技术提供方在指定的区域之外，可以与多个技术需求方成立新公司，并在这些新公司中占有相应的股权。这种形式在国际技术转移中使用较多，在国内的技术转移中运用较少，原因是同一技术容易在市场上形成相互竞争的格局。在指定的区域之内,新公司是否拥有该技术的所有权,由合资合同约定。

技术需求方可以是企业,也可以是自然人,还可以是企业和自然人的组合。

3．合作生产(技术提成)

合作生产(技术提成)是指技术提供方将拟转移的技术投入某一现存企业,通过获得运用该技术生产的产品的分红权或提成权等形式实现技术向需求方转移的过程。

技术提供方的收入可以按照该产品的利润的一定比例分成(分红权),也可以按照该产品的产值、销售收入的一定比例提成(提成权)。

合作生产的技术转移权限一般以区域独家使用权和区域排他使用权转移为主要形式。技术提供方一般很少选择所有权转移,而技术需求方又不太愿意选择普通使用权转移。

在这种转移形式中,技术需求方是现存的企业,且所处行业、核心能力与转移技术相关或相近,一般不是为了接受该技术新成立的公司。

各种专利许可、技术许可实质上都属于这种合作生产的技术转移形式。

由于专利技术受法律保护的边界较为清晰,在现实中专利技术许可要远比非专利技术(专有技术)的许可运用广泛,形式也多种多样,主要包括独家许可、区域独家许可、区域排他许可、普通许可等,这几种许可的差别与上述技术转让相同,许可均指使用权而不涉及所有权,如果涉及所有权的变更,我们认为一般应归为转让的范畴。

4．自我转化

自我转化是指技术持有者自己将技术在企业内部进行转化。包括从研发部门向生产部门的转化,也包括母公司向子公司、分公司的转化等。

根据我们近几年的连续调查发现,企业自己研发的新技术,一般都以自己使用为目的,绝大部分会进行自我转化;我国改制的应用型科研院所的科技成果,也会有相当大部分通过自我转化将研发成果应用于工程或生产。这两类单位向外转移的技术比例相对较少。而高等院校的科技成果,则大多采取向外进行技术转移,本单位内的转化比例较低。

五、技术转移的标的物

技术转移的标的物通常是受产权保护或者拥有事实上的独占权、可以用于交换的技术。

如果该项技术不受产权的保护或者没有事实上的独占权,一般是很难进行技术转移的。技术需求方可以直接通过许多途径获得该技术,如通过解剖模仿、公开信息查询等途径。

如果该项技术虽然受产权保护或者拥有事实上的独占权,但却不能用于交换,如无法直接用于生产改进或生产出新产品、提供新服务,或者持有者不愿意用于交换,也不能形成技术转移。

用于交换的技术通常称为技术商品,技术转移的标的物实质上就是技术商品。

在现实经济生活中,技术转移的标的物(技术商品)主要是专有技术和专利技术。有的时候也涉及商标、许可证贸易特许经营权、版权等几种表现。下面只讨论专有技术和专利技术两种形式。

1. 专有技术

专有技术又称技术诀窍(know-how)、专门技术或技术秘密,它是相对于专利技术而言的,通常是指为个人或企事业单位所拥有的,从事生产经营活动所必需的未向社会公开的秘密技术知识和经验。专有技术不仅包括技术方面的知识,而且还包括管理方面的知识。各个行业在企业生产、经营、管理的各个环节都有着各种专有技术。专有技术的所有权虽然不受法律的保护,但由于各自都采取了严格的保密措施,外界常常难以了解和掌握。

20 世纪 50 年代之后,专有技术作为一个专门术语在世界上得到广泛承认和使用。但对于专有技术的确切含义或概念则有各种不同的解释。例如,世界知识产权组织(WIPO)在 1958 年 10 月的会议报告中指出:"关于产品制造的方法和技术实施的全部知识诀窍和经验可以称为专有技术。"保护工业产权国际联盟在 1969 年指出:所谓工业专有技术是指有一定价值,可以利用,为有限范围专家知道并未在任何地方公开过其完整形式和未作为工业产权取得任何形式保护的技术、知识、经验、数据、方法或其组合。在 1980 年 12 月颁布的《中华人民共和国中外合资经营企业所得税实施细则》中,首次将"专有技术"一词作为专门术语写入法律条文。在 1985 年 5 月国务院颁布的《中华人民共和国技术引进合同管理条例》中也有如下叙述:"以图纸技术资料、技术规定等形式提供的工艺流程、配方、产品设计、质量控制以及管理等方面的专有技术。"这一叙述也在一定程度上反映了专有技术的内容。

虽然对专有技术的各类定义在内容上不尽相同,但可以看出专有技术有几个公认的特征:

(1) 专有技术是没有取得专利权保护的技术知识。专有技术和专利技术都是人类智力劳动的产物,但专有技术是指那些除已经取得专利权的技术知识之外的各种技术知识。对这一点,世界各国的看法是一致的。

(2) 专有技术是一种以保密性为条件的事实上的独占权。

(3) 专有技术是动态性技术。是一种难以具体限定其范围的不断发展和自我完善的动态技术。它不像专利技术那样受到专利权的权利保护范围限制。

在技术引进中,取得专有技术是核心。这是因为专利技术在申请时,往往只公开了一部分发明内容,申请者往往千方百计保留其核心机密,这一部分核心机密就属于专有技术,由于它是未公开的秘密技术,不为竞争对手和社会所了解,因此从某种程度上讲它比专利技术具有更大的经济价值。同时,由于一部分专有技术是专利技术中未披露的核心技术,因此专有技术有时包含了最关键的技术。专有技术通过一般的技术情报和专利说明书是难以掌握的,只有通过技术引进,经过消化吸收才能真正掌握。

2. 专利技术

专利是一个法律名词,是指一项发明、创造、设计或革新的首创者,经过向有关专利主管机构申请登记并获批准后所获得的一种工业产权,这种工业产权称为专利。

专利权是属于一种有产权的私有技术。申请被批准后,专利权归申请的企事业单位或个人所有。专利权的持有人在一定的期限和一定的范围内对所拥有的专利享有独占权,即享有使用专利技术进行某种产品的生产制造的特权。专利权受专利权批准机关所在国法律的保护,任何侵犯专利权持有人权益的行为,都将受到法律的追究和制裁。专利权持有人既可以利用(使用)专利技术,也可以不同权限地让渡专利权。

第二节　技术转移的动因、过程与前期准备

梳理技术转移的动因,可以帮助技术持有方了解在什么情况下需要考虑进行技术转移(以免技术被束之高阁),也可以帮助技术需求方掌握寻找所需技术的方向和途径。

一、技术持有方的动因

技术提供方(持有方)愿意转移技术一般有以下原因:

(1)为了直接获取经济效益。当技术持有者为科研院所、高等院校、技术开发型企业时,由于他们只会选择极少数的技术进行商业化生产,对于绝大部分技术,通过转移的形式是他们获取经济效益的主要途径。当技术持有者为生产型企业时,如果所研发的技术对企业不适用(例如不是企业的发展方向),或者企业已经运用该技术并且转移后不会造就威胁自己的竞争对手时,都会选择技术转移以使这些技术发挥最大效益。例如,美国通用电气公司开发了一种用于石油开采的技术,但是这种技术与公司目前的经营业务关联度不大,于是通用电气公司便决定把它售出。

(2)为了扬长避短。大部分科研院所、高等院校和技术开发型企业,他们的优势在于不断推出新技术和研发新产品,而生产组织、市场开拓、资金筹措等则是他们的弱势。显然,从扬长避短出发,这些技术持有者会对自己研发出来的新技术、新产品优先选择技术转移来获取收益,并不断扩大技术的再生产。

(3)竞争对手的威胁。当其他拥有该技术的单位或个人开始大规模向外转移技术时,也会迫使技术持有者考虑进行技术转移。因为随着其他技术持有者的技术转移,在同一市场技术的运用会产生更多的竞争对手,市场竞争会日趋激烈,技术持有者的市场

份额和利润会不断减小,与其让别的技术持有者不断通过转移技术获利,不如自己也加入技术转移的行列,分享一部分技术转移的利益。

(4)为了拓展更大市场。除了少数跨国公司,如微软、思科等可以自己拓展全球市场之外,绝大多数企业都无力独霸全球市场。而且对许多公司来说,独立拓展全球市场也未必是最经济、最有效的作法。例如,德国大众汽车公司为了拓展中国汽车市场,不仅与我国上汽合作,还与我国一汽合作,不断将其技术向我国转移,其目的就是想进一步利用中国的各种资源,拓展更大的市场。

(5)为了进入某个特定市场。一些进入门槛较高或者需要资质的行业,技术研发方要想直接进入这类行业需要克服诸多困难,不如选择行业内的大中型企业或具有资质的企业进行合作,可使进入某个特定市场显得更加容易。

(6)与公司的总体战略不符。有的公司开发的技术与公司的总体战略不相吻合,也会选择技术转移。一种情况是公司实施了新的发展战略,那么一部分原有技术可以通过技术转移获得收益并帮助公司完成战略转移;另一种情况是公司已经开始了战略转移,技术才开发出来,公司也会优先选择技术转移。

(7)缺乏技术运用的配套资产。如果技术持有者缺乏某种技术运用的配套资产,而这种配套资产对于产品的生产和销售又非常重要,公司就会考虑转移这项技术。例如,Sinclair 公司是英国一家小型的消费电子类公司,公司在彩色纯平电视技术方面取得了突破,但是公司缺乏实力将这项技术推入市场,于是公司就与大型跨国公司合作组建了合资公司,来推进这种技术的商业化。

(8)已有了更新的技术。一些技术先进国家的公司,当开发出新的技术后,便会将原有的技术向技术相对落后的国家转移,如集成电路、计算机器件等,美国等国就不断将其二流技术向亚洲的国家和地区转移,一方面可以通过技术转移获得收益,另一方面可以降低这些二流技术的生产成本。

促进技术持有者进行技术转移的因素是多方面的,而且一般都是多个因素的共同作用,促使了技术从持有者向需求者的转移。

二、技术需求方的动因

技术需求方寻求技术转移一般有以下主要原因:

(1)自身无力开发。当企业通过市场调研和自身条件评价、选中一个新技术项目而自身又无能力进行开发时,那么技术转移将是获取这项新技术的唯一渠道。这类需求是各类技术需求中最主要的需求,尤其在传统行业向新兴行业转移的过程中十分常见,是这些企业迅速进入一个新领域的最简捷的途径。

(2)节约研发和进入市场的时间。市场竞争是无情的,赢得时间就是赢得先机。时间领先是获取新技术利润的一个重要途径。特别是当某项技术的市场已经启动或者一触即发时,时间的领先就显得尤为重要。通过技术转移获取所需技术,不仅可以节约该技术的研发时间,还可以借助技术研发方的经验,节约新技术中试和商业化的时间。

(3)节约研发费用。技术的研发涉及许多基础条件,而这些基础条件的建设并非一朝一夕的事情,而是一个企业多年来积累的结果。如果企业技术积累不足,那么选择技术转移将比自行开发更加节约成本。

(4)缩小技术差距和增强自身技术能力。选择技术转移来获取新技术,是共享人类文明进步、学习先进技术的一条有效途径。通过技术转移后对技术的消化、吸收和学习,可以学到许多新知识、新技术,是缩小企业之间技术差距、迅速提高企业自身的技术能力的快捷方式。

(5)减小技术研发风险。技术研发是一项风险很高的活动,技术研发的成功率受到多方面因素的影响和制约。尤其是对于那些技术能力不高,对拟研发技术缺少积累的企业,规避研发风险显得尤为重要。通过技术转移获取所需技术,可以很好地规避技术研发中的风险,可以集中人力、物力和财力和其他各种资源,降低技术转移后的风险,如降低批量生产、市场营销的风险,而这些风险的控制可能正是企业所熟悉的,这样可以有效地把风险控制在可以接受的范围之内。

(6)受法规、政策限制。要想获得一些受法律、政策保护的技术,一般只有通过技术转移的形式。例如,受专利权、著作权保护的技术,自行开发会遇到侵权的问题,而选择技术转移将会是更稳妥的行为。

企业存在技术需求,同样是多个方面的因素共同作用的结果。或者说,对一部分企业来说,通过技术转移来获取需要的技术,存在着多方面的好处。正是多方面的因素和好处,最终促使了技术需求者在技术市场上寻求技术,接受技术转移。

综上所述,技术转移具有经济合理性和客观可能性,直接受到经济利益的驱动和技术市场的调节,因而,技术转移成为技术活动中的一种普遍现象。正是这种技术转移活动,促进了国家和企业技术水平的提高和技术能力的提升,促进了人类社会、经济的发展,促进了人类的进步。所以,技术转移对人类社会发展所起的作用是十分巨大的。

三、技术转移的基本过程

技术转移涉及技术提供方和技术需求方的共同努力,缺少了其中任何一方,技术转移都将无法实现。技术转移的过程可用如图 7-1 所示的框图表示。

图 7-1 技术转移过程

下面对技术转移的上述七个主要阶段做简要说明。

（1）信息发布与收集。技术转移涉及技术需求方和技术提供方。技术提供方期望进行技术转移，一般会通过适当的方式将相关信息发布出去，如技术商品交易会、高新技术产品博览会等；技术需求方期望接受技术，也会通过适当的途径、组织专人收集这方面的信息。如果没有相关信息的发布和收集，技术转移显然是不可能进行的。技术提供方不仅需要发布期望转移的技术信息，也要收集技术需求方面的信息；同样，技术需求方不仅需要发布期望所需技术的信息，也要收集技术供给方面的信息。

（2）相互考察与初步判断。技术需求方在获得某些与自己对路的技术转移信息后，一般需要进行进一步的专家咨询和市场调查，由此对获得的技术信息进行初步判断。技术提供方在获得技术需求信息后，一般也需要通过各种途径，对技术需求方的情况做一定的了解，并初步判断是否可以作为技术转移的对象，如果采用技术作价入股和合作生产模式，这一阶段的工作是十分重要的，因为技术提供方是否能获得收益和收益的大小，都直接与技术需求方紧密相关；如果采取技术转让模式，技术提供方对技术需求方的考察可从简。

（3）供需双方沟通信息。经过技术提供方或技术需求方对获取信息做出初步判断后，会主动创造条件与另一方进行接触，就关心的信息做进一步沟通。在我国，绝大多数是技术需求方登门拜访技术提供方，这是由技术需求远大于技术供给以及技术需求方面临的竞争、发展压力所致。以技术作价入股为例（合作生产也基本相同），沟通的内容主要包括：技术提供方向技术需求方详细介绍技术的先进性、实用性、国内外研发状况、市场的主要需求、竞争的情况、产业化的投资规模和需要具备的基本条件等；技术需求方向技术提供方主要介绍对该项目感兴趣的原因、现有的生产和技术能力、可以动用的资金、接受该技术后的打算以及所了解的与该技术有关的其他情况等。供需双方的信息沟通要达到以下目的：对技术提供方来说，要判断技术需求方是否具备了接受该技术的条件，是否比较理想的技术转移对象；对技术需求方来说，要判断该技术是否自己想要的技术，对技术的先进性和成熟度是否满意，还要判断接受该技术后，自己能否形成生产能力、能否占领市场和取得预期的盈利等。

（4）对转移条件的评估。技术提供方在初步决定提供技术、技术需求方初步决定接受技术时，也就是技术供需双方有了转移技术的初步意向时，需要进一步对供需双方技术转移条件进行评估。仍以技术作价入股为例，评估的主要内容包括：第一，技术本身的评估。主要包括技术的先进性、可靠性、成熟度、适用性等。第二，对接受方基本条件的评估。主要包括技术需求方的软硬件条件、技术能力、所处行业、资金和融资能力、生产和营销能力等。第三，对将来产生效益的评估。主要包括技术转移后在近期和中长期能够取得的经济效益和社会效益，以及可能带来的负面影响。第四，对技术作价的评估。对技术作价的评估，是技术转移中的一个重点和难点，直接关系到技术转移的成败。然而目前对技术的作价尚没有成熟的方法，在本章后面部分我们将对技术作价及其相关问题做比较深入的讨论。在完成上述基本内容的评估后,技术提供方和技术需求方便可对是否转移技术做出初步决策。对于技术转让,评估的重点主要集中在技术作价上。

(5) 谈判与协调。如果技术提供方和技术需求方都同时初步决定可以进行技术转移后,接下来还有许多重要问题需要谈判和协调。谈判和协调的主要问题包括:技术转移的模式选择,比如是技术转让、技术作价入股还是合作生产;技术转移的价格以及价格的支付方式,技术转移的模式不同,价格也是不同的;转移后的服务和后续产品的开发;转移后技术的生产组织方式;转移的限制条款;违约责任等。如果是技术作价入股,还包括新公司的组织架构、风险的分担、公司层面及主要部门负责人的派出等。就我国目前的情况看,技术转移中谈判与协调是一个比较艰巨的环节,由于技术提供方与技术需求方所占的角度不同,在评估中所得出的结论也会有较大差异,因此在谈判中会有许多问题需要沟通和协调。我们认为,客观、全面的信息交流,坦诚相见的谈判风格,对谈判成功会有很大帮助。

(6) 签署合同、实施转移。如果谈判能取得成功,供需双方能就技术转移达成共识,接下来就要准备和签署技术转移合同。合同一般应该包括一个主合同和若干个合同附件。主合同主要明确技术转移双方的责、权、利;附件则是对一些细节进行约定,主要是对技术指标、先进性、成熟度、配套设施、原材料的采用、生产组织,以及有必要专门约定的内容进行约定。合同附件与主合同具有同等法律效应。签署技术转移合同后,紧接着是技术转移的具体实施。在实施转移过程中,技术提供方要完成以下工作:向需求方(转让、合作生产)或新公司(技术作价入股)移交技术样机和相关的技术文件;对需求方或新公司的相关人员进行培训;提供原材料、零部件的供应渠道;根据事先的约定对技术进行改进和完善等。技术需求方要完成以下工作:资金筹措和落实生产条件(厂房、设备和场地等);人员准备;协作条件的准备和落实;市场营销网络的建设;组织结构的调整(如合作生产一般需进行独立核算;技术作价入股一般需将一部分人员或生产条件划入新公司等);其他辅助和配套设施的建设等。

(7) 经营。上述工作完成后,还有几件重要工作要做:以技术作价入股为例,技术提供方将协助技术需求方完成新产品的鉴定或验收;产品与工艺技术的完善和改进;技术体系和管理体系的建立;产品标准的建立等。技术提供方要帮助技术需求方将上述工作进行完后,技术转移才可以基本告一段落。接下来技术提供方还需对所转移的技术承担一段时间的售后服务,即解决在实际生产经营中遇到的问题(一般会在双方签订的合作中明确售后服务的内容)。在售后服务期内,技术提供方应承诺及时解决转移技术所出现的问题,最大限度保证技术需求方或新公司生产、经营活动的正常开展。

四、技术供需双方需树立的基本观念

根据大量的调查研究表明,我国技术对外转移(即不包含自我转化)的比例提升缓慢的一个很重要的因素,是技术提供方与技术需求方在一些基本观念上相差较远,技术需求方(企业)对科技界的工作思路、办事程序、所关心的重点等不十分熟悉;而科技界又未能很好地站在企业界的位置上来考虑问题。如果科技界和企业界都能换一个角度来思考问题,即技术研发机构和人员能站在企业界的位置上来考虑科技成果的转化问题,而企业界也站在科技界的位置帮助科技人员出谋划策、尊重科技人员的劳动、尽量满足科技人员的一些特殊要求,技术转移的比率将会有较大幅度的提高。因此,在开展技术转移之前,技术提供方和技术需求方都做一些前期准备,建立一些基本的观念,对促进技术转移将起到重要的作用。

1. 技术提供方需树立的基本观念

技术提供方需树立的基本观念,最主要的是要站在市场的角度、站在企业(投资者)的角度来考虑问题,把投资者想要了解的问题,事先准备和回答清楚。具体来讲,技术研发机构和人员在技术研发环节需重点树立以下几个基本观念[5]。

(1) 适用观念

任何一项科技成果,要想实现产业化成为商品,或者能在企业生产经营过程中具体运用,这项科技成果必须具备一个基本属性,即适合使用的特性。如果一项科技成果不能满足国民经济的某种需要,不能在国民经济中的某个领域,如生产领域或消费领域中找到自己的适用对象,那么这项科技成果要想实现产业化、进行批量生产,几乎是不可能的。因此,科技人员在技术研发之初,就应该思考这项技术可以应用于哪些领域,能够满足哪些方面的实际需要,比该领域的现有产品有哪些较大的改进等问题。

如果由于某种原因,在研发过程中侧重于成果的先进性和学术价值,未能很好考虑技术的适用性,那么也应在研究工作基本告一段落后,继续投入一定的精力和经费,进行科技成果的再次开发及中试工作,并在这一过程中认真考虑上述问题,使科技成果具有较强的适用性。若后续研发经费有困难,可以尝试寻求与企业合作,由企业投资进行科技成果的再次开发及中试,再次开发和中试完成后,与企业合作进行商业化或对外转移。只要研发人员能够详细说明该项成果的适用性和先进性,而且该成果的确能满足国民经济的某种需要,实践表明是能够找到企业投资的。

(2) 市场竞争观念

研发人员建立市场竞争观念,主要是要回答以下问题:第一,该产品的市场容量有多大;第二,国内竞争对手有多少,各有哪些优势;第三,国外竞争对手的状况如何,是已经进入国内市场还是正准备进入国内市场;第四,该产品的出口潜力如何;第五,可望在国内市场中占有多大份额,有多少产品可望出口;第六,在参与竞争时有哪些优势和劣势等。在回答前五个问题时,主要的工作是进行广泛的市场调查和市场预测;在回答第六个问题时,可围绕所谓市场竞争的三要素,即质量、价格和交货期来分析,同时把产品研制单位和生产单位的信誉等因素考虑在内。通过对这几个竞争因素的分析,可以较好地掌握该产品参与市场竞争的优势和劣势,进而通过改进,扬长避短,以增强该产品的竞争能力。

(3) 成本观念

一项科技成果转入批量生产的单件产品成本是多少？恐怕大多数研发人员都很难准确回答出来。事实上，研制开发阶段的样机成本与批量生产的产品成本是完全不同的两个概念，分摊的费用有较大差异，从原材料、零部件的角度看，样机成本会大于批量生产的成本；但从分摊的费用来看，样机分摊的费用会远远小于批量生产时分摊的费用，因此，由于核算的体制不同，这两种成本在数量上可能大相径庭，甚至基本没有可比性。解决这一问题的办法是：技术提供方安排专人掌握成本的概念、构成，成本的分摊和测算方法，对批量生产的成本进行较为准确的估算。在技术转移过程中，投资者是必定要询问产品成本这一问题的，因为这直接关系到产品能否进入市场以及在市场中的竞争能力等重大问题，若能准确回答这一问题，对促进技术转移将大有裨益。

(4) 投资回报观念

在技术转移过程中，投资规模和投资回报也是投资者十分关心的问题，它将直接关系到投资者的资金筹措和资金运用。投资规模主要包括两个方面的投资：一是固定资产，主要包括土地、厂房、机器设备等的投资；固定资产投资应重点考虑产品的年设计生产能力等因素。二是流动资金，主要包括原材料、辅助材料、在制品、半成品、产成品等的资金占用；流动资金的投放量主要应考虑产品的年设计生产能力和资金的年周转次数等因素。投资回报是指每年能给投资者带来多少利润，投资者能在几年内收回投资。利润的原理性计算公式为销售收入减成本和税收。年利润与总投资之比称为投资回报率。到底投资回报率多大才有利于技术转移，不好一概而论，这与产品的持续获利能力等因素相关，如生物医药、高端装备制造等获利周期较长的技术，投资回报率可以适当偏低；而对于一些快变易逝性的电子类产品（如一些数码产品、计算机应用软件等）而言，则对投资回报率要求较高。就一般产品而言，投资者若能在三至四年内收回投资，投资回报率能保持在 25% 以上，技术转移会相对容易；若投资回报率在 20% 以下，研发人员不妨在进一步降低产品成本和增加产品的适用性（以便扩大产品批量）上多下功夫，通过这两条途径可提高产品的投资回报率。

(5) 风险观念

经济学中有一句名言，叫作"没有风险就没有利润"。作为投资者来说，在投资时必定要对风险进行充分估计。投资风险主要涉及产品的成熟程度、市场定位、市场前景或市场占有率、技术寿命、经营能力、投资规模和投资回收期等因素。上述因素有些只能定性描述，有些可以定量表示，还有一些需要用概率来表达。投资者对风险估计的很多信息首先来源于技术的研发人员，如果研发人员能对其科技成果所涉及的上述因素有比较全面的了解，能够对投资风险进行比较详细的描述和解答，能够具体测算出在理想情况下投资者所能获得的利润、在最坏情况下投资者的最大损失以及在通常情况下的投资效益，那么对帮助投资者制定投资决策、促进技术转移会有很大帮助。如果科技人员通过风险分析感到风险偏大,则应通过改进以减小风险,否则投资者也会因风险过大而不敢投资。

在技术转移过程中,如果能将以上几点融会贯通,再结合科技成果的具体特点写出详细的文字材料,便得到一份很好的技术转移的招商报告。这样的招商报告,基本包括了技术需求方所关心的主要问题,而且简明扼要,能起到事半功倍之效。

2. 技术需求方需树立的基本观念

在我国,总体来讲是技术需求大于技术供给,一些新兴技术、前沿技术更是技术需求方追逐的热点。许多企业为了长期持续发展,或者产品升级换代、产业转型升级,总会密切关注相关技术的发展动态,积极寻求新的技术。但许多企业找了不少项目,其中好的项目也不少,但总感觉有不满意之处,合作成功的却不多。究其原因,有技术提供方的原因,但也有技术需求方的原因。前面谈到了技术提供方需要树立的几个基本观念,正是想在一定程度上解决一些技术提供方的观念问题。技术需求方若想提高项目合作的成功率,我们认为也应树立一些基本观念。其中要解决的关键问题,是力争使企业界站在科技界的位置来思考问题,多了解科技人员的工作特点,与科技人员多一些共同语言,甚至帮助研发人员解决一些他们不熟悉的问题,如成本核算、市场调查等。归纳起来,我们认为技术需求方应重点树立以下几个基本观念[5]。

(1) 技术有价的观念

目前,不少企业或多或少存在着技术不值钱的观点。产生这种观点的主要根源,是企业界对科技人员劳动的特殊性不甚了解。如果技术需求方在科技人员面前流露出这种观点,合作一般是很难成功的。科技人员的劳动是一种高级、复杂的劳动,这种复杂劳动的价值,将数倍、数十倍于简单劳动的价值;一项高新技术成果的产生,是科技人员经过国家多年培养,通过科技人员经过数年、数十年知识积累的结晶,其中还极有可能经历过许多挫折和失败,有些甚至凝聚了毕生精力,因此具有很高价值。高新技术成果的价值,远远不是这项科技成果的材料费和科技人员的薪酬,更不能与普通商品的价值同日而语。技术需求方在与研发人员交流时,应多了解技术研发时的艰辛和付出,尊重和承认研发人员这种特殊劳动的价值。

(2) 高回报与高风险并存的观念

高新技术成果在一定程度上具有独创性和垄断性,因此存在着一定的垄断利润,即高额的回报。但是,没有风险就没有利润,正因为高新技术具有独创性的特点,致使高新技术转化是一项高风险的活动,其风险主要来源于外部环境的不确定性,项目转化本身的难度和复杂性,以及项目转化者的能力和实力的有限性。因此,技术转移的过程是一个高回报与高风险并存的过程,既不能只看到高新技术的高回报,也不能只看到高新技术的高风险,应在思想上牢固树立高回报与高风险并存的观念。对于厌恶风险的技术需求方来说,也不要过分放大风险,只要加强对技术和市场信息的收集和分析,风险是可以在一定程度上得到减小和控制的。而对于乐观的投资者来说,认真梳理各类风险因素和可控程度,也是十分必要的。

（3）市场需开发的观念

技术转移后一定会涉及市场开发这一十分重要的环节。技术转化为商品后的市场一般都不是现成的，是需要技术需求方花大力气开发的。可能技术提供方会提供一些市场需求信息，技术需求方也可能具有一些类似的市场基础，但这些都不足以保证技术转移后获得足够的收益。不难想象，如果一项技术转化为商品后的市场是现成和足够大的，那么这项技术恐怕早已转化为商品了。因此，技术需求方要牢牢树立市场需要开发的观念，既想技术先进适用，又想市场现成且足够大，这种技术只能是可遇而不可求的。如果技术需求方没有市场需要开发观念，一般很难寻找到满意的技术。技术需求方根据自己对市场需求的调查，要求技术提供方对技术的市场定位做适当调整是可以的。

（4）投入到产出需一段时间的观念

技术从提供方向需求方转移后，技术需求方还有一些事情要做，比如生产场地的准备、机器设备的购买、产品中试和小批量试制，甚至二次开发和试销等。这些环节都需要时间，而且在这段时间内基本只有投入没有产出。所以从技术引入到实际投产、获取利润需要一段较长的时间，这段时间的长短主要取决于技术需求方运用该技术的基础条件、技术人员的到位情况和素质、市场开拓情况、中试情况、资金到位情况、设备和原材料的到位情况等。因此技术需求方决不能把承接技术转移看成吹糠见米、一朝见利的事情。

拓展阅读

第三节　技术转移的模式分析

一、现有模式的含义和特点

科技成果产业化的模式有多种，目前应用较为普遍的模式主要有发起组建股份制企业、联合兴办有限责任公司、合作生产、技术转让、自我转化等几种模式[6][7]。

1. 发起组建股份制企业模式

发起组建股份制企业是指以高新技术的产业化为募股或集资的主体，向社会定向或公开募集高新技术产业化所需的资金，按股份制企业的要求进行组织和运作的高新技术产业化模式。

这种模式主要有以下特点：

（1）可筹集较大数量的资金，适合于所需资金较多的高新技术项目，资金一般在几千万甚至上亿元；

（2）参与合作的企业或单位较多，如《公司法》规定"设立股份有限公司，应当有二人以上二百人以下为发起人"；

（3）技术提供方通过技术作价入股在公司中占有相应的股份，也可再投入资金或其他资产（如技术研发或改进时需要的仪器设备）；

（4）出资各方通过企业股东大会行使其权力，各主要出资方参加企业董事会，企业经营班子在董事会领导下工作，经营班子（除主要技术人员外）原则上在社会公开招聘；

（5）各出资方按在股份公司所占股份分享利润和分担风险；

（6）技术提供方需向股份制企业移交全部技术。

2. 联合兴办有限责任公司模式

联合兴办有限责任公司是指技术提供方以技术作价为主要出资方式与其他出资企业或单位联合兴办有限责任公司，公司自主经营、独立核算、自负盈亏、独立承担经济和民事责任的高新技术产业化模式。

这种模式的主要特点是：

（1）对资金无严格的要求，高新技术产业化所需资金可大可小，几十万，一二百万可组建有限责任公司，几千万、上亿元也可组建有限责任公司；

（2）合作的单位数量在两家及两家以上；

（3）技术提供方通过技术作价入股在公司中占有相应的股份，也可再投入资金或其他资产；

（4）合作各方派人参与企业的决策机构和经营机构，对企业实施共同经营和管理；

（5）合作各方按在公司中的股份分享企业利润，按出资承担企业亏损；

（6）技术提供方需向有限责任公司移交全部技术。

3. 合作生产模式

合作生产是指技术提供方将技术投入一个现成的企业进行生产，现成企业对进行合作生产的技术产品实行独立核算，技术提供方按合同规定的比例获得相应收入的技术转移模式。

这种模式有以下主要特点：

（1）技术提供方只提供技术，生产中所需的其他条件一般都由合作生产的企业提供；

（2）合作生产中的管理工作以合作的企业方为主，技术提供方一般只负责技术方面的工作，技术提供方有保证合作生产正常进行的义务和监督合作生产经营状况的权利；

（3）技术提供方可按技术产品利润的一定比例分成，也可按技术产品的销售收入的一定比例提成；

（4）技术提供方一般不承担合作生产中出现的风险和亏损；

（5）技术提供方可以把全部技术移交给合作生产的企业，也可以保留一部分核心技术，但要以保证合作生产的正常进行为前提；

（6）技术提供方在把技术提交给企业的同时，企业一般要支付给技术提供方一定数额的技术入门费，技术入门费主要用于弥补技术研制过程中的一部分成本。

4. 技术转让模式

技术转让是指技术提供方以一定的价格把技术的部分或全部权益出售给技术接受方,由技术接受方单独实施技术的产业化工作。

这种模式的主要特点有:

(1) 技术提供方把全部技术资料提供给技术接受方并指导接受方生产出合格产品后,技术转让即告完成,技术接受方在实施技术产业化过程中的生产经营活动与技术提供方无关;

(2) 技术接受方向技术提供方支付的技术转让费除能弥补技术研制过程中的成本之外,一般还应使技术提供方有一定的盈利(如果是普通使用权转让,不排除单次转让技术提供方无盈利)。

5. 自我转化模式

自我转化是指技术持有者自己将技术在企业内部进行转化。

这种模式比较单纯,其特点是技术持有者从技术开发、研制到产业化形成一条龙,在产业化过程中不与其他单位发生关系,技术产业化过程中的风险和利润均由技术持有者独自承担和享有。

二、现有模式的优缺点

1. 发起组建股份制企业的优缺点

发起组建股份制企业的优点是:

(1) 可以在较短时间内筹集到较多的资金,尤其适用于大型高新技术项目的产业化;

(2) 企业组织结构和监督机制比较完善,所有权与经营权分离,经营活动受单个出资方(股东)的影响较小;

(3) 可在较大范围化解高新技术产业化过程的高风险。

发起组建股份制企业的缺点主要有:

(1) 发起和策划过程比较复杂,发起需要较多的资金投入,发起人需承担发起组建股份制不成功的损失;

(2) 需较多出资方同时响应,能否组建成功具有一定不确定性;

(3) 对技术项目本身的要求较高,一般要求技术项目是处于国内外先进水平、市场前景明显、已完成中试或小批量生产的大型高新技术项目;

(4) 技术提供方要到公司分红后方可逐步弥补研制开发成本。

2. 联合兴办有限责任公司的优缺点

联合兴办有限责任公司的优点主要有:

(1) 兴办有限责任公司的过程比较简单,成功的可能性较大;

（2）项目和投资可大可小；

（3）可综合发挥技术提供方的技术优势和出资合作方的经营管理和市场优势；

（4）后续产品的开发有一定的保证。

联合兴办有限责任公司的缺点是：

（1）公司经营班子一般由各股东单位派出，会因文化等方面的差异，给经营班子的团结和协作带来一定困难，严重时会影响到公司的正常经营活动；

（2）由于合作单位较少，各股东对公司的要求各有不同，股东对公司的不同诉求常直接或间接影响公司的经营活动；

（3）股东利益与公司利益有时不完全一致，如公司希望有较多积累以便有强有力的发展势头，而个别股东则经常要求公司有较多的短期回报；

（4）技术提供方要到公司分红后方可逐步弥补研制开发成本。

3. 合作生产的优缺点

合作生产主要有以下优点：

（1）出资合作方可充分利用现有资源，实际现金投入一般都较小；

（2）技术提供方在合作之初已得到一笔技术入门费，弥补了一部分技术研制开发费用；

（3）基于上述两条，合作双方的风险都较小；

（4）主要由出资合作方负责经营管理，组织结构较单纯，且有出资合作方作后盾，经营活动易于开展。

合作生产的主要缺点是如何协调技术移交与保证技术提供方利益的问题。若技术全部移交给出资方，如何保证技术提供方的利益分成将成为复杂问题；若技术不完全移交给出资方，那么如何保证生产经营活动的正常进行又将成为重要问题。另一个缺点是后续产品的开发得不到充分保证。

4. 技术转让的优缺点

技术转让的主要优点是：

（1）技术移交比较彻底；

（2）生产经营活动的组织比较单纯，基本不再与技术提供方发生关系。

技术转让的主要缺点是：

（1）技术接受方需要一次性支付较大数额的技术转让费，因而风险较大；

（2）后续技术的开发难以进行。

5. 自我转化的优缺点

自我转化的主要优点是：

（1）技术研发和生产一条龙，便于组织生产和经营活动；

（2）通过生产和销售的信息反馈，便于产品研制工作更加完善和不断对产品进行改进。

自我转化的主要缺点是：

（1）需要自己筹集资金，解决场地、生产设备，建立营销网络等，要求企业具有资金筹措、批量生产和市场营销等较为综合的能力；

（2）如果是高校院所进行自我转化，则需自己完成批量生产、市场开拓等科技人员不很熟悉的工作。

三、入门费-有限责任公司模式

通过上述分析可以看出，股份有限公司模式、有限责任公司模式对技术提供方来说，产品研制开发过程中所支出的费用要等到公司产生效益并实施分红后才可能逐步得到弥补，而且到底能否收回成本并产生收益，并不完全取决于技术本身，涉及的因素很多，尤其是与合作后的具体经营管理和市场开拓有很大关系。所以对一些市场前景看好的高新技术项目，尤其在想要合作的单位较多的情况下，技术持有方通常不愿意等到几年后才收回成本，更不愿去冒甚至无法收回成本的风险。

鉴于上述情况，技术持有方往往愿意采取技术转让模式，以便尽快收回技术研发的成本、获取技术研发的收益。但这类技术往往作价较高，采取技术转让模式会对技术接收方产生较大的经济压力和风险，且不利于后续产品的开发，因此技术接收方一般又不愿采用技术转让模式。尤其对于作价几百万、上千万的技术，要让技术接收方一次支付巨额的技术转让费且独自承担技术转让后的风险，一般是不现实的。

再看采用合作生产模式是否能解决上述问题。采用合作生产模式可以使技术提供方在合作之初得到一笔技术入门费，能弥补一部分研制开发成本；技术接收方也可充分利用现有条件，减小投资额度和风险。但合作生产模式也有明显的缺点：对技术提供方来说，合作后如何了解和掌握合作生产的收入和利润，如何确保能分得应该属于自己的那部分利润，将成为一个重要问题，这一问题在理论上看似乎十分简单，但在实际操作中却十分复杂；对于技术接收方而言，由于技术人员不完全介入合作生产过程，后续产品的研制开发很难得到保证。

根据上述分析以及为了克服现有技术转移模式的不足，特提出一种新的技术转移模式，称为入门费-有限责任公司模式[6]。

所谓入门费-有限责任公司模式，是指技术提供方和出资合作方共同组建有限责任公司，在合作之初，出资合作方支付技术提供方一定数量的技术入门费，或者由出资合作方购买技术提供方的一部分技术股份。

归纳起来，这种模式主要有以下优点：

（1）兴办过程与有限责任公司相同，比较简单，成功的可能性较大；

（2）项目和投资可大可小，几十万到几千万甚至上亿元均可；

（3）可综合发挥技术提供方的技术优势和出资合作方的经营管理和市场优势；

（4）技术提供方在合作之初可得到一笔技术入门费，弥补了一部分技术研制开发费用，同时仍然在新公司中占有相应的股份；

（5）技术移交比较彻底；

（6）后续产品的开发有一定的保证；

（7）由于出资合作方在合作之初要支付技术入门费，可在一定程度上迫使出资方的资金到位。

这种模式的主要缺点基本与有限责任公司模式相同。

这种技术转移模式较好地综合了有限责任公司模式和合作生产模式的优点，又克服了合作生产模式的不足，经实际操作，我们感到对比较大型（技术作价较高）、技术先进、市场前景看好的项目，是一种较好的转移模式。总的来说，这种模式对技术提供方较为有利，正因为如此，这种模式对技术的要求也较高，适用于市场前景看好、回报率较高、能在较短时间收回投资的高新技术项目。如果达不到这种要求，采用这种模式的成功率也就较低。

四、各种模式的选择依据

在技术转移过程中，出资合作者和技术提供者共同关心的问题，主要有投资的大小、利润的多少、风险的大小及分摊、合作后各合作方的影响和控制程度、后续产品的开发等。在具体操作时，不同的出资合作者或技术提供者各自关心的重点又各有不同。下面就从这几个主要方面来看看如何选择技术转移模式，出资合作者和技术提供者在具体选择高新技术产业化模式时，可根据自己关心的重点加以考虑[7]。

1. 从投资大小看

若需投资几千万甚至上亿元，技术持有方在策划技术转移时一般应首选股份有限公司；若需投资在几十万到千余万元之间，一般可选择有限责任公司；若出资方希望充分利用现有条件，可选择合作生产模式。若技术提供方在技术转移时不愿再作资金投入，那么除了自我转化模式之外的几种模式都可供选择；如果技术提供方也对技术的商业化前景看好，愿意投入适当的资金或资产，那么可选择有限责任公司或股份有限公司模式。

2. 从减小风险看

对于投资较大的项目，若希望在较大范围分散风险，可选择股份有限公司模式；对于投资较小的项目，若出资合作方和技术持有方都想减小风险，合作生产是一种较好的模式；若技术提供方不愿承担风险，可选择技术转让模式。

3. 从多获利润看

技术持有方想独享利润，当然选择自我转化模式；出资合作方想独享或较多享有利润,显然应选择技术转让模式或合作生产模式;出资合作方和技术持有方若都对技术转移的市场前景看好,都想通过技术转移后获得较多利润,那么以组建有限责任公司、对大型项目以组建股份有限公司为好,这两种模式不仅拥有长期分红的权利,还有股权增值的收益;对于市场前景看好的技术,技术转让可能是技术提供方获利最少的一种模式。

4. 从影响程度看

若想使技术转移工作受各参与方的影响较小,选择股份有限公司模式较好;若出资合作方想完全控制技术转移后的生产经营过程,可选择技术转让模式;若技术持有方想完全控制技术的商业化,可选择自我转化模式;若出资合作方和技术提供方都想参与产业化工作,可选择有限责任公司模式;若出资合作方想单方面进行技术的商业化,但又希望技术提供方在技术方面给予支持和保证,则选择合作生产模式较好。

拓展阅读

5. 从后续产品开发看

若需要后续产品的研制开发有充分保障,一般以选择股份有限公司和有限责任公司模式较好,因为这两种模式与技术提供方的联系比较紧密,通常技术提供方都要派出技术人员进入公司负责技术工作和后续产品的开发工作。技术转让模式是对后续产品开发最不利的一种模式。采用合作生产模式,技术提供方一般也不负责后续产品的开发工作,出资合作方若需技术提供方继续开发后续产品,一般要另外支付一定数量的研制开发费,但比起另找单位开发,在开发费方面通常会有较多节约,开发时间也可大大缩短。

第四节   技术商品与技术商品价格

其实,在技术转移中,有一个难题一直困扰着技术的供需双方,也困扰着学术界,这就是技术的定价问题。从理论研究的角度看,技术的定价问题到目前为止还没有一种公认的科学解决方法。本节和后续部分我们将对技术定价所涉及的一些基础问题进行介绍和讨论,以帮助读者对技术的价格问题有一个较为全面的了解。

一、技术商品的含义

众所周知,商品是用来交换的劳动产品。按照马克思关于商品属性的论述,商品具有三方面的属性:一是自然属性。商品应具有满足人们某种需要的有用性即使用价值。二是社会属性。商品应具有价值,商品的价值是凝结在劳动产品中的一般的、无差别的人类劳动,它是商品生产者与需要者之间进行交换劳动产品时共同依据的交换标准。三是交换性。交换是商品具有的根本属性。有价值和使用价值而不具备交换性的劳动产品还不能成为商品,所以只有同时具有"三性"的劳动产品才能成为商品。满足上述"三性"要求的技术就是技术商品。

技术商品是人类智力劳动的产物,是以知识形态为主的劳动产品,是可拿到市场上去交换的技术成果,是通过交换以实现技术转移和传播的技术成果和人类智力劳动的结晶。换一个角度说,人们习惯于将可用于交换(转移)的技术,称为技术商品,以区别于那些不用于交换或者无法进行交换的技术,如处于研发过程中的技术、公知技术等。

二、技术商品的特点

技术商品同一般商品相比较,具有许多特点,深刻理解这些特点,对技术管理和技术创新都会有重要帮助。从价格形成的角度看,技术商品一般有以下特点。

1. 生产的一次性

一般商品往往可以重复批量生产,由一家或多家企业重复地生产着同一种产品,以满足社会的需要。而技术商品却不同,一项新技术一经发明创造成功,只需依靠知识的传播就可以满足社会的需要,再重新去发明创造它就没有多大意义了。也就是说,技术商品的生产具有一次性的特点,起码在相当大的区域内是这样,而且随着信息技术的发展和信息传播速度的加快,这种一次性的特点所覆盖的区域将不断扩大。技术商品生产的一次性,使得它在研制过程中所耗费的劳动几乎无法找到类似的资料进行横向比较。

2. 劳动成果的创造性

一般商品的生产是以重复性劳动为主的生产。而技术商品的生产却是以创造性的劳动为主的生产,是高智力投入的复杂劳动。一般商品的生产以人的体力和机器设备的消耗为主,而技术商品的生产则是以人的脑力消耗为主。与一般商品比较,技术商品的劳动的最大特点是具有创造性,而一般商品的劳动则主要是重复性。因此,技术商品的劳动比一般商品的劳动具有更大的增值效应。技术商品越复杂,技术水平越高,其劳动的增值效应就越大。

3. 垄断性

技术商品在法律上的保护(如专利、软件著作权、商标等)或事实上的保密(如专有技术),使其具有很强的垄断性。从理论上讲,一项专利技术只为一家取得专利权的研制或使用单位所拥有。同样,专有技术在绝大多数情况下也只为一家单位所拥有。在个别情况下,某项专有技术可能为几家单位所掌握,但各项专有技术之间往往总会有一些区别,完全一致的情况是很少见的。垄断性使得技术商品往往只有一个卖主(买主可以是一个,也可以是多个),而一般商品则有多个卖主和多个买主,只有一个卖主的情况是比较罕见的。

4. 流通过程的复杂性

技术商品在流通过程中进行交易要比一般商品复杂得多。一般商品的交换过程比较短暂,只要买卖双方达成协议,一方发货,另一方付款收货,交易过程就完成了。而技术商品的交易却不然,购买技术商品的目的是进行生产并获取经济效益,因此买方要通过对技术的评价、市场调查预测、可行性研究、协商价格等过程,确定有利可图时,才会有意向洽谈购买该技术。而对于一些较为复杂的技术,买方还会要求卖方提供技术咨询、技术培训、技术服务等以协助掌握该技术。再如,技术商品的所有权与使用权可以分离(如技术商品的使用权转让、合作生产等),也可以不分离(如技术商品的独家转让、技术入股等)。而一般商品成交后,其所有权和使用权将同时发生转移,买方一旦购进某种一般商品后,就获得了对这种商品的所有权和使用权。

5. 研制和使用中的风险性

技术商品在研制和生产过程中有风险,在使用(采用)过程中也有风险,这也是技术商品与一般商品的不同之处。从研制生产方来说,技术商品的研制,是一个不断探索的过程,是一个发明创造的过程,研制不成功或者在规定的时间内研制不成功,是常有的事情。即便是研制成功了,也可能由于别人领先获得了技术专利,或者因技术进步的因素所影响,别人研制成功了更为先进的同类技术而使自己的研究成果失去了技术商品的意义,因此技术商品的研制过程具有较大的风险性。从使用者的角度来看,技术商品在采用的过程中,常常也伴随着风险,具体表现在以下几个方面:使用方无法掌握该技术,使该技术商品过时失效;在消化、掌握技术的过程中,由于市场发生了较大的变化,使该技术商品的使用者无法达到预期的经济效益;利用新技术开发的新产品不适应市场的需要;等等。因此,对于技术商品的采用方来说,也存在着较大的风险性。而对于一般商品来说,其功能、用途等都是确定的,都是有具体标准的,用户在使用过程中,一般来说风险很小。

6. 技术商品价值形成与补偿的特殊性

技术商品由于其生产的一次性、劳动的创造性、劳动消耗缺乏横向可比性、研制和使用过程中存在着较大的风险性等特点,其价值形成和补偿也有别于一般商品。对于技术商品来说,不存在平均成本的概念,很难用社会必要劳动量来衡量其价值。技术商品研究的成功率不高,许多研究项目不一定能取得研究成果,也就更无法成为商品了,这些没有取得研究成果的项目的劳动消耗,就要从研究成功的技术商品交易费用中得到补偿,否则,技术商品的研制者将无法收回其投入,也就更谈不上盈利了,所以,技术商品的价值不仅包括研制该技术商品所耗费的费用和这种创造性劳动的利润,而且还包括分摊其他没有开发成功的技术商品的研制费用,这是与一般商品所不同的。

7. 时效性

随着技术进步速度的加快,技术商品具有明显的时效性也是有别于一般商品的一个特点。技术商品的时效性主要表现在以下两个方面：从宏观上讲，一项技术商品研制成功后，随着时间的推移，其价值会越来越小，其价格也会越来越低，这是一方面。另一方面，从微观上看，由于地区间经济技术发展的不平衡，使得技术商品的寿命往往随地区的不同而异。一项技术商品可能在某个地区（如经济相对发达的地区）已经是被淘汰的技术，而在另一个地区（如经济相对落后的地区）却可能还是适用的新技术。也可能一项技术在某个地区已经推广应用，而在另一地区则还是超前技术，无法适用和普及（有些技术的应用受到配套环境的影响）。

8. 应用效果的差异性

技术商品使用后的效果除了与受让企业的生产条件、技术水平、管理水平及其努力程度有关外，还与市场环境、国家的经济政策、竞争对手的状况、市场营销策略等有密切的关系。总体来说，受让企业的技术水平和管理水平越高，市场营销策略对路，竞争对手较少、较弱，国家经济政策扶持，技术商品的应用效果就会较好；反之，应用效果则会较差。所以，对于不同的企业，甚至对同一企业在不同的情况下，技术商品应用的效果都是不一样的。一些技术接受方可能因引进技术获得巨额经济效益，而另一些技术接受方则可能因引进技术招致巨额亏损，这都不足为奇。

三、技术商品价格的形成

技术商品与一般商品一样，都是用货币形式来表现自身的价值，这就是价格。

具体来说，技术商品的价格是指技术接受方向技术提供方支付的费用或出让（占有）的权利。它可以是货币，也可以是股权或分红权等形式。在进行技术转让时，一般是技术接受方向技术提供方支付货币；在进行技术作价入股时，是技术接受方在新公司中占有的股权；在进行合作生产或特许经营时，一般是技术接受方向技术提供方出让分红权或提成权。

对一般商品而言，价格的形成基础就是价值。对技术商品而言，其价格的形成有明显的特殊性。关于技术商品价格的形成，在理论界主要有以下几种有代表性的看法。

1. 垄断价格论

这种论点认为，技术商品由于有其独一无二的特点，没有同类商品与其竞争，因而具有垄断性。从而技术商品的价格是垄断价格，这种垄断价格既不是由生产价格来决定，也不是由商品的价值来决定，而是由购买者的需要和支付能力来决定。当然，技术商品的垄断是一种脆弱的垄断，如果这项技术所产生的经济效益不能补偿支付的技术价格，技术接受方就不会购买这项技术。因此，垄断价格的上限，就是使用这项技术产生的经济效益。

2. 使用价值决定论

这种论点认为，在确定技术商品价格时，技术的使用价值起着决定性的作用。技术在市场上能卖到多少价格,主要看它的使用价值的大小,而不是看它在研制过程中耗费了多少。决定其价格的主要因素不是技术的价值,而是技术的使用价值。在国际技术市场上,高新技术的价格往往与其研制成本无关,效用相同或类似的技术,不管其研制成本是多少,在市场竞争的条件下,其价格总是大体相同的。他们所说的效用,就是指这项技术使用后产生的经济效益,即这项技术的使用价值。经济效益高的技术可以卖高价;经济效益低的项目,不论在研制阶段花费了多大成本,照样只有卖低价。

3. 价值决定论

以上两种论点都不承认价值对价格的决定作用。根据马克思的劳动价值论,不论价格的形成基础采取何种形态,归根到底,价值是价格的基础。按照马克思劳动价值理论分析,技术商品价值应由物质消耗支出、劳动报酬支出、盈利等三部分组成。作为技术商品,它的价值同物质商品相比有其共性,但又有其个性。技术商品的个性主要是:技术商品的价值构成主要是脑力劳动的消耗;技术商品的价值量,一般取决于该技术商品的个别劳动消耗;生产技术商品是一项"高风险,高收益"的创造性劳动。

四、技术商品价格的特点

技术商品是人类智力劳动的产物,是一种知识形态的无形产品。它具有使用价值和价值二重性。一项研究成果或技术如果没有使用价值,即使花费了大量劳动,最终也不会形成价值。

与一般商品相比较,技术商品价格的确定有一些不同的特点,主要表现在:

1. 技术商品的价格基础

一般商品的价格是以价值为基础,而在实际的技术商品交易中,买卖双方通常是以技术商品应用于生产后带来的实际经济效益或预期经济效益作为计价的主要依据。经济效益越大的技术商品,其成交价格就越高,反之则越低。因此实际上就是把技术商品的使用价值作为价格的基础。

2. 技术商品的价格构成

一般商品的价格构成主要是商品的生产成本加上期望得到的利润,两者相比,一般是成本较大,利润较小,利润与生产成本成一定的比例关系。而技术商品的价格则主要由三部分组成,即分摊的技术研究费用(包括分摊一部分以前没有研发成功的费用)、技术交易过程中的费用和利润,而且利润在价格构成中所占的比例很大,同时利润与研究成本之间不存在固定的比例关系。

3. 确定物质消耗的复杂性

一项技术商品通常是科技人员多年来知识积累的结晶,而科技人员知识积累是长期人、财、物投入的结果,要把这些投入准确计算出来并分摊到该项技术商品上,是一件十分复杂的工作,但在确定技术商品价格时,这种物质消耗的复杂性又必须加以考虑(可大致估算)。

4.确定劳动消耗的复杂性

创造技术商品的劳动是复杂劳动,尤其是个别人的脑力劳动在技术商品形成过程中起着十分重要的作用,这种劳动具有独创性和继承性的特点,创造一项技术成果的全过程所耗费的必要劳动和个别劳动,特别是运用前人的研究成果中所包含的劳动,是难以精确计算的;如何把这种复杂的劳动化为简单劳动,至今没有范例。

5.确定盈利的复杂性

技术商品的经济效益在投入生产之前是难以准确评定的,技术商品投产后的经济效益不仅与技术商品本身有关,而且与投产后的经营管理、生产组织、市场开拓、后续产品的开发等都有关,由于不同的技术购买者的生产条件和经营管理水平的差异,同一技术商品投产后获得的经济效益也是不同的,因此同一技术商品对不同的转移对象,就可能出现不同的盈利水平。

6.技术商品可以一次出售,也可以多次出售

技术作价入股一般是一次性的,全国独家转让也是一次性出售的;但技术商品的使用权非独家转让,则是可以多次出售的;如果采用合作生产的转移模式,既可以是一次性的,也可以是多次出售的。技术商品转移模式不同,其价格也就不一样。因此,同一项技术商品,会因转移模式和转移权限的不同而出现多种价格,这也给技术商品的定价带来了难度。技术商品在一次出售时,其价格原则上要使技术提供方有足够的盈利;而在技术商品多次出售的情况下,则不必要求每一次出售都产生盈利。

7.可供参照的资料很少

由于技术商品在一定时期、一定范围内具有首创性,因此在确定技术商品的价格时,很难有可供参照的资料。这样,用类比法或统计方法来确定技术商品的价格显然就缺乏依据。

8.反映的特点与一般商品不同

技术商品的价格既反映"高投入、高风险、高收益"的特征,又要反映随着技术进步的加快,其价格下降速度也加快的特点。

第五节　技术商品的计价因素和计价原则

前已谈到,技术商品的价格受多种因素的影响,技术商品的价格是多种因素共同作用的结果。正是因为影响技术商品的价格的因素众多,再加之技术商品有多种转移模式,才致使确定技术商品的价格成了一个十分复杂的问题。因此,研究技术商品的价格,

首先应探讨到底有哪些因素影响技术商品的价格,只有把影响技术商品价格的因素讨论清楚了,才有可能逐步建立起比较科学、合理的技术商品定价模型。

技术商品可能给买方带来的经济效益,是技术商品计价的主要依据,但不是唯一依据。在技术交易过程中,买卖双方除考虑技术商品投入生产后带来的经济效益外,还要考虑其他一些相关因素。

一、技术商品的计价因素[8]

1. 技术商品的经济效益

经济效益是技术商品定价的最基本和最重要因素。经济效益是一个含义较为广泛的概念,为突出重点,可把技术商品的经济效益简化为使用技术商品后直接创造的利润和税收。这种利润和税收是经济效益中最基本和最主要的部分。

经济效益的大小,取决于技术商品的水平、质量和市场竞争能力,取决于买方对技术的消化吸收能力,还取决于应用新技术或投产新产品的投资金额和投资回收期,取决于当时的经济、社会环境等因素。

对于以生产性技术的面貌出现的技术商品,应用新技术后的经济效益,一般应着重从以下几个方面进行分析和预测:

(1) 应用新技术后提高劳动生产率,提高产品质量,降低产品成本的程度;

(2) 新技术对企业改善经营,增强企业活力的影响;

(3) 应用新技术对产品销售和市场占有率的提高程度;

(4) 应用新技术的投资总额和投资回收期等。

对于以新产品的面貌出现的技术商品,投产新产品后创造的经济效益,一般应着重从以下几个方面进行分析和预测:

(1) 新产品的市场需求量、寿命周期和市场占有率;

(2) 新产品的劳动生产率、产品成品率;

(3) 新产品的成本(单位成本和总成本)和销售收入(单价和销售总收入);

(4) 新产品的投资总额和投资回收期等。

对于这些因素,买卖双方都要进行论证和预测,以便争取议价时的主动。买卖双方会因角度不同,各自对经济效益的预测结果可能会有较大的出入,这就需要双方都持客观的态度共同协商,或者请第三者,如资产评估事务所进行论证或评估。

2. 技术商品的研究开发成本

技术商品的研究开发成本,在一般情况下多指技术商品提供方(卖方)在研制、开发该技术商品的过程中投入的直接成本和间接成本。直接成本主要指在财务报表上可以反映的成本,如材料费、人工费、资料费、差旅费、调研费、水电房租费、资金占用费、管理费等；间接成本主要指在财务报表上无法反映的成本，如分摊科技人员知识积累的部分费用、分摊与该技术商品相关的技术的开发费用（该技术未作为技术商品出售，故其开发费的一部分或全部应分摊到将出售的技术商品之中），等等。与一般商品相比，技术商品研究开发成本中的间接成本是一笔不小的数目，在整个研究开发成本中所占比例较大，这是计算技术商品研究开发成本的一个特点，因此在分析和计算技术商品研究开发成本时，间接成本是不能忽视的。此外，技术商品的研究开发成本还应分摊为保证研究工作正常进行的各类管理人员和后勤人员的费用，此费用有的单位（如一些企业和小型研究机构）已在直接成本中列支，有的单位（如大学和科研院所）未在直接成本中列支，则应在间接成本中列支。一般而言，研究开发成本越高，技术商品的价格也会越高。

从技术交易的角度看，技术商品的买方也会在技术商品中投入一定的研究开发成本，对买方来说，技术商品的研究开发成本是指购买技术商品后进行中试、试生产及进入大批量生产的过程中所发生的费用，如果需要进行二次开发，则还应包括二次开发的费用。此费用越高，买方能接受的价格就越低。

3. 技术商品的成熟程度

技术商品的成熟程度是一个相对的概念，主要指技术商品离真正产业化或实际使用的距离。如技术商品是否经过中试，是否经过小批量试制或者大批量生产。若技术商品未经过中试或小批量试制，则该技术商品相对来说成熟程度较低；若已经经过了小批量试制或大批量生产，则其成熟程度就较高。技术商品的成熟程度不同，给买方带来的风险、投资周期和资金负担是不同的。一般来说，技术商品越成熟，买方的风险就越小、投资周期就越短，资金负担也相对较小，技术商品的价格会相对较高；反之则价格相对较低。

4. 技术商品的转移权限

技术商品的转让权限的大小直接关系到技术商品买卖双方的利益。技术商品的转移权限一般分为独占性、区域独占性和无限制等几种转移形式，这几种转移形式前面已举例说明。这些转移形式涉及技术商品的卖方是否有权再次转移该技术商品，也涉及同一技术商品的竞争对手的多少和买方是否有权将该技术商品的使用权再次转让给第三方等权益问题。通常，买方所得到的技术商品的权限越大，技术商品的价格就越高；反之，技术商品的价格则越低。

5. 技术商品的复杂程度

技术商品的复杂程度不仅指技术商品技术含量的高低和技术水平的先进程度，而且还包括技术商品是否涉及新理论、新材料、新工艺、新器件，是否使用了大型复杂的仪器设备，是否研究人员长期知识积累的结果等。因此，技术商品的复杂程度是技术商品的卖、买双方在确定技术商品价格时所要考虑的一个主要因素。技术含量高、技术水平先进的技术商品，一般来说其复杂程度也越高，凝结的劳动量也越大，研制和模仿越困难，竞争对手也会相对较少,它的价格必然较高。

6. 技术商品的市场供求状况

这个因素包括两个方面:一方面是技术商品市场的供求关系,另一方面是与技术商品对应的物质商品市场的供求关系。如果该技术商品属于买方市场,技术商品的价格就会更趋近于买方的期望价格;如果该技术商品属于卖方市场,则技术商品的价格就趋近于卖方的期望价格。对技术商品的买方来说,是否购买技术商品和愿意支付什么价格来购买该技术商品,主要取决于与该技术商品相对应的物质商品市场的供求关系,由于技术商品是知识形态的产品,价格规律对它们的调节作用是通过对相应的物质商品的市场供求来调节传递的。在物质商品市场中某种商品紧俏,与这种紧俏商品直接相关的技术商品也就成了人们急需的紧俏技术商品,这种技术商品的价格就会向上波动;反之,如果在物质商品市场中属于供过于求的商品,则在技术商品市场中这种技术商品的价格就会向下波动甚至有市无价。

7. 技术商品价款的支付方式

技术商品价款的支付方式不同,买卖双方承担的风险就不同,技术商品的价格也相应不同。在技术交易中,通常采用以下几种价款支付方式。

(1) 一次总付。这种技术商品价款支付方式主要在技术转让中使用。包括一次定价一次总付和一次定价分次付清(一般二、三次)两种方式。技术转让往往具有纯粹技术买卖的性质,技术商品的卖方负责指导技术商品的买方掌握该技术,技术商品的买方付清议定的价款(有时也留一定数量的尾款),交易便告完成。由于技术转移后的风险主要由技术商品的买方来承担,卖方承担的风险和义务较小,因此技术商品的价格可低一些。

(2) 分成法。分成法的含义是技术商品交易双方协议确定一个分成比例,逐年从实施技术商品的新增产值(销售收入)或利润中提成。由于采用分成法价款的支付周期较长,结算不太方便,支付过程中容易产生纠纷,因而卖方承担着无法获得预期收益的风险,因此技术商品的价格相对于一次总付而言会相应高一些。

(3) 定金加分成。这种价款支付方式实际上是一次总付与分成法两种价款支付方式的结合,技术商品成交后,技术商品的买方支付给技术商品的卖方一定数额的定金(又称入门费),然后再逐年从实施该技术商品的新增产值(销售收入)或利润中按一定比例分成。此种技术商品交易的价款支付方式,对价格的影响也是前两种方式的综合作用,即成交价格比一次总付高,比分成法低。这种价款支付方式在合作生产(技术许可)中使用较为普遍。

(4) 入股分红法。就是将技术商品作价并作为卖方的投资与技术商品的买方(可以是一家,也可以是多家)共同组建新企业,技术商品按照作价的金额在新组建的企业中占有相应的股份,然后按股份的大小逐年在企业的利润中分取红利。由于这种支付方式使技术商品的买卖双方在经济利益上已形成一体,而且技术商品的权益也发生了转移,因此与一次总付和定金加分成相比,因技术商品的卖方承担了较大风险,且获得收益弥补成本的时间相对较长,故技术商品的价格要相对高一些,是几种价款支付方式中最高的一种。

8. 技术商品的风险

技术商品转移后的风险是各种计价因素综合作用的结果。这些因素主要包括技术商品转化的投资额度和投资回收期,技术商品的成熟程度,技术商品转移后的管理和运作,技术商品买方对该技术商品的理解、掌握和再开发情况,技术商品转化成物质商品后的市场启动、市场开拓和市场占有情况,竞争对手的多少和运作情况,技术商品的技术寿命和经济寿命,技术商品价款的支付方式,甚至还包括国际市场的竞争情况和跨国公司的进入等因素。风险与技术商品的价格呈反比例关系,风险较大的技术商品,其价格应低一些;风险较小的技术商品,其价格应相应高一些。

9. 买方掌握的信息量

一般来说,买方对拟购买的技术商品包含的技术和市场情况所知不多,对购买该技术商品后能创造的经济效益心中无数,买方愿意出的价格也就会偏低;如果买方对拟购买的技术商品的相关信息了解较多,对技术商品的消化吸收能力较强,它愿意出的价格就会较高,也较合理,技术商品的成交可能性就较大。

在上面讨论的技术商品的各种计价因素中,有些因素是相互影响、相互制约和互为因果的,因此不免有交叉和重复之处,在综合考虑技术商品的价格时,应尽量将这些重复因素加以剔除。

二、建立技术商品价格模型的基本原则[9]

在国内外能见到的为数不多的关于技术商品价格模型的研究,都存在着这样或那样的缺陷,主要包括:未区分不同技术转移模式(模式不同,风险和价格也必然不同);影响技术商品价格的因素考虑不全且对各因素的量化处理欠科学合理(主要为了减小研究难度);未剔除影响技术商品价格各因素的相关性;甚至有些模型本身是错误的;等等。

我们认为,研究技术商品的价格模型,首先需要研究影响技术商品价格的因素,分析这些因素对技术商品价格的影响;其次需要提出技术商品作价的原则、思路,包括买方原则、卖方原则和成交原则等;再次需要确定技术商品价格模型的变量和参数设置;最后才是按技术商品转移的不同形式建立技术商品的价格模型,包括独家技术转让、非独家技术转让、技术入股、技术提成、入门费加提成等的买方模型、卖方模型及成交条件等。

技术作为一种特殊商品,其价格构成、定价原则、定价方法等都有其特殊性。技术商品价格构成的主体因素是利润分享。在建立技术商品价格模型、确定技术商品价格时,必须首先讨论技术商品的定价原则,只有充分满足定价原则基础上的技术商品价格模型,才是有理论依据的和可以实际应用的。

综合现有文献,技术商品需要满足的定价原则具体如下。

1. 利润分享原则

在国际技术交易中,一般遵循"利润分享"的计价原则,即卖方根据其提供的技术的先进性和可能发挥的经济效益,从买方应用技术后增加的利润中分享一定的比例作为技术的价金。

利润分享原则是国际上公认的比较合理的确定技术商品价格的一项基本原则,该原则在国际上被称为 LsLp 原则(licensor's share of licensee's profit)。国际组织"许可证交易协会"(LES)规定的定价方式是:由技术转让方和技术受让方共同分享用该项技术所取得的经济效益,以此作为计算技术商品价格的基础。其内涵为:计算技术提供方取得的收益应占技术接受方所取得的新增利润的一定份额。

利润分享原则的理论基础是,当技术提供方将某项技术转移给受让方生产并在市场上销售时,技术提供方将失去这项技术一部分甚至全部获得利润的机会,为此,技术提供方就要求技术接受方支付"转移机会"的报酬,这种报酬即可视为技术商品的价格。该价格的高低,决定于该技术商品创造利润的能力。因此,技术商品的价格水平,与技术接受方所获得的新增利润和利润分享率有直接关系。利润分享率可用下列公式计算:

$$利润分享率 = 技术提供方所得收益 / 技术接受方新增利润$$

技术提供方所得收益即为技术商品的价格,因此有

$$技术商品价格 = 技术接受方新增利润 \times 利润分享率$$

联合国工发组织(UNIDO)曾对部分国家进行了调查、统计和分析,认为 LsPs 在 $16\% \sim 27\%$ 之间较为合理;而美国的一些人认为 LsPs 在 $10\% \sim 30\%$ 之间是合理的,超过 30% 就高了。

2. 价格上限、下限原则

由于技术商品的卖方和买方所处的角度不同,因而各自考虑的技术商品的计价因素也各不相同,要想在建立技术商品价格模型时,由模型一次性计算出一个买卖双方都能接受且综合考虑了影响技术商品价格的各种因素的交易价格,显然还不现实。因此,更现实和更可行的选择是,技术商品的卖方和买方各自从自己的角度出发,分别确定技术商品买卖价格的上限(顶价)和下限(底价),即技术商品的卖方从自己的角度建立期望的最高卖价和最低卖价,技术商品的买方也从自己的角度建立期望的最高买价和最低买价。相对于建立一个技术商品买卖双方都能接受的模型而言,这种做法显然要容易得多。

3. 交叉成交原则

根据价格上限、下限原则,实际上已经确定了技术商品的卖方期望的一个成交价格区间,也同样确定了技术商品的买方期望的一个成交价格的区间。当这两个成交价格的

区间相交时,这个相交的价格区间便是技术商品的卖方和技术商品的买方都能接受的技术商品的价格区间,从理论上讲,在这个交叉区间里,任何一个价格都是买卖双方认可的可以成交的价格,而在这个交叉区间之外的价格,必定是买卖双方或者买卖双方中的一方不能接受的价格,也就是不能成交的价格,这就是所谓的交叉成交原则。当技术商品的买方上限价格(顶价)大于技术商品卖方的下限价格(底价)时,就存在着成交价格区间,也就是说技术商品的交易有可能成交。接下来的工作就是技术商品买卖双方的协商和谈判了,此时,谈判艺术和谈判时的心理承受能力等无法定量的因素会在协商成交价格时起到一定的作用。

4. 价格因转化模式而异原则

技术商品的转化模式有许多种,主要包括技术作价入股组建新公司、技术转让、合作生产等。对于不同的转化模式,技术商品出让方和受让方所获得收益的时间和承担的风险各不相同,因而不同转化模式的技术商品的价格也各不相同,这方面的内容已在前面进行过叙述。

5. 综合计价原则

所谓综合计价原则,就是要综合考虑技术商品计价中的各种因素,并在技术商品计价模型中得到完整的反映。具体来说:

第一,要充分考虑影响技术商品价格的诸种因素,如技术商品的成熟程度、技术商品的转移权限、技术商品价款的支付方式、技术商品的市场供求状况、技术商品的风险以及买卖双方掌握的信息量、资金利息、税收等,因为在上述原则中这些影响技术商品价格的因素尚未得到充分、系统的考虑和反映;在实际建立技术商品的价格模型时,这些因素都应通过变量和参数来加以反映。

第二,技术商品价格模型中的各种变量和参数的选择以及反映出来的与技术商品价格的关系,在理论上要有充分依据,在实际操作上要切实可行(如数据来源可靠、参数的选取有依据等)。

第三,不论哪种技术商品的转移模式,通过技术商品价格模型计算出的技术商品价格都不能为负;如果是一次性技术转让、独家技术入股、独家合作生产等,技术商品的价格一般要远大于技术商品的成本;如果是多家技术转让、多家技术入股、多家合作生产等技术转移形式,对于出售给其中一家的价格,可以小于技术商品的成本,但出售给几家的技术商品的价格之和要大于技术商品的成本。

第四,技术商品的价格应小于投产技术商品所产生的全部新增利润。严格地讲,技术商品的价格只能占技术商品全部新增利润的一定比例。以技术作价入股为例,一般技术商品的价格占技术商品全部新增利润的 $20\% \sim 35\%$ 较为适宜,如果由技术商品价格模型计算出的技术商品的价格远远大于此比例,则所建立的技术商品价格模型原则上是不能成立的。

第六节 技术商品定价的基本方法

怎样确定技术商品的价格,用什么方法较为合理地确定技术商品的价格?目前学术界众说纷纭,莫衷一是。一言以蔽之,目前尚无一种被公认为科学合理的技术商品价格模型。从目前学术界的研究情况来看,要想在较短时期内建立这种科学合理的技术商品价格模型,还有许多艰巨的工作要做。

为了更好地为建立技术商品的价格模型打下基础,有必要对现有的技术商品的定价方法和价格模型作一些介绍和对其优缺点进行简要评述。

目前关于技术商品的定价方法(模型)虽然有几十种,但其中一些模型明显缺乏科学依据,下面我们从中抽出几种有一定影响或者有一定代表性的模型,加以介绍和评述。

一、重置成本法和预期收益法

1. 方法简介

首先介绍的重置成本法和预期收益法,是目前资产评估机构在进行技术商品价格评估时使用较为普遍的方法。

重置成本法的基本思路是:计算在当前条件下重新研制该技术商品所需的成本,然后乘上一个放大系数(如150%~300%),便作为技术商品的价格。

预期收益法的基本思路是:预测出技术商品转化后近三年的利润,扣除属于该技术商品所处行业的平均利润(行业平均利润率乘上三年的总产值),剩余部分即为该技术商品的价格。

还有一种方法是期权定价法,由于比较复杂,这里不做讨论。

2. 方法评述

重置成本法在计算成本时不太可能十分准确,放大系数也很难找到统一的标准。

预期收益法的难点是预测技术商品转化后近三年的利润。正如前面所谈,技术商品具有高风险的特征,技术商品转化后的经济效益受多种因素的影响,因此预测三年的利润很难做到准确,有时甚至会出现很大偏差。

二、成本定价法

1. 方法简介

在技术交易实践中,一种简单的定价方法是:先估算出研制该技术商品的总成本,乘上一个放大系数,如总成本乘上150%~300%,便作为技术商品的售价。技术商品的总成本主要由以下三部分组成：一是前期的研究和开发费用，包括研究、设计、开发、实验、资料等费用，这是技术商品成本的主要部分；二是人工费用；三是交易和售后服务费用，包括洽谈、参加展示会、技术培训、咨询、服务等项费用。该方法与重置成本法的差别是计算成本的时间点不同。

2. 方法评述

成本定价法的主要优点是简单、直观，但存在三个主要问题：一是如何较为准确地确定技术商品的成本，这本身就是一个现今没有真正解决的问题；二是放大系数的问题，只能靠人为地主观确定，故缺乏科学依据；三是用这种方法估算技术商品的成本和价格很粗略，没有考虑到影响技术商品价格的各种因素和技术商品的特殊性，忽略的因素较多。因此，用成本定价法确定技术商品的价格，比较粗略，可作为技术商品价格的一个大致估算。

三、利润分成法

1. 方法简介

利润分成法这种方法认为，供需双方最终能在技术商品价格上达成一致的基本原则只有一条，这就是技术提供方和技术接受方共享实施这项技术所带来的收益，即前面所说的利润分享原则。

利润分享原则的核心是确定利润分享率 LsLp，利润分享率 LsLp 用公式表示为

$$LsLp = S/R \cdot 100\% \tag{7-1}$$

式中：S——技术提供方所得的技术转移收益(技术提供费)；

R——技术接受方使用该技术商品的总的利润。

根据式(7-1)可得到技术商品的价格 P 为

$$P = R \cdot LsPs(\%) \tag{7-2}$$

2. 方法评述

利润分成法主要涉及技术商品的利润 R 和利润分享率 LsPs(%)两个因素。关于利润分享率 LsPs，目前尚没有统一的计算方法，因此，如何正确、合理地确定利润分享率，便成为使用利润分成法的难点和关键。一般认为技术提供方在技术接受方的利润中占 $1/4 \sim 1/3$ 之间比较合理。其依据是利润是资金、经营组织、劳动和技术四个因素综合作用的结果，技术接受方尤其是第一个技术接受者，由于承担的投资和经营风险很大，因此应在利润中占较大比例，而技术提供方应在利润中占小头。在前面讨论利润分享原则时给出过几个可供参考的利润分享率数据。同时，在实际工作中，企业的利润在很大程度上是保密的，要在协议中按利润来规定具体的分成比例是相当困难的；加之双方对利润的认识也不完全一致，出现偏差在所难免。

四、"成本＋利润"价格模型

1. 模型简介

这个价格模型是从一般商品的价格形成公式出发提出的,这种技术商品的价格公式为

$$P = C + V + M \tag{7-3}$$

式中：P——技术商品的价格;

C——研制成本中物化劳动的消耗;

V——研制成本中活劳动的消耗;

M——技术商品为转移者带来的利润。

式中的($C+V$)即是技术商品的研制成本。

2. 模型评述

这个模型从形式上坚持了劳动价值理论,把技术商品的价格表示为技术商品的研制成本加期望技术商品带来的利润。这一模型的问题出在：一是用计算一般商品的价格来计算技术商品的价格,使技术商品的特点无法体现,这显然把计算技术商品价格这一问题过分简化了,同时也是不能成立的;二是没有考虑影响技术商品的价格的其他诸多因素,如市场大小、竞争对手的多少和强弱、技术商品的寿命和所带来的经济效益等。

五、销售收入提成法

1. 模型简介

为了解决利润分成法出现的偏差,有人提出了按销售收入提成的办法来估算技术商品的价格,即销售收入提成法。这种方法认为,为了能按销售收入提成来估算技术商品的价格,有必要研究成本、销售额和利润之间的关系和相互影响,以确定它们之间的数学模型。这种方法提出按最佳年销售额来确定产品的利润,然后估算技术商品的价格。现将其具体计算办法简要介绍如下[10]。

如果用 Z 表示年销售收入,用 D 表示年总成本,则利润总额 P 为

$$P = Z - D \tag{7-4}$$

设 t 为单位产品的价格,N 为总销售数量,则销售收入 Z 为

$$Z = N \cdot t \tag{7-5}$$

总成本由三部分成本组成。一是年固定成本总额,用 C 来表示;二是不随销售量变化的单位产品成本部分,用 b 来表示;三是随销售量变化的单位产品成本部分,用 a 来表示：

$$a = k \cdot N \tag{7-6}$$

式中：k——成本系数,按行业及企业管理水平经统计分析而定。

总成本可由公式表示为

$$D = C + bN + k \cdot N \cdot N = kN^2 + bN + C \qquad (7\text{-}7)$$

利润总额为

$$P = Z - D = -kN^2 + (t - b)N - C \qquad (7\text{-}8)$$

从式 7-8 可见,利润总额 P 是销售量 N 的二次函数,对式 7-8 求微分并令其等于零,得:

$$\mathrm{d}P/\mathrm{d}N = (t - b) - 2kN = 0$$

解之,得

$$N_0 = (t - b)/2k \qquad (7\text{-}9)$$

N_0 点为最佳销售量,对应的利润总额有最大值,即:

$$M_{\max} = N_0 t - (kN_0^2 + bN_0 + C)$$

技术商品的参考价格的计算式为

$$S = M_{\max} \cdot \mathrm{LsPs}(\%) \qquad (7\text{-}10)$$

LsPs 为利润分成率。

2. 模型评述[11]

销售收入提成法似乎是在比较严格的数学推导下建立起来的模型,但稍加分析不难发现,销售收入提成法中建立的数学模型是一个不能成立的模型,其理由有以下几点:

第一,该文对成本的概念认识比较模糊,如在产品总成本与全部销售成本、在产品总成本与单位产品成本、固定成本与可变成本等问题上,作者的认识是模糊的,常把单位产品固定成本与固定成本两个概念混用。

第二,把单位产品成本划分为随销售量变化的成本和不随销售量变化的成本,是该文和该方法的关键,我们认为这种划分中的某些处理似不妥。作者为了使年总成本函数和年总利润函数是一个二次函数,以便求利润的极大值,设计了一个指标 a,文中对 a 的定义为:"随销售量递增,单位产品的该项成本",此处的"该项成本"是什么含义,文中虽有一些提示,但不甚明了。

第三,成本系数 k 无法计算和得到,文中前后对 k 的定义也不一致,出现这一问题的主要原因,恐怕也是对各种成本的理解较含混。即便按照该文提供的两种含义中的一种,也同样无法计算出 k 值。对于这一点,该文作者实际上是十分清楚的。该文作者指出:"k 值只能由统计分析的方法得到"。在一般情况下,确定技术商品价格时尚没有统计数据。因此,按该文作者的思路,不论怎样定义成本系数 k,在确定技术商品的价格时都没有实用价值。

第四,$P_{\max}$ 是年最大利润,不是技术商品在整个寿命周期内的总利润。确定技术商品的价格,应该使用技术商品在其有效寿命周期内可能实现的利润总额,或者使用预期的利润总额或最有可能实现的利润总额,而不应该用年利润总额的最大值;用该文提供的方法也不可能得到技术商品在整个寿命周期内的利润总额,因此也就不可能确定技术商品的价格。

综上所述,该文提出的确定技术商品价格的方法是值得商榷的,更不可能在实际工作中应用,还有许多问题需要作进一步研究和完善。

六、劳动价值论定价模型

1. 模型简介

劳动价值论定价模型是以劳动价值论为基础,并在一定程度上考虑了技术商品的特殊性。其模型主要有两种,具体公式如下:

$$P = [c + (v + m) \times \alpha]\beta + I \cdot R \qquad (7\text{-}11)$$

$$P = \frac{(c + 2v)(1 + \beta)}{1 - x\%}\phi \cdot R \qquad (7\text{-}12)$$

式中:P——技术商品价格;

c——物化劳动消耗;

v——科研试制直接投入劳动量;

m——技术商品的盈利;

α——创造性劳动的倍加系数;

β——科研劳动的倍加系数;

I——技术对增加效益的贡献比率;

R——该技术投入后增加的利润;

ϕ——利润分成系数;

x——科研试制风险率。

这两种模型都采用了成本加利润分成的定价的方法,考虑了科研劳动为创造性劳动的倍加系数和科研风险,同时把价格与技术产生的收益联系了起来。

2. 模型评述

劳动价值论定价模型的实质是成本加利润分成,比起只考虑成本或只考虑利润分成的模型来,当然要全面一些。这种模型的突出优点,是考虑了科研劳动与一般劳动的区别,即给予科研劳动一个加倍系数;式 7-12 还在定价中考虑了科研工作的风险。

这种模型的不足之处主要有以下两点:一是该模型中的多个系数,如创造性劳动的倍加系数(α)、科研劳动的加倍系数(β)、利润分成系数(ϕ)及科研试制风险率(x)等,都未能给出具体的计算公式,从一般意义上讲,要科学地计算出这些系数,也不是一个简单的工作,如果不能很好地给出这些系数的计算公式,那么这一模型的实用价值便会大打折扣;二是只在一定程度上考虑了技术商品的特殊性,还有一些影响技术商品价格的因素未能在模型中加以反映。

七、价格上限模型

1. 模型简介

价格上限模型确定了技术商品价格的上限,即最高价格。其具体表达式为

$$P \leqslant (M - t \cdot r) \tag{7-13}$$

式中:P——技术商品的价格;

　　　M——技术转化为生产力后的期望利润;

　　　t——技术受让方应用技术的配套投资;

　　　r——该行业的平均资金利润率;

　　　N——比例系数,$N \leqslant 2$(经验数据)。

这种模型确定的技术商品的价格只与受让方的经济效益和投资有关,与技术提供方的开发成本无关。

2. 模型评述

首先来理解一下这一模型的具体含义:$M - t \cdot r$ 表示技术商品转化为生产力后在技术商品整个寿命周期内的总利润(M)与技术受让方应用该技术后投入的配套资金按行业平均资金利润率来计算的总的利润回报($t \cdot r$)之差,即除了投入资金应得利润之外的所有利润;该模型中的分母 N,是想把这部分利润中的一部分作为技术商品的价格,最多是把这部分利润的全部作为技术商品的价格,而该模型对比例系数 N 给出的限定条件为 $N \leqslant 2$,没有对 N 的下限作限制,这样就有可能把资金利润的一部分也作为技术商品的价格,应该是 $1 \leqslant N \leqslant 2$,而不应是 $N \leqslant 2$。举例来说就比较清楚了。设某技术商品转化为生产力后在技术商品整个寿命周期内的总利润为 500 万元,技术受让方应用该技术后投入的配套资金按行业平均资金利润率来计算的总的利润回报为 300 万元,那么 $M - t \cdot r$ 为 200 万元,如果取 $N = 1$,则技术商品价格的上限为 200 万元;如果取 $N = 2$,则技术商品价格的上限为 100 万元;用 N 的上述取值计算出来的技术商品的价格是比较容易理解的,是把除了投入资金应得利润之外的所有利润的一部分或全部作为技术商品价格的上限。如果取 $N = 0.2$,情况就不一样了,此时计算出来的技术商品价格的上限为 1 000 万元,即技术商品的受让方将该技术转化为生产力后不仅得不到该得的利润,还需拿出 500 万元作为技术商品的价格支付给技术商品的提供方,这显然是不对的。因此比例系数 N 必须限制为 $1 \leqslant N \leqslant 2$。

价格上限模型的确如其名称一样,只给出了技术商品价格的上限,这一上限是从技术受让方转化技术后的经济效益和投资回报的角度得出的,应该说是一种比较抽象的模型,只给出了技术商品价格的一个很大的取值范围,而且过分依赖于比例系数 N 的取值,这是该模型的第一个不足之处;该模型的第二个不足之处是,没有从技术商品价格形

成的和影响因素等方面来考虑技术商品的价格,所以这个模型很难反映技术商品及其价格的特殊性。

八、技术劳动增值模型

1. 模型简介

在技术商品定价中,最难计量的是技术劳动的增值效应,如能根据不同技术领域的不同技术商品的技术复杂程度编制出技术劳动增值系数表,则技术商品的价格可用式(7-14)计算:

$$P = a_{ij}V + C \qquad (7\text{-}14)$$

式中:P——技术商品的价格;

V——科技人员研制技术商品过程中实际消耗的劳动量(用劳动报酬表示);

a_{ij}——i 复杂程度、j 行业的创造劳动增值系数;

C——技术商品的物化劳动消耗。

2. 模型评述

技术劳动增值模型是用一种新的思想,即用劳动增值的思想来确定技术商品的价格,这在拓展思路方面是很有帮助的。这一模型的问题主要出在以下方面:一是从活劳动增值的角度来确定技术商品的价格,未能综合考虑影响技术商品价格的各种因素;二是劳动增值系数 a_{ij} 的获得是非常困难的,相当于获得投入产出表中的直接消耗系数的难度;三是仅从投入不从产出的角度来确定技术商品的价格,显然是值得商榷的。因此,该模型要想得到实际应用,还需要不断完善。

九、成本效益模型

1. 模型简介

成本效益模型以研制成本为技术商品的价格下限,以全部经济效益(利润)为技术商品价格的上限,从而给出技术商品价格的区间。同时以联合国工业发展组织提出的 $16\%\sim27\%$ 的效益分成率计算出技术商品价格的上下限作为参照系数,为技术商品供需双方洽谈技术商品价格提供参考。

成本效益模型的具体公式如下:

$$AH(1) = (C_1 - C_2 + F_1V_1 + F_2V_2 + F_3V_3)S_3(S_1 + S_2 + S_3) \qquad (7\text{-}15)$$

$$AH(2) = Y_1 - Y_0 - (K_1^{0.3}L_1^{0.7} - K_0^{0.3}L_0^{0.7}) = (Y_1 - K_1^{0.3}L_1^{0.7}) - (Y_0 - K_0^{0.3}L_0^{0.7})$$
$$\qquad (7\text{-}16)$$

$$AH(3) = 16\%Y_1 \qquad (7\text{-}17)$$

$$AH(4) = 27\%Y_1 \qquad (7\text{-}18)$$

式中：AH(1)——以研制费为基础的技术商品价格的下限；

AH(2)——以生产函数分成计算的技术商品价格的上限；

AH(3)——以效益分成率为 16％计算的技术商品价格的下限；

AH(4)——以效益分成率为 27％计算的技术商品价格的上限；

C_1——技术商品研制过程中的物耗；

C_2——技术商品已获补偿的费用；

F_1、F_2、F_3——分别为高、中、低级科技人员的劳动倍加系数；

V_1、V_2、V_3——分别为高、中、低级科技人员的劳动报酬(工资、奖金、福利费等)的总额；

S_1、S_2、S_3——分别为技术转让方在技术转让后需应用该技术生产的产品数量、该技术其他受让方可能生产的产品数量、受让方引进该技术可能生产的产品数量；

Y_0、Y_1——受让方应用该技术前、后的利润；

K_0、K_1——受让方应用该技术前、后投入的资金；

L_0、L_1——受让方应用该技术前、后的劳动投入。

据称该模型适用于一次总付方式的技术商品转让价格的计算。

2. 模型评述

根据上述简介,我们感到成本效益模型有一些优点,但也存在着明显的缺点,归纳起来主要有以下几点。

第一,这种模型分别给出了技术商品价格的两个区间,在暂时无法准确确定技术商品的价格时,给出技术商品价格的区间应该说是估算技术商品价格的途径之一。

第二,该模型区分了高、中、低级科技人员的劳动报酬并加权以不同的劳动倍加系数,这样可从一个侧面把技术商品的技术含量的高低反映在成本之中,也有一定道理。

第三,该模型给出的第一个区间,即总成本 AH(1)作为技术商品价格的下限,总利润 AH(2)作为技术商品价格的上限,我们认为有一定道理,但该上下限过于笼统,可操作性较差。

第四,该模型给出的第二个区间,即 AH(3)和 AH(4),不过是给出了两个利润分成率 16％和 27％,似乎依据不足,存在着与利润分成模型相同的问题,不再重复。

第五,该模型存在的一个主要问题,是两个价格区间的相互关系问题,该模型的研究者未能讨论,例如,由该模型求出的两个技术商品价格区间不相重合甚至不相交时,那么以哪个区间作为技术商品的价格区间? 这一问题显然会严重影响该模型的实际应用。

第六,式 7-15 中的分母$(S_1+S_2+S_3)$或者说$S_3/(S_1+S_2+S_3)$似乎不好理解。该模型作者的意思可能是按技术受让方生产产品的数量来分摊技术商品的研制成本,这似乎说服力不强。首先是在第一次转让时 S_2 为零,甚至 S_1 也为零,那么第一个技术受让方就已经把技术商品的研制成本全部分摊完了,后续技术受让方再接受该技术时再分摊研制成本,这就超出了技术商品总的研制成本了;其次,按所生产的产品数量来分摊技术商品的研制费用本身,也不尽合理,这对技术商品的研制方不太公平,这要求技术商品在多次转移后才可能逐步收回研制成本,而且这种分摊思路没能很好地反映技术商品的特点。从思路上讲,我们认为在技术商品转移过程中,越先受让技术商品者,应分摊越多的技术商品研制费用。

综上所述,目前所能见到的几种计算技术商品的价格模型,大多各有一些优点,但又都有明显的不足,因此可以说,技术商品价格模型这一问题,目前仍远远没有得到真正解决,仍有许多艰巨的研究工作要做。上面所做的讨论,其主要目的是为技术商品定价提供一些基本的思路和方法,技术供需双方可根据各自关心的重点和所处的位置,为技术商品定价找到某种基本的切入点。

即练即测

本章思考题

1. 技术转移与技术转让有何不同?
2. 技术转移有哪些主要形式?
3. 专有技术与专利技术有何不同?
4. 影响技术商品价格的主要因素有哪些?
5. 为什么技术转移的模式不同,技术商品的价格也会不同?
6. 在技术商品定价方法中,重置成本法与预期收益法各有哪些优缺点?

本章参考文献

[1] 吴贵生,王毅.技术创新管理[M].北京:清华大学出版社,2013.
[2] 银路.技术创新管理[M].北京:机械工业出版社,2004.
[3] 朱新轩.技术创新理论与实践[M].上海:上海远东出版社,1997.
[4] V K Narayanan.技术战略与创新——竞争优势的源泉[M].北京:电子工业出版社,2002.
[5] 银路.科技成果产业化过程中需树立的基本观念[J].软科学,1999(2).
[6] 银路,陈运.高新技术产业化现有模式分析和一种新模式[J].科研管理,1996(1).(中国人民大学复印资料《新技术革命及高技术产业》1996年第1期全文转载).
[7] 银路,陈运.各种高新技术产业化模式的优缺点分析和选择依据[J].科学管理研究,1996(6).
[8] 银路.试论技术商品的计价因素[J].科学管理研究,1998(3).(中国人民大学复印资料《科技管理与成就》1998年第9期全文转载).
[9] 陈小光,银路.技术商品计价原则探讨[J].科技管理研究,1999(6).
[10] 潘宝昌.技术商品价格的数学模型[J].中国科技产业,1994(11).
[11] 银路.对"技术商品价格的数学模型"一文的异议——与潘宝昌等同志商榷[J].中国科技产业,1995(10).

第八章

技术创新项目管理

技术创新项目既有一般项目的特征,又具有高度的复杂性、系统性、不确定性、智力密集投入等特殊性。项目管理作为管理科学的重要分支其应用已逐步拓展到各个领域,并对管理实践做出了重要的贡献,引起了广泛的重视。科学有效的管理是技术创新的根本保证,本章从项目管理的视角,将技术创新过程视作具有高综合性、高复杂性和高风险性的工程项目,探讨如何运用项目管理的理论、方法和工具,通过加强对技术创新的过程管理(启动、计划、实施和控制、收尾等),来提高技术创新的成功率,提升企业技术创新水平。

第一节 技术创新活动与项目管理

一、项目与项目管理

(一) 项目

1. 项目概述

项目管理的理念诞生于第二次世界大战后期,第一次成功运用现代项目管理的案例是美国研制原子弹的曼哈顿工程。在我国,第一个成功应用项目管理的案例是 20 世纪 70 年代末亚洲开发银行援建的我国云南的鲁布革水电站,此后我国开始在土木建筑工程领域率先推行项目管理体系和规范。人们通常将大型建筑工程称为"项目",然而随着系统工程、运筹学和计算机等学科的发展,项目管理从 20 世纪 80 年代开始,在全球制造业、服务业、土木工程、科研开发和 IT 等行业得到了广泛的成功应用。美国前项目管理专业资质认证委员会主席 Paul Grace 有一句名言:"当今社会,一切都是项目,一切也将成为项目"。事实上,在当前快速变化的经济社会中,项目已经成为企业和个人创意和创新的载体。

2. 项目的特点

美国项目管理协会(PMI)将项目(project)定义为:"为创造独特的产品、服务或成果而所做的一次性努力"[1]。相对于企业的运作(operation),项目具有明确的目标性、唯一性、约束性和整体性的特点。

(1) 目标性。每个项目发起都对项目的最终成果(实体产品或者无形的服务)有一定的预期。因此项目目标的确定必须遵循 SMART 原则,即目标要明确具体(Special)、可度量(Measurable)、可实现(Achievable)、考虑利益相关方(Relevant)和实施时间约束(Time-constraint)。

(2) 唯一性。每个项目都是独特的、独一无二的。虽然许多项目是在以前实施完成项目基础上的进一步拓展,在项目成果上具有一定的相似性,但是每个项目在实施环境、组织文化、具体目标及指标等方面一定存在其自身特点,无法完全照搬原有的项目。可以说,任何两个项目不可能完全相同。

(3) 约束性。任何项目的完成都需要通过消耗各类资源来完成。这些资源既包括有形的人员、物料、设备和资金等,也包括组织的核心能力、管理水平以及时间等无形资源。项目在实施过程中存在对资源的需求与供给不匹配的问题,因此项目必然受到时间、成本、质量和范围的多重约束。

(4) 整体性。项目整体性也称为系统性,是指项目是一个独立完整的系统。项目目标是通过一系列紧密关联的活动和过程来实现的,并且项目在时间、成本、质量和范围上又存在相互制约关系,因此项目任何一个活动或者过程都有可能对项目整体目标的实现造成影响。项目某一方面目标,比如进度目标的调整,也会对其他目标带来影响。因此应将项目及实施过程看作有机的整体,从系统工程的角度对项目进行综合集成管理。

(二)项目管理

项目管理是运用专门的知识、技能、工具和方法,使项目能够在有限资源限定条件下,实现设定的需求和期望的管理过程。其核心问题是在有限的时间、空间、预算范围内,将各种资源,包括人力、物料设备和资金等组织在一起,有条不紊地实现项目,满足项目的进度、成本和质量目标。有效的项目管理贯穿于项目的整个生命周期,按照五大过程组,即启动、规划、实施、监控、收尾进行科学管理[1][2]。任何项目的实施都离不开这五大过程组,它们构成了项目管理的完整流程,如图 8-1 所示。一个过程组的结果或者输出就是一下过程组的输入,并且通过监控过程,使得规划和实施过程交叉迭代循环。

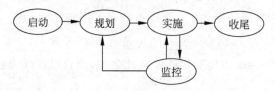

图 8-1 项目管理五大过程组

(1) 启动过程。该过程组定义一个新项目或者现有项目的新阶段,已获得上级组织的授权。在该阶段,主要管理工作包括:定义一个项目阶段的工作和活动,决策新项目或项目新阶段是否可行,并决定是否开始或者放弃该项目或者终止项目阶段。

(2)规划过程。该过程具体工作包括定义和优化项目目标,以及为实现该目标确定项目的工作范围,并制定可行的项目工作计划方案、资源需求和供应计划、成本预算和风险应对计划等。

(3)实施过程。该过程是组织各类资源按照计划方案逐步完成项目达到预期目标的过程。其具体工作包括:组织、协调人力资源和其他资源,组织、协调各项目工作的执行顺序和时间,激励项目团队完成既定工作计划,保持与组织内外部的沟通协调,处理各类突发事件,并最终生成项目交付物等工作。

(4)监控过程。该过程根据既定的计划,测量、跟踪项目的实施状况,发现并分析项目实施实际情况与项目计划之间的偏差,通过评估偏差对项目目标的影响,最终决策采用何种纠偏措施保障项目目标的实现。

(5)收尾过程。该过程包含为了完结项目,并将项目成果移交给客户或者项目下一个阶段的所有工作。在该阶段需要制定一个项目交付物移交或接受的条件,完成移交工作,并协助客户顺利开始项目的运营或者开始下一阶段的启动工作。

在项目管理领域,由美国项目管理协会发布的"项目管理知识体系(PMBOK)"[1]已成为全球管理的权威标准和项目经理的必备资料。知识体系以模块化的方式,从技术方法层、系统方法层和管理哲学层,对项目管理所涉及的九大关键领域进行了详细的介绍和阐述。下面简要介绍这九大关键领域。

(1)范围管理。项目范围管理是为了实现项目目标,对项目需要完成具体工作内容的确定和控制的管理过程。该领域包括项目背景的描述、项目分析与说明、目标的确定,工作范围规划、范围定义、工作分解、工作排序、范围变更控制、范围核实与确认、项目资料交接与交付物验收等工作。

(2)时间管理。项目时间管理也被称为项目进度管理,是指为了保证项目能按预定时间完成项目范围所确定的工作内容的一系列管理过程。该领域包括活动界定、活动排序、活动工期估计、进度计划制定、项目进度状态跟踪和进度控制等工作。

(3)成本管理。项目成本管理是为了保证项目在执行阶段的消耗资料所产生的实际成本费用不超过预算成本的一系列管理过程。该领域包括资源规划、成本估计、成本预算、资源需求计划、成本控制、成本决算与审计等工作。

(4)质量管理。项目质量管理是为了确保项目的交付物达到客户所规定的质量要求所实施的一系列管理过程。该领域包括质量规划、质量控制、质量保证和质量验收等工作。

(5)人力资源管理。项目的人力资源管理是指为保证项目的顺利完成,对项目所使用的相关人员的能力、团队协作配合等进行有效的管理。该领域包括组织规划、团队建设、人员选聘、培训和考核以及项目结束后的人员安置等一系列工作。

(6) 沟通与信息管理。项目沟通与信息管理是为了确保项目的信息收集、传递、发布和共享等有效进行的管理过程。该领域包括沟通规划、会议组织、信息收集、储存和发布以及冲突管理等工作。

(7) 风险管理。项目风险管理是为了保证项目在可能遇到的各种不确定性因素或突发事件发生下仍然能完成项目目标的一系列管理过程。该领域包括风险管理规划、风险识别、风险评估、风险应对和项目监控等工作。

(8) 采购管理。项目采购管理是为项目的实施从外部获取所需的资源或者服务所采取的一系列管理措施,具体包括采购计划、招标与征购、资源选择、合同管理、合同履行与收尾等工作。

(9) 整合管理。项目整合管理是指为了确保项目各项工作的协调配合开展所采取的综合性、系统性和全局性的管理措施。项目整合管理体现了项目管理过程中"牵一发而动全身"的特点,是对前面八个领域管理内容的归结。

二、技术创新活动的项目特征

创造性是技术创新活动的最基本特征,它是指创造出新的资源以及对生产要素的重新组合。熊彼特将创新活动形容为一种"创造性的破坏"。另外,从创新成果而言,不管创新程度如何,技术创新都必须具有一定程度的创造性,或是创造出全新的功能价值,或是对原有功能、价值的增加或革新。从技术角度来看,每一次技术创新活动总是与以前有不同之处。由此可以看出,技术创新活动具有"一次性"的特征。此外,每次技术创新活动也有明确的目标,并且受到各种资源、技术条件等的限制。因此可以看出技术创新活动符合项目的基本特征,因此可以将其视作"项目"。在管理实践中,企业或组织也是以"项目"来命名技术创新活动的,按照其特性来组织和管理的。由此,可运用项目管理的相关理论和方法对技术创新的全过程进行系统科学的管理。但是,技术创新项目与其他一般性项目,如建筑工程项目、IT 开发项目等,有着较明显的不同。企业管理者常常把它从其他项目中分离出来,看作一类典型的项目。技术创新项目除了具有一般项目的特征之外,还具有以下特征。

(1) 技术创新活动具有累积性。技术创新往往是在综合运用前期创新成果基础上进行的突破与改进。大量成功的创新往往是渐进的,是点点滴滴累积而来的,而不一定是技术上的新飞跃。一般项目则更强调其"唯一性"和"独特性"的特点,如我国许多军工型号研制项目,往往是在完全陌生的环境下,没有历史资料参考下,通过独立自主的方式开展技术攻关,其成果也可能是全新的。

(2) 技术创新项目具有更广的社会效益。从企业角度讲,经济效益性是企业进行技术创新活动的根本动力所在。然而技术创新的效益性还表现在创造出来的社会效益和宏观经济效益。在很大程度上,这种社会效益和宏观经济效益往往比企业经济效益更为重要,诸多的理论研究及实践均已证实,企业持续不断的技术创新是促进一个国家经济增长和发展的基本保证。

(3) 技术创新的成果具有扩散性。技术创新活动对社会、经济的宏观效益正是通过技术创新的扩散来实现的。技术创新的扩散过程,才是真正促进社会经济发展、增加社会财富的过程,才是技术创新的宏观经济效益的实现过程。而一般项目的成果被主要利益相关方(如业主、客户或者用户)独享,往往不能在短时间内通过扩散的方式被社会所共享。

拓展阅读

综上所述,运用项目管理知识体系对技术创新活动进行管理,需要结合技术项目的具体特点,按照技术创新的共性规律进行科学合理的管理。

三、技术创新活动中的过程管理

技术创新是一个充满风险与不确定性的过程,失败的情况常常发生。据统计,高新技术在研究开发阶段的失败率往往高达 $80\% \sim 90\%$,而失败的原因有一部分是由于过程管理的失败。因此,加强技术创新项目的过程管理,可以在一定程度上降低技术创新失败的概率。从项目管理的视角来看,我国有不少企业在技术创新过程管理中还存在着一些问题,主要包括:

(1) 在技术创新可行性论证上,具有一定的盲目性、跟风性。技术创新项目在可行性论证阶段常常不受重视,有的甚至是为了"成功立项而做可行性研究",因此技术创新活动和市场需求常常相脱离。

(2) 缺少科学、合理和完整的技术创新实施计划。由于技术创新存在高度不确定性,并且需要跨部门协调,缺乏科学精细的技术创新(进度、成本、质量等)计划,往往造成企业大部分技术创新活动的无序与混乱,最终无法达到预期的技术创新目标。

(3) 在技术创新活动实施过程中,缺乏有效的监督和控制措施,难以应对各种技术和市场的快速变化。往往造成技术创新的最终成果与预期成果有较大差异,甚至无法达到预期要求。

(4) 许多企业在技术创新项目收尾阶段,缺少必要的评估环节,对项目执行过程中的经验和教训未及时总结,并没有将这些经验和教训固化为企业过程资产,供后续类似项目借鉴。

同一般项目一样,技术创新活动也具有其生命周期。结合技术创新的特点,可将技术创新项目划分为:创意与研发阶段、中试阶段和商业推广阶段。在实施技术创新的过程中,需要对每阶段进行评审验收,只有当该阶段的目标任务完成后,才能进入一个阶段。因此在技术创新过程中,我们可以按照项目管理理论中的五个管理过程组:启动、规划、实施、监控和收尾,对技术创新的每一个阶段进行科学管理,如图 8-2 所示。技术创新活动的每一个阶段也可以视作一个单独的子项目进行管理。

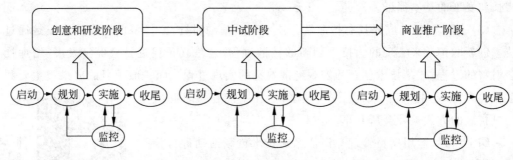

图 8-2 技术创新的全过程管理

由于技术创新的中试和商业推广阶段(子项目),对不同类型的技术创新项目有着较大的差异性,因此本章后续内容,将主要针对技术创新活动中最关键的创意与研发阶段,介绍如何利用项目管理的五个过程组以及项目管理知识体系中的具体方法和工具,来对技术创新项目进行有效管理。

第二节　创意与研发阶段的启动过程

启动过程是技术创新的前期决策阶段,包括创意的产生、概念的开发和市场机会的确认。对多数企业而言,该过程往往是由市场需求或者技术推导产生的。企业经过科学评价与选择,形成项目可行性研究报告。如果可行性报告获得通过,企业组建技术创新项目团队,将项目初始化文件移交给技术研发团队,并建立项目章程。项目章程的建立标志着技术创新项目的正式确立[3]。在创意和研发正式启动前,技术研发和管理团队将被首先建立,并在团队负责人的带领下开展一系列工作。

一、技术创新的可行性论证

在技术创新项目正式启动前,最重要的工作是对技术创新的可行性进行科学论证。产品概念来自市场需求或者由科学研究产生的新技术或新发现。在技术创新项目正式立项实施前,需要进一步对产品概念进行可行性的论证。这就需要对产品概念进行筛选,以决定哪些产品概念可行,哪些产品概念符合公司的战略方向,哪些产品概念给企业带来收益,哪些产品概念企业有能力完成等。因此在该阶段,一项重要的工作就是对产品概念的可行性,从技术、经济、社会效益以及风险等多个方面进行客观全面的论证与评价,并完成技术创新项目可行性报告。该项工作有助于在技术创新项目正式开展前,使企业更清楚地了解掌握技术创新项目的真实情况,甄别出高风险、低成功率、低收益的劣质项目,防止企业技术创新资源的浪费。

（一）技术创新的评价主要内容

技术创新项目与传统的投资项目评价相比,技术的先进性、高科技含量和高度不确定性是其最大的特征。一般投资项目的评价主要侧重于项目的经济效益评价,其确定性和预见性是相对比较高的;而技术创新项目评价侧重于对项目中的技术创新能力、涉及的不确定性以及收益目标等进行评价,具有更强的综合性、过程性和风险性的特点。由此,技术创新项目的可行性论证需对拟实施的技术创新项目在技术上的先进性和实用性、经济上的收益性和合理性以及项目实施的风险性等方面进行科学全面的评价与论证。本章从管理实践的角度,将技术创新项目的评价分为:技术创新能力、风险性、项目效益三个方面,其中项目效益包含了经济效益和社会效益。

1. 技术创新能力评价

企业技术创新能力评价是以企业在技术创新项目中拟采用的新技术作为评价对象,从企业长远的发展目标和其所处的内外部环境条件出发,对待选的新技术进行全面而系统的预先评价。其主要原则之一就是评价创新技术的领先性。对企业技术创新项目进行技术性评价就是为了保证技术创新项目的领先性和竞争力,同时保证企业技术创新能力能够达到技术创新项目的要求,确保技术创新的顺利实现。

企业技术创新项目的技术创新能力涉及多个因素,本章借鉴多位学者提出的技术创新能力评价指标[4-8],将技术创新能力划分为:创新技术先进性、创新技术可行性、创新技术可替代性和创新资源可用性四个类别,并进一步归纳了每个类别下的具体评价指标,如表 8-1 所示。

表 8-1　技术创新项目技术性评价指标

	类别	评价指标
技术创新能力评价	创新技术先进性	比现有成熟技术的优越性
		替代现有技术的适应性
		与领先技术的差距
		技术的可靠程度
	创新技术可行性	开发难度
		所需关键技术的可获得性
		同类技术开发历史经验
	创新技术可替代性	技术的发展阶段
		技术预期的生命周期
		企业在本行业所处的技术研发水平
	创新资源可用性	配套实验器材和设备的可使用程度
		技术信息的完备程度
		科技活动人员在项目中的投入强度
		科技研发人员的知识结构和经验

2. 技术创新项目的风险性评价

技术创新项目风险评价是对企业技术创新活动中存在的各类风险进行综合分析,并依据风险对项目的影响程度进行风险分级排序的过程。风险评价的目的就是通过风险识别和风险评价,合理地采用多种风险应对方法、技术和手段对技术创新活动涉及的各类已知和未知风险进行有效控制,尽量扩大技术创新项目的有利后果,妥善地处理风险事故造成的不利后果。我们在借鉴文献[7]至文献[9]以及其他相关研究工作的基础上,从技术、市场、财务、管理和政策方面归纳总结了技术创新项目风险性评价指标,如表 8-2 所示。

表 8-2　技术创新项目风险性评价指标

	类　　别	评价指标
技术创新项目风险性评价指标	技术方面	自身技术开发力量
		关键技术(专利)的获得性
		可替代的新技术
		技术成果外泄的可能性
	市场方面	市场需求的不确定性
		企业营销能力
		替代产品出现
		竞争对手的实力
	财务方面	研发资金的充足性
		现金流情况
	管理方面	企业高层的重视程度
		跨部门协调能力
		项目负责人的管理经验与水平
	政策方面	是否符合国家产业政策
		宏观经济环境的稳定性
		国家对知识产品的保护力度

3. 技术创新项目的效益性评价

企业进行技术创新的最终目的是实现经济效益,因此对技术创新项目评价的重要工作是对项目的经济效益进行评价。一般可利用财务指标、投资收益分析模型以及技术创新产品或成果对企业生产成本、生产效率、市场销售等方面的影响进行综合评价。表 8-3 中归纳总结了技术创新项目经济性评价的常见指标。

表 8-3　技术创新项目效益评价指标

	类　　别	评价指标
经济效益评价指标	财务方面	净现值
		静态/动态投资回收期
		内部收益率

续表

类 别		评价指标
经济效益评价指标	成本方面	单位产品成本费用降低率
		单位产值费用降低率
		原材料利用率
		能耗降低率
	销售方面	销售收入比例
		销售利润率
	市场竞争方面	市场占有率
		市场导向能力
		项目负责人的管理经验与水平
社会效益评价指标	生态环境方面	由具体项目来确定
	社会就业与保障方面	由具体项目来确定
	国家政策法规方面	由具体项目来确定
	技术发展与扩散方面	由具体项目来确定

同时,企业在现代社会中担负着社会责任,企业的生存发展同样离不开社会的政治、经济、文化和自然生态环境的健康发展。因此,技术创新项目的成果必须要考虑社会效益,必须与国家在相应时期的社会经济政策、产业政策、环保政策一致,力求取得最好的社会效益。

对于涉及生态环境、人类健康、环境污染、宗教和文化方面的项目,我们建议在可行性论证时增加道德伦理方面的内容,以保证技术创新的成效具有长期性和可持续性。

(二)技术创新项目的可行性评价流程

技术创新项目的评价过程可按图 8-3 所示的流程和步骤来开展。第一步是对技术创新项目与企业的战略发展吻合度进行评价判断。若技术创新项目的目标与企业战略目标相悖或者技术创新的成果对企业战略目标的实现没有促进作用,甚至带来负面作用,则应立即停止该项目。第二步则是对创新技术的可行性进行客观评价,这部分仅从技术角度,判断项目实现所依靠的技术是否可行。若技术方面不可行,也应立即停止项目。第三步,企业可从项目的技术先进性、风险性和效益性三个方面,对项目进行客观全面的评价,并综合三个方面的评价结果判断项目是否可行。若可行,则项目正式立项,项目转入正式启动筹备阶段。

(三)技术创新项目的可行性评价方法

目前对技术创新项目的可行性评价方法可分为三类:定性评价、定量评价和综合评价。

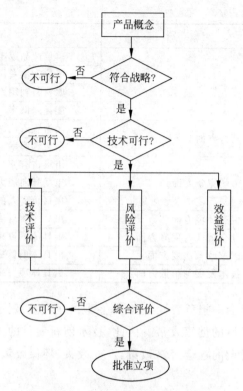

图 8-3 技术创新项目评价流程

1. 定性评价

定性评价是根据评价者对评价对象的表现、现实和状态或文献资料的观察和分析，直接对评价对象做出定性结论的价值判断。定性评价着重对研究对象进行"质"或对类型方面来分析，描述其一般特点，揭示其与其他事物之间的关系。定性分析常被用于研究对象"有没有"、"是不是"或者"是什么"的问题，主要依靠人们的日常经验，因此是一类最基本、最常用的分析方法，其中德尔菲法是目前较为常见的方法。

德尔菲法(Delphi)是由美国兰德公司 1964 年总结并提出来的一种几乎可以应用于任何领域的咨询决策技术。德尔菲法的核心是采用背对背的通信方式征询专家小组成员的预测意见，经过几轮征询，使专家小组的预测意见趋于集中，最后做出符合市场未来发展趋势的预测结论。德尔菲法是依据系统的程序，采用匿名发表意见的方式，即团队成员之间不得互相讨论，不发生横向联系，只能与调查人员发生关系，以反复地填写问卷，来达成问卷填写人的共识并咨询各方意见，可用来构造团队沟通流程，以应对复杂任务难题。

2. 定量评价

定量评价方法是通过数学计算得出评价结论的方法，是指按照数量分析方法，从客观量化角度对科学数据资源进行的评价。定量方法为人们提供了一个系统、客观的数量分析方法,结果更加直观、具体。其中最为常见的是财务分析方法。富兰克林是最早用他自己称为项目的费用-效益分析来对项目进行评价的,随着费用-效益分析法的广泛使用,先后涌现出了很多不同的方法。从项目可行性经济指标的动态角度来看,可划分为静态和动态两种评价方法,静态方法有投资利润率法、投资回收期法等;动态评价方法有净现值法(NPV 法)、内部收益率法等。

3. 综合评价

综合评价方法是根据实际确定的可行性评价指标体系,考虑各方影响因素,对评价对象做出的全面综合的可行性评价,是对多种因素所影响的结果进行的总结评价。具体方法包括:层次分析法、模糊综合评价、人工神经网络等。下面对层次分析法做简要介绍。

层次分析法(analytic hierarchy process,AHP)是将与决策有关的元素分解成目标、准则、方案等层次,在此基础上进行定性和定量分析的综合决策方法。其主要的步骤可分为四步,分别是建立递阶层次结构、构造判断矩阵、计算权重向量、一致性检验。

(1) 建立递阶层次结构

在深入分析评价对象的基础上,将各个因素按照不同属性自上而下地分解成若干层次,同一层的诸因素从属于上一层的因素或对上层因素有影响,同时又支配下一层的因素或受到下层因素的作用。最上层为目标层,通常只有 1 个因素,最下层通常为方案或对象层,中间可以有一个或几个层次,通常为准则或指标层。

(2) 构造判断矩阵

构造判断矩阵是从层次结构模型的第二层开始,对于从属于上一层的各个因素,用成对比较法和 1-9 比较尺度构造成对比矩阵,直到最下层。层次分析法的一个重要特点就是用两两重要性程度之比来表示出两个因素的相应重要性程度等级。如比较第 i 个因素与第 j 个因素相对上一层某个因素的重要性时,使用数量化的相对权重 $a_{i,j}$ 来描述。设共有 n 个因素参与比较,则 $\boldsymbol{A}=(a_{i,j})_{n\times n}$ 称为判断矩阵。表 8-4 表示 9 个重要性等级及其赋值。

表 8-4　相对重要性标度表

标　　度	比较要素 i 和 j
1	要素 i 和 j 同等重要
3	要素 i 和 j 稍微重要
5	要素 i 和 j 较强重要
7	要素 i 和 j 强烈重要
9	要素 i 和 j 极端重要
2、4、6、8	两相邻判断要素的中间值
倒数	当比较因素 j 和 i 时

（3）计算权重向量

对于某一层构造出的判断矩阵 A，可以计算出对应的最大特征值 $\lambda_{max}(A)$，以及所对应的特征向量，然后归一化后作为改成因素的相对权值 $W=(w_1,w_2,\cdots,w_n)^T$。针对某一个标准，计算各备选因素的权重的方法有两种：一种是几何平均法，另一种常用的是规范列平均法。几何平均法是通过计算 n 个因素乘积的 n 次方根，对向量进行归一化处理，得到的向量即为所求权重向量。规范列平均法是通过计算 n 个因素的和，对向量进行归一化处理，得到的向量即为所求权重向量。

（4）一致性检验

对于上面针对某一准则层计算出的各因素的相对权重，需要进一步做一致性检验。虽然在构造判断矩阵 A 时并不要求判断具有一致性，但由于相对权重往往由主观判断给出，因此判断偏离一致性过大也是不允许的。检验成对判断矩阵 A 一致性的步骤如下。

首先计算衡量判断矩阵 A（$n>1$ 阶方阵）一致程度的指标 CI：

$$CI = \frac{\lambda_{max}(A) - n}{n - 1} \tag{8-1}$$

式（8-1）中 $\lambda_{max}(A)$ 为判断矩阵 A 的最大特征值。CI＝0，有完全的一致性；CI 越接近于 0，一致性越强；反之，不一致性越严重。

其次是结合同阶平均随机一致性指标 RI，计算判断矩阵 A 的随机一致性比率 $CR = \frac{CI}{RI}$，其中 RI 的值由表 8-5 给出。从表 8-5 可以看出随机一致性指标 RI 和判断矩阵的阶数有关。一般情况下，判断矩阵阶数越大，出现一致性随机偏离的可能性也越大。

最后，进行判断，当 CR < 0.1 时，判定判断矩阵 A 具有满意的一致性，否则就调整成对判断矩阵 A，直到一致性检验通过。

表 8-5　同阶平均随机一致性指标 RI

矩阵阶数 n	1	2	3	4	5	6	7	8	9	10	11	12
RI 值	0	0	0.58	0.89	1.12	1.24	1.32	1.41	1.45	1.49	1.51	1.54

通过上述项目可行性评价可采用的常用方法介绍，可以发现定性评价方法操作简便易行，但其主观性较强，得到的结果较抽象，难以反映事物之间的局部差别，应用效果较差。而定量研究方法更为直观、简洁、准确，应用效果好，但是操作起来往往有一定的困难，尤其是有些关联因子难以量化，也会带有主观色彩，影响量化的准确度，同时在数据资料不够充分或分析者数学基础较为薄弱的情况下也不适合。综合评价法是在定性分析的基础上进行定量评估，同时具备定性评价方法和定量评价方法各自的特点，能对评价对象做出综合考量。

二、组建技术创新研发团队

技术创新项目能否成功在很大程度上取决于项目负责人和团队成员的能力和水平。组建一支高效的技术创新项目团队,不仅需要根据实现创新成果所需要的技能要求配备相应的技术和管理人员,而且还要考虑整个团队成员的协作和沟通问题。项目团队一般由项目负责人、核心团队成员和一般团队成员组成,其中项目负责人和核心团队成员至关重要。

1. 项目负责人

项目负责人对技术创新项目的成功起到重要的作用,往往也是项目的全程参与者。因此在项目获得批准后,就需要立即挑选确定项目负责人。

通过企业实际调研发现,挑选项目负责人与选拔职能部门负责人还有一些不同,项目负责人往往处于"责权不对等"的处境。一方面企业要求项目负责人为确保项目目标实现,制定项目计划,跟踪项目执行状况,组织和领导项目团队对项目实施过程中出现的各类问题和变化及时采取措施等。但另一方面,由于技术创新项目的一次性。组织团队的临时性,企业所赋予项目负责人对项目的最终决策权、财权、人事权等往往不足以支撑其承担的工作责任。因此,相对于企业其他职能部门的负责人,项目负责人除了需具备较高的业务技术能力外,还需要在人际关系处理、跨组织的沟通协调以及突发事件应对等方面有较丰富的经验。

2. 项目团队成员

项目负责人将根据项目目标和需要的相关专业知识与技能,组建一支跨部门的项目团队。在组建项目团队前,应先根据项目目标和需要的相关专业知识和技能,明确项目所需要的核心技术人员。在核心技术人员选择过程中,还需要得到组织高层管理者的参与和认可,有时,某些核心技术人员就来自组织高层管理者的推荐和安排。在项目计划和实施过程中,核心技术人员将协助项目负责人对研发手段、技术路线、任务分配以及进度、成本、质量和风险等方面进行计划和阶段性把关。在许多中小企业中,核心团队成员一般不是全职参与项目,而是由各职能部门的相关人员兼任,并且还有可能同时参与多个项目。技术核心成员在多个项目之间的频繁工作切换,往往会导致成员工作效率的降低,并影响相关项目的执行。因此,在中小企业中,需要合理分配和协调核心技术人员承担的技术创新项目的任务和数量。

由于技术创新过程的不确定性,很多信息和知识技能需求是随着项目的开展而渐进渐明的,项目负责人可根据项目实施过程中的实际情况,增减和调整项目团队一般人员。一般技术人员可以来自企业内部职能部门,也可以是从企业外部临时招聘。通常,一般团队成员通过短期劳务合同参与项目工作,所掌握的技术只在项目特定的时期内需要。

他们适时地参与项目,一旦所分派的任务完成,便可离开项目。

3. 团队建设

虽然技术创新团队具有临时性的特点,但团队的建设仍然十分重要,尤其是在团队建设中应明确每个团队成员应该承担的任务和责任,加强团队成员之间信息和情感上的交流,通过共同的目标和利益将团队成员紧紧联系起来。同时,由于技术创新不可能在企业的技术研发部门内独立完成,往往涉及企业的多个职能部门,如市场信息的收集和反馈,物资设备以及资金、人员的调用等,因此团队的组建需要跨部门,不同部门之间的协调和配合往往需要得到企业高层领导的支持甚至亲自协调。

不论在什么样的企业中,技术创新团队的建设和发展都需要经历形成阶段、磨合阶段、规范阶段、辉煌阶段和解散阶段,如图 8-4 所示。

图 8-4 技术创新项目团队发展的五个阶段

针对图 8-4 中的团队发展五个阶段,项目团队建设的重点也有所不同。

(1)形成阶段:由于技术创新工作的高度不确定性和挑战性,团队技术成员对项目能否成功以及自己在项目中的责权利并不明确,因此需要项目负责人明确团队工作方向、不同成员的职责和角色。

(2)磨合阶段:由于技术创新项目需要将来自不同部门和背景的团队成员放在相对集中的时空中配合工作,因此成员之间,特别是合作技术开发的成员与负责市场销售、负责财务的成员可能会在某些决策问题上产生分歧和矛盾。若对分歧和矛盾处理不当,部分技术人员会感到不满,甚至开始抵制项目安排的工作。在该阶段,项目负责人应尽力化解冲突,协调核心成员之间的关系。

(3)规范阶段:随着项目的开展,团队成员之间不断磨合与适应,项目团队逐渐建立起了信任和合作关系。在该阶段,项目负责人应为成员良好关系的建立营造良好的氛围,但同时对无法调和的矛盾和冲突也需要规范相关人员的行为,必要时可对有关人员进行调整。

(4)辉煌阶段:在项目开展的中后期,项目团队的合作工作效率往往能达到最高,成员们之间相互依赖,彼此信任,并能自觉地配合其他成员开展工作。在该阶段,项目负责人应适度放权,积极营造更宽松的工作环境和条件,但同时要关注项目的目标和进度,及时公布项目状态信息,防止项目失控。

(5)解散阶段:在项目的收尾阶段,项目团队即将解散,此时成员要么回到原来的职能部门中,要么加入其他项目团队。在该阶段,项目负责人应协助成员解决好归宿问题,并对成员在项目中的表现给出公正的评价。

三、目标和范围确定

项目目标一般可分为成果性目标和约束性目标。成果性目标指最终的研究成果，一般由技术人员负责完成。约束性目标指成本、进度和质量，主要依赖于项目管理团队的努力完成。在设定成果性目标和约束性目标时，要求设定的目标明确、可量化。由于技术创新项目在技术方面具有较强的不确定性，市场需求变化较快，内外部环境也具有一定不可控性，因此企业在确定技术创新项目目标的时候，应适当考虑具有一定的柔性，以便根据环境的变化和项目的进展情况，对项目目标进行适当的微调或修正。

项目范围的确定应明确为保证技术创新项目成功完成所需的全部工作，同时应明确哪些工作不应包括在项目内。通常经过该过程会产生一份项目范围说明书。一份详细的项目范围说明书应包括：项目目标，创新产品或技术的描述（必须满足的条件和技术指标），环境假设，项目边界，项目验收标准和项目在进度、成本、质量等方面的制约因素等要素。项目范围说明书必须得到项目高层管理者和项目利益相关方的批准和认可。它是项目团队、高层管理者和利益相关方对技术创新项目达成的共同认识和对成果的共同期望，它也是上述三方在项目计划、实施和收尾阶段的沟通基础。

第三节　创意与研发阶段的计划过程

计划过程将根据启动过程中确定的创意与研发阶段的目标和工作范围，进一步明确和细化为阶段性成果、具体工作活动和执行顺序、项目进度计划、所需资源和成本估计与预算，以及技术性能标准、项目风险计划等。由于企业中往往存在多个技术创新项目同时开展的情况，因此在计划阶段对有限的技术创新人力和物料资源的合理分配，就显得尤为重要。另外，由于创意与研发阶段存在高度不确定性，因此很难准确地估计各项活动的工期以及所需的资源类型和数量，从而对该阶段进度和成本计划的制定带来了难度。

一、工作范围识别

计划过程的第一步是识别创意与研发阶段的工作范围，即确定项目的工作边界，明确哪些工作应该在本阶段完成，哪些工作不应包含在本阶段中。按照该阶段交付物的物理结构或某种逻辑顺序，可将该阶段的工作分解为一项项相对独立的可执行工作任务。

1. 检查点

检查点，又称里程碑（milestone），一般是以技术创新过程中某些重要事件的完成或开始为时间节点。检查点依次展示了为达到本阶段成果而必须经过的条件或状态序列，或者应取得的中间产品和阶段性突破。因此检查点往往作为技术创新项目是否仍可以继续开展的阶段性节点。

2. 工作分解结构

工作分解结构（work breakdown structure，WBS）是将创意与研发阶段逐层分解到相对独立的、内容单一的工作单元。工作分解结构是范围说明书的进一步细化，是创意与研发阶段的整体框架。工作分解结构不仅明确了本阶段需要完成的具体工作，而且还反映了工作单元和工作包相互之间的关系以及与最终产品之间的层级关系。工作分解结构还可作为后续计划管理、资源分配、经费预算、合同签订和工作考核等的重要工具。同时，以工作分解结构为纲，可帮助梳理和重建研发流程，推动研发体系配套软件和数据库等的建设。

图 8-5 展示了某芯片研发项目的工作结构分解图。该芯片研发项目采用正向设计的方案，设计具有自主知识产权的 DSP 内核，产品以网关为主要应用领域，同时可扩展为通信、导航等应用。WBS 工作说明书则是对技术创新项目工作分解图表中每一项工作单元或者任务的详细说明，界定了各工作单元的工作内容及相关单元的工作界面关系。工作说明书包括单元描述、工作内容、工作输出与输入关系等内容。

二、资源计划

创意与研发阶段需要消耗企业中的人力资源、设备资源、资金资源和时间资源等各类资源。因此有效地进行资源配置不但能够使所投入的资源得到高效利用，而且还能有效促进资源价值的实现。在技术创新各类资源中，技术研发人员是最具智慧性、创造性以及能动性的资源，是技术创新活动的载体，能够对其他投入的物力资源和财力资源产生配置作用。因此，技术研发人员是技术创新过程中的核心资源，技术研发人员的分配是资源计划中的最主要内容。

在制定单个技术创新项目资源计划中，需要借助于项目范围说明、项目工作结构分解、企业可用资源情况以及企业的内外部情况等资料和信息。由于技术创新团队很难在初期完全明确需要哪些类型的资源以及资源需求量，因此往往需要依靠专家判断和头脑风暴法等方法，对资源需求作出相对准确的估计。当随着技术创新活动的开展，可以用的信息越来越多时，资源计划应进行及时更新。

对于创意与研发阶段的人力资源的计划，由于很难估计出到底需要多少人员参与具体活动，因此可以利用具体活动需要的某种技能的人工时、该类人员的平均工作效率和项目的工期等，估计出需要人员的数量。下面的案例为某新型智能手持式市政信息终端系统开发项目中软件开发人员的数量估计。

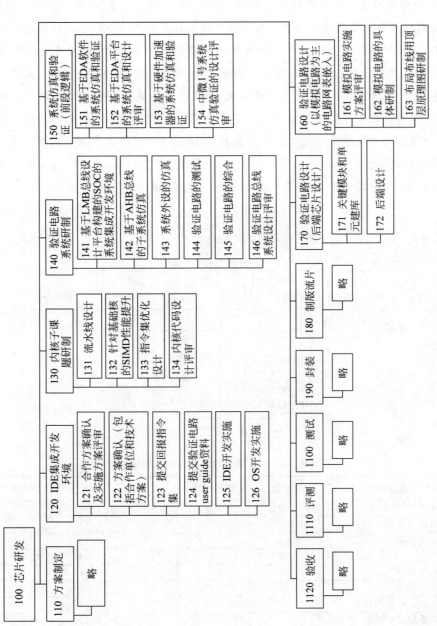

图 8-5 某芯片研发工作分解结构图[10]

案例

[11]Pro 项目是为市政建设和管理部门开发手持式信息系统,包括:专家系统、面向对象的数据库和无线通信。图 8-6 为该项目的工作分解结构。该系统将向政府调查员提供即时、图形化的信息。如当调查员触及手持设备上的地图后,系统将提供调查员所在区域的相关市政信息,如管网线路等。该项目的目标:在 1 年时间内开发生产 100 个手持设备原型、软件开发、测试该软硬件系统,并在选定的城市训练 100 个调查员使用该设备,其中软件开发工作计划在 6 个月内完成。作为项目负责人,在 Pro 项目启动和计划阶段,一项重要的工作是估计出项目所需要的 Java 软件编程工程师的数量。表 8-6 为利用功能点法计算出的所需 Java 软件编程工程师的数量。由此,在软件开发工作 6 个月内完成前提下,项目需要的 Java 工程师数量为:5 607.68/(6×160)=6 人。

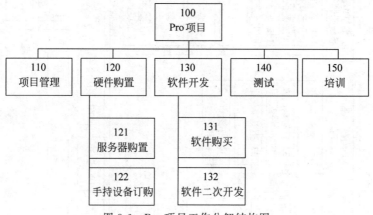

图 8-6 Pro 项目工作分解结构图

表 8-6 Pro 项目软件开发工时数估计

功能模块	数量	转换因子	功能点	计算方法
外部输入接口	12	4	48	12×4
外部界面文件	5	7	35	5×7
外部输出接口	8	5	40	8×5
外部查询	6	4	24	6×4
内部数据库表	6	10	60	5×10
功能点总计			207	
Java 2 语言等价因子			46	
源代码量估计(单位:千行)			9.522	207×46/1 000
月平均工作效率(千行/月)			3.13	
总人工时数(小时) (每月工作 160 小时)			5 608.68	标准生产效率 × 代码量^{惩罚因子} × 每月工作小时数 = $3.13 \times 9.522^{1.072} \times 160$

三、进度计划

微课学习

技术创新项目对时间管理有着较高要求。企业为了尽快推出新技术、新产品，获得竞争优势，往往希望在创意与研发阶段尽早取得技术创新成果，使得企业能够将创新成果尽早推向市场，获得预期的收益。项目管理理论中的进度计划与控制方法为技术创新时间管理提供了一套高效科学的方法和工具。有关项目进度管理的详细步骤与方法，读者可参考《项目管理知识体系（第 5 版）》和项目进度管理相关书籍[1,2,12]。下面将简要介绍项目进度计划的制定步骤。

微课学习

1. 估计活动工期

项目团队利用项目工作分解结构中的活动清单和资源计划，估计出项目活动的执行时间，即活动工期（duration）。由于影响技术创新活动的不确定性因素较多，如人员的不同技能水平、突发事件、技术研发的失败等，这些因素发生的时点也是很

拓展阅读

难预测的，对活动工期的影响程度也难以估计，这就导致对创新活动工期估计的难度。随着技术创新项目的进行，活动的情况也才逐渐清晰，因此对活动工期的估计还需要不断更新。一些技术创新活动可根据工期、工时和投入比率三者之间的函数关系，估算出活动的工期；有些技术创新活动的工期，则需要根据专家的经验并结合类似创新活动的历史经验数据进行估计。下面介绍一种基于历史经验数据的"三时间点"[13]工期估计方法。

对于某项活动，该方法首先估计出三个不同的完工时间：a 乐观工期，b 悲观工期，m 正常工期，利用下面的公式分别计算出该活动的平均工期和均方差。

$$t = \frac{a + 4m + b}{6} \tag{8-2}$$

$$\sigma = \frac{b - a}{6} \tag{8-3}$$

由式(8-2)计算出的活动工期均值 t，即表示该活动有 50% 的可能性在时间 t 内完成，我们还可由根据式(8-3)计算出的方差 σ 分别估计出该活动在时间区间 $[t-\sigma, t+\sigma]$，$[t-\sigma, t+2\sigma]$，…完成的概率。

例如，对于表 8-6 中所列的软件功能模块开发时间的估计，我们可先估计出每项功能模型的乐观工期、悲观工期和正常工期，然后利用上述公式计算出功能模块开发时间的均值和方差，如表 8-7 所示。

表 8-7　Pro 项目软件功能模块开发时间估计（小时数）

功能模块	乐观工期(a)	悲观工期(b)	正常工期(m)	工期均值(t)	工期方差(σ)
外部输入接口	160	250	195	198	15
外部界面文件	100	210	139	144	18
外部输出接口	140	230	160	168	15
外部查询	60	150	92	96	15
内部数据库表	186	330	247	250	24

　　然而，在一些初次或者技术复杂度较高的技术创新项目中，由于缺乏相关历史数据或者可借鉴资料，对项目活动工期的估计往往由执行活动的技术人员给出。这种估算有一个明显的弊端，即技术人员会从个人角度出发，为了保证自己所负责的活动能按期完成，避免因活动延期带来的延期惩罚和个人声誉损失等，往往会给出一个较高完成概率（如 95%）的活动工期估计，即在实际能完成的工期基础上再加上一个安全裕量，即如图 8-7 中的 Δt。然而即使在这样高的完工概率估计下，由于技术人员往往会把工作拖延到所允许的最后时刻才开始工作（即拖延症），或者即使提前完成了该项工作，技术人员也不会立刻向团队报告该项工作已经完成或者立刻将工作成果转移给后续工作的执行者。所以这种即便增加了安全裕量的工期估计，也并不能保证项目的按时完成。学者Genaro 等[14] 通过严格的数学推导证明了即使按高完工概率估计活动的工期，项目整体的延期风险也仍然较高。

　　因此，我们建议读者可参考关键链理论[15] 中对项目活动工期的压缩和缓冲区设置方法，将如图 8-8 所示的串行活动的安全裕量从每项活动中压缩出，并集中放置在串行活动的尾部作为这些活动的公共缓冲区。下面结合图 8-8 简要介绍基于根方差法的活动工期压缩和缓冲区设置的计算方法。

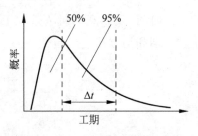

图 8-7　活动工期的概率分布

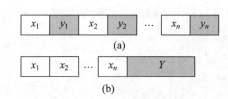

图 8-8　串行活动的工期压缩和缓冲区设置

　　在图 8-8(a) 中，$x_1+y_1,x_2+y_2,\cdots,x_n+y_n$ 分别为技术人员估计出的 n 项串行活动的工期，其中 x_i 和 y_i 表示第 i 项活动的真实工期和安全裕量。利用根方差法可计算出图 8-8(b) 公共缓冲区 $Y=\sqrt{\sum_{i=1}^{n}y_i^2}$ 的大小。

　　该方法的好处是将隐藏在每项活动中的安全裕量转化为所有活动的公共安全裕量，从而避免了上述技术人员的拖延开工或者拖延报告完工的情况，并迫使技术人员在较高的时间紧迫度下以更高的效率开展工作,提高了项目整体的完工概率。

2. 确定活动前后关系

项目活动清单中的活动在执行顺序上存在着一定的先后顺序,例如:新产品市场调查分析必须在市场调查数据获得后才能开始。项目团队需要根据活动之间的逻辑关系确定出活动执行的前后顺序。这种活动之间的前后关系往往是不能随意改变的,若发现某项活动既可在另一项活动开始前开始,也可以在该活动结束后开始,则这两项活动不存在前后逻辑关系。

3. 绘制网络计划图

根据前面两步骤的结果,将项目活动的前后关系绘制在一张网络图中,其中节点表示活动,节点之间用一条带箭头的线连接,箭头的方向表示节点之间的前后关系。图 8-9 表示的是某新产品研发项目中需求分析应在产品总体框架设计前完成,产品 A 模块和 B 模块设计则可以并行进行。

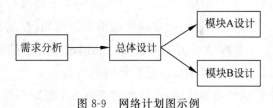

图 8-9　网络计划图示例

4. 计算项目总工期

最后,利用计划评审技术[12](program evaluation and review technique,PERT)确定项目的时间计划。利用该方法可以识别出项目的关键路径,计算出项目总工期的完工概率,以及在保证项目总工期下的每项活动的最早/最晚开始时间和最早/最晚结束时间。项目的时间计划,将作为项目执行阶段的时间管理的基准,指导项目的顺利开展。

当我们认为技术创新项目的所有活动的工期相互独立,并且有同样的分布特点,且关键路线唯一。若在关键路线上有 s 道工序,则这个项目完工总工期 T 为:

$$T = \sum_{i=1}^{s} \frac{a_i + 4m_i + b_i}{6} \tag{8-4}$$

项目总工期的均方差为:

$$\sigma = \sqrt{\sum_{i=1}^{s} \left(\frac{b_i - a_i}{6} \right)^2} \tag{8-5}$$

四、成本计划

创意与研发阶段的成本是为完成该阶段所有活动消耗的各种资源的代价。在计划过程,需要根据资源消耗计划,借助成本管理方法制定出成本估算和成本预算,并以此作为执行过程中成本控制和绩效评价的依据。所谓成本估算,就是计算出完成创意与研发各项活动所需资源(人、材料、设备等)的费用的近似值或估计值。成本预算则是将批准的总成本合理地分配给具体的各项技术创新活动。

常用的成本估算方法有如下几种。

1. 类比估算法

类比估算法是一种在对成本估算精确度要求不高的情况下使用的估算方法。这种方法也被叫作自上而下法,它将技术创新的各项活动成本与已完成的类似项目的各项活动(历史数据)进行对比,从而估算出各项成本。类比估算法通常比其他方法简便易行,但这种方法的局限性在于由于技术创新项目的独特性和一次性使得多数项目之间不具备可比性。

2. 参数估计法

参数估计法是利用一组费用估算关系式,通过这些关系式或者数学模型对创意与研发阶段全部或其中大部分的费用进行一定精度的估算。例如,在制造企业中的一些技改项目可以使用生产能力作参数估计出相关技改活动的成本。参数估计法的优点是快速并易于使用,并且其准确性在经过模型校验后能够达到较高精度。这种方法的缺点是如果不经校验,参数估计模型可能不精确,估算出的项目成本差距会较大。

3. 工料清单法

工料清单法也叫自下而上法,这种方法首先要给出本阶段活动所需的工料清单,然后再对工料清单中各项物料和作业的成本进行估算,最后向上滚动加总得到项目总成本。这种方法的优点是为成本估计提供了相对详细的信息,所以比其他方式的成本估算更为精确。这种方法的缺点是要求有详细的工料消耗和占用量信息,这种信息本身就需要大量的时间和经费的支持。另外,这种成本估算方法所需的工料消耗与占用数据本身也需要有数据来源,而且这些数据经常是过时的数据,所以这种方法往往需要在成本估算中做出各种各样的项目成本费率调整。

案例

在前面有关资源计划的 Pro 案例中,我们可根据图 8-6 中的 WBS 图,估计每项活动的成本。具体计算步骤如下:

(1)管理成本:管理团队以兼职形式工作。1 名项目负责人投入 50% 的时间,4 名管理成员投入 25% 的时间。项目负责人工资为 100 美元/小时,其他项目管理人员为 75 美元/小时。人员全职工作 1 个月为 160 小时,因此项目负责人全年工作 960 小时(160×50%×12),4 名员工工作 1 920 小时。项目管理其他费用按软件开发与测试成本的 10% 计算。

（2）硬件成本：手持设备 100 台，承包商估计报价 600 美元/台；服务器 4 台，基于市场报价 4 000 美元/台。

（3）软件成本：软件成本包括软件购买使用成本和软件二次开发成本。其中软件购置费用估计为每台设备使用软件付费 200 美元/台；软件二次开发费用将采用功能点估计方法。

（4）测试成本：基于历史类似项目，测试成本为软硬件成本总和的 20%。

（5）培训成本：基于历史类似项目，培训以每名员工为单位，加上差旅费，成本为 500 美元/人（总计 100 人）；培训师和项目团队的差旅费为 700 美元/人/天，估计 12 个差旅日。

（6）不可预见成本：基于类似项目，为项目其他项总成本的 20%。

基于上面的信息，Pro 项目的成本估计可汇总在表 8-8 中，项目总成本估计为 1 521 240 美元。

表 8-8　Pro 项目成本估算汇总表

WBS	数量或工时	单位成本/美元	小计/美元	WBS Level1 成本汇总/美元	所占比例
110 项目管理成本				315 200	20%
项目负责人	960	100	96 000		
项目成员	1 920	75	144 000		
其他管理费用			75 200		
120 硬件成本				76 000	5%
手持设备	100	600	60 000		
服务器	4	4 000	16 000		
130 软件成本				614 000	43%
许可软件费用	100	200	20 000		
软件二次开发			594 000		
140 测试费用			138 000	138 000	10%
150 培训费用				58 400	4%
培训费用	100	500	50 000		
差旅费	12	700	8 400		
160 不可预见费用			253 540	240 320	17%
总计：				1 441 920	100%

若将项目成本估算作为最终预算，项目团队按照项目进度计划将项目预算按月分配，可得到成本逐月计划图和成本逐月累计发生计划图，分别如图 8-10 和图 8-11 所示。

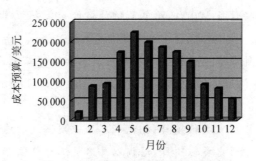

图 8-10　Pro 项目成本逐月计划图

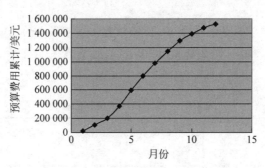

图 8-11　Pro 项目成本逐月累计发生计划图

第四节　创意与研发阶段的实施与控制过程

创意与研发阶段充满各种不确定性,因此为了保证技术创新的顺利开展,实现最终目标,项目团队需要不断监控技术创新的过程状态。当实际状态与计划之间发生较大偏差时,应及时分析偏差产生的原因并采用恰当的纠偏措施。这里需要注意的是,项目团队所采取的纠偏措施并不一定需要将技术创新过程拉回到原来制定的计划路线上,而应时刻瞄准最终目标,根据当前的情况变化,采取措施调整技术创新的路径或方向。另外一点需要注意的是,当采取纠偏措施后,应根据当前情况和基于当前情况对未来的预计,更新在计划过程中的进度、资源、成本、质量和风险等计划。也就是说,在技术创新实施和控制过程中,计划阶段所制定的各种计划需要根据实际执行情况,不断滚动更新。下面将从进度和成本两个方面介绍技术创新活动的实施和控制方法。

一、进度控制

进度目标常常是保证技术创新成功的重要目标之一。为了监督技术创新执行得快慢,可采用甘特图的方式跟踪进度,并从中及时发现技术创新各项活动的执行是否提前或超期完成。当发现进度偏差后,项目团队需要分析偏差发生的原因,并判断偏差对最终目标的影响。项目进度管理中的"关键路径（critical path）"将作为判断偏差对项目总体进度影响的主要依据。一般来说，对于关键路径上的关键活动，当该活动的实际执行时间发生偏差时，会对本阶段的总工期带来相应的影响；而对于非关键路径上的非关键活动，当该活动实际执行时间发生偏差时，则要具体分析其对总工期是否带来影响以及带来多大的影响。关于这部分的分析请读者参考有关项目进度管理的书籍和资料。

不论关键活动或者非关键活动，一旦发现活动的延期对最终进度目标会造成延期影响，项目团队都应采取相应的纠偏措施。常用的进度纠偏措施包括：赶工加班、增加额外资源投入、缩小未完成项目的工作范围、对活动执行顺序进行优化和将部分工作外包给第三方等。

微课学习

二、成本控制

1. 成本状态监督

对于技术创新成本费用状态，需要结合各项活动对资源的消耗情况加以具体分析。可以将创意与研发阶段中实际人、机、料的发生情况与资源计划进行对比，并结合资源的价格变化，分析和发现项目成本的偏差。一种常见的成本状态跟踪方法为图 8-12 所示的费用累计发生对比图。图中"S"曲线为项目计划费用累计发生情况，另一条曲线为项目执行到第 30 周时的实际费用累计发生情况。不难看出，累计发生的费用比计划累计发生的费用明显偏少。

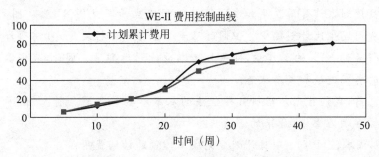

图 8-12　WE-II 研发项目成本发生跟踪图

2. 成本偏差分析与纠偏

对于图 8-12 中的成本实际累计发生比计划偏少的情况，有可能是由于项目管理团队采取了良好的成本管理措施或者是本阶段主要消耗资源的价格降低而造成的。但也有可能是由于进度偏慢，在 30 周内应该执行完成的活动尚未执行完成进而造成应该消耗的资源数量没有按计划消耗。因此，对于成本的分析需要进一步结合进度情况，具体分析其发生的原因并依次采用相应的纠偏措施。

三、进度-成本综合控制

从上一节成本偏差分析可以看出,技术创新的进度与成本有着密切的关联性,单独分析进度或者成本偏差,并不能完全掌握技术创新实施的真实状态,因此有必要将进度和成本进行综合分析。下面结合一个案例,介绍挣值法在技术创新控制过程的应用。

 案例

（MPM 认证案例）：Smaw 公司正在开展新型设备 WE-II 研发项目,计划历时 45 周,预算总成本为 80 万元。项目从 2010 年 1 月开始,项目 WBS 中第 1 层包括 4 项任务,每项目任务的计划开始时间、结束时间、费用计划安排如表 8-9 所示。项目目前已经进展到第 30 周末,各项任务完成情况和实际费用,分别列在表 8-9 的最右栏和最下一行。

表 8-9　WE-II 研发项目进度—成本状态表

项目活动	历时（周）									完成情况（%）
	5	10	15	20	25	30	35	40	45	
设计	6	2								100
制造		4	8	8	8					100
安装				4	20	6				50
测试						2	6	4	2	0
计划	6	6	8	12	28	8	6	4	2	
实际	6	8	6	10	20	10				

研发项目计划累计费用发生和实际累计费用发生情况见图 8-12,从图中可以发现,项目目前的费用发生比计划偏少。但同时从表 8-9 可以分析发现,目前项目安装工作只完成了计划任务的 50% 的工作量,即项目工期比计划延期了。因此,我们需要进一步分析发现项目的真实进度和成本状态。

在分析之前,我们首先介绍项目挣值法的基本参数和步骤。首先,该方法需要计算出 WE-II 研发项目在第 30 周末的三项状态参数。

（1）计划成本值（PV）：项目计划应完成工作量的计划费用;

（2）实际成本值（AC）：项目实际已完成工作量的实际费用;

（3）挣值（EV）：项目实际已完成工作量的计划费用。

在本案例中第 30 周末项目的计划成本值（PV）=68 万元,项目实际成本值（AC）=60 万元,而挣值（EV）=51 万元,其计算方法如表 8-10 所示。

表 8-10　WE-II 研发项目第 30 周末挣值计算

	计划值（BCWS）	完成情况（%）	挣值（EV）
设计	8	100	8
制造	28	100	28

	计划值(BCWS)	完成情况(%)	挣值(EV)
安装	30	50	15
测试	14	0	0
挣值合计(EV)			51

根据计算的状态参数,利用下面的公式可以计算分析得到成本和进度的真实状态。

成本偏差(CV)＝挣值(EV)－实际值(AC)＝51万元－60万元＝－9万元

进度偏差(SV)＝挣值(EV)－计划值(PV)＝51万元－68万元＝－17万元

成本绩效(CPI)＝挣值(EV)／实际值(AC)＝51/60＝0.85

进度绩效(SPI)＝挣值(EV)/计划值(PV)＝51/68＝0.75

由此,项目团队可以分析得出在第30周末,该项目的成本比计划实际超支9万元,进度比计划落后了17万元的工作量,只完成了计划的75%的工作量。综上所述,可以判断该项目目前的进度和成本方面均发生了不利的偏差,应根据实际情况采取相应的进度成本纠偏措施。

第五节　创意与研发阶段的收尾过程

创意与研发阶段的收尾工作主要包括:范围核实与成果交付,资源释放和团队解散,经验总结和组织资产转移(为中试和商业推广阶段,以及后续项目迭代创新提供历史资料与数据)。下面将分别介绍这些管理工作的具体内容。

一、范围核实与成果交付

在创意与研发阶段为了实现目标,往往需要不断更新计划和变更工作范围。因此本阶段收尾过程中,项目团队应首先内部核实已完成的工作是否符合范围计划中的工作。其次,企业高层管理应组织相关部门人员和利益相关方对项目完成情况进行审核,具体包括完成相关技术创新成果的数量、质量以及对相应的技术指标进行审核等。若审核通过,应将本阶段的成果,比如技术创新专利、技术资料、产品原型、使用说明资料等交付转移给企业的相应职能部门。

二、资源释放和团队解散

对于本阶段技术创新活动占用的人力和设备等资源,将随着本阶段结束而完全释放。在实际中,资源是随着创新过程的进展逐步释放的。因此对于项目团队应做好资源释放的确认工作,避免资源的"丢失"。另外,如在前面团队建设部分所述,项目负责人在该阶段应协助成员解决好归宿问题,并对成员在项目中的表现给出公正的评价。

三、经验总结和组织资产转移

最后,在收尾过程,项目负责人应带领团队对创意与研发阶段的主要工作进行回顾,对比技术创新实际过程与计划的统计数据,总结分析在技术创新过程中技术研发和管理方面的经验与教训,并不断改进现有的管理模式和方法。在条件允许的情况下,还应邀请企业高层管理者和相关技术和管理专家,从第三方的角度分析总结成功的经验和失败的教训。这些经验教训将进一步提炼为更为普适的技术创新管理模式和方法,并作为过程资产转移到企业组织中,为后续类似技术创新的开展提供指导和借鉴。

即练即测

本章思考题

1. 技术创新项目管理可分为几个过程,每个过程里包括哪些主要的管理工作?
2. 技术创新团队应如何组建,团队建设应如何开展?
3. 如何制定技术创新项目的资源计划,其中人力资源计划应注意哪些问题?
4. 如何制定技术创新项目的进度计划,并应注意哪些问题?
5. 技术创新项目在执行阶段,如何进行进度—成本的综合管控?

本章参考文献

[1] 美国项目管理协会.项目管理知识体系:第 5 版[M].北京:电子工业出版社,2015.
[2] 白思俊.现代项目管理概论[M].北京:电子工业出版社,2012.
[3] 王晕羽.技术创新项目管理[D].天津:天津大学,2007.
[4] 张凌.企业技术创新项目评价与决策体系[M].北京:人民出版社,2006.
[5] 马秀彬.企业技术创新项目评价与决策研究[D].青岛:中国海洋大学,2008.
[6] 王丹.技术创新项目评价与决策方法研究[D].沈阳:东北大学,2010.
[7] 姚升保.基于集成评价方法的企业技术创新项目决策[J].科研管理,2010,31(5).
[8] 李晓峰,徐玖平.企业技术创新项目风险决策研究[J].软科学,2010,24(10).
[9] 饶扬德.基于项目管理的技术创新风险管理[J].技术经济,2005,(5).
[10] 孙华,黄伟.WBS-RBS 矩阵在芯片研发项目风险识别中的应用[J].电子与封装,2015,15(5).
[11] 凯西·施瓦尔贝.IT 项目管理:第 5 版[M].杨坤,译.北京:机械工业出版社,2008.
[12] 哈罗德·科兹纳,项目管理——计划、进度和控制的系统方法:第 11 版[M].杨爱华,等译.北京:电子工业出版社,2013.
[13] 崔达开,李晶.关于网络计划中三时估计法的运用与商榷[J].统计与决策,2016(5).
[14] Gutierrez G J, Kouvelis P. Parkinson's law and its implications for project management[J]. Management Science,1991,37(8).
[15] Newbold R C. Project management in the fast lane: applying the theory of constraints[M]. CRC Press,1998.

第 九 章

大型工程技术创新管理

大型工程技术创新必须以解决工程问题为目标,某些关键技术难题不解决,工程就难以建成。本章首先简述大型工程的内涵和特征、技术创新特征以及技术创新系统的参与主体和运行机制;然后,阐述大型工程技术创新的显著特点之一——高风险,包括技术风险、政治和政策风险、自然风险、经济风险、社会风险和资源风险,利用矩阵分析法对风险因素评价过程进行说明;最后,考虑大型工程项目独特性和创新性特点,从工程过程管理与组织行为方面提取技术创新效率影响因素,构建建设工程项目的技术创新能力 SD 评价模型以及结合 DEA 的技术创新效率动态评价方法。

第一节　大型工程的内涵与特征

大型工程是十分复杂且对社会发展具有战略影响的一类重大工程。因为建设环境多样化、建设主体的技术和能力不同,使得大型工程的复杂性不断提高,即大型工程是典型的复杂产品。大型工程在其建造过程中必须进行技术创新,且技术创新贯穿工程前期决策、工程设计和工程施工的全过程,创新难度高。大型工程技术创新不同于一般产品创新,是因为大型工程具有目标性、临时性等独特性质。要成功管理大型工程的技术创新,首先要熟知大型工程的内涵和特征。

一、大型工程的内涵

对于"工程"的理解,国内外并没有一个统一的定义。1828 年英国土木工程师协会章程最初正式把工程定义为"利用丰富的自然资源为人类造福的艺术"。1852 年美国土木工程师协会章程将工程定义为"把科学知识和经验知识应用于设计、制造或完成对人类有用的建设项目、机器和材料的艺术"。在我国,各学者从不同的角度对工程进行了定义。对工程的定义可以分为两类:一是指将自然科学理论应用到具体工农业生产部门中形成的各学科的总称,如水利工程、化学工程等;二是指需要较多的人力、物力和较长的周期来进行的较大而复杂的工作,如中国载人航天工程、三峡工程等。工程的定义和内容会随着社会的发展和阐述的角度发生改变,但工程的本质是不变的,即改造世界,工程活动是人类应用科学和技术改造客观世界的重要实践活动。

大型工程通常是指规模宏大、建设条件和环境复杂、技术和施工难度大、新技术标准缺乏、科技含量高、资源投入多以及对社会、经济发展有重大持续性影响的一类重大工程。大型工程建设是现代社会发展的基本保证，以建筑、水利、道路、铁路、桥梁、隧道等为代表的土木建设和基础设施建设，以船舶、核电站、大飞机等为代表的大型工业和大型科学设施设备，覆盖了现代人类生产生活的方方面面，推动了人类文明的发展和人类生活水平的提高。有些重大工程代表着一个地区、行业甚至国家的形象，如神舟系列载人飞船、神光系列激光点火装置、三峡工程、京沪高速铁路和港珠澳大桥、青藏铁路等。

本质上，大型工程是一个跨学科、跨领域、跨部门、跨行业、跨层次的、开放的复杂系统，是一个集科学层次的理论问题、技术层次的开发问题、工程层次的产品问题研究于一体的链条，其组织实施过程需要大量科学技术资源的集成，需要基础研究支撑和核心技术突破。每一个复杂的大型工程的成功都是许多高新技术的系统整合、优化的结果。同时，大型工程在建设期间具有一定的推动力量，在实现大型工程项目建设成功的同时，促使科学技术的提高，推动国家科技的进步。例如，20世纪的"曼哈顿计划"让美国的核武器研制能力遥遥领先，并突破了一批先进技术，包括快中子反应技术、铀同位素分离技术、原子弹投放技术等，让美国成为世界上首先掌握原子弹技术的国家。而我国自20世纪60年代开始，以"两弹一星"工程、载人航天计划为代表的复杂重大工程也取得了举世瞩目的成就。

进入21世纪后，我国的重大工程层出不穷：首艘货运飞船"天舟一号"完成多项应用，巩固了航天器多方位空间交会技术；"墨子号"量子卫星成功实现量子纠缠实验，开启全球化量子通信大门，同时世界上首条量子保密通信干线——"京沪干线"正式开通；国产大飞机C919首飞成功，设计规划了102项关键技术攻关，意味着中国实现了民用飞机技术集群式突破；由"中国通号"研发的全球首套时速350公里高铁自动驾驶系统（C3＋ATO）顺利完成实验室测试，标志着我国成为首个攻克高铁自动驾驶技术的国家。从大型工程内容来看，新时代的大型工程涉及领域更广，对每个领域的研究也更加深入。除了在国防工程上取得了重大突破外，也开始重视基于市场、基于民生的大型工程。十九大将"军民融合"上升为国家战略是促进军民两用工程发展的最直接动力。社会的发展和需求对工程技术研发、应用提出了更高的要求，因此21世纪的大型工程涉及的技术更复杂。

二、大型工程的特征

大型工程可以看作是项目中较典型、常见的一类项目，往往在两者定义的表征上会有一定的重叠。因此，大型工程除了具有一般项目的特征外，还拥有由自身属性决定的独特性质。

1. 临时性

临时性是项目的一般属性,也称为"一次性"。大型工程的建设属于一次性活动,有确定的起始和终止时间,以及相对确定的工期,即完整的生命周期。大型工程的建设只准成功,不能失败,否则将造成严重后果,甚至影响国民经济发展。因此开展一般大型工程具有很大压力,在工程前期需要经过长时间反复论证,并从经济、社会、自然环境等多个方面进行可行性分析和决策,才能确定是否启动大型工程的建设。但是,大型工程的"临时性"并不意味着大型工程的建设周期短。相反,大型工程往往要经历可行性研究、立项决策、招投标、设计、制造加工、集成调试、交付运营等阶段,往往大型工程都具有较长的生命周期,可能历时几年、十几年,甚至几十年。例如中国著名的三峡工程建设工期长达 17 年;自 1992 年启动中国载人航天工程现今仍处在研制阶段;西班牙 Sagrada Famila 教堂从 1882 年开始建设,至今仍未竣工。

大型工程的临时性还表现在其组织的临时性。也就是说,参与大型工程建设的主体往往是根据工程需求,临时从各团队、部门、单位甚至各行业中调取人员来形成的组织,这个组织是为了完成这项大型工程特定的目的临时产生的,待工程建设完成后,组织一般都会被解散,或者重新加入另外的工程。也就是说,工程项目组织是一次性的,随工程确立而产生,随工程结束而消亡。

2. 独特性

大型工程的立项和启动正是由于项目具有独特性,是唯一的,可以提供独特的交付成果,或者涉及独特的过程。首先,对于每一个大型工程来说,都有唯一确定的目标或结果,导致工程建设成果固定,很难成批建设或生产,这与可重复批量生产的产品开发有很大区别。其次,建设工程的独特性还表现在建设过程的独特性。不同领域的工程建设所涉及的管理流程、技术标准、核心知识以及专业人才等都不尽相同,往往在工程领域很难找到一套标准的、通用的管理手段。因此,工程的独特性在给其自身带来启动价值的同时,也会因以前从未做过带来了非常大的不确定性,从而使大型工程的风险与生俱来。

于 2018 年建成的港珠澳大桥是连接香港、珠海、澳门的超大型跨海通道,全长 55 公里,其中主体工程"海中桥隧"长 35.578 公里,海底隧道长约 6.75 公里,为世界最长的跨海大桥,也是中国交通史上技术最复杂、建设要求及标准最高的工程之一,被英国《卫报》誉为"新世界七大奇迹"。港珠澳大桥的独特性主要体现在其建造环境和运营方式上:其一,港珠澳大桥是在"一国两制"条件下,粤港澳三地首次合作共建的超大型基础设施项目,大桥东接香港特别行政区,西接广东省(珠海市)和澳门特别行政区。其二,港珠澳大桥由桥梁、人工岛、隧道三部分组成,其中,岛隧工程是大桥的控制性工程,需要建设两座面积各 10 万平方米的人工岛和一条 6.7 公里的海底沉管隧道,实现桥梁与隧道的转换,是大桥建设技术最复杂、建设难度最大的部分,也是以往世界同类工程所没有遇到的。其三,港珠澳大桥将采取"三地三检"的通关模式,其中珠、澳之间采取"合作查验、一次放行"的新模式。

同样,在建设过程中,港珠澳大桥建设工程的独特性也引发了一系列的风险,如竣工时间由2016年延迟到2018年,成本大增;由于三地车牌不互通且道路设计不合理,导致需求分配不均衡;中深大桥(中山-深圳)的开工也将进一步抢占港珠澳大桥的车流量,使其处于尴尬位置。

3. 复杂的科学技术应用

复杂性主要体现在多学科的交叉。随着科学技术的日新月异,单一的学科很难满足大型工程的建设,要取得突破性的成果,必须进行跨学科合作。工程的交付物则是科学知识和技术的应用成果,因此,每一个大型的工程从立项规划到建设再到成果交付,都离不开复杂的科学技术的应用,尤其是大科学工程,其主要目标就是科学研究,具有科学探索性。例如,中国高铁在不断地刷新世界纪录,其技术被公认为国际领先。在高铁建设过程中,仅涉及的新技术就包括无砟轨道技术、无缝钢轨技术、受电弓和接触网技术、高速车轮技术、高速道岔技术、高铁列车控制系统等;涉及的学科包括自动控制学、电力学、动力学、气体流动学、机械力学、超硬材料学、电子学等,是典型的综合、复杂科学技术应用系统。

4. 社会性

与一般工程或项目不同,大型工程具有明显的公共属性,战略地位突出。大型工程项目大多具有公共物品的特性,所创造的产品或服务具有社会共同受益的特征。其建设实施对区域经济、国民经济乃至全球经济都能够产生重大而深远的影响,对国防建设、重大科技探索、社会稳定和生态环境保护(太湖流域水环境综合治理工程、退耕还林还草工程等)具有战略性意义。大型工程项目的成功实施有利于提高社会整体劳动生产率,降低生产成本,改善社会福利。比如前文提到的三峡工程、南水北调、载人航天、高铁等一系列大型工程,都是涉及国防、民生等保障和提高社会整体发展水平的工程。

因此,大型工程项目涉及的利益群体众多,在经济、社会和环境三方面的影响同样深远,对任何一方面都不能忽视。一个成功的大型工程项目,必须区分项目所涉及的主要利益相关者和次要利益相关者,协调好这些主体间的利益关系,充分考虑各利益相关者合理的利益诉求。在我国,水利工程的启动往往会导致较大的利益冲突,例如三峡大坝造成的120万库区移民的利益补偿问题、南水北调工程中水源区和输水干线区域为保持水质而放弃的经济利益的补偿问题等。解决大型工程中的利益协调问题,是目前面临的重大考验。

5. 投资规模大,周期长

大型工程建设涉及的面极广,通常是围绕一个明确具体的目标,由众多的参与方有组织有分工地开展建设工作。同时,在建设过程中还可能需要引进国外先进的技术和管理理念,以及购买许多昂贵且复杂的试验设备,建立大规模的试验设施。因此,大型工程的实施建设需要投入巨大的人力、物力。

另外，大型工程项目往往较为复杂，具有许多不确定性，很难正确估计完成工程所需要的时间和资源。因此，工程工期延误、成本超支的情况是十分普遍的。英国著名项目管理专家梅乐（Merrow）随机抽取世界上 52 个大型工程项目，研究发现大型工程项目的最终完成时间，平均比预期要延迟 17％，而成本超支的情况更加普遍，平均达到 88％[1]。因此，大型工程的进度管理、成本管理、风险管理等都是现代项目管理研究中比较热门的课题。

6. 超前性

大型工程的建设具有超前性。基础设施的先导性决定了大型工程项目对社会物质生产和人民生活具有重要的基础性作用，政府应该对投资大型工程项目进行政策上的扶持，保障其超前性。超前性包括两方面的含义：一是时间上的超前，即在建设时序上，大型工程项目的发展应适度超前于国民经济和社会发展。二是容量上的超前，即在设计和规划的时候预留一定的富余量，避免项目刚刚建成，又成为阻碍经济发展的"瓶颈"。当然，超前量也不能太大，否则会造成资源浪费，不利于可持续发展。

由此可见，大型工程是典型的复杂产品，在其建造过程中技术创新和突破必不可少，且技术创新贯穿于工程前期决策、工程设计和工程施工的全过程。

第二节　大型工程的技术创新

重大建设工程技术创新是指以重大建设工程为载体，各类技术创新主体围绕工程的需求开展的技术创新，技术创新成果凝聚在特定的工程项目上[2]。大型工程技术创新是一项复杂的系统工程，涉及多个技术领域，且相互联系紧密，集成度高，具有很强的技术集成性。同时，参与技术创新的不同主体间跨组织协同合作，协调界面多，协调难度大，具有典型的组织协同性。大型工程技术创新的过程是多要素、多主体、多阶段整合协同的过程，存在广泛的风险。

一、大型工程技术创新特征

与一般技术创新相比，大型工程技术创新具有特殊性，主要表现在技术创新具有唯一性、技术创新成果影响大、技术创新具有不确定性、以工程需求为导向四个特征。

1. 技术创新具有唯一性

大型工程本身具有的独特属性决定了其建设过程中的技术创新也具有一次性特征。工程活动技术创新的"唯一性"与一般产品还有所不同，任何工程活动都是在一个具体的时间、具体的空间进行的实践活动，所处的环境会因为人、时间、地点等的改变而变化。

因此,在工程中的技术创新活动所处的环境是动态的,每次技术创新都是不可重复的活动,就好比人不可能两次踏入同一条河流。在大型工程建设中具体表现为由于建设自然环境的改变和工程组织的临时性,导致建设过程中遇到的技术困难往往是独一无二的;当环境和合作对象变化后,可能不再会遇到类似的问题,由此产生的技术创新活动也是独一无二的。

例如,2017 年 12 月 6 日正式开通运营的"西成高铁"(西安至成都高速铁路),为世界首条穿越秦巴山区的高速铁路。其中陕西境内 343km,穿越我国地理上最重要的南北分界线秦岭以及米仓山,地形地质条件复杂,工程艰巨。因此,在考虑秦岭地理环境、长隧工程经济性、安全性、环保等要求后,工程组采用了长 45km 的 25‰ 坡度创新、顶推法施工的 132m 简支钢桁梁桥,在无法避开的朱鹮国家级自然保护区实验区分别采用了深隧道形式和桥梁的方式进行穿越,设计特制的朱鹮防护网等技术创新活动。这些技术创新活动都是根据工程本身的目标、所处的环境、涉及的利益方而进行的,一旦条件发生改变,这些技术创新产生的成果将很难完全再次应用。

2. 技术创新成果影响大

《国家技术创新计划管理办法》第三条明确提出"创新计划围绕国民经济发展的总体要求,针对国家产业及产品结构调整中的突出问题,通过开展技术创新,重点解决产业中的共性、关键性和前瞻性技术,并有效地促进科技成果转化为现实生产力,实现产业优化升级,保障国民经济持续快速健康发展。"大型工程作为国家重要的战略资源,是国民经济发展的基础。它不仅是一项重大基础设施,更是工程技术创新活动的主战场。大型工程技术创新项目的研究是响应国家科学和技术发展规划的科研实践,必须以科学发展观为指导开展关键技术研究,同时应坚持建设资源节约、环境友好型工程,促进工程建设与人口、资源、环境相和谐,实现可持续发展。

杭州湾大桥曾经是世界最长跨海大桥,混凝土用量相当于再造八个国家大剧院,用钢量相当于再造七个"鸟巢",长度相当于 21 座武汉长江大桥,可见杭州湾跨海大桥是一项非常庞大复杂的工程。杭州湾跨海大桥 50 米箱梁"梁上运架设"技术,架设运输重量从 900 吨提高到 1 430 吨,刷新了目前世界上同类技术、同类地形地貌桥梁建设"梁上运架设"的新纪录;开创性地提出并实施了"二次张拉技术",解决了大型砼箱梁早期开裂的工程难题;开创性地采用有控制放气的安全施工工艺。但是,技术创新进行到后期,造价由 180 亿上升到了 200 亿元。在早期政府宣传中,杭州湾大桥项目是国内第一个以地方民营企业为主体、投资超百亿元的国家特大型交通基础设施项目(PPP 项目),吸引了非常多的民营资本投入,但因建设过程中不断追加投资,且合同设计不恰当,损害了投资者的利益,导致民间资本纷纷撤资。同时,对后期投入运行后的车辆流量预估产生严重偏差,陷入入不敷出的窘境,极大损害了民间资本和社会对当地政府的印象。目前,杭州湾大桥已经成为中国失败的 PPP 项目一个案例。

大型工程涉及国家利益,且是一次性复杂产品,建设周期长、结构复杂,其技术创新贯穿工程的全过程,在工程方案确定后,后期的建筑方案、结构方案、关键技术方案的设计都是对前期方案的进一步细化和深化,并根据工程建设需求进行持续不断的创新,创新的数量可能比前期设计还要多。并且,前期的技术方案会影响到后期设计和施工,特别是对地理条件有很高要求的工程,某项技术的失败可能会导致整个工程的重大调整或彻底失败,如特大型桥梁主梁架设方案。

3. 技术创新具有不确定性

首先,技术本身就存在不确定性,技术创新主要依赖于创新主体和组织的认知方式以及现有技术惯例。在企业产品技术创新过程中,不同的创新主体根据其自身的经验、知识和当前的技术轨迹对技术难题提出各种设计方案,并采用计算、试验和仿真的方法对方案进行论证,完善或修改原有方案。但大型工程很难用完善的计算、仿真手段来预估技术设计方案带来的结果,更加剧了大型工程中技术创新活动的不确定性。其次,大型建设工程本身结构复杂,并与外界环境不断发生交互作用,建造早期的技术方案可能不再适应后期的自然条件、使用要求和建设条件,而需要采用新技术、新结构。最后,投资者、管理者对技术创新的需求存在不确定性。大型建设工程建设的业主在很大程度上代表了政府、国家的利益,因此,在建设理念上要求参建单位通过大型工程建设来提高国家和企业的创新能力,但同时这些主体又是由不同的政府部门、机构、企业抽调的人员组成,在建设过程中存在技术创新需求的变更和错误识别等所带来的风险。

4. 以工程需求为导向

企业的技术创新通常以市场为导向,而重大工程的技术创新则首先是实现技术创新的工程价值,其次才是实现技术创新的市场价值。可以说工程的技术创新是被"逼"出来的。工程的技术创新一定以工程实际需求为驱动,即某些关键技术难题不解决,工程就难以建成。因此重大工程的技术创新必须以解决工程问题为目标,这也是其技术创新的共性成果在行业内其他工程推广应用的重要前提[3]。

二、大型工程技术创新系统

1. 参与主体

大型建设工程技术创新主体覆盖业主、设计单位、施工单位、科研机构、行业部门、政府机构、材料供应商以及专家、顾问等,在工程建设的不同阶段,创新网络是动态变化的,即原有创新主体的退出和新主体的加入。创新的多主体性和各种技术的相互依赖性与系统性使得跨组织的协调能力极为重要。不同于一般产品创新过程,创新主体是可以清晰界定的单独实体,其组织管理通常采用职能或矩阵方式,大型工程技术创新系统组织协调需要基于项目组织(project-based organization)和项目引导型组织(project-led organization)[4]。

在大型工程建设中,设计单位和施工单位分别承担了大型工程设计阶段和施工阶段的主要工作,也承担了体现大型工程技术创新的设计方法、施工技术和工艺等,因此,设计单位和施工单位不可避免地将成为大型工程技术创新的主体,在不同阶段发挥不同的作用。同时,这类创新主体更了解创新成果的工程需求,在创新决策时,也更能针对工程需要。

高校、科研院所是大型工程技术创新的智力资源。大型工程是开放的复杂系统,不仅工程本身复杂,还面临特殊的建设条件。因此,很多技术难题必须依托基础性研究,例如水文、地质、航运、气象等,这些需要依靠高校、相关研究院所的力量。此外,很多重要关键技术的研究还需要依赖高校等研究机构的科研力量,他们不仅具有扎实的理论基础,还具有完善的实验条件和较强的实验能力,这些对工程上一些突破性技术的攻克是非常必要的。在大型工程的技术创新中,除了高校、研究机构等智力资源,还包括以个人身份参与的国内外相关领域的专家,如我国工程院和科学院院士等,他们大多不属于直接参与工程项目设计、施工的单位,一般也不参与具体的创新活动,他们主要根据自己的经验和对学科的掌握,在工程创新的前期给出总体思路和技术路线,帮助大型工程的技术创新活动顺利开展。

为了有效监督参建单位在大型工程建设中的行为,业主委派社会监理对工程的技术规范、施工方案进行控制,委托咨询单位对设计方案进行审查。由于大型工程建设在很大程度上代表了国家利益,是国家职能的重要组成部分。因此,在建设过程中,政府通过设置政府监理对工程的建设实施强制性的监督,行使政府的管理和控制职能。我国的大型工程往往由国家投资,因此业主一般具有政府背景,这也为工程的技术创新提供了一定支持作用。例如,政府的参与可以增强企业和科研院校合作的信任关系,可以协调不同单位之间的利益、文化冲突。

技术创新成果研发是以技术创新方案为蓝本,通过创新网络组织协调创新完成技术创新成果研发过程。由业主、高校、科研院所、政府、设计单位、施工单位、供应商、中介服务机构等创新参与主体组成创新网络组织。网络组织以业主管理为核心,以科研合同为纽带,明确科研牵头人,明确分工,理顺关系,强化沟通交流。在技术创新过程中,网络组织投入技术、知识、人才、信息等创新资源,通过整体与局部创新工作的协调与配合,以及个体和整体创新实力的整合与联动,实现跨组织、跨部门、跨行业的协同创新,通过科学实验、实验室试验共同完成创新成果研发。

2. 运行机制

(1) 动力机制。一般产品技术创新的动力主要来自市场需求和企业对未来市场竞争力的技术储备,而大型建设工程的技术创新是针对工程建设中具体问题开展技术研究,具有很强的目标性和时效性。并且,大型建设工程一般是公共产品,其用户是公众群体。因此,大型建设工程很难按照用户的定制化需求进行建设。而作为担负一定政府职能的大型工程项目业主,承担着培育企业和人才的责任,会要求参建单位进行技术创新,提升企业的国际竞争力。因此,大型建设工程技术创新的动力来自工程实际需求的推动和业主的拉动的结合。

(2)协调机制。大型建设工程技术创新系统内主体是复杂的。设计单位、施工单位和科研机构一般由业主通过招投标的方式择优选择,设计、施工单位结合实际情况对项目进行分包,确定相关专业单元的承担单位。在工程建设的招投标过程中,由于多种因素使那些对技术、材料和关键设备具有垄断性质的企业不参加投标,在此情况下,业主将会代表政府或联合政府相关部门采取计划指令的方式要求其参与工程建设。

(3)决策机制。根据技术难题的复杂性、关键性和重要性,大型建设工程技术创新系统的决策机制一般可以分为高层、中层和低层三层结构。高层决策是由政府、行业主管部门联合聘请国内外著名技术专家、顾问,成立技术专家组,针对工程建设过程中重大、关键技术难题展开研讨,最终形成专家、顾问咨询意见,再分别由设计单位、施工单位、科研院所负责深入的试验、计算、仿真等研究,最后由行业部门审核、批准。中层决策是由业主成立专家顾问小组,联合设计单位、施工单位、咨询公司、科研机构对参建单位提出解决建设过程中的重大技术难题的预案进行研讨。低层决策是设计单位或施工单位根据设计、施工过程中的技术问题组织专家、科研院所进行研讨,提出预案,上交业主审定[3]。

 ## 案例

建于 2008 年的苏通大桥是当时我国建桥史上工程规模最大、综合建设条件最复杂的特大型桥梁工程,其中主塔基础冲刷防护是工程十项关键技术之一。从技术角度看,冲刷带来四个方面的问题:①平台难度增加;②安全度降低;③钻孔桩施工风险增加;④桩基入土深度减小,承载力降低。通过实验分析发现,在这样复杂的水文、地质、河环境下进行桥墩冲刷防护国内外缺乏相关理论与经验,是世界级技术难题。

工程初期建设者就对冲刷防护问题进行了思考和安排,最初确定是临时性防护方案,但根据计算和试验表明,主桥桥墩冲刷最深将达到 38 米,桥墩局部冲刷深度大、冲坑形态复杂,严重影响桩基承载力并威胁结构安全,为保证施工期及运营期结构安全,需对河床进行永久冲刷防护。解决这一问题的技术表现出很强的综合性,单一组织缺乏独立解决问题的经验和能力,如中港二航局、路桥集团二公司的施工主体,江苏省交通规划设计院、上海航道勘察设计院、中铁大桥勘察设计院等单位都缺乏解决此类问题的经验和能力。在这种情况下,工程业主发挥集中力量办大事、办难事的制度优势,整合国内外技术与智力,寻找问题解决的突破口,形成新的解决问题能力。南京水利科学研究院在冲刷防护模型及试验方面具有较强的能力,江苏省交通设计院对主塔基础方案的设计熟悉,COWI 国际咨询公司实施过大量的大型工程咨询工作,具有丰富的经验。另外,冲刷防护相关的主要问题是实施,因此,在方案的设计过程中,与中港二航局、路桥集团二公司施工单位紧密配合。

经过上述集成,南京水利科学研究院、COWI 咨询公司和江苏省交通规划设计院等单位组成"强强联合"的攻关小组,以及有效的技术创新平台,同时,工程业主作为创新系统的支持力量发挥了很大作用。最终,苏通大桥于 2008 年成功通车,成为我国建桥史上工程规模最大、综合建设条件最复杂的特大型桥梁工程,创下了第一项世界纪录。[4]

拓展阅读

第三节　大型工程技术创新过程管理

大型工程的技术创新是依托项目进行的,是典型的国家宏观需求和工程需求拉动的结果。创新的动力主要来源于工程实践中的矛盾或技术难题,由此产生技术创新需求。将大型工程中各种问题和矛盾形成课题,通过课题研究达到技术创新,再将技术创新成果应用到工程实践中,促使大型工程项目达到既定的标准,才算完成了技术创新。由于受项目工期的制约,技术创新活动具有明确的时间约束,其阶段划分和项目阶段划分紧密相关,但不完全一致,存在一定的交叉。大型工程技术创新还有多主体参与特性,且不同的创新主体在不同的阶段所发挥的作用也不同。

一、大型工程技术创新过程

大型工程技术创新的过程可大体分为以下 7 个阶段。

第一阶段:工程组织的建立。

大型工程的技术创新组织是一个临时的项目组织,一般要在发起人和主导者的领导下开展工作,因此,在工程技术创新工作启动之初,需要确定整个工程的管理模式,确定创新主体的组织结构和合作方式。由于大型项目一般涉及跨学科、跨技术领域的创新,而单一的发起主体可能缺乏必要的专业技术,因此在项目启动之初由发起人选定工程的管理模式,并通过招标或委托的形式选定参与工程技术创新活动的主要承担单位和其他辅助单位,如大型承包商、设计院所、高校、研究院所等。根据项目管理模式的不同,发起者通常会选择一个总体设计单位或总承包商来负责系统集成工作,有时也会邀请专业的科研机构参加系统集成工作。大型工程的建设影响较大,一般发起者都是政府或者其他具有较大影响力的研究院所、国有企业等。在第一阶段,主要工作是发起人根据工程的属性和自身的特殊需求,通过招标等方式集结相关的企业、高校,组建工程项目组。

第二阶段:技术需求识别和定义。

大型工程项目技术创新是以发起者需求和工程实际需求为导向,在本阶段的主要任务是根据发起者特定的需求和工程实际实施中所面临的特殊环境,找出工程实施所面临的主要技术难题。整个工程的技术创新需求主要来源于本阶段,由发起人或总体设计单位等共同提出技术问题和需求信息,由总体设计单位结合工程项目总体需求和工程所处的实时环境对需要解决的技术难题进行识别和定义。

第三阶段:技术创新设想。

在识别工程面临的技术难题后,本阶段的主要工作是提出克服问题的技术设想,分析现有技术与待解决技术问题之间的技术差距,进行技术创新课题的提炼,通过科研课题立项的方式委托专业科研院所、承包商、供应商等开展前期的技术研究,并提出技术解决方案。

技术创新要为工程持续、协调、快速发展提供技术支持,为重、难点工程建设环节提供技术保障,显著提升工艺水平和施工能力,保证安全生产。这就要求发起人必须对不同层级上的技术创新课题进行选择与提炼,在此过程中应遵循以下两个基本原则[5]。

(1)系统性原则。由于大型工程技术创新具有高度的复杂性,在建设过程中会识别出一些共性的技术难题,为了避免重复研究并提高研究成果的效用,发起人需要考虑系统性原则,将这些研究课题进行整合与打包。

(2)动态性原则。发起人需要动态考虑研究课题对工程的应用价值。在通过前期调研、建立研究规划、签订研究合同等几个阶段,技术创新的研究工作便正式展开。经过一段时间的研究,发起人需要根据各辅助单位的研究成果重新考虑下阶段课题的筛选工作,保证课题成果的先进性和有效性。对其中某些没有达到预期研究目标的课题,或者由于技术进步等原因不再是涉及关键技术创新的课题,或者在工程实际建设过程中面临的新的关键技术课题进行删除或增加。

第四阶段:总体方案评估。

待各辅助单位承担的技术创新方案成熟,总体设计单位需要编制总体技术方案,由发起者和其他利益相关单位对总体技术方案进行评估,判断目前的技术方案是否能够满足工程实践的需求,通过则进入下一环节,否则将对存在的技术问题再次进行科研立项,进一步开展研究工作。

第五阶段:任务分解与外包选择。

待总体技术方案通过评估,项目组织需要制定项目工作分解结构(work breakdown structure,WBS),将工程项目划分为若干个相对独立的子系统,子系统的划分通常要综合考虑空间地域上的要求和技术类别的要求,充分评估已有组织成员的能力,再考虑通过招标或委托的方式选择适当的承包商或供应商将子系统的工作分包出去。

第六阶段:技术集成开发。

本阶段的主要任务是根据既定的技术方案,对施工工艺、新材料设备的研发试制开展进一步的研究、试验、验证工作。对于空间上分散、技术上雷同的问题,通常由项目组织负责将其他阶段取得的成果在整个工程中进行推广。

第七阶段:交付使用与反馈。

大型工程项目没有明确的研发与生产界限,也没有扩大再生产、批量生产的过程。

整个研发过程完成,最终交付物随即成型。工程的交付是一个过程,一般在工程交付以后,建设单位需要提供一定时间的维护服务,将系统运行出现的问题反馈到设计院、承包商和供应商,并解决遗留的技术问题。

　　大型工程技术创新过程模型如图 9-1 所示。

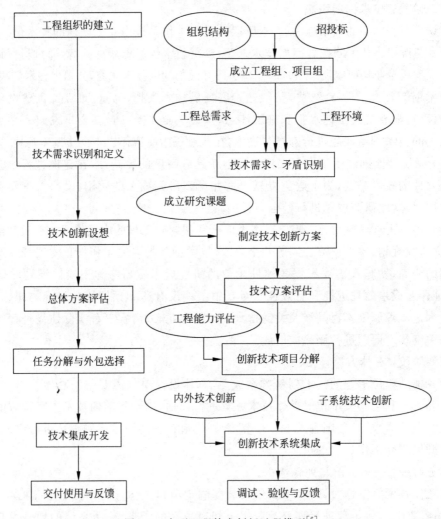

图 9-1　大型工程技术创新过程模型[6]

二、大型工程技术创新和生命周期

　　大型工程有明确的起始时间和工期,其过程是一次性的,但大型工程中的技术创新过程则是动态的、循环的,技术创新始终贯穿整个工程的生命周期,如图 9-2 所示。

　　对于大型工程项目来说,技术创新设想的产生最为集中地体现在项目的前期决策和规划阶段。创新需求的产生,最初是从发起单位(政府、科研机构、设计院等)开始的,从

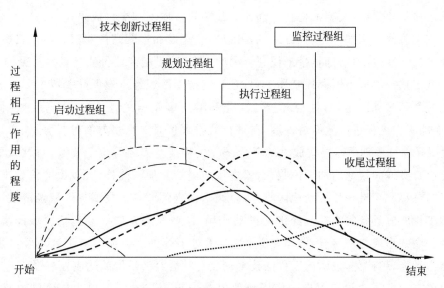

图 9-2　技术创新与工程六大过程组

整个经济社会发展需求以及整体工程的技术标准和技术体系,设计单位将发起单位的建设需求转变为蓝图,在前期考察调研过程中就必须考虑如何实现的问题。当然,在项目决策和设计过程中,辅助单位(如施工单位、供应单位等)也可能作为参与单位提前介入。招投标阶段以后,施工单位会进一步细化施工流程设计,对设计图纸中提到的技术标准,考虑通过创新的施工工艺、材料、设备加以完成;在工程施工过程中,还可能发生一些计划外的情况,要求对工程的技术创新目标进行调整,这些都是技术创新构想产生的前提。

各个创新主体在明确各自技术创新任务的基础上,通过自身的技术创新子网络,对工程项目技术创新进行进一步细化,确定关键技术攻关的方向、技术路线,并依托子项目,对关键技术进行研究,以使关键技术取得突破性进展。关键技术攻关的主要任务是解决工程项目设计方案中尚未解决的技术难题,包括对施工工艺的试验与研究、新材料新设备的研发与试制等。关键技术攻关主要在勘察设计后期和施工的前期进行。

由此可知,工程的技术创新主要集中在立项规划、勘察调研阶段,同时在具体实施过程中还会遇到新的技术难题,从而再次进行技术创新。但是由于工程的一次性特征,在建设前做好大量的技术突破工作,可以提高工程项目的成功率。

三、大型工程技术创新的商业价值

大型工程技术创新的商业价值主要体现在工程的运行阶段,也是工程后评价的主要内容。

政府通过投资大型工程的建设和运营,从该工程上获得足够收益,或通过运营获取与投资相匹配的收益,工程要具有良好的内部收益率和净现值,并具有合理的投资回收期。从用户的角度讲,大型工程技术创新的直接效益体现在交付成果是否为用户带来了直接的应用价值。例如,对投资方来说,可以通过建设和运营高铁获取利益,高铁用户也可以通过高铁减少出行时间,带来便利。因此,高铁建设的商业价值是显而易见的。

大型工程一般都是国家战略性工程,是政府推动区域经济发展的手段之一。大型工程往往关系到国计民生,对社会、经济、文化和科技事业的发展具有十分重要的促进作用,因而能极大地促进区域经济发展,在进行效益评价时要从多方面进行分析、考虑。例如:大型工程技术创新需要集成大量资金、资源、科技及人才等生产要素,对这些要素的消费可以直接或间接地增加国民收入,促进区域经济发展。此外,大规模的消费支出,又会通过"乘数效应"进一步拉动地区收入的增长,促进区域经济发展。区域经济发展体现了大型工程所应具备的对社会经济的推动作用,区域经济发展效益包括区域经济增长、拉动经济圈的形成与发展、经济市场繁荣、技术进步等许多方面。对于区域经济发展的推动能力越强、越持久,说明该工程的技术创新对社会经济发展的适应性越强[7]。

投资方的经济效益和用户的使用价值是大型工程技术创新商业价值的直接体现。随着社会的发展,人们也开始重视工程的其他效益,如生态环境效益、社会效益等。科学发展观要求工程也需要可持续发展,评估大型工程技术创新价值时,要充分关注生态环境效益,包括自然环境保护、人文环境保护、社会环境保护、资源节约、绿色运营、控制排放、废弃物科学处置等。除此以外,大型工程具有社会性和国家战略性元素,是集经济工程、政治工程、社会工程为一体的综合性工程。工程技术创新除了产生经济效益外,还会产生社会效益、政治效益,并体现行业发展和国际竞争力等。政府依托大型工程的技术创新,带动相关产业发展、提高相关行业的国际竞争力以及大型骨干企业承接现代化工程的能力,这使得大型工程承载了更多的社会效益。

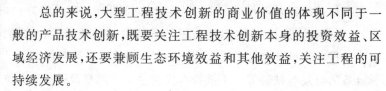

拓展阅读

总的来说,大型工程技术创新的商业价值的体现不同于一般的产品技术创新,既要关注工程技术创新本身的投资效益、区域经济发展,还要兼顾生态环境效益和其他效益,关注工程的可持续发展。

第四节　大型工程技术创新风险

大型工程技术创新的显著特点是高影响、高风险、高效益,也就是说,工程管理者或投资者投资大型工程技术创新项目要想得到高效益,必须承担一定的风险。影响大型工程项目技术创新成功的风险因素众多,既包括主观因素,如管理方法、创新主体性质、创新联盟合作模式等因素;也包括客观因素,如大型工程项目自身特点、资金、政治以及自然等因素。决策者或投资者在决定是否进行大型工程技术创新之前,一般都要对大型工程技术创新的风险进行识别和评估,并制定相应的风险预防或规避措施。但是,影响大型工程技术创新成功的风险因素常常是无法精确化、定量化的,目前我国大型工程项目的风险管理还处于以经验为主的阶段,缺乏有效的、科学的管理和控制方法。

一、风险类型

根据大型项目技术创新的特点,风险类型可以分为技术风险、政治和政策风险、自然风险、经济风险、社会风险、资源风险等。

1. 技术风险

(1)技术创新难度。在大型工程项目立项初期,由于发起单位对技术市场或所涉及的技术领域缺乏了解,在提出技术创新需求时未充分考虑技术创新难度。尤其是当发起者为非该技术领域的单位或盲目追求技术的先进性情况下,很容易导致技术创新难度过大,从而使得工期延误,成本超支,甚至达不到最初的技术创新要求,技术成熟度不够,最终导致整个工程项目的失败,直接造成不可挽回的经济损失。

(2)技术寿命。大型工程创新成果技术性强,应用前景巨大,但大型工程的独立性与组织的临时性特征使得各技术创新主体不一定能在未来的工程中再次集结,因此技术创新很难连续、系统地进行,一些零散的技术创新也很难有效地按项目集成,容易造成技术创新成果流失,难以被保存与再次使用。

(3)技术先进性。大型工程项目的建设周期比较长,从立项到成果交付跨度甚至超过几十年,其中某些关键技术在立项后也需要较长的研发时间。但现在的科技日新月异,大型工程固定、有限的组织成员的研发速度可能慢于技术市场的发展,导致技术创新课题失去先进性,造成人力和资源的浪费。

2. 政治和政策风险

由于大型工程对国家和社会的发展具有战略意义,影响较广,因此受政治和政策风险的影响程度会高于一般的产品研发。

(1)战争和内乱风险。即工程所在地(主要指国外)不利的政治环境带来的投资增加或工程流产等风险。任何国家、任何政治体制,都有可能出现政局不稳的风险,而发展中国家在这一方面的风险更为突出。政局不稳可能由政府内部原因造成,也可能由外来势力的干预造成。政局不稳对工程项目,特别是国际工程项目的建设是一大威胁,任何发展和进步都离不开安定的局面、良好的社会秩序和开明的政府。工程项目所在国家政局稳定、社会安定时,这类风险可忽略不计。

(2)政策、法律法规变更。由于大型工程建设周期长,在建设过程中难免会遇到政策及法规的调整,主要来源于产业政策、技术政策、金融政策、财政政策、税收政策、汇率政策等。如政府产业政策或环保政策的变化导致工程多缴纳税款或追加投资;国家战略重心的转移导致工程建设处于尴尬境地等。

(3)政府主管部门的专制行为。大型工程项目的建设,最大的受益者是工程所在地的行政区域。所以当地政府为了吸引外来企业投资工程项目，在引资时一般都会给一些优惠政策，比如税收政策等。但在建设期特别是后期，政府可能已经换届，有些优惠政策会难以兑现，从而造成工程费用的增加。同时，部分国家权力部门徇私舞弊、执法犯法，导致投资环境、经营条件恶化，对工程整体目标的实现构成重大的政治风险[8]。

3. 自然风险

较大的自然风险也是许多大型工程技术创新同一般产品创新的差异所在。自然风险一般可以分为以下两个方面：

（1）恶劣的天气情况，如严寒、台风、暴雨等都会对工程建设产生影响；

（2）未曾预料到的工程环境地质、水文条件或其他不利的地理条件等，如暗河、冻土等。

虽然自然环境是不可控制的，但是通常可以通过提前识别以便采取预防措施，减轻风险的影响。比如对计划进行调整，将特别容易受此类风险影响的工作安排在相对适合的情况下进行，如在高寒地区的工程施工最好安排在夏季进行。

青藏铁路是典型的承受较大自然风险的工程。青藏铁路从西宁到拉萨，一路戈壁高原，穿越高寒无人区和冻土地带，气候和生活条件非常恶劣，施工环境艰难。其中最著名的三大技术难题都与自然环境有关——500 多公里的冻土地质结构，高寒缺氧的环境，脆弱的生态。因此，一期工程完成后，暂停了多年，专门研究和试验如何解决这三大难题。在这种情况下，工程的技术创新活动受自然风险影响较大，既可能因为自然困境研发出更先进的突破性技术，让整个工程项目水平得到提升，但也可能因技术创新无法实现，导致工程完成效用差甚至直接失败。

4. 经济风险

（1）利益冲突。大型工程参与主体多，组成结构复杂，利益相关者众多，可能一个市、一个省甚至整个国家的民众都是利益相关者，因此利益协调问题既重要又复杂。如大型水电工程通常要淹没大片土地，迁移众多人口，其间有大量的征地移民工作，库区厂矿企业搬迁工作，库区交通、电力、通信等设施和生态恢复工作，利益冲突是在所难免的。再如，随着城市垃圾的增加，焚烧正成为我国垃圾处理的主要方式，各地区和城市纷纷开始建设大型垃圾焚烧发电厂，但由于垃圾燃烧可能带来二噁英排放，存在潜在的危险性，造成垃圾焚烧厂选址周边的居民的恐慌和排斥，全国出现多起"反焚烧"群体事件。

（2）资金不足或中断。大型工程投资规模大，一旦创新开始就必须得到交付成果。而技术创新贯穿于工程的整个生命周期，且工程的建设周期很长，容易出现资金不能及时供应而导致技术创新的失败。杭州湾大桥建设工程就是一个典型的遭受资金中断风险的例子，在可行性报告获批的 2003 年掀起了资本撤退的浪潮，又由于对杭州湾大桥建成后实际车流量预估错误，导致 2013 年全年资金缺口达到 8.5 亿元，在合同期内无法收回本金。

5．社会风险

（1）技术不确定性。技术本身具有不确定性，因此对于大型工程技术创新所引发的后果也存在一定的未知因素。由此，许多学者从伦理学的角度分析认为，技术创新在给人类带来巨大好处的同时，也会产生许多影响深远的伦理问题。比如，计算机技术的发展可能会对公众隐私及软件保护带来负面影响；大型工程项目的建设或多或少会对生态环境造成不利影响；转基因工程、核能、纳米技术等，在给人类带来好处的同时，也会造成可以预见甚至不可预见的损害或灾难。

（2）环境破坏。部分大型工程的建设将造成生态环境发生重大变化，而且在一个区域内，各梯级的生态环境往往交互影响，且含有明显的积累效应。同时，也会对许多珍贵而独特的地质地貌、景观造成不同程度的破坏[8]。

（3）公众态度。公众对工程建设行动的认知程度和态度取向在一定程度上会构成对工程参与主体的风险，因此，在考虑风险因素及风险影响时必须考虑到公众对工程项目的感受。

（4）社会治安。良好的社会秩序是经济活动取得成功的重要保证。社会治安不好有可能造成人员伤亡、财产损失，从而大大影响工程的进展和效益的发挥。

（5）宗教信仰。宗教信仰拥有悠久的历史，有时会与现代科学技术产生冲突。在一些国家和地区，宗教信仰的影响相当广泛。其势力不容低估。一些工程可能会与当地的宗教信仰产生摩擦，进而对工程的顺利开展产生阻碍。在国际工程建设活动中，该风险因素需更加注意。

6．资源风险

资源主要是指工程实施过程中的各项投入，主要包括人力、物力和财力等。各种资源的顺利、准时投入是技术创新的基本保障，因此，保证各项资源到位、控制资源风险相当重要[9]。

（1）建设人员风险。建设队伍是工程技术创新的具体实施者，其到位情况对项目的进度产生影响，而施工人员的素质直接影响工程的效率和质量，是工程的重要人力资源保障。

（2）设备风险。大型工程一般要使用和安装诸多工程设备，被使用的设备经常出现故障，会对工期造成延误；安装在工程中的设备如出现不能按时到位、质量不符合要求等，也会对工期造成不良影响。如果被安装的设备在运行中不符合标准、经常出现质量事故，则会直接影响到工程的运行效率。

（3）物资供应风险。工程物资需求量众多，物资的短缺或运输的延误会对工程的进度产生严重影响，需要与供应商做好沟通协调以保证物资的正常供应。

除上述风险外，大型工程技术创新还涉及组织管理、决策失误等风险；同时，各类风险因素所引起后果的严重程度迥异。工程能否取得预期结果具有很大不确定性。许多工程达不到预期目标,部分由于不准确的计划和工作中的失误,但主要是由于风险因素影响。对于拟建工程所面临风险的认识能够使人们采用一定的方法来避免、转移、减小或与其他参加者分担风险。此外,风险分析对于工程选择、合同选择等也具有举足轻重的地位。

二、风险评估和风险应对策略

1. 风险事件和项目总体风险评估

在明确风险事件、制定风险应对方案之前,应对风险事件和工程技术创新的总体风险进行评估。风险评估是在风险识别的基础上,确定风险发生的可能性以及其后果的影响程度,并量化风险发生的概率和影响范围,估计和评价该风险对工程技术创新目标影响的相对重要性的过程。风险评估一般分为定性评估和定量评估。其中,定性评估更接近于人的思维模式,是一种感性的、直观的方法,主要针对无法量化的风险进行评价分析。本书以矩阵分析法作为分析例子,对风险因素评价过程进行说明。评价过程由以下几个步骤构成。

(1) 设定评价项,即确定的风险因素有哪些。

(2) 制定风险发生概率标准(如表 9-1)。

表 9-1　发生概率评价标准

等级	标　　准
5	风险的发生难以被发现,日常工作中很难被监测;或者发生的可能性很大
4	风险的发生不容易被发现,日常工作中不容易被监测;或者发生的可能性比较大
3	风险比较容易被发现,日常工作中能够定期检测到;或者有可能发生
2	风险一旦发生能够比较及时发现,日常工作中容易被监测到;或者发生的可能性较小
1	风险一旦发生能够被及时发现,日常工作中很容易被监测到;或者发生的可能性小

(3) 确定风险后果影响程度标准(如表 9-2)。

表 9-2　影响程度评价标准表

等级	标　　准
5	风险发生时的严重程度很大
4	风险发生时的严重程度较大
3	风险发生时的严重程度中等
2	风险发生时的严重程度一般
1	风险发生时的严重程度较小

(4) 制定风险重要性分级评级标准(如表 9-3)。

表 9-3　风险程度评级标准

影响程度分级	风险评价
四级(16～25 分)	特别重大风险
三级(10～15 分)	重大风险
二级(6～9 分)	中等风险
一级(<6 分)	低风险

(5) 构建风险矩阵,将风险发生的概率乘以风险后果影响程度,以最后得分作为风险重要性分级的标准(如表 9-4)。

表 9-4　风险评估矩阵

	影响程度				
发生概率	5	10	15	20	25
	4	8	12	16	20
	3	6	9	12	15
	2	4	6	8	10
	1	2	3	4	5

2.风险应对策略

根据风险管理理论,风险应对策略一般有以下六种:减轻、预防、规避、转移、接受和储备风险(即后备措施)。针对风险影响程度和可控程度制定不同的风险预案,有助于提高风险预防效果。

拓展阅读

(1) 减轻风险

减轻风险策略,顾名思义,是通过缓和或预知等手段来减轻风险,降低风险发生的可能性或减缓风险带来的不利后果以达到风险减少的目的。大型工程最好将技术创新带来的每一个具体"风险"都减轻到可接受的水平。

(2) 预防风险

风险预防是一种主动的风险管理策略。大型工程技术创新风险预防有多种措施:防止风险因素出现;减少已存在的风险因素;将风险因素与人和财产在时间和空间上隔离;对有关技术人员进行风险管理教育。

(3) 规避风险

风险规避是指当风险潜在威胁发生的可能性太大,不利后果也很严重,又无其他策略可用时,主动放弃工程的目标或行动方案;对于某些风险可能超过组织承受能力的项目也应该尽量回避。这是一种相对保守的风险应对方法,可以使风险发生的可能性及其后果对工程造成的影响最小。风险规避也存在很大的局限性,且并非所有的风险都可以回避。如果一味地强调风险回避,追求保险性,必然丢失了技术创新的先进性,在某种程度上将失去前沿科学研究的价值。因此,风险回避是一种消极的风险管理方法,在实际应用中,必须根据具体情况仔细分析风险,总体权衡利弊,制定风险回避的策略。

（4）转移风险

对于一些无法规避的风险,可以通过合理、有效的措施,人为地将风险的全部或部分转移给工程的参加者,使大家共同分担风险,如采取签订合同、购买保险、固定汇率等风险转移方式。只有在工程项目参加者之间进行合理的风险分配,才能调动各方面的积极性,保证工程的高效益、高质量,使建设单位在风险发生后的损失最小。这是风险管理中应用范围最广、最有效的管理措施之一。

（5）接受风险

大型工程技术创新中会存在许多风险,不可能做到全部规避或转移,主要建设单位必须自己主动承担一定的风险。风险接受与风险规避的原理刚好相反,组织内部只能接受那些潜在损失影响小、损失后果可以承受的风险,而规避那些可能造成极大影响的风险。对于可接受的风险,组织内部可以选择有弹性的、抗风险能力强的技术方案,进行预先的技术模拟试验,采用可靠的保护措施,控制风险,以减小风险可能产生的影响。

（6）储备风险

储备风险是指根据工程风险规律事先制定应急措施和制定一个科学高效的工程项目风险计划,一旦进展与计划不同,就可动用后备应急措施。技术创新后备措施是一段预先准备好的时间或一笔资金。技术创新应急费不列入工程预算,应单独提出来,放在公司管理备用金账上。应急时间是事先准备好一段备用时间,应对技术风险造成的进度拖延。

另外,风险应对并不是静态的,对于大型工程这类建设周期较长且十分复杂的工程,还需要根据工程的不同阶段,采取一些具有针对性的策略,实施动态的风险管理。

第五节　大型工程技术创新效率评价方法与应用

为适应现代化社会的发展需求,大型工程项目规模不断加大,迫切需要技术创新来支持工程建设的发展。技术创新可降低成本、加快进度、提高质量、保护环境,是衡量大型工程项目成功的关键指标,因此对工程项目进行技术创新效率评价显得尤为重要。构建适合大型工程的技术创新效率评价指标体系和评价方法是评价技术创新效率的重要内容。

从指标选取来看,目前研究主要集中于常规的企业产品技术创新,因此投入指标主要从研发经费支出、研发人员投入等方面构建,产出指标主要从专利申请量、新产品销售收入、新旧产品收益比等方面构建。但是,从大型工程的内涵和特征来看,其具有项目所具有独特性特征,新产品销售收入和新旧产品收益比等指标无法度量工程技术创新产出。因此,针对大型工程的典型特点,有必要从项目层面探究技术创新效率评价方法。

鉴于建设工程项目技术创新效率受众多因素影响,我们认为构建技术创新评价指标体系需要全面考虑工程过程管理与组织行为两方面的影响因素。

从评价方法来看,系统动力学(system dynamics,SD)在处理具复杂性和系统性特点的因素时具有独特优势。基于大型工程过程管理与组织行为方面的影响因素构建 SD 模型，能够全面、清晰地反映各因素之间的反馈关系并快速量化指标值。在效率分析方法方面，随机前沿分析（stochastic frontier analysis，SFA）方法和数据包络分析（data envelopment analysis，DEA）方法是目前广泛采用的方法。其中，SFA 适用于评价多投入与单产出指标决策单元（decision making units，DMU）之间的相对效率；DEA 适用于评价多投入与多产出指标 DMU 之间的相对效率。大型建设工程项目技术创新效率涉及多方面投入与产出，应当运用 DEA 方法予以评价。传统的 DEA 模型（C2R、BC2 模型）具有"自利"倾向且评价结果会出现多个有效 DMU，无法对有效 DMU 进行优劣排序。DEA 交叉效率评价方法（cross efficiency evaluation method）可以消除传统模型的"自利"缺陷并能够对有效 DMU 进行优劣排序。

综上，基于大型工程项目独特性和创新性特点，本节从工程过程管理与组织行为视角分析技术创新效率影响因素，确定效率评价的构成要素，综合运用 SD 和 DEA 评价效率[10]。

一、技术创新效率评价指标构建

构建合理的评价指标体系是全面准确评价技术创新效率的基础，根据 DEA 方法原理，评价指标包含投入指标与产出指标两类。其中，投入指标属于成本型指标；产出指标属于收益型指标。

在投入指标方面，大量研究将人力投入和经费投入作为投入指标，我们也沿用这一基本思路。然而，大型工程往往不会设立独立研发部门，不会设置专职研发人员和专项研发经费。项目投入的技术人员是技术创新的主要创造者，因此需要将技术人员作为投入指标。再者，大型工程项目往往由诸多专业工程构成，这些专业工程需要运用相关专利技术（工法）才能完成建造，获得专利技术（工法）的使用权需要花费资金，这些资金类似于研发经费。

在产出指标方面，专利产出是技术创新的重要产出，现有研究主要将专利申请量作为产出指标。结合大型工程项目建设过程需要运用独特工法，工法与专利具有类似属性，我们将专利技术（工法）申请量作为产出指标。如前面所述，专利申请量并不能全面体现技术创新带来的实际利益，而创新产出与技术创新能力具有互补性，因此将技术创新能力也作为产出指标。这样就构建出了建设工程项目技术创新效率评价指标体系，如表 9-5 所示。投入指标为技术人员投入和专利技术（工法）使用量，产出指标为专利技术（工法）申请量和技术创新能力。

表 9-5　技术创新效率评价指标体系

类　　型	名　　称	来　　源
投入指标	技术人员投入	项目调查
	专利技术（工法）使用量	项目调查

续表

类　型	名　称	来　源
产出指标	专利技术(工法)申请量	项目调查
	技术创新能力	SD 模型运算

二、技术创新能力影响因素分析与模型构建

1. 技术创新能力影响因素分析

在表 9-5 的指标中,技术创新能力是需要测度的,其他三个指标的数据可以通过调查获得。下面讨论技术创新能力的测度问题。

基于工程过程管理的视角,项目层面的技术创新能力包括创新投入能力和创新研发能力;基于组织行为视角,技术创新能力除了研发经费投入等"硬性"投入外,组织知识强度、创新文化氛围等"软环境"对技术创新同样重要,良好的创新文化氛围、丰富的组织知识存量可提升技术创新能力。

创新投入能力体现项目对创新资源的投入力度。资源投入是获得技术创新产出的基本保障,其中技术人员是重要的创新投入资源。由于项目建设过程往往需要运用相关专利技术(工法),其体现了建造技术的创新性,专利技术(工法)投入能力也应当作为创新投入能力的度量要素。

创新研发能力通过创新成果转化水平、专利技术(工法)研发周期、创新效果三个要素度量。研发成果转化水平通过专利技术(工法)申请数与技术人员投入的比值度量;专利技术(工法)研发周期通过项目实际工期与申请专利技术(工法)数比值度量;创新效果通过相对劳动生产率、每百人拥有专利技术(工法)量、项目获奖数度量。

创新知识存量受个体知识存量、技术人员比例和个体知识转化为创新的强度三个要素影响。个体知识存量体现参与人员用于创新的知识储备。团队的技术创新能力以团队个体知识储备为基础,经过整合形成团队的综合技术创新能力;个体知识存量受个体知识吸收量、群体知识转移平台和群体知识存量三个要素影响。

创新文化氛围反映组织文化氛围是否有利于技术创新。创新文化氛围从创新推广力度、团队沟通、团队合作意识和创新动力四个要素予以体现。

综上所述,可构建技术创新能力关键影响因素,如图 9-3 所示。技术创新能力包含创新投入能力、创新研发能力、创新知识存量与创新文化氛围四个因素。上述指标基于工程过程管理与组织行为视角,通过定量与定性指标相结合的方式以期全面度量技术创新能力。

2. 技术创新能力影响因素因果关系分析

技术创新能力受到图 9-3 所示的关键因素影响,可构建技术创新能力影响因素因果关系图,如图 9-4 所示。

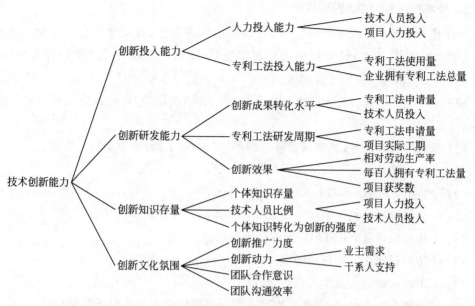

图 9-3　大型工程技术创新能力关键影响因素

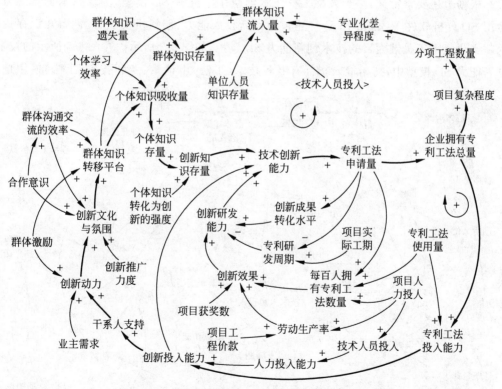

图 9-4　技术创新能力影响因素因果关系图

3. 技术创新能力 SD 模型构建

基于图 9-3 所示的影响因素与图 9-4 所示的因果关系,可构建技术创新能力 SD 模型,其中专利技术(工法)研发周期为悲观型指标,我们采用乘法反转法进行数值转换。限于篇幅,仅给出部分关键要素定义如下:

(1) 专利技术(工法)投入能力=专利技术(工法)使用量/企业拥有专利技术(工法)总量;

(2) 专利研发周期=1/(项目实际工期/专利技术(工法)申请量);

(3) 专业化差异程度=分项工程数量;

(4) 个体学习效率=WITH LOOKUP (Time,([(0,0)−(50,10)],(0,0),(50,1)));

(5) 个体知识吸收量=个体学习效率×群体知识存量×群体知识转移平台;

(6) 个体知识存量=INTEG(个体知识吸收量,30);

(7) 个体知识转化为创新的强度=0.35;

(8) 人力投入能力=技术人员比例;

(9) 创新研发能力=(专利研发周期+创新成果转化水平+创新效果)/3;

(10) 行业平均劳动生产率 =10.34。

根据上述要素定义,基于大型工程技术创新作用机理 SD 模型,围绕技术创新能力,运用 SD 分析软件 Vensim PLE 构建包含创新投入能力、创新研发能力、创新知识存量、创新文化氛围等关键因素的技术创新能力 SD 模型,如图 9-5 所示。在图 9-5 所示的技术创新能力 SD 模型中,初始输入指标有专利技术(工法)申请量、专利技术(工法)使用量、

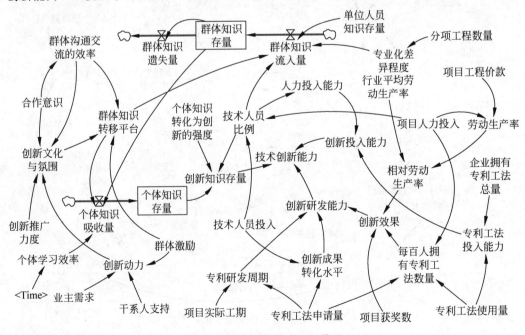

图 9-5 技术创新能力 SD 模型

技术人员投入和项目工程价款等 14 个指标。业主需求、创新推广力度、合作意识、干系人支持和群体激励 5 个变量属于定性指标，属于组织行为视角的关键要素；其余 9 个变量属于定量指标，属于工程过程管理方面的关键要素。

三、算例验证

依托某大型工程的 8 个子项目作为分析对象，运用上述方法分析其相对技术创新效率。8 个项目分别用项目 A、项目 B、……、项目 H 表示。

分别将表 9-6 所示的研究数据输入至图 9-5 所示的技术创新能力 SD 模型中，鉴于各项目实际工期差距较小，可将其作为一个阶段予以分析，因此运行参数设置为 INITIAL TIME＝1，FINAL TIME＝2，TIME STEP＝1。经运算后可得技术创新能力的数值，结合表 9-6 所示的技术人员投入、专利技术（工法）使用量、专利技术（工法）申请量，可得技术创新效率评价指标值，如表 9-7 所示。

表 9-6　验　证　数　据

类型	名　称	单　位	项目 A	项目 B
定量指标	专利技术（工法）申请量	项	1	1
	专利技术（工法）使用量	项	5	6
	企业拥有专利技术（工法）总量	项	71	71
	项目人力投入	人	499	466
	技术人员投入	人	98	95
	项目实际工期	月	12	11
	项目工程价款	万元	6 244	6 740
	项目获奖数	项	1	0
	分项工程数量	项	56	73
定性指标	业主需求	分	3.78	4.31
	创新推广力度	分	4.07	3.15
	合作意识	分	3.82	4.09
	干系人支持	分	3.60	4.11
	群体激励	分	3.44	3.26

表 9-7　技术创新效率评价指标值

类型	名称	项目 A	项目 B	项目 C	项目 D	项目 E	项目 F	项目 G	项目 H
投入	技术人员投入	98	95	126	131	110	104	93	112
	专利技术（工法）使用量	5	6	8	3	4	7	5	7
产出	专利技术（工法）申请量	1	1	3	2	1	0	2	
	技术创新能力	0.65	0.69	0.85	0.63	0.52	0.56	0.61	0.58

利用 C2R 模型分析上述 8 个项目的技术创新效率，运用 DEAP 2.1 软件进行解算，可得 8 个项目的综合效率值。结果表明项目 A 等 5 个项目的综合效率值为 1；项目 F、

项目 G、项目 H 的效率值小于 1,表明这 3 个项目存在投入冗余或者产出不足的现象,其效率有待优化。为优化资源配置,需进一步分析各个项目投入资源的冗余量。基于以最低投入实现当前产出的思想,以生产前沿面为基准对投入指标进行投影分析,可得各个项目投入指标的投影值,即为最低投入水平。投入指标的原值与投影值之间的差值即为冗余量,投入指标投影分析见表 9-8。

表 9-8　投入指标投影分析

项目	技术人员投入			专利工法使用量		
	原值	投影值	冗余量	原值	投影值	冗余量
项目 A	98	98	0	5	5	0
项目 B	95	95	0	6	6	0
项目 C	126	126	0	8	8	0
项目 D	131	131	0	3	3	0
项目 E	110	110	0	4	4	0
项目 F	104	78	26	7	5	2
项目 G	93	90	3	5	5	0
项目 H	112	86	26	7	5	2

从表 9-8 可知,项目 A 等 5 个项目投入冗余量均为 0,表明其以最低的投入实现当前产出,不存在投入冗余的情况,与其综合效率值为 1 的结论相符。项目 F 的技术人员冗余量为 26、专利技术(工法)使用冗余量为 2;项目 G 的技术人员冗余量为 3;项目 H 的技术人员冗余量为 26、专利技术(工法)使用冗余量为 2。表明这三个项目的投入资源降低以上数量后,仍然能够实现当前产出量。项目 G 的技术人员冗余量为 3、专利技术(工法)使用冗余量为 0,说明该项目的专利使用量未冗余,其 DEA 无效的原因在于技术人员投入存在冗余。

项目 A 等 5 个项目的技术创新综合效率值为 1,运用 C2R 模型无法对效率值进行优劣排序。欲对这 8 个项目的效率值进行优劣排序并消除 C2R 模型的"自利"缺陷,需运用 DEA 交叉效率评价方法。将表 9-7 所示的技术创新效率评价指标值代入 DEA 交叉效率评价模型,运用 MATLAB 7.0 软件解算,可得技术创新交叉评价效率值与排序,如表 9-9 所示。

表 9-9　技术创新交叉评价效率值与排序

名称	项目 A	项目 B	项目 C	项目 D	项目 E	项目 F	项目 G	项目 H
效率值	0.784	0.782	0.877	0.749	0.778	0.582	0.598	0.673
排序	2	3	1	5	4	8	7	6

本案例考虑大型工程项目的独特性和创新性特点,从工程过程管理与组织行为方面提取技术创新效率影响因素,构建建设工程项目的技术创新能力 SD 评价模型,以及结合 DEA 的技术创新效率动态评价方法、算例分析验证该方法的有效性,投入冗余分析为优化资源配置提供依据。

即练即测

本章思考题

1. 简述大型工程和项目的关系。

2. 大型工程技术创新团队的特点是什么？

3. 大型工程在技术创新方面与普通产品的区别在哪里？

4. 大型工程技术创新的主要障碍是什么？产生于工程的哪一个阶段？有什么解决措施？

5. 工程的技术创新价值应看重哪些方面？

本章参考文献

[1] 王卓甫,杨高升.工程项目管理[M].北京:中国水利水电出版社,2014.

[2] 王孟钧,郭乃正,程庆辉.高速铁路建造技术国家工程实验室产学研一体化模式研究[J].科技进步与对策,2010,27(2).

[3] 刘孔玲,许杨平,唐娟娟,等.基于TCP范式的铁路工程项目技术创新实现模型研究[J].科技进步与对策,2017,34(9).

[4] 李江涛,许婷.大型工程"产学研"技术创新模式研究[J].湖南社会科学,2010(2).

[5] 刘慧敏,盛昭瀚,夏国星,等.重大工程技术创新定位与战略选择——以泰州大桥技术创新为例[J].科学技术哲学研究,2014(6).

[6] 谢洪涛,章胜平.重大建设项目技术创新过程研究——以青藏铁路为例[J].技术与创新管理,2012,33(1).

[7] 程书萍,张海斌,许婷.基于系统复杂性的大型工程综合审计模式研究[J].审计与经济研究,2009,24(3).

[8] 冯宁.大型工程项目风险评价指标体系的构建[J].基建优化,2007,28(6).

[9] 孙其伟,黄婷婷,宫剑.基于大型能源类工程的项目风险评价研究[J].中国管理信息化,2015(5).

[10] 陈光宇,王惟贤,邵云飞,等.大科学工程项目效率动态建模方法[J].技术经济,2015,34(12).

第　十　章

"负责任创新"与技术伦理

作为本书的最后一章,首先介绍了"负责任创新"的概念和内涵,从技术创新的角度讨论了可能出现的技术伦理问题;接下来讨论了技术伦理的概念和学术界对技术伦理的认识,重点分析了在技术创新过程中主要会涉及哪些伦理问题;紧接着讨论了在制定技术创新目标决策时如何统筹伦理问题和在具体开展技术创新时如何有效规避伦理问题;最后讨论了技术创新工程的伦理问题和处理的基本原则。

第一节　"负责任创新"的提出与内涵

一、"负责任创新"提出的时代背景

"负责任创新"又称"负责任研究与创新"(responsible innovation,responsible research innovation),是近年来在欧美兴起的一种创新理念,是欧盟"地平线 2020"框架计划的重要内容。

在传统技术创新范式中,往往更多地追求和强调技术的先进性,从而在一定程度上引发了强调技术进步而忽视技术社会属性的"现代化偏见"。其实,技术创新具有"双重性",即技术创新在产生正向经济效应的同时也会引发道德伦理、环境保护、社会民生等方面的危机,如转基因工程引发的社会伦理危机、环境与能源创新的可持续性议题、互联网与信息技术的隐私安全等。传统技术创新范式中对技术负外部性、创新伦理、隐私安全等方面的局限性引发了关于创新需要"负责任"的讨论,即人类逐渐意识到创新不能仅以经济发展作为目标,而忽略了对社会、自然和人的影响,不能忽略企业的社会责任,并受到学术界、政府和企业的高度关注。

从 20 世纪 70 年代人们提出"可持续发展"的理念以来,这一理念在协调人类社会发展与生态环境的关系方面发挥了极为重要的作用,现在已经成为全球的共识。但这一理念在实践过程中也暴露出某些局限性,受到一些哲学家质疑。美国技术哲学家米切姆(Carl Mitcham)曾谈到,一些哲学家们认为"可持续发展"概念基于一种"不对未来加以考虑的进步理论",即现在比过去好、未来比现在强的观点。当我们认为"明天会更好"的时候,我们的头脑中并没有呈现出一个清晰的"明天"图像,只是提出一个"可持续发展"

的目标来进行自我安慰。从技术创新的角度看,无论是《增长的极限》中提出的可持续发展模式,还是《我们共同的未来》中对可持续发展的解释,都没有真正落实到技术实践层面,因此都存在着一些缺陷。显然,创新尤其是技术创新是可持续发展的根本动力,但可持续发展的理念必须要落实到技术实践层面,才能确保其合理性和有效性,才能真正实现其预定目标。

要解决可持续发展的合理性和有效性问题,必须协调好企业社会责任和企业技术创新的关系,前者涉及"可持续",后者涉及"发展"。但这两者并不是完全统一的,如在能源和农业领域就出现了"发展"与"可持续性"相反的情况。在人类进入 21 世纪以后,随着"发展"与"可持续"不相协调一面的逐渐显现,研究技术创新对可持续发展的双重影响得到了学术界的重视。2011 年的世界经济论坛委员会的报告呼吁人们"在一个愈发相互依赖的、复杂的和资源受限的世界中重新思考技术创新的角色。"

在"可持续发展"理念提出不久后的 1979 年,汉斯·约纳斯(Hans Jonas)出版了其代表作《责任原理》(后又出版了姐妹篇《技术、医学与伦理学:责任原理的实践》),提出了著名的"责任伦理"。他认为科技的力量不可避免具有带来伤害的能力,不仅是对自然的伤害,同时也包括对人类的伤害,这些伤害性的因素必须通过责任伦理来修复或补偿。在这个背景上来看,"负责任"与"创新"的结合是必然的趋势。"负责任创新"理念的出现给"可持续发展"提供了一个具有可操作性的路径,它是"可持续发展"理念在当代的深化和发展。

二、"负责任创新"理念的由来与内涵

"负责任创新"这一提法从 2003 年开始出现于学术和政策文本中。德国学者托马斯·海斯托姆(Tomas Hellstrom)提出"在更宽泛、普遍的技术发展的背景下建立'负责任创新'的一般框架",这是首次明确提出"负责任创新"这个概念。在美国对纳米技术的讨论中,使用了"负责任发展"这一与"负责任创新"几乎同义的概念。英国学者理查德·欧文(Richard Owen)提出,"与其把'负责任创新'看成是一个新颖的治理范式,不如把它看作一个载体,在此载体中'对风险的治理'转变为'对创新本身的治理'。""负责任创新"这一概念刚出现时并未受到普遍重视,主要是因为对"责任"的关注来自约纳斯的"责任伦理",而技术创新主要涉及企业经济利益,二者的结合需要一个过程,"负责任创新"应用起初比较受限,甚至在管理战略思想中对"负责任创新"的思考也常被边缘化。近年来,随着各国对技术创新过程中所应承担的社会责任的关注,特别是一些由于缺乏社会责任而造成重大事故的案例的出现,使"负责任创新"引起学术界重视。2013 年 9 月,以"负责任创新"理念命名的学术期刊《负责任创新》正式创刊,由罗德里奇(Routledge)出版社出版发行,美国亚利桑那州立大学教授大卫·加斯顿(David Guston)任主编。这一学术期刊的创刊宗旨是"不仅研究'负责任创新'理念本身的内涵,同时要关注其在工业技

术创新中甚至是政策制定中的影响"[1]。

对于"负责任创新"的基本内涵,虽然目前还存在着不同的解释,但其核心内容已基本趋同。

"负责任创新"概念的最早界定来源于欧盟委员会学者勒奈·冯·绍姆贝格(Rene Von Schomberg)对"负责任研究与创新"的描述:"负责任研究和创新是一个透明的、互动的过程,社会行动者和创新者在此过程中多方面彼此呼应,充分考虑创新过程和其适销产品的(伦理)可接受性、可持续性和社会赞许性,使得科技进步适当嵌入我们的社会生活。"[2]

英国学者欧文(Richard Owen)对"负责任创新"的理解是:"'负责任创新'意味着通过目前对科学和创新的集体管理来关注未来"[3]。

2011年5月16—17日在布鲁塞尔召开的"负责任创新研讨会"和同年5月23—24日在伦敦召开的英法研讨会"负责任创新:从概念到实践"的总结报告提出,对"负责任创新"这一概念的讨论涉及如下5个方面:

(1) 协调研究热点和产品创新的关系以实现社会和环境效益。

(2) 在整个创新过程当中,重视持续的社会参与,包括那些认真对待公众自身利益的公众代表和非政府组织。

(3) 评估和优先考虑社会的、伦理的和环境的影响、风险和机遇;不仅针对现在,也面向未来;不仅针对技术,也关注商业性的需求。

(4) 监督机制能更好地预测和管理问题与机遇,适应变化的知识和环境并且快速地做出响应。

(5) 这里公开性和透明性是研究和创新过程整体上不可缺少的组成部分。

梅亮和陈劲(2015)认为"负责任创新"是一个包含多利益攸关主体协同决策,基于现有知识前瞻性评估创新目标与结果,并构建科技治理的适应性制度体系以引导创新朝社会需求满足与道德伦理要求方向演进的动态过程[4]。

也有国内学者认为,"负责任创新"是创新共同体以尊重和维护人权、增进社会福祉为价值归旨,以积极承担全责任为方法特征的创新认识和创新实践。无论是公众参与还是社会期望,"负责任创新"都体现了对人权的尊重和维护,尤其是对弱势群体的保护。负责任主要包括以下几个方面:①全责任主体。如创新者之外的决策者、生产者、销售者、消费者、服务者及个体之外的集体等;②全责任对象。除直接利益相关者外,间接利益群体和生态环境等也是责任对象;③全责任类型或全责任范围。类型维度除经济责任、政治责任外,还要考虑伦理责任、生态责任、环境责任等责任类型。范围维度是指空间上对责任范围进行扩充,由生产地、销售地等近距范围扩充到全区域乃至全球远距范围;时间上对责任跨度进行拉伸,向创新链上游和下游进行双向延伸,尤其是将未来纳入责任系统之中[5]。

三、"负责任创新"的理论框架

目前学术界关于"负责任创新"比较有代表性的理论框架,是英国学者欧文提出的"四维度"模型,即预测、反思、协商、反馈。这4个维度以阶段性方式参与作为整体的"负责任创新"过程。

1. 预测维度

"负责任创新"把关注的重点从"风险"转移到"创新"本身,从对下游环节(后果)的关注转移到对上游环节(创新)的关注。它可以避免"基于风险的危害评估不能提供关于未来后果的早期预警"的弊端。由于技术创新可能产生各种后果,这就需要对未来进行预测,因此"负责任创新"必然包含"预测"这一维度。"预测维度"用来描述和分析那些在经济、社会、环境或其他领域可能出现的和潜在的影响,探索可能造成影响的各种途径。它为对技术创新的目的、承诺和可能的影响进行反思提供了一个有价值的起点。

"预测维度"通过把最新的科学和证据与未来分析联合起来,帮助政策制定者处理复杂的问题,使他们能够更好地理解未来所面临的机遇和挑战。

2. 反思维度

"负责任"意味着行动者和组织机构需要对自身进行反思。维恩(Wynne)认为有明显的证据表明,治理需要一种制度性的反思。制度层面的反思意味着在个人活动、承诺和设想面前树立一面镜子,能够意识到知识的局限,并且认识到对某一问题的特殊处理可能不具有一般性的意义。

与科学家专业上的反思不同,"负责任"使得反思成为一个公共事务。近来关于反思的努力开始集中于实验室层面之上,表现为社会科学家和哲学家参与实验室活动。

3. 协商维度

在"负责任创新"中,"协商"指的是把愿景、目的、问题和困境放到更大的背景之中,通过对话、参与和辩论来实现集体审议,邀请并倾听来自公众和不同利益相关者的广泛意见。通过引入广泛的视角来重新定义问题和识别潜在的争论领域。

4. 反馈维度

"负责任创新"还需要根据利益相关者的反应和变化的情况,对框架和方向进行调整。通过协商的有效机制和预期性治理,为技术创新确定方向并影响随后的创新步伐。这是一种互动的、包容的和开放的适应学习过程和动态能力,是对创新过程中的方法进行调整。正如欧文自己说的:"反思和协商本身是重要的,但它们的真正价值和影响,是它们能告诉我们创新如何在反馈机制中变得不同。"在不断的反馈循环中,"负责任创新"理念得以最终体现。

"负责任创新"理论框架中的四个维度是一个有机整体,各个维度之间在实践中是相辅相成、互相促进的。比如,反思的增加会带来具有更大包容性的协商,反之亦然。另一方面,这些维度之间也存在一定的张力,可能产生新的冲突。在这种张力下进行的协商,有时候往往是表面的或者迂回的。出于这个原因,对整合这4个维度的理论框架的制度承诺是至关重要的,不能片面强调某一个而偏废另一个。欧文认为"负责任创新"的中心问题是反馈。对这一特殊维度的关注,表明这一理论框架需要嵌入特定的制度环境中,通过调整以适应不同的语境。

拓展阅读

第二节　科学技术中的伦理问题

一、关于技术伦理的讨论

1. 伦理

在汉语中,"道德"偏重于指个人的"得道"即个人品德的完善,而"伦理"则偏重于指社会普遍的道德规范。美国《韦氏大辞典》对于伦理的定义是:一门探讨什么是好什么是坏,以及讨论道德责任义务的学科。伦理一词在中国最早见于《乐纪》:乐者,通伦理者也。

西方一位学者 Samuel Shermis(1967)曾对伦理与道德作了如下区分:"一般来说,伦理指人类行为语境中的价值判断。一种合乎伦理的行为通常指好的或合意的行为。道德这一术语常常作为伦理的同义语。但二者之间也存在着区别。亚里士多德认为,区别之一是伦理指行为的理论,而道德指的是实践。"另外,当代著名的"规定主义"伦理学家黑尔(Hare,1973)则严格区别了"伦理学"与"道德"这两个概念。他认为伦理之于道德,很像科学哲学与科学的关系。因为,伦理学是关于道德语言、词语的意义及它们所涵指的对象的本性等问题的逻辑研究。

在社会科学的话语中,甚至在伦理学的经典文献中,人们往往不大区分地使用"伦理"与"道德"这两个概念。

2. 技术伦理

随着1979年德裔美籍哲学家汉斯·约纳斯的代表作《责任原理》出版以来,人类已经越来越深刻地意识到技术的快速发展给人类带来福祉的同时,也会给人类带来难以承受的痛苦和负面后果,人类对技术发展的负面后果的恐惧和担忧也在与日俱增。人类一方面继续开展有关技术进步的自然科学研究;另一方面,对技术的伦理"考量"和道德"关爱"也开始上升到历史上前所未有的高度。在这种背景下,关于技术伦理(一些文献称为科技伦理,本书不做区分)的探讨与研究也随之展开。

关于技术是否存在伦理方面的问题,曾经存在着一些争论。

在现代科技革命之初,美国实用主义哲学集大成者杜威提出,技术与伦理道德冲突与协调问题是人类生活的根本问题,也是哲学研究的中心问题。

在技术与伦理关系研究中,国际上存在着欧洲现象学哲学和英美分析哲学两大传统。在现象学批判中,马丁·海德格尔、卡尔·马克思、马克斯·舍勒等不同类别的哲学家一致认为,现代科技发展已经深刻地改变了人类世界,为了使科技给人类带来更多的福祉,强调学术界应着眼于研究如何应对这种改变的伦理道德回应问题。英美分析哲学更倾向于认为:技术只是一种工具或手段,并没有从根本上改变人类社会,许多传统伦理原则依然具有重要价值,能够继续用来解决有关的技术伦理问题。

犹他州立大学的助理哲学教授凯勒(David R. Keller)博士在技术谱系的视野内,剖析了技术的价值负载问题。他驳斥了技术工具论(中性论),提出技术是内在于人性的,而且发源于人类的价值判断。没有人类意向驱动,技术就不存在。从意向性、技术创新、目标实现到人性重新定义的循环过程可以看到,技术实践发生于人类改造自然的意向,这个意向是负载价值的。简言之,技术在其核心反映了从事技术创新和技术改造工作的人类的价值观。从修辞学意义上看,可以认为技术是价值中立的,但从更广泛的技术实践视野来思考技术目的和技术的价值负载,就会发现技术一方面包含了技术的资助者和设计开发者的目的和意图,另一方面还涉及了更广泛的社会群体。技术对不同的社会群体意味着不同的意义,从而会被赋予不同的价值。承认技术负载价值,就是承认人类对技术发展负有责任。

与研究技术创新的文献相比,国内研究技术伦理的文献相对较少,大多数文献认同"技术负载价值"的观点,认为研究技术伦理具有重要价值[6],同时强调需要研究技术创新与技术伦理的相互关系,避免在技术创新中出现伦理缺失[7]。但也有极少数文献出现过否定研究技术伦理的观点,如有文献认为研究"科学技术伦理"容易导致科技的停滞与消亡,这对于科技而言恰恰是非人道的、不伦理的,"科技伦理"的价值诉求与其执行后果正好相反,这就是"科技伦理"悖论[8]。还有人将技术伦理学的作用理解为对科学和技术的限制和阻碍,认为技术伦理左右不了科学技术发展的方向和进程,不应该干预科学技术的自然发展,也不用担忧科技发展产生的伦理问题,伦理会伴随着科技的发展而重新建构,伦理问题最终会自然化解[9]。

总体来看,否认技术伦理研究价值的学者毕竟只是极少数,国内外绝大部分学者都认为关注和研究技术伦理问题是有重要价值的。因为随着技术发展速度的加快,很多技术已经不同程度地涉及了有关的道德伦理问题,甚至某些重大技术已经严重触及了人类社会的伦理道德底线,关系到了人类的生死存亡,已经构成了重大社会研究课题,急需得到深入研究。而且,与技术相关的伦理问题不但不会自然化解,如果放任自流的话,可能会愈演愈烈。

我们认为,从技术创新的角度来看,重视对技术伦理的研究,完全不是、也不会阻碍技术创新和技术进步,而是要在更加广阔的视野内开展技术创新活动和规范技术创新行为;也不是要让企业谨慎地创新,而是要指导企业正确地创新和"负责任创新",指导技术创新活动沿着正确的轨道,即有益于人类社会进步的轨道发展,使技术创新成果长期、持续发展作用,技术创新企业获得良好的经济效益和社会效益。

那么什么是技术伦理呢? 技术伦理是关于科学技术与伦理道德关系的研究,作为一种道德学说,是科学技术发展、科技成果运用的道德研究;作为道德实践,它是科技发展的道德原则和科研人员道德规范的总和。一般认为,它是应用伦理学的一个分支学科。

关于技术伦理的一种较为全面的定义是:技术伦理是围绕技术所产生的伦理关系中的所应该具有的道德品质、应该遵守的道德规则和应该尽到的道德职责,它是对技术正面价值的维护和对其负面价值的制约或控制[10]。

研究技术创新与技术伦理的相互关系,是通过控制技术创新成果负面价值,弘扬技术创新成果的正面价值,避免有违技术伦理的技术成果对技术创新成果正面价值的冲击,使符合道德伦理规范的技术创新成果的价值更加凸现,获取更多的经济效益和社会效益,进而倡导、规范和维护技术创新活动沿着正确的轨道进行。

3. 技术创新中的伦理问题

学术界之所以在一段时间里不那么重视技术发展中的伦理道德问题,是多种因素共同作用的结果:可能是由于各学科之间的狭隘分工和技术倾向、政策导向,或是由于社会传统遗留下来的道德基础尚可维持其经济的正常运行,也可能是由于技术创新活动所产生的伦理问题暴露得还不够充分、后果还不够严重,或者是由于有更重要的问题需要相关学科加以重点关注,抑或是隐藏在人们背后不易察觉的"假设"在起作用(着重考虑技术创新的正向效果)。随着技术发展过程中其负面效应的不断显现及对人类威胁的不断增加,包括科学哲学、伦理学、技术创新管理等相关学科都开始逐步重视对技术伦理的关注和研究。

技术伦理一般作为伦理学、科学哲学等学科的研究内容,在技术创新领域对该问题的研究相对较少(其主要原因已在本书第二章中提及)。进入 20 世纪以来,科学技术正渗透于人类生活的方方面面,正如有的学者所概括的:科技对生产过程的渗透越来越深,科技在产品中的密集程度越来越高,科技知识在人类知识总量中所占的比重越来越大,以科技为职业的社会人员越来越多。但是,现代科学技术又像是一把双刃剑,一方面极大丰富了人类的物质和精神生活,另一方面也带来了威胁人类前景的全球问题——人口爆炸、资源枯竭、粮食危机、环境污染等[11]。科技进步带来的负面现象正在持续凸现:庸俗低劣文化凭借现代科技手段在许多地方蔓延;高科技犯罪对社会的危害日益严重;高科技条件下的军备竞赛使人类坐在了战争与毁灭的火山口;知识经济的几何效应使一些贪婪之徒不顾一切地使用技术来满足对财富的无限贪欲。凡此种种都在告诫人们,从技术创新的视角关注和研究技术伦理问题,已显得十分必要。

然而,在现代技术发展的很长一个阶段,技术设计和创新主体或者只关注技术的正效应,或者仅将技术视为工具,只是等到技术的负面后果成为严峻事实的时候,才考虑对其加以伦理制约。许多具有政治、经济和军事目的的技术活动则往往只顾及其利益和目标,绝少顾及其伦理意涵。甚至在很长一段时间内,当技术的恶性负面效应迫使人们对其加以伦理制约时,结果常常近乎徒劳——旧的"坏"技术难以克服,新的"坏"技术又不断出现,伦理价值体系似乎始终在被动退让。21 世纪以来,人类生存环境等全球性问题不断恶化,以及"先制造,后销毁""先污染,后治理""先破坏,后保护"之类的现实[12],都反映了对技术创新中伦理的重视程度严重不足。

针对技术创新所引发的伦理问题,以马尔库塞为代表的法兰克福学派所提出的"新技术与新自然观",弗洛姆倡导的"技术的人道化",詹奇和拉塞尔提出的"生态型技术",舒马赫提出的"中间技术",克拉克主张的"替换技术",星野芳郎构想的"多样性技术"以及欧洲绿党提出的"软技术"和我国学者刘思华提出的"生态创新",等等,都从不同角度为企业技术创新伦理问题的解决提供了积极的富有建设性的思路。这些思路的实质就是技术创新应回归伦理,也即用伦理原则来规范和指导技术创新,让技术创新真正成为人与自然、人与人、人与社会、自然与社会和谐之音的演奏者,而不是成为这种和谐之音的破坏者[13]。

另外,科学技术的伦理与科技工作者的职业道德是完全不同的,科技伦理的研究对象是科学或技术活动及其后果对他人和社会所可能造成的负面影响,是现代科学或技术活动中涌现出来的亟待解决、而现有的法律又无明确规定,传统道德也回答不了的问题。而科学工作者的职业道德一般指的是诸如不要造伪,在科学活动过程中要做到诚实、客观、公正、方法上宽容、坚持怀疑的态度,等等[14]。

二、技术创新涉及的主要伦理问题

英国作家、科学家斯诺(C. P. Snow)说过:"科技是一件奇怪的事情。它一只手给你带来巨大的好处,另一只手却持刀插中你的背心"。其实,在我们今天的日常生活中,已经有越来越多的技术创新成果存在着或多或少的伦理方面的问题。关于技术创新容易触碰到哪些主要伦理问题,我们可以从以下几个方面来加以归纳。

1. 有损人的健康和生活质量

技术进步和经济发展的终极目标,都是要让全人类的生活质量更高,生活环境更好,更健康和长寿。因此,技术创新在任何时候都不能与这一终极目标相违背,凡是涉及人的健康问题的技术创新,都要慎之又慎,必须严格与这一终极目标相一致。举个例子,农药、化肥、除草剂等在一些情况下是需要的,会对农作物增产带来帮助,但大多数农药为了增加药效的持续性,一般都是非水溶性的,这就带来了人们常说的农药残留问题,而且这些农药还不易用水清洗,显然这种农药残留对人体是无益的,绝大多数还是有害的。同时,一些农药、化肥会造成土壤板结、酸化等一系列不良后果,影响农作物的品质;一些农药、化肥被植物吸收后还会对人的健康产生影响,其在土壤中的残留还会继续对后期的农作物产生长期不利影响。不难看出,这类技术创新必须慎重并严格限定其使用范围,从长远来看并不是技术创新的正确方向。如何发明更多地既能杀虫灭害、增产增收,又对人体无害的杀虫剂和肥料,如生物杀虫剂和生物肥等,这才是农业科学家开展技术创新的主攻方向。

与人的健康和生活质量关系最直接的是食物及相关产品,因此,与食物直接或间接相关的技术创新,要认真审视是否会直接或间接影响人的健康和生活质量,或者对人的健康和生活质量产生潜在影响。目前有些与食物直接或间接相关的技术创新产品,虽然拥有一定市场,能给从事技术创新的企业带来短期的销售收入和利润,但却会或多或少地影响到人的健康和生活质量。比如,除上面谈到的农药、化肥、除草剂外,农业种植中使用的部分催红素、膨大剂等,猪、鸡、鸭、鱼等动物饲养中泛用的低劣激素、抗生素等,虽然在一定程度上为种植、养殖户带来了一定的经济利益,也为这类产品的生产者带来了一定利润,但这类产品从宏观上讲并不符合技术创新和技术进步的初衷,也存在着伦理上的问题,这类技术创新往往会使食物品质(口感、味道等)发生改变(大多数是为了多产、快产使品质变差),造成庞大的下游消费者(食用者)生活质量的下降("儿时的味道"已成美好回忆),有些甚至会直接和间接对人的健康造成不良影响。

工业生产中的废气、废水、重金属等的排放,也会影响到人的健康和生活质量。废气会通过呼吸直接对人类健康产生不良影响,废水和土壤重金属超标则会通过农作物吸收后对人类健康造成损害。从这个角度看,所有生产活动中未加无害化处理排放废气、废水和重金属,都有违技术伦理,而那些贴着"技术创新"标签却生产制造具有废气、废水和重金属排放设备的厂家,不仅有违技术伦理,更应受到谴责。

上述"因小失大"的技术创新从伦理的视角看都是应该加以严格限制的,这类产品的创新者在"设计"产品时,重点应扩大视野,从多个角度对产品可能给人的健康和生活质量的提高带来的不良影响进行评价,凡是会对人的健康和生活质量带来不良影响的产品,都不要去"创新",千万不能只看见企业的短期利益而忘记了企业和创新的责任,忘记了经济发展、技术进步的终极目标是要让人类生活得更好,生活质量更高。

2. 污染环境

对于可能造成环境污染的技术创新,同样触及伦理问题。经济发展绝不能陷入"先污染,后治理"、"边治理,边污染"的怪圈,地方政府不能因为"数字上的政绩"污染环境,企业也不能因为"蝇头小利"污染环境,国家、地方和企业都必须走长期可持续、高质量增长的道路。我国近年来空气污染(尤其是雾霾)、水污染、土壤污染严重,虽然是多种因素共同作用的结果,但工业排放不能说不是最主要的原因。淮河流域的小造纸厂,20年累计产值不过500亿元。但要治理其带来的污染,即使是干流达到起码的灌溉用水标准也需要投入3 000亿元。要恢复到20世纪70年代的三类水质,不仅花费是个可怕的数字,时间也至少需要100年。因此对于生产生产资料的企业,或者有污染排放的企业,应该更多地从伦理的角度进行考量,采取更先进的工艺流程,生产出没有环境污染的机器设备,或者机器设备在生产产品的同时将污染排放一体化处理,逐步从源头上杜绝工业生产对环境的污染,这才是机器设备制造商开展技术创新的正确方向。

另一类重要的污染物是所谓的"白色垃圾",如塑料包装袋,无法降解的塑料泡沫包装、填充材料等,这类材料的自然降解需要几十年甚至更长时间,会对土壤和环境造成严重污染。世界上不少国家已明令禁止使用这类材料且效果明显,替代这类"白色垃圾"的纸袋、纸浆发泡材料在技术上和大批量生产上已十分成熟,我国多年前也曾颁布了"禁塑令",但为什么"白色垃圾"在我国仍随处可见,这类问题值得政府主管部门和相关企业深思。更值得一些企业(包括一些大型骨干企业)深思的是为什么出口产品使用可降解的包装材料,而在内销产品中却使用无法自然降解的包装材料? 从表面看是个利益问题,但其本质则是责任问题,企业,尤其是大企业绝不能忘记自己的社会责任。

由于这类污染物涉及的面较广,在此我们想表达以下三层意思:一是企业不要再在这类材料上投入精力进行所谓的"创新"和生产了,要将创新的重点聚焦于环境友好型产品上,并逐步转产以促使这类污染物的大幅度减少;二是其他产品制造商(如家电、仪器仪表)要自觉杜绝使用"白色垃圾"做包装、填充材料,不能只重视自身产品的创新而忽略了其附属物对环境的污染;三是保护环境是企业应尽的责任,尤其是大企业应起好带头作用,做一个负责任的企业,随时统筹考虑技术创新与环境保护的问题,既做技术创新的典范,又做环境保护的楷模。

如果某项技术创新具有广阔的市场前景,但同时又或多或少有环境污染问题,那么最好的做法是在技术创新的同时,就要考虑污染物的回收利用,将其对环境造成的污染降低到最低程度。如芬兰的塑料瓶的回收率可以达到99%,就是一种值得学习的做法。

3. 破坏生态平衡

生态平衡与技术创新的关系错综复杂,技术创新极大地促进了经济发展,绝大多数技术创新为生态平衡提供了保障,但也有一些技术创新项目会对生态平衡产生不利影响。下面我们从大气、水体、技术本身和大型工程项目四个方面来加以讨论。

(1) 大气

据1997年美国里奇国家实验室的报告,大气中二氧化碳的浓度,自工业革命以来已增长了30%,甲烷增长了一倍,氮氧化物增长了15%。二氧化碳、甲烷、氮氧化物都是能产生温室效应的气体,其浓度的增加导致气温升高,气温升高又导致冰川和南北极的冰雪融化、海平面升高等问题。氟利昂作制冷剂及在其他方面的使用会反复破坏臭氧分子,现代化设备排出的大量的一氧化碳等物质消耗了臭氧,会使臭氧分子减少直到形成"空洞"。臭氧是阻挡宇宙中紫外线的天然屏障,臭氧浓度降低会使紫外线乘虚而入,侵害人体。经常呼吸污浊的空气,对人体的健康也是威胁,特别是呼吸道疾病会由此增加,长期生活在被严重污染的大气环境中,犹如慢性中毒。古代哲学家柏拉图、亚里士多德都曾认为文明社会的发展是一个不断倒退的过程[15],恐怕在很大程度上就是指这种对自然生态的破坏。技术创新促进了工业的发展,而工业发展又在一定程度上增加了破坏大气生态环境的风险,因此,不断通过技术创新减少工业生产中各种有害气体的排放,如研制作为制冷剂的氟利昂的替代物,而不是继续增加有害气体的排放,才是企业技术创新的明智选择。

（2）水体

造成水和水体污染,固然有自然的因素。但工业的发展,化肥、农药的泛用以及生活中大量化学制品的使用,才使水圈中的污染发展到现今的严重程度。河水是主要的饮用水源,污染物通过饮水可直接毒害人体,也可通过食物链和灌溉农田间接危及人身健康。2016 年,长江、黄河、珠江、松花江、淮河、海河、辽河等七大流域和浙闽片河流、西北诸河、西南诸河的 1 617 个国考断面中,Ⅰ类(无或低污染)34 个,占 2.1%；Ⅱ类(轻度污染)676个,占 41.8%；Ⅲ类(中度污染)441 个,占 27.3%；Ⅳ(重度污染)类 217 个,占 13.4%；Ⅴ类(极重度污染)102 个,占 6.3%；劣Ⅴ类 147 个,占 9.1%。从河流受污染的总体情况看,虽然污染有所缓解,但形势仍十分严峻。有人算过,云南滇池周边的企业在 20 年间,总共只创造了几十亿元产值,但要初步恢复滇池水质,至少得花几百亿元,这几乎是云南省半年的财政收入。工业生产排出的废水是今天的主要污染源,水中污染物种类繁多,包含金属、非金属物质和有机物等,其中许多对人体有害甚至是剧毒,直接导致不少水生生物、植物的减少甚至消亡,农业减产甚至绝收,人畜饮水严重短缺,对人的健康也造成了严重影响,"河里有鱼,田里有虾"的美好景象在许多地方已不复存在。

（3）技术本身

转基因技术是技术伦理讨论最多的技术之一,这种技术本身存在着两面性。一方面,利用转基因技术将具有特定性能的基因转入到特定农作物中,就可以使该作物具有"抗草、抗虫、抗逆境"的能力。同时,转基因技术的使用减少了农药对土壤的侵蚀,增加了土壤湿度的保持时间,同时也减少了农药对人身健康的损害,具有明显的生态保护效益。另一方面,转基因作物有可能形成"超级杂草",导致遗传多样性的丧失,从而影响生态平衡。而生态效应不是短期内可以看到的,有的生态效应长达 40 年以后才能够发现。绿色和平组织生物安全项目主任伊莎贝尔梅斯特尔认为,转基因作物一旦进入自然生物链,其人造的特性和缺陷就会无休止地流传下去,永远无法被控制或被收回,对大自然的这种破坏是不可逆的。其潜在风险具体包括：增加杀虫剂的使用,产生新的农田杂草,转基因植物本身变成杂草,产生新的病毒,基因侵入到新的栖息地,促使生物多样性和遗传多样性的丧失,对非目标本土物种的伤害等,在种植转基因作物过程中,这些潜在风险有的尚未显露,有的则已经发生,并造成了极大的影响。《自然》杂志曾报道墨西哥奥克斯喀山区的传统玉米种受转基因污染的比率高达 35%,到 2001 年,墨西哥发现有 300 多种野生玉米种质资源(种质是生物体亲代传递给子代的连续遗传物质,它往往存在于特定品种之中)受到转基因玉米的污染。化肥、农药、化工日用品等,也都存在与转基因技术类似的两面性特点,都会对生态环境带来一定的影响,对于这类技术,在研发、应用领域选择、运用量的控制等方面，都要对其伦理问题加以注意，力求不断降低其对生态平衡的影响。

（4）大型工程项目

大型工程项目一般会或多或少地涉及生态环境问题，这里仅以大型水电站建设为例。大型水电站的建设对满足日益增长的生产和生活用电需求起到了巨大作用，但对生态环境的影响也较为典型且讨论较多。大型水电站对生态环境的影响包括了泥沙淤积、淹没耕地和山林、水土流失加剧、人口迁移、地球应力变化、鱼类无法洄游、水体变化、库区附近小气候变化、大坝下游湖泊滩地裸露等。有时泥沙淤积、溃坝带来的后果是严重的。即便是作为我国一张靓丽名片的高铁，因建设时会带来地质结构的改变，也会对沿线的生态环境产生一定的影响，只是不大而已。

4. 阻碍未来的技术进步

在技术发展的长河中，今天的技术发展要为今后的技术进步做准备，而不是阻碍未来的技术进步，如果今天的技术创新有可能妨碍今后的技术进步，则要小心谨慎，尽量考虑周全，不要成为未来技术发展的障碍。

人类对外太空的探索将极大拓展人类活动的空间，但由于太空探测器回收技术的缺失，致使大量航空器残骸遗留在太空中，为今后更加密集的外太空探测造成了巨大隐患。据估计，目前在外太空中直径大于 10 厘米的物体数量大约有 1 万个，在 1～10 厘米之间的物体数量大约有 20 万个，小于 1 厘米的有上亿个[16]。这些太空垃圾以每秒 50 公里的相对速度运行，其对人类的影响已开始逐步显现，如果再不加以控制，这些垃圾的数量不断增加，将可能开始妨碍人类进入太空，如可能与工作中的人造卫星碰撞并造成损害，而处理这类垃圾的代价是十分昂贵的（关键是公益性的）。因此，航空技术大国之间需要采取一种合作的态度以避免畸形竞争的态势，同时建立一套太空伦理道德规则，以确保对太空及其自然资源的探索和利用。当今后太空技术进一步发展后，会发现回收太空垃圾变成了阻碍太空探索的最主要障碍，到时会为时已晚了。

某项技术创新活动是否会对未来技术进步产生不利影响，是一个相对复杂的问题，因为许多技术的未来发展方向，人们还很难做出准确的预见和预测。但有的时候只要仔细分析，还是能看出一些端倪：①明显的落后技术。小灵通因成本低廉在我国盛行了一段时间，是否也在一定程度上阻碍了我国 3G 系统的发展？所以我国政府要下决心淘汰该技术。②显而易见的情况，如上面谈到的太空垃圾等。③转换成本高、依赖性强的技术。人们有时会因为转换成本高而迟迟不愿使用新技术。④一些大型工程和大型系统。一些大型工程和大型系统虽然从技术的角度看已经效率不高，但由于投资巨大，利益主体错综复杂，有时也会阻碍新技术的推广应用。

5. 有违文化和宗教习俗

当北极大比目鱼的基因被嫁接到草莓上时（可获得抗冻性），将导致素食者对于是否能吃草莓感到犹豫；而如果把猪的基因嫁接到羊身上，信仰伊斯兰教的民众可能就不会再吃羊肉了。纳米生物医疗技术逐渐应用到各大医疗机构，但成本相当高，只有一小部分人从中受益，这就引起了公平的问题。在大数据和数据挖掘技术发展的同时，数字鸿沟、隐私安全及数字身份易被盗用等方面的伦理问题也变得越来越突出。

干细胞的获取和使用涉及文化的或者宗教的伦理问题。干细胞（Stem Cell）是一种未充分分化，尚不成熟的细胞，具有再生各种组织器官和人体的潜在功能，医学界称为"万用细胞"。

从干细胞的获取途径来看，如果在获取过程中对人类坯胎细胞造成破坏，则构成了对人类生命和尊严权利的违背，应予以谴责和禁止。相反，如果尽管有一小部分细胞是从刚刚开始发育的胚胎上取下的，但这种方法却可以保全坯胎并确保坯胎继续发育，这个坯胎就与成人捐献器官一样具有了细胞捐献者的地位，这种获取坯胎干细胞的方法是值得提倡的。干细胞也可以从流产后的胚胎中取出，导致流产的原因可以是人工流产，也可以是自然流产。在自然流产的情况下，有大量的干细胞可以被使用而不会招致伦理或道德上的反对。如果所用的细胞是从人为终止妊娠的胚胎中取出的，那么，就终止妊娠的自愿性就会引发一些道德方面的问题。最后，对体细胞，即非生殖细胞的选择（高等生物的细胞差不多都是体细胞，除了精子和卵细胞以及它们的母细胞之外），使获取同样能够繁殖和变异的成体干细胞成为可能，同时还不至于引发基于人类的生命的尊严权利受到削弱而提出的争议。

从干细胞的使用途径来看，对人类生殖细胞的克隆应该无一例外地受到严厉谴责：这种行为无疑等同于对人类的克隆；它会使每个人所独具的各不相同的特点丧失殆尽，甚至会给人类带来毁灭性的打击。然而，科学进步已经使我们有能力采用多种繁殖和利用干细胞的方法，以制造一代又一代细胞，形成不同种类的、适应不同人体组织的需要，这种使用途径正是人类所需要的。

拓展阅读

案例

纳米技术与伦理[15]

纳米技术是 20 世纪 90 年代以来发展起来的新兴技术，它广泛应用于医疗、环保、电子器件、基因控制、航空航天技术等领域，并开始进入人们的日常生活。由于纳米技术应用广泛，受到了社会各界的广泛关注，但纳米技术与其他技术一样，也涉及与伦理的关系问题。由于纳米技术的特殊性，对生命健康和生态环境产生的负面效应和不确定性也让人们充满了担忧。

1. 纳米技术引发安全问题

安全问题是人们探讨纳米技术伦理问题的首要问题,这里所指的安全不仅是指人体不受侵犯或伤害,还包括纳米技术生产的实验室等环境不存在安全隐患。由于纳米粒子的特殊性,在研究开发、投产、储存、运输以及后续的处理过程中都有可能进入人的体内,给人的健康带来威胁。因此,首当其冲是要解决纳米粒子的毒性研究以及相关的风险控制问题,要制定可靠的安全防范措施,确保参加纳米技术工作人员的合法权益。在一些安全保障问题没有解决和安全机制不健全的情况下,应禁止有关的纳米技术研究和开发。除了在发展纳米技术时始终注意保护人的切身利益外,还要确保纳米技术的发展不能给生态环境带来任何安全问题。

2. 纳米技术引发的人的自由问题

随着纳米器件的微型化,纳米技术广泛运用于社会治安、国防、医学等领域。但诸如试图在人脑中植入纳米器件,实现对人的行为的控制;将纳米设备嵌入目标中,实现对目标的监视和跟踪,搜集目标的行为习惯等,都可能涉及限制人的自由等伦理问题,要严格加以限制。

3. 纳米技术引发的公平问题

随着纳米技术产业化进程的加速以及应用领域的不断拓展,纳米技术将给社会带来巨大的经济效益和社会效益。其中大部分与人们生活相关的纳米技术产品的价格会在普通人的承受范围之内,但也有少数产品由于价格高昂从而引发其公平问题。举例来说,纳米生物医疗技术逐渐应用到各大医疗机构,而目前治疗成本相当高,只有一小部分人从中受益,绝大部分患者都因为价格门槛太高而被挡在了门外。

第三节 技术创新如何规避伦理问题

一、在制定技术创新目标决策时统筹考虑伦理问题

在制定技术创新目标决策时,事先就需要全面统筹技术创新所可能涉及以及如何规避伦理问题。作为企业技术创新的决策者,可主要从以下几个方面入手和开展工作,进行深入学习和广泛调研。

1. 确认利益相关者

在分析拟开展的技术创新项目的潜在伦理风险时,首先是要完整分析和确定该项目的利益相关者。利益相关者主要包括四个方面:

(1)创新产品的直接使用者。分析创新产品在满足直接使用者需求的同时,是否会给直接使用者带来某些不良的影响,如果存在这类问题,则需要在研制过程中加以克服。

（2）使用之后可能波及的其他人群。如农药残留问题就会给农产品（如蔬菜、茶叶、水果等）的使用者带来不良影响。创新产品的衍生物，包括废水、废气、重金属排放、包装物等对生态环境的污染也属于这种间接影响或波及效应。

（3）对企业自身的影响。企业技术创新成功一般都会给企业带来经济上的好处，这也是技术创新的主要动力。但与此同时，如果对创新产品设计不当或考虑不周，也会在一定程度上给企业自身带来负面影响，因此企业本身也是需要考虑的利益相关者。如纳米技术的安全措施缺失会对研发和生产人员造成损害，产品造成环境污染会严重影响企业的商誉，等等。

（4）其他。包括是否存在文化和宗教方面的不良影响，是否给人们带来公平及其他精神层面的影响等，这些可能受到影响的人群也是利益相关者，在制定技术创新目标决策时也应考虑在内。

2．倾听和分析利益相关者的意见

任何技术创新的目标决策都可能对某些利益相关者造成或多或少的影响。在进行技术创新目标决策前，应逐一倾听和分析各类利益相关者的意见，全面掌握技术创新项目可能对各类利益相关者带来的负面影响和伦理问题，并寻找规避这些负面影响和伦理问题的途径。对于能够规避的负面影响和伦理问题，要尽最大努力（哪怕是增加技术创新的投入）进行规避；对于目前由于某种原因，如技术方面的原因实在无法规避的，也应制定一定的补救措施，如限定技术创新产品的使用范围、通过配套网络减小负面影响（如建立回收产品衍生污染物的机制和组织）等。

3．明确与该决策有关的法律和伦理规范

在倾听和分析了利益相关者的意见之后，还需要掌握与该决策有关的法律和伦理规范。在制定技术创新决策时，法律法规是必须遵守的，但法律法规仅仅是最低要求的行为规范，遵纪守法显然不足以支撑制订出好的决策，还需要考虑社会准则、伦理规范等。也就是说，在制定技术创新目标决策之前，要进行必要的法律和伦理检查。法律方面的对照检查相对容易，对伦理方面的检查相对复杂一些，涉及的因素会多一些，同时会因时、因地、因文化的不同而异。根据国内外的相关研究，在检查是否符合伦理规范时的一个简便易行的方法是回答以下问题：第一，合法吗？即决策是否会违反法律法规和公司规章；第二，公平吗？即决策能否做到在短期和长期内对所有利益相关者都是公平的；第三，自豪吗？假如将决策的全部内容向社会和公众公布，是会感到自豪还是脸上无光；第四，有完整补救措施吗？如果决策可能会给利益相关者带来或多或少的负面影响，是否制定了完整的补救措施以消除这些负面影响。

4．做好技术创新项目在道德伦理方面的评价

在进行技术创新项目决策之前，除了评价技术创新项目的市场前景、竞争对手的情况和策略、替代技术的发展情况、预期经济效益等之外，还应加入对道德伦理方面的评价，包括

对利益相关者的负面影响,对生态环境的影响,以及是否涉及文化、宗教等方面的问题。现在的技术创新立项评价主要集中在市场、技术、能力、风险等方面,严格说是不全面的,要加上各种伦理方面的评价,评价的内容主要包括前面提到的五个方面,这里不再赘述。

5. 按照互利互惠和长期持续发展原则,选择最佳方案

在以往制定技术创新目标决策时,往往把企业的短期利益放在了突出位置,或多或少存在忽视对伦理问题的分析,忽视了利益相关者与企业长期发展的依存关系。从深层次看,如果在技术创新目标决策时忽视对伦理的分析,创新产品存在有违道德伦理规范之处,即便是企业决策后能在短时期获得一定的经济效益,但就长期来看,经济效益一定不会好,道理其实很简单,企业与其利益相关者是命运的共同体,是唇齿相关的关系,技术创新的经济效益正是来自利益相关者,尤其是创新产品的直接使用者。如果因为伦理问题导致直接使用者放弃使用创新产品,或者因为伦理问题导致其他利益相关者抵制创新产品,那么技术创新的经济效益就无从谈起,短期的效益只能是昙花一现。所以决策时既要考虑企业的经济效益,又要兼顾道德伦理规范,这样的决策才是负责任的决策,才是可以获得长期经济效益的决策。

二、在开展技术创新时具体规避伦理问题

除了在进行技术创新目标决策时统筹考虑伦理问题外,在具体开展技术创新工作时也应时刻考虑如何规避伦理问题。具体来说,以下几点是在开展技术创新时规避伦理问题的重要内容。

1. 所有参与技术创新的人员要有高度的社会责任感

技术创新活动涉及的人员众多,除了具体从事研发工作的技术人员外,还包括市场分析和营销人员、行政辅助人员等,更重要的是技术创新项目的策划者、组织者,所有这些参与技术创新的人员都要具有高度的社会责任感,在技术创新的各个不同阶段,从各自熟悉的角度审视技术创新项目是否存在伦理方面的问题,以及如何规避这些问题。一旦发现存在伦理方面的问题,要及时向技术创新项目负责人进行汇报,并充分运用各自的专业技术知识,提出具体的改进措施或规避、补救的合理化建议。如果伦理问题无法得到解决,可建议技术创新项目的决策者重新决策,或者说服决策者取消该项目的研发。

2. 所有参与技术创新的人员要不断学习,扩大视野

参与技术创新的人员虽然各自有侧重的任务,但都需要不断学习,扩大视野。学习的重点包括国家的政策法规,特别是环境、生态保护方面的政策法规,创新产品涉及的文化、宗教因素,与技术创新项目密切相关的未来技术发展的方向等。只有通过所有参与技术创新的人员的不断学习,才能发现创新项目是否存在伦理问题,也才知道从哪些方面改进技术创新项目才能最大限度规避伦理缺陷。这种学习最好是企业有组织、目的的

学习,即围绕技术创新如何规避伦理问题的组织学习。

3. 根据创新项目的进展修正某些功能、性能指标

技术创新需要一定的时间周期,在这段时间里,有可能外部环境发生了一定的变化,也有可能随着项目的进展出现了新的伦理问题,而这些在制定技术创新目标决策时是无法完全把控的,如有些问题要在具体研发时才会被发现,有些问题可能要到产品试销甚至正式上市后才会逐步暴露出来,所以参与技术创新的人员需要根据创新项目的进展对一些功能、性能指标进行修正,以保证将技术创新项目的伦理问题控制在最低程度。如果在研发过程或市场反馈中遇到一些可以处理的伦理问题,就需要在研发过程中加以处理;如果遇到在研发过程中无法处理的伦理问题,则需要提交创新项目的决策者进行重新决策。

4. 严格界定项目的研发方向和成果使用范围

通过界定技术创新的研发方面和成果的使用范围,也可以在一定程度上降低伦理风险。如在运用转基因技术时,转什么基因,转到什么上面,必须严格界定,绝不能对现有生态系统造成破坏,更不能对人的健康造成损害;克隆技术也一样,克隆人是被严格禁止的,而克隆器官则是可以的;在选择技术创新项目的研发方向时,还要注意不能与未来的技术发展方向相抵触,更不能阻碍未来的技术进步。在成果的使用范围上,有些创新产品可严格限制在存在文化、宗教冲突的地区使用,以规避创新产品可能存在的文化和宗教问题;农药、杀虫剂的残留会对人的健康带来不利影响,如果能严格控制其使用范围,则可在很大程度上降低对人体的伤害。

5. 事先确定化解伦理风险的机制和途径

如果遇到一些小的、暂时无法避免的伦理问题,要在技术创新的同时提供完善的补救机制或措施,以便将这类伦理风险降至最低。这是一些发达国家的通常做法,也是当今经济发展的趋势和方向。欧美国家正在制定新的环保法规,要求所有生产企业都回收自己废弃的产品。前面已提到,芬兰的塑料瓶的回收率达 99%,在商场或街道,人们自觉把瓶子送入回收机,回收机支付一定金额,这种机制和文化的建立,极大地降低了塑料瓶的污染问题,值得我们学习。如我国在大力推广纯电动汽车的同时,就应考虑如何建立完善的废旧电池的回收机制和体系;再如那些产生"白色垃圾"、废旧塑料、废旧电池、废气废水的企业或产品,也都应逐步建立完善的回收体系;作为负责任的企业,这些都是需要在技术创新过程中要同时考虑和完成的任务。

拓展阅读

第四节　技术创新工程伦理

技术伦理与工程伦理的区别是相对的,技术伦理着重解决技术活动中的伦理问题,是研究以利益为基础的人们在从事技术活动中应遵循的道德原则、规范与追求的道德价值目标;工程伦理则着重解决工程活动中的伦理问题。

从工程与新技术的关系角度来看,技术创新工程实践是为了实现特定目标,调动社会力量,将相关新技术高度集成后建造人工产品的过程。正是在此种意义上说,技术创新工程实践既是应用科学和技术改造物质世界的自然实践,更是改进社会生活和调整利益关系的社会实践。同时,技术系统存在着各个部分间的"紧密结合性"和"复杂相关性"两个特点,这就意味着技术创新工程实践过程面临着多重风险:一是多种新技术集成后应用于自然界所带来的环境风险;二是利用新技术建造人工物的质量和安全风险;三是工程应用于社会所导致的部分群体利益冲突和受损的风险。作为技术创新工程的主要设计者和建造者,工程师不仅需要具备专业的知识和技能,更要具备"正当地行事"的伦理意识。

一、技术创新工程实践中的伦理问题

对于技术创新工程实践中的伦理问题的探讨,应该以分析人这个实践主体作为出发点,具体地说,应把对技术创新工程活动中的行动者网络的探讨作为起点[17]。

1. 行动者网络

行动者网络理论(actor-network theory)是 20 世纪 80 年代中期以法国的卡龙(Michel Callon)和拉图尔(Bruno Latour)为代表的社会学家提出的理论,认为任何一项科学研究成果都是人或非人的"行动者"相互合作、相互协调、相互影响的结果。

技术创新工程活动是一种集成自然与社会资源,协调多种利益诉求和冲突的社会活动,是一种极其复杂的社会实践,需要众多的行动者参与。从人的角度出发,行动者按职业可归为不同的群体,他们为了完成某一特定的目标在特定时间内组合在一起,构成了一个针对该具体实践活动的工程共同体。这一过程的结果就形成了一个有特定目标的、动态的行动者网络,它的组成会随着工程进入不同环节而发生动态的变化。同时,不同的行动者在网络中的地位和起到的作用也随着工程环节的变化而发生着改变。

从行动者网络中人的角度出发,技术创新工程活动的行动者网络的分析主要包括两个方面。第一个方面是不同种类的行动者之间的相互影响,构成了我们通常所说的工程共同体。第二个方面是同一种类的行动者之间的相互影响,这以工程师职业共同体为典型代表。

第一个方面,在技术创新工程的不同阶段,需要不同种类的行动者,他们相互协调与合作,所发挥的作用和彼此之间的关系也处在动态的变化之中。在技术创新工程的计划阶段,政府决策者、工程主管部门、工程的投资者、工程规划人员扮演重要角色,特别是决策者和投资者在工程计划阶段拥有决定权。在技术创新工程的设计和实施阶段,设计师和工程师起着主导性的作用;同时,实施过程还涉及具体的建设者、熟练的技术工人等。在技术创新工程的交付和使用阶段,投资者、产品的消费者和相关的社会公众成为重要的行动者,产品的管理者和工程维护的技术人员也对工程具体价值的体现有重要影响。在技术创新工程结束的阶段,政府部门,相关的社会公众都可能在其中发挥重要作用。这些行动者既在某一阶段中扮演重要角色,同时也与其他行动者之间存在着广泛的影响。比如,尽管公众没有直接参与工程的规划、设计和实施活动,但作为重要的利益相关者,会受到来自工程的直接影响,其利益诉求会直接影响工程的计划、设计与实施。这些显性或隐性的行动者,围绕工程的各个阶段,相互作用,相互影响,共同构成了有特定目的的工程实践活动的行动者网络。

第二个方面,同种类行动者同样存在着相互影响。同类的行动者在技术创新工程活动的各阶段,同样可能构成了一个有特定目标和行为规范的共同体。工程师在组织中的主要作用是使用他们的技术知识和技能来创造对组织及顾客有价值的产品和工艺。但是,工程师也是职业人员,他们必须坚持本专业业已确定的标准,并应当以此指导技术的应用。因此,工程师需要对组织忠诚和对职业忠诚。在工程师职业共同体中,大家从事相同的职业,面对相似的问题,为了更好地履行工程师的职责,也形成了需要共同遵守的章程。但由于工程师的知识背景和价值观的差异,他们既组成了一个共同体,但同时在一些问题上又会出现意见分歧。

这两个方面的行动者相互作用,围绕着工程构成了一个动态的、立体的社会网络。这个网络在"内部"和"外部"关系上存在多种复杂的价值关系。不同行动者之间既可能是合作关系,也可能存在价值冲突。当冲突的一面出现时,网络中的弱势群体利益就存在受损的危险。厘清行动者网络中各利益相关者的利益诉求,建立相对公正的行为规范和伦理准则,尽量减少或消除这种冲突,正是工程伦理所致力解决的问题[17]。

2. 工程涉及的主要伦理问题

技术创新工程不是单纯的新技术在自然界中的运用,而是工程师、研究者、管理者甚至使用者等群体围绕技术创新工程所展开的较长时间周期内进行协作(单独)活动的过程。因此,技术创新工程活动集成了多种要素,包括技术、经济、社会、自然和伦理等。在工程实践中,伦理要素常常同工程的技术、利益等其他要素紧密联系,因此工程伦理关注四个方面的问题,即工程的技术伦理问题、工程的利益伦理问题、工程的责任伦理问题和工程的环境伦理问题。

(1) 工程的技术伦理

工程中的技术创新活动具有人的参与性,是技术系统通过人与自然、社会等外界因素发生相互作用的过程。同样的技术,因使用者不同、使用的环境不同、建造的工程不同,都会产生不同的效果,这说明人在如何应用技术和将技术运用于何种环境具有自主权。而人是道德主体,如果在工程活动中技术选择和运用不当,就会出现甚至放大伦理问题,因此工程中技术的运用和创新离不开道德评判和干预,在工程的技术活动中必须要考虑到技术运用的主体、技术应用的环境、技术应用的后果等因素,力求将工程中由于技术原因产生的伦理问题控制在最低水平。关于技术伦理在前面部分已有相应叙述,这里不再展开。

(2) 工程的利益伦理

从建造方法上来看,技术创新工程是一种技术活动,但从建造目标和应用价值方面来说,技术创新工程则是一种经济活动,因此,在技术创新工程的建造过程中,涉及各种利益冲突和协调问题。工程的利益相关者主要包括工程的投资者、决策者和所有者、工程实施的组织者和管理者、工程方案的设计者和建造者、工程的使用者以及其他受工程影响人群,尽量公平地协调技术创新工程实践利益相关者的相关诉求,同时争取实现利益最大化,是工程伦理的重要内容,也是工程活动所要解决的重要问题之一。如何通过工程活动平衡好各方利益,在争取实现效益最大化的同时,避免各方利益冲突,是技术创新工程中的利益伦理问题要着力解决的核心问题,同时也是衡量技术创新工程实践活动好坏的重要标准。

(3)工程的责任伦理

关于决策者的伦理责任,可参考本章第三节相关内容,此处简短讨论工程师的责任问题。工程师有遵守他们职业的标准操作程序和规定的职业义务,以及完成雇佣合同所规定工作的基本责任。这里的责任可从三个方面来解读。第一,义务-责任,即工程师以一种有益于客户和公众,并且不损害自身被赋予的信任的方式使用专业知识和技能的义务。第二,过失-责任,指的是要为过失或错误负责。第三,角色-责任,这种责任涉及一个承担某个职位或管理角色的人。1974年工程师职业发展理事会(ECPD)将工程师的责任修改为:"在履行工程师责任的过程中,工程师应当将公众的安全、健康和福祉置于首要的地位"。工程师责任从之前的"忠诚责任"逐步转变为"社会责任"。因此,在技术创新工程实践活动中,一个工程共同体应该对社会负有怎样的责任;当涉及公众健康、安全和福祉时,工程师应当拥有怎样的责任和权利;当工程师超出其正常责任的范围去保护公众时,是否应当有法律来保护他们免遭其他法律责任的困扰等,都成为工程中责任伦理亟待考虑和解决的问题。

(4)工程的环境伦理

大型工程总会或多或少产生一些伦理方面的问题,如对生态环境的影响等。一些工程往往会造成长期的、不可逆的环境问题,因此工程的环境伦理也由此倍受关注。工程的设计必须建立在保护环境的责任之上,当工程导致的环境污染对人类健康造成了直接和明显的威胁时,工程的设计者应从环境伦理的角度考虑进行整改甚至下马;在某些情况下,人类的健康不会受到工程的直接影响,但对环境也造成了一定的损害,工程的设计者也需要从伦理的角度考虑如何规避这类损害,以确保在工程实践活动的各个阶段都尽量减少对环境的负面影响。现阶段,我国的环境污染、资源匮乏问题突出,如何协调保护环境与促进经济发展之间的关系,实现可持续发展是亟待解决的重要问题,从而关注环境、保护环境也是现实而迫切的挑战。

3. 技术创新工程伦理问题的特点

技术创新工程伦理问题的特点主要有三个:历史性、社会性和复杂性,其中历史性是从时间的角度,社会性和复杂性则分别是从行动者和涉及要素的角度来看技术创新工程伦理问题。

（1）历史性

工程伦理的价值取向、研究对象和关注的焦点问题，是随着工程由最初的军事工程逐步民用化而改变的。其中，工程伦理的价值取向经历了从"忠诚责任"到"社会责任"再到"自然责任"的转变，工程伦理的研究对象从工程师共同体逐步扩展为所有的利益相关者，同时，工程伦理关注的焦点问题也从工程师面临的道德困境和职业规范转为同时关注其他利益共同体的道德选择和困境[17]。由此可见，对工程伦理的认识是一个渐进的过程，随着社会进步而不断深化，不同的历史阶段，对工程伦理的关注重点会有所不同。由于人们对工程伦理的价值取向和认识具有历史性的特点，由此引出了另一个问题，即以前对某些道德伦理关注不够的工程，如何进行补救的问题，这一问题值得引起工程所有者思考。

（2）社会性

工程自身的社会性决定了工程伦理问题的社会性特点，工程的社会性远比产品的社会性更加突出，涉及伦理问题的范围更大，影响更长远。工程是具有一定规模、有组织的社会活动，因此牵涉到多种利益群体，其中的一部分利益群体作为工程的参与者构成了独特的行动者网络，另一部分是没有直接参与工程但却受到工程影响的利益群体，他们可能是工程的受益者，但也可能是工程的受损者。如三峡工程的移民等，虽然他们没有参与工程的决策和建造，却是工程的直接受益或受损者。因此，如何协调围绕工程组成的行动者网络中各群体之间的利益，实现公平与效率的统一；如何公正地处理各种利益冲突，使工程的负面影响降至最低，是工程伦理要着力解决的主要问题和研究重点。

（3）复杂性

复杂性体现在参与者种类的多元化以及多要素交织两个方面。实施工程的主体通常是有结构、有层次、有角色的群体，决策者、投资者、运营者出现了多元化趋势，而且随着公共参与决策民主化进程的推进，公众在一些时候也成为决策主体，他们有着不同的利益诉求。如天津某垃圾焚烧发电厂属于建设—经营—转让（BOT）项目，投资者和建造者为企业，运营者则既包括地方政府，也包括企业，同时由于垃圾燃烧可能带来的二噁英排放，公众的意见也成为重要的决策要素之一。而在现阶段的大型工程中，工程师、工人、企业家、管理者和组织者皆呈现出跨地区、跨领域、跨文化合作的趋势，不仅在价值取向上千差万别，在文化、生产习惯等方面也存在难以消除的差异，这些都为工程实践带来了巨大的复杂性和不确定性。此外，科技、经济、社会、文化、环境等众多要素的集成也会增加工程的不确定性和复杂性。

二、处理工程伦理问题的基本原则

伦理原则指的是处理人与人、人与社会、社会与社会利益关系的伦理准则。从不同的伦理学理论出发，人们对什么是道德的行为有不同的认识，对应该遵循的伦理原则也有不同的立场。但总体上看，工程伦理要"将公众的安全、健康和福祉放在首位"。由此出发,从处理工程与人、社会和自然的关系的三个层面看,处理工程中伦理问题要坚持以下三个基本原则。

1. 人道主义原则

人道主义提倡关怀人、尊重人,主张人格平等,互相尊重,其核心是以人为本。人道主义包括两条重要的规范性原则:自主原则和无害原则。

自主原则来源于医学伦理学,强调人必须拥有自决能力,在决定自己的最佳利益时不应受到约束。实现自主原则有两个必要条件:一是保护隐私,二是知情同意。这两点在医学工程和计算机工程中特别重要。随着互联网、物联网和云计算等高科技的快速发展,大数据在给我们带来巨大商业价值和生活便利的同时,也使我们的隐私愈加透明化。例如一些应用软件在给用户提供服务的同时也在收集用户隐私,并在未经用户同意的情况下进行售卖,既没做到保护隐私,也没做到知情同意。

无害原则指的是工程应该尊重生命,尽可能避免给他人造成不必要的伤害。这是道德标准的底线原则,无论何种工程都强调"安全第一",即必须保证人的健康与人身安全。

2. 社会公正原则

社会公正是群体的人道主义,用以协调和处理工程与社会各个群体之间的关系,其建立在社会正义的基础之上,即尽可能保证公正与平等,尊重和保障每一个人的生存权、发展权、财产权和隐私权等。

工程中的社会公正体现不同群体之间的资源和利益的分配、强势群体和弱势群体的利益兼顾、发达国家和发展中国家的权力平衡、主流文化与边缘文化的共同发展、得益者和受益者的补偿协调等。同时,还要兼顾工程对不同群体的身心健康、未来发展、个人隐私等其他方面所产生的影响。

3. 生态伦理原则

人与自然具有一体性。一方面,自然环境赋予人类生存发展的基本条件,人也是自然的一部分;另一方面,人类在发展中可以逐步地改造自然,改造的后果由包括人类在内的自然所共享。因此,人与自然的和谐发展是处理工程伦理问题的重要原则,这种和谐发展不仅意味着在具体的工程实践中注重环保、尽量减少对环境的破坏,同时还意味着工程的设计者、建造者、使用者都应该尊重自然规律和生态规律。自然规律是不经人为干预,客观事物自身运动、变化和发展的内在必然联系,例如建筑不符合力学原理就会坍塌,化工厂排污处理不得当就会污染环境;而生态规律相比于自然规律往往具有长期性和复杂性,是指生态领域中事物和现象的本质联系,它的作用范围不单是生物本身或者环境本身,而是生物与环境相互作用的整体,包括各类型的生态系统,甚至"社会-经济-自然"复合生态系统。例如大型水利工程、垃圾填埋场对水系生态系统和土壤生态系统的影响和可能破坏,往往需要多年才得以显现,其破坏影响也更为深远,后果也更难以挽回。因此,在工程实践中,人与自然和谐发展需要工程的决策者、设计者、建造者以及使用者都要以人与自然和谐发展为原则,正确处理工程和自然的关系。都江堰水利工程就是人与自然和谐发展原则的完美体现。

即练即测

以上三个原则是技术创新工程实践活动中处理工程伦理问题的基本原则。在具体规范人们的工程行为时,还需结合不同种类的工程实践活动,如在水利、能源、计算机、医疗、军事等工程领域各自形成相对独立的行为伦理准则,这些行为准则必须建立在工程伦理基本原则的基础上,同时兼顾不同领域特点和其他社会伦理原则的合理之处,才能具有更高的实践价值和契合度。

本章思考题

1. 负责任创新与传统的技术创新有何不同?
2. 在技术创新中主要会涉及哪几类伦理问题?
3. 如何在技术创新目标决策时统筹技术伦理问题?
4. 如何在开展技术创新时有效规避技术伦理问题?
5. 面临伦理问题时,技术创新工程项目工程师和管理者应有怎样的义务和权利?
6. 工程利益相关者有哪些?如何看待工程利益相关者之间的关系?

本章参考文献

[1] 晏萍,张卫,王前."负责任创新"的理论与实践述评[J].科学技术哲学研究,2014(2).

[2] Rene Von Schomberg. Towards responsible research and innovation in the information and communication technologies and security technologies fields[R]. Luxembourg:Publications Office of the European Union,2011.

[3] R Owen,P Macnaghten,J Stilgoe. Responsible research and innovation:From science in society to science for society,with society[J]. Science and Public Policy,2012,39(6).

[4] 梅亮,陈劲.责任式创新:源起,归因解析与理论框架[J].管理世界,2015(8).

[5] 刘战雄.负责任创新研究综述:背景、现状与趋势[J].科技进步与对策,2015(11).

[6] 林坚,黄婷.科学技术的价值负载与社会责任[J].中国人民大学学报,2006(2).

[7] 何小英.技术创新生态化——传统技术创新的伦理缺失与修正[J].湖南社会科学,2007(5).

[8] 孙道进."科技伦理"悖论[J].涪陵师范学院学报,2004(1).

[9] 谢怀建,王贵明.伦理的科技与科技的伦理[J].理论探讨,1999(6).

[10] 教育部社会科学研究与思想政治工作司编.自然辩证法概论[M].北京:高等教育出版社,2004.

[11] 陶明报.科技伦理问题研究[M].北京:北京大学出版社,2005.

[12] 刘大椿.科技伦理:在真与善之间[J].伦理学研究,2002(2).

[13] 方雯.企业技术创新的伦理研究[D].西安:西安电子科技大学,2006.

[14] 李文潮.技术伦理面临的困境[J].自然辩证法研究,2005(11).

[15] 陈首珠.当代技术-伦理实践形态研究[D].南京:东南大学,2015.

[16] 艾伦·蓬皮杜.科学技术中的伦理问题[J].法学家,2006(2).

[17] 李正风,丛杭青,王前.工程伦理[M].北京:清华大学出版社,2016.

教师服务

感谢您选用清华大学出版社的教材！为了更好地服务教学，我们为授课教师提供本书的教学辅助资源，以及本学科重点教材信息。请您扫码获取。

≫ 教辅获取

本书教辅资源，授课教师扫码获取

≫ 样书赠送

创业与创新类重点教材，教师扫码获取样书

 清华大学出版社

E-mail: tupfuwu@163.com

电话：010-83470332 / 83470142

地址：北京市海淀区双清路学研大厦 B 座 509

网址：http://www.tup.com.cn/

传真：8610-83470107

邮编：100084